2009

中國建築藝術年鑑

馮其庸題

中国艺术研究院建筑艺术研究所 编

文化藝術出版社
Culture and Art Publishing House

图书在版编目（CIP）数据

2009中国建筑艺术年鉴／中国艺术研究院建筑艺术研究所 编. —北京：
文化艺术出版社，2010.7
ISBN 978-7-5039-4606-6

Ⅰ. ①中… Ⅱ. ①中… Ⅲ. ①建筑艺术－中国－
2009－年鉴 Ⅳ. ①TU-862

中国版本图书馆CIP数据核字（2010）第129838号

2009中国建筑艺术年鉴

编　　者　中国艺术研究院建筑艺术研究所
责任编辑　帅　克
特约编辑　陈爱儿
责任校对　史　雨
装帧设计　赵　妍　　何　冬　　王忠海
出版发行　文化艺术出版社
地　　址　北京市东城区东四八条52号　100700
网　　址　www.whyscbs.com
电子邮箱　whysbooks@263.net
电　　话　(010) 64813345　64813346（总编室）
　　　　　(010) 64813384　64813385（发行部）
经　　销　新华书店
印　　刷　北京今日新雅彩印制版技术有限公司
版　　次　2010年8月第1版
　　　　　2010年8月第1次印刷
开　　本　889×1194毫米　1/16
印　　张　23
字　　数　1200千字
印　　数　2000册
书　　号　ISBN 978-7-5039-4606-6
定　　价　320.00元

《中国建筑艺术年鉴》顾问／编辑委员会

目 录

特 载

P 007

一个时代的社会变革，一个甲子的建筑进步

——纪念中国建筑60年（1949~2009）[1]

文／邹德侬

2009年，令人心潮澎湃的年头。改革开放30年，共和国成立60年，引人回顾既往，前瞻未来。中国建筑是中国社会变革的镜子，社会发展顺利，建筑进步迅速，社会发展坎坷，建筑举步维艰。60年间，包括建筑师在内的广大中国建筑人，在艰难的条件下，用智慧、勤劳和汗水，创建了辉煌壮丽的建筑作品，也留下了丰富的经验教训。

中国建筑60年的前30年，在与外界基本隔绝的状态下，按计划经济的轨道运行；后30年，逐渐融入国际大环境，在社会主义市场经济中占有重要一席。这里，从60年编年史选取若干话题，回顾我国建筑在这个“甲子”中的进步和经验教训，为建筑进入新的年代提供参照。

1949年，新中国大地上还弥漫着战火余烟，中国共产党和中央人民政府就拉开了恢复国民经济的沉重帷幕。八年抗战加三年内战，给中国人民带来了深重的苦难，罹难同胞无数，财产损失无算；城市残破，经济败落，农村凋敝，人民贫寒，原本比较低下的社会生产力，到了几近崩溃的边沿——这就是当时中国社会的基本现状，也是新中国建筑的起步环境。

自然延续，走向现代建筑的新起点

从1949年到1952年，是三年国民经济恢复时期。在经济领域，主要任务是恢复交通、开展工业生产和改善人们生活。这个时期，建设项目不多，投资规模不大，但要求速度快，在建筑中，出现了一批后来被贬称为“方盒子”的经典现代建筑。所谓经典现代建筑，是欧美进入工业社会后出现的新建筑，它结构先进、造型简洁且施工方便、经济，在两次世界大战之后在解决住房问题方面起到重要作用。1949年前毕业的许多建筑师，有欧美留学的经历，受教育期间正值经典现代建筑发展与成熟时期，他们不失时机地学习或认同现代建筑原则，并参与实践，为战后中国现代建筑的发展积累了能量。共和国成立之初的建设环境，为延续现代建筑提供了可能：一、亟待建设涉及人民生活的建筑，但财力、物力有限，而经济和简洁等原则，天然符合这类需求；二、政府未及正式确立建筑方针，从军队转入地方的干部，大体上尊重建筑师及其设计，较少进行“行政干预”，建筑师有一个相对自主的创作环境。由于中国建筑师的战前积累，他们自觉地将现代建筑原则与中国国情相结合，因而留下第一批优秀中国现代建筑作品。

这些建筑一般为三四层简洁朴实的“方盒子”，有些建筑带有中国纹饰；分布较广，类型也多，学校建筑如上海同济大学文远楼（1951~1953，黄毓麟、哈雄文等）、广州中山医学院生物楼（1953，夏昌世）、长沙湖南大学工程馆（1953，柳士英）、大连医学院教学楼（1950年代初，汪坦）等；医院建筑如武汉医学院医院（1952~1955，冯纪忠）、北京儿童医院（1952~1954，华揽洪、傅义通等）、青岛纺织管理局医院（1950年代初，上海华东设计院）等；礼堂建筑如武汉洪山礼堂（1950年代初，周立模）、杭州人民大会堂（1951，唐葆亨）等；军政办公建筑如北京军委西郊军训部办公楼（1952~1953，陈登鳌、徐学文）、北京西郊总后军训部办公楼（1953~，龚德顺）、长沙中共湖南

省委大楼（1952～，吴景祥）、兰州军区后勤办公楼（1950年代初）、武汉军区司令部办公楼（1950年代初）等。其他如北京和平宾馆（1951～1953，杨廷宝），广州文化公园的展览建筑等（1951～，林克明、夏昌世等）。上海曹杨新村是我国居住区规划建设的开创性作品（1951，汪定曾等），规划运用了国际上比较通行的"花园城市"原理，充分考虑地段内的自然地形，建筑自由布局，创造了一个环境优美宜人的居住区。

这是新中国新建筑十分有意义的开端，不幸的是，这批建筑不久即遭到来自苏联的所谓"社会主义建筑理论"的严厉批判。

民族形式，歌颂人民胜利的纪念碑

胜利完成三年国民经济恢复任务以后，国家开始了第一个五年计划（1953～1957），中心任务是，集中主要力量进行苏联援助的156个工业建设项目。大批苏联专家来华，不仅带来了设计、资金和设备，也带来了曾在苏联本土流行的所谓社会主义建筑理论。当时执行"一边倒"、"向苏联学习"政策，全盘接受了以"社会主义现实主义的创作方法"和"社会主义内容、民族形式"为核心的这套理论。这两个口号，本是斯大林为整肃苏联国内现代主义文艺倾向提出来的，对于广大中国建筑师而言，那是十分陌生的理论：源头不清，内容不明。然而，他们能够强烈感受到的是：一、严厉批判欧美的"方盒子"是为资产阶级服务的建筑，是帝国主义企图消灭各国民族文化的工具；二、苏联建筑的"民族形式"，就是俄罗斯古典建筑形式。建筑家梁思成对该理论做了"中国化"的解释，推出了以传统宫殿式建筑为蓝本的中国民族形式建筑。

许多建筑师接受民族形式建筑，还有其内在原因。百年屈辱，中华民族丧权辱国；连年战争，中国人民期盼重整山河。在这革命胜利并展开第一个五年计划之际，以传统古典建筑为蓝本的民族形式建筑，代表了民族复兴，国家统一，是赞颂革命胜利的纪念碑。确切地说，这一时期的民族形式建筑，并非全然复古。建筑的功能、结构、设备甚至基本体量的处理都是现代的，其民族形式主要体现在宫殿式屋顶及其相关装饰上。传统的建筑屋顶，巍峨壮丽、曲线优美，但其构造和装饰，与现代结构、材料、功能乃至经济之间的矛盾，也是显而易见的，早在1949年之前，就引发过争论。

民族形式的建筑作品丰富多彩。第一是中国宫殿式，如北京四部一会办公楼（1952～1955，张开济等）、北京地安门机关宿舍大楼（1954，陈登鳌等）、北京友谊宾馆（1953～1954，张镈）、长春地质宫（1954，王辅臣等）、南京大学东南楼和南京华东航空学院教学楼（1953～，杨廷宝）、兰州西北民族学院教学楼（1954，阳世锣）、长沙湖南大学图书馆和礼堂（1955，柳士英）等等。第二是少数民族式，运用新疆地区伊斯兰风格的圆顶、尖拱，内蒙地区蒙古包式圆顶，它们令人耳目一新，丰富了中国民族大家庭的建筑文化。实例如北京伊斯兰教经学院（1957，赵冬日、朱兆雪）、乌鲁木齐新疆人民剧场（1956，刘禾田、周曾祚）、乌鲁木齐人民电影院（1955，新疆建设兵团设计处）、伊克昭盟成吉思汗陵（1955，郭蕴诚）等。第三是民间地域式，许多不赞成宫殿式方向的建筑师，把眼光投向民居寻求民族形式灵感，其建筑更为朴实、亲切。如北京外贸部办公楼（1952～1954，徐中）、上海鲁迅纪念馆（1956，陈植、汪定曾、张志模等）、上海同济大学教工俱乐部（1957，王吉螽、李德华）。爱国华侨陈嘉庚等设计的厦门大学建南大会堂（1950～1954，陈嘉庚、刘建寅）、南薰楼和集美学校等，不仅具有强烈的地域特色，而且体现了不拘一格的华侨建筑文化。第四是摆脱"大屋顶"的探新，基本上按照现代建筑的原则设计，有节制地增加一些传统的装饰，是探索中国现代建筑的再起步。如北京建筑工程部大楼（1955～1957，龚德顺）、北京电报大楼（1955～1957，林乐义）、北京天文馆（1956～1957，张开济）等。

第一个五年计划建设过程中的浪费现象，使得建设资金难以为继，其中包括因贯彻"民族形式"造成的花费。政府采取了极为严厉的反浪费措施，对建筑标准的一降再降，以至压到不合理的程度，留下了深刻的教训。同时，"民族形式"被批为"复古主义"，并以报刊、电影广为宣传。梁思成被指为"复古主义"的始作俑者，而真正推出"民族形式"的苏联建筑理论及其推动者，却长期游离于批判的焦点之外。

十年总结，十大建筑和建筑的“双革”

第一个五年计划提前一年胜利完成，在鼓舞建设热情的同时，也助长了高层领导贪多、求快、高指标、大计划的冒进倾向，最终酿成了1958年的“大跃进”，一个用政治运动方式搞经济建设以及“全民大炼钢铁”的狂潮。“破除迷信，解放思想”、“技术革新，技术革命”（即“双革”），是这个运动的中心号召。建筑与其他领域一样，也出现过许多脱离实际、求快求新甚至几近荒唐的事物。但是，广大建筑工作者也确实满怀豪情、干劲冲天，创造了中国现代建筑史中值得骄傲的篇章，如建国十周年的北京十大建筑以及建筑结构技术带动建筑创作进步等。

从1958年9月到1959年的9月，这短短的一年内，从设计到施工，全部完成了人民大会堂、中国革命和中国历史博物馆、中国人民革命军事博物馆、北京火车站、北京工人体育场、全国农业展览馆、迎宾馆、民族文化宫、民族饭店、华侨大厦（10月完工）共十座建筑（原先计划有国家大剧院、科技馆等），总面积达67.3万平方米。这是一个建筑设计的群众运动——参加设计的包括北京34个设计单位、各地专家30多位共同创作，对各项工程先后提出了400个方案，其中仅人民大会堂就提出了84个平面方案和189份立面方案。这是一个建筑施工的群众运动——面对工期如此短暂、规模空前巨大、技术难点众多的艰巨任务，建设者们“打破常规”“苦干加巧干”，在举国支持下，如期完成任务，可以说是革命意志创造建筑历史的过程。这是一个包容多种建筑风格的小“百花齐放”——有使用大型薄壳先进结构结合传统的北京站，有采取预制装配先进结构的民族饭店，有类似西洋古典柱式结合中国传统建筑创新的人民大会堂和对面的博物馆，有刚刚被批判过的“大屋顶”建筑全国农展馆和民族文化宫，甚至还有带有苏式尖顶的军事博物馆……当然，在政治运动的气氛下，要完成如此困难的任务，势必打乱行之有效的基建规章制度，“算政治账不算经济账”，也酿成许多浪费现象和安全问题。无论如何，它们代表了建筑十年的最高成就，又是建筑十年的总结和纪念碑。

1958年前后，世界各国基本完成了战后恢复和重建，先后进入了新的大发展时期，许多国家和地区，出现了经济建设的奇迹。中国的“大跃进”恰恰也是发生在这个时期，与国际求新求变的潮流相当吻合。许多中国建筑工作者，在“双革”口号的鼓舞下，虽与外界基本隔绝，但科学精神不泯，倾心开发新结构、探索新形式：一是建筑标准化与装配化；二是薄壳结构建筑；三是悬索结构建筑；四是新结构的构筑物。主要实例有，重庆山城宽银幕电影院（1958～1960，黄忠恕、吴德基、梁鼎森等；1998年拆除）跨度30m的钢筋混凝土筒壳屋盖；上海同济大学学生饭厅（1961，黄家骅）外跨54m的钢筋混凝土联方网架屋盖；北京工人体育馆（1959～1961，熊明、孙秉源等）直径94m的圆形双层悬索结构屋盖；新疆乌鲁木齐建筑机械金工车间（1960，解放军新疆建筑工程第一师设计院）的60m直径椭圆旋转曲面薄壳屋盖。稍后的有成都双流机场航站楼（1960～1961，西南工业建筑设计院和四川省建筑设计院）的钢筋混凝土筒形薄壳屋盖，杭州浙江省人民体育馆（1965～1969，唐葆亨、沈济黄、宋德生等）125.24m×103.8m的鞍形预应力钢筋悬索结构屋盖等等。此类建筑的意义，远远超过事情本身，它是中国建筑经历十年曲折道路之后的一个有希望的方向，甚至本应成为中国现代建筑的一个新起点。可惜，未来数年国内经济形势，无力支持这一方向。

三个视角，对“文革”建筑做正面观察

十年“文革”是一段不堪回首的历史，正常的建设基本停顿，全国的设计单位也陷于瘫痪。广大的设计工作者，特别是资深的技术人员和领导干部，几乎毫无例外地受到了冲击。十年运动，时紧时松。为了政治形势的需要或一些最急需经济活动，促使在一些特定的领域和地域，展开了必要的建筑活动。在全局倒退的形势下，局部有所发展，可以从三个视角做正面观察。

第一，政治性建筑。所谓政治性建筑，一是建筑宣传“毛泽东思想”和中国共产党的“路线斗争”，二是让建筑设计表现具体政治内容。常见的有两种方法：一是形象的明喻，借助向日葵、镰刀斧头、红五星等图案或符号，借助绘画、雕塑等媒介，宣示具体政治内容；二是数字的暗喻，用特定有政治含义的数字，来确定建筑的体量、局部、构件或细部的尺寸，力图将政治含义包含在建筑之中。但是，建筑表现政治思想的能力十分有限，特别是用数字暗喻

的方法，极不容易为观者所体认。此类建筑如成都四川毛泽东思想胜利万岁展览馆（1969），用四根柱子将体量分为三段寓意“三忠于，四无限”，用五步和七步台阶寓意“五七道路”等。位于广东农民讲习所旧址旁的广州广东展览馆，在建筑主体中部塔楼上设五个火把，把围墙、路灯设无数火把造型，象征“星星之火可以燎原”等。在长沙等革命发源地，也有多种此类建筑出现。

第二，领域性建筑。十年“文革”，有些特定领域或建筑类型，如体育、外事、援外以及其他领域的建筑类型，得天独厚，有明显的发展。主要表现在：

1）一专多用体育馆。体育馆兼有各种室内集会用途，特别是政治性集会，有一专多能的功效。体育馆本是富于表现力的建筑，但在当时的条件下，创新精神受到局限，艺术成就不及技术成果。如北京首都体育馆（1966～1968，张德沛、熊明），首次采用百米大跨空间网架，以及国内体育建筑的多项第一。其他如上海体育馆（1975，汪定增、魏敦山、洪碧荣等）、南京五台山体育馆（齐康等）、沈阳辽宁体育馆（1973～1975，陈式桐、王罗、刘芳敏）、郑州河南省体育馆（1967，黄新范、李舜华、王国修）等。

2）外交热推外事新建筑。中华人民共和国恢复在联合国的合法席位，美国总统尼克松访华，日本首相田中访华以及同中国建立外交关系国家数量的激增，对使领馆和涉外建筑设施提出大量需求。旅馆如新建北京饭店东楼（1974，张镈、成德兰）、北京16层装配式外交公寓（1971～1975）、北京国际俱乐部和友谊商店（1972，马国馨等）。使馆有北京伊朗驻华使馆，巴基斯坦、联邦德国、瑞典使馆等等。

3）应运而生候机楼。国际交往的增多，使更多候机楼建筑应运而生。为美国总统尼克松访华，杭州机场候机楼（1971，张细榜、黄琴坡等）从勘察设计到建成使用不到二个月。其他有乌鲁木齐机场候机楼（1972～1974，孙国城）等。

第三，地域性建筑。“文革”期间，全国实际形成一种无形割据和疏于管理的局面，为下放各地的建筑师留下了一线创作的缝隙。所谓地域性，有双层含义：一是建筑反映当地自然条件和风土人情；二是对国情有深刻理解，真实反映当时当地建设条件。这批建筑崇尚纯朴，毫不铺张，留下一个创业时代的谨慎和清新，其中两广建筑独秀。广州旷泉客舍（1972～1974，莫伯治、陈伟廉、李慧仁等），系改建、扩建原有仓库等建筑，并组织园林环境，使原来没有观赏价值的建筑平淡地形成为具有自然魅力的场所。广州少年宫（1966，佘畯南），利用旧建筑和极为普通的地方材料，把流水湖畔某化工厂破烂的遗址变成绿草如茵、内容丰富的科学园地。高层建筑也是广州建筑的成就之一，如白云宾馆（1973～1975，林克明、莫伯治）等，也融合了园林手法。广西南宁广西民族博物馆（1978，高磊明等）、南宁体育馆（1966）以及桂林的风景建筑芦笛岩接待室（1975，尚廓等），都是探索地域性和现代性建筑的典型实例。“文革”中地域性建筑，在没有创作口号的情况下，表露出一种真诚的现代美学气质。

初现特色，新时期之初的自发探求

改革开放初期，建筑创作中的物质条件和创作环境虽有改善，但依然比较落后。努力建设“四化”的口号，成为鼓励建筑师的强大思想动力，“适用、经济、美观”、“中而新”以及经典现代建筑原则，依然是一般建筑师自觉遵守的设计准则。建筑作品规模并不宏大，但创作紧密结合国情，深入生活，既有很强的功能性，又有鲜明的现代性，可以说是“具有中国特色现代建筑”的一次自发起步。我们可以看到：

1. 小型建筑起步，体现朴素的现代建筑原则。一批规模相当小的交通建筑，成为开路的先锋。交通建筑并无传统模式，功能性强，流线直接，不容虚饰。相应地，建筑平面简洁顺畅，形象朴实。如天津塘沽火车站（1975～1978，胡德君、张文忠等）、桂林火车站（1977，柳州铁路局勘测设计所）、昆明汽车客运站（1979～1983，云南省建筑设计院）、重庆白市驿机场航站楼（1984，布正伟、郑冀彤、张仁武）、辽阳火车站（1978，中国建筑东北设计院）、北京首都机场航站楼（1979，刘国昭、倪国元）等。建筑的现代化从小型建筑做起，是正确的起点，随着建筑规模的逐步扩大和经济效益的吸引，小型建筑被忽视了，小建筑的大作用淡漠了。

2. 立足现实国情，深入研究创造建筑新形象。建筑师立足于所在地域特点和项目具体条件，经过深入现场做调查研究得出建筑构思，不但体现了建筑的特异性，同时也体现了自由创造精神。像北京动物园爬虫馆（1975，张郁华等）、天津水上公园动物园熊猫馆（1976，彭一刚）、自贡恐龙博物馆（1983～1986，高士策、夏朗风、吴德富）、浙江缙云电影院（1983，葛如亮、龙永龄、钱锋）、沈阳新乐遗址展厅（1984，张庆荣、李慧娴）、南京侵华日军南京大屠杀遇难同胞纪念馆（1985，齐康、顾强国、郑嘉宁）、北京国际展览中心（1985，柴装义、张天纯、林慧姬）、长沙湖南师范大学美术专业教学楼（1985，王绍俊、王胜平、邹仲康）、北京第四中学教学楼（1985～1987，黄汇、程玉珂、徐禹明）。如今，因取得资料的方便或周期的紧急，现场的调研被忽视了，这是难以获得原创建筑精神的原因之一。

3. 整体建筑语言，建筑艺术中的整体性观念。整体建筑语言造就建筑的完整统一，不但应用在总体布局和单体空间体量上，也体现在室内和细部设计之中。运用整体建筑语言，不仅是建筑手法的恢复，也是文化观念的恢复。如曲阜阙里宾舍（1985，戴念慈、傅秀蓉、杨建祥）、上海西郊宾馆睦如居（1985，魏志达、季康、方菊丽）、上海电影技术厂录音楼（1985，郭小苓、刘呈莺、徐之江）等建筑，将一种建筑艺术语言贯穿始终。今日的现实中，把半成品设计的空壳子交给装修公司去"装修"，难免出现一些与原设计语言矛盾的商业化现象。

4. 技术观符合国情，低技术和适宜技术的应用。改革开放之初的创作环境中，尚缺乏先进的建筑技术和设备，所以常常沿用当时仅有的技术，甚至用所谓"土法"，以低技术或适宜技术解决实际问题，在许多建筑中体现了这一观念。如甘肃敦煌航站楼（1983～1985，刘纯翰等）、甘肃窑洞建筑（任震英）。"土法上马"曾是一种短缺的无奈，如果以可持续发展观来衡量，正是多种技术并举的全面技术观。

地域建筑，繁荣建筑创作中的亮点

地域性建筑是中国建筑师久远关注的课题，它回应当地的自然条件，运用地方性材料和建造技术等，而且吸收当地建筑文化成就。1950～1970年代，地域建筑都有良好的表现，1980年代，又为建筑创作增添了光彩。十余年间，可以明显地看到几个比较活跃的建筑地区：

1. 福建：风景区大城市同时并举。不但在自然条件优美的风景区，同时在大城市也做出明显的成绩。如福建武夷山庄（1980～1983，齐康、赖聚奎等），体现武夷山"碧水丹山"的独特风貌并使用地方材料和当地民居的建筑做法。福州福建省图书馆（1989～1995，黄汉民、刘晓光、王小秋）和福州福建省画院（1990～1992，黄汉民、梁章旋、金华元），都是在适应城市环境，采用当地民居的建筑元素以及组织室内外融合的园林意趣而获得效果。

2. 江浙：主流地区的传统和现代。粉墙、黛瓦清丽纯朴的江浙民居，一直是江南主流建筑风情的标志。进入新时期以来，由模仿个别要素（马头墙、青瓦顶、漏窗等），发展到把握总体环境、加入现代气息。杭州花家山宾馆4号楼（1981，唐葆亨、方子晋、董孝纶）、无锡太湖饭店（1984～1986，钟训正、孙钟阳、王文卿）、无锡新疆石油工人太湖疗养院五号疗养楼（1985，卢济威、顾如珍、李顺满）、绍兴饭店（1987～1990，陈静观、谢永锦、龚景超）是典型实例。上海龙柏饭店（1980～1982，倪天增、张乾源、胡其昌）则体现了外来地域性建筑文化的脉络。

3. 川陕：民居是建筑风格的源泉。地域性建筑的许多特点都体现在民居中，有的建筑师提出民居是风格的源泉。仪陇朱德纪念馆（1982，杨星海、张文聪、孙嘉瑞）、四川九寨沟宾馆（1985～1988，赵擎夏、刘小明）、临潼华清宾舍（1978，洪青、孙巽、张伯伦），体现了这一主张。

4. 新疆：民族形式向地域性转换。如果说新疆地区1950年代的探索是以少数民族建筑形式符号为主，进入1980年代后，有向地域性转型的趋势。如吐鲁番招待所（1979～1980，王小东）拱结构屋面上覆以黄土，冬暖夏凉。吐鲁番宾馆新楼（1992～1993，刘谞），乌鲁木齐新疆维吾尔自治区迎宾馆（1985，高庆林、吴建业、申国宾、阳祖跃）、库车龟兹宾馆（1992～1993，王小东）等兼具地域性、现代性和人文特色。

5. 北方：延续旧城文脉有机更新。在北方，一是延续以北京四合院民居为代表的有机更新，如北京菊儿胡同住宅改造（1988～1990，吴良镛等）；二是在建筑文脉比较清晰的地区，明显吸取地方特定地域建筑文脉。如北京清华大学图书馆新馆（1985～1991，关肇业、叶茂煦、郑金床等），北京丰泽园饭庄（1994，崔恺、韩玉斌、周玲等），荣成北斗山庄（1990～1991，戴复东等）的海草屋顶、乱石墙面，地域建筑效果鲜明。

6．景园：自传统出发创新出新意。园林建筑的理论研究和实践，是“文革”以后行动最快的建筑类型之一，大都是从传统园林建筑出发而出新的，如上海方塔园（1980～1981，冯纪忠）建筑巧妙运用钢结构现草顶竹构建筑，延续当地农舍文脉。杭州西湖阮公墩云水居（1982，卜昭辉等）用轻钢屋架，竹饰面。平度现河公园（1989～1994，彭一刚等）做多种屋顶变体，使建筑面貌一新。合肥环城公园（1983～1985，劳诚等）结合城市景园体系建设，从传统出发，运用现代材料设置景点改善城市的大环境。1980年代开始兴建的主题公园，起先以景园建筑思路布局，日后引进国外游乐设施转向游乐园，如深圳中国民俗文化村（1990～1991，杨永祥、张敕、盛海涛、曹磊等）。另有对于古代名园、名楼的复原，也是这个时期景园建筑的成就之一，如黄鹤楼、岳阳楼等。

地域性建筑是我国建筑成就的重要侧面，但存在形式要素领先的倾向，如何结合生态等可持续发展的课题，是对建筑师的期待。

回归人本，从短缺起步的居住建筑

居住建筑问题，是最重要的民生问题之一，共和国成立之初，城市住宅数量缺乏，卫生条件极差，许多城市形成了环境恶劣的棚户贫民窟，所以，新建了许多工人新村，解决急需。根据当时全国50个城市人均居住面积3.6平方米的现状，制定每人居住面积4平方米的设计标准，实行了30余年。由于人口由“4万万”增至8亿的现实，消解了住宅数量的增长。同时，所谓“合理设计，不合理使用”的救急策略，形成几户合住与缺厨少厕的尴尬。至1970年代末，住宅的“欠账”问题已经刻不容缓了。

1. 再起步回归人本

自1978年10月，国务院批转国家建委《关于加快城市住宅建设的报告》，要求迅速解决职工住房紧张问题，到1985年，城市平均每人居住面积要达到5平方米[2]。此后加快了住宅建设的进程。

1）开拓投资渠道，促进数量增长。国家提出发挥国家、地方、企业、个人四个方面积极性建设住宅的方针后，1979年至1984年六年间，逐步做到了住宅增长速度超过了人口增长速度，旧账逐步还，新账不再欠，1984年全国城市人均居住面积增至4.77平方米[3]。

2）提商品新概念，调整住宅标准。邓小平在1980年4月2日谈话中指出：“城镇居民个人可以购买房屋，也可以自己盖。不但新房子可以出售，老房子也可以出售。可以一次付款，也可以分期付款，十年、十五年付清。”这些指导性意见，促进了住房制度的改革，使住宅建设开始走上商品化的轨道。1984年11月国家科委提出到2000年争取基本实现城镇居民每户有一套经济实惠的住宅，全国居民人均居住面积达到8平方米的目标。

3）从竞赛看转型，新概念之初现。设计竞赛是促进建筑创新的有效方法，1979年建设部恢复了中断了22年的设计竞赛，举行了“全国城市住宅设计方案竞赛”，首次提出“住得下”、“分得开”与“住得稳”的要求。1984年的“全国砖混住宅新设想方案竞赛”，首次引入了套型系列与单元系列平面，已逐渐向现代生活靠拢。1987年建设部举办的“‘七五’城镇住宅设计方案竞赛”，是一次响应国际住房年的活动，以起居室为中心的“大厅小卧”式设计，得到普遍重视和应用。1989年的“全国首届城镇商品住宅设计竞赛”，“我心目中的家”成为创作核心。1991年进行了“全国‘八五’新住宅设计方案竞赛”，注重功能改善，由追求数量转为讲求质量，由粗放型向精细型转换。

经过十多年的努力，不但大大改善了居住条件，并从多个方向回归了人本精神。较早的实例如深圳园岭联合小区（1982）、无锡“支撑体系”住宅（1983，鲍家声等）、天津低层高密度住宅（1979，胡德君）、北京台阶式花园住宅等。在一些大城市，过去已经萌芽的高层住宅，得到了很大的发展，如上海漕溪北路高层公寓（1970年代，上海市民用设计院设计）、广州名雅园小区高层建筑等。

2. 试点小区开大路

1978～1985年，是住宅“量”的猛增阶段，也出现了规划、设计和施工偏于粗放的情况。1986年，建设部选择无锡沁园新村（1987～1988）、济南燕子山小区（1987～1989）、天津川府新村（1987～1989）可代表我国北方、南方及南北方过渡地区的三个小区，作为试验小区，并取得良好效果。在总结经验的基础上，再扩大试点，并制定了一系列政策与评定标准。自此，第三、第四、第五批全国城市住宅小区建设试点的工作展开。同时，各地方也相继进行了省级试点工作。有许多项目获奖，如合肥琥珀山庄南村、北京恩济里小区、上海康乐小区、常州红梅西村等优秀小区，更成为住宅建设的典范[4]。

3. 从安居走向小康

1994年国务院提出了实施国家“安居工程”计划。安居工程既不是高标准的豪华住宅，也不是简易房，平均每套建筑面积为60平方米左右，其平价住宅以建设成本价格向城市中低收入和住房困难户（人均居住面积在4平方米以下）出售。1995~1997年三年共有近245个城市被批准实施，建筑面积近5000万平方米。

1980年代邓小平提出了“小康”社会的概念，中共十六大将“小康社会”深化发展为“总体小康”和“全面小康”两个阶段，并提出了新“三步走”战略目标。这一战略目标对小康住宅的研究和发展，指出了具体的方向。1994~2000年，各地有7批共70多个小康住宅示范小区设计通过审查进入实施，2000年后示范小区并入康居工程。2005年建设部表彰了通过国家康居示范工程78项，分布在23个省、直辖市和自治区。

4. 社会期待和谐人居

进入新世纪，住宅建设飞快发展，至 2005年底，全国城镇住宅建筑面积107.69亿平方米，人均住宅建筑面积26.11平方米，全国城镇户均住宅建筑面积83.2平方米，住宅成套率为80.64%[5]，从数量上已与世界发达国家的居住水平接近。但在这一过程中，还存在一些突出的问题，如：

1) 住宅供需之间的错位，一方面住宅建设的数量远不能适应城镇人口的增长，另一方面在住宅供应量严重不足的情况下，全国城镇仍空置了上亿平方米商品房。

2) 建设使用过程中费地、费能源、费水、费材和环境污染的现象严重，因为施工水平低下造成城市用水、大气、噪音以及低质建材等造成的环境污染，难以治理。

3) 居住状况明显分化，高收入阶层购买一套或多套豪宅，中等收入阶层人购买环境较好的普通商品住宅，而低收入阶层和城市贫民的居住状况相对较差，加上进入城市就业的农村劳动力的居住贫困化问题，已经影响到城市的社会稳定和经济的持续发展[6]。

4) 市场房价控管不力，首先，市场住房供应结构不合理，已经导致了中低收入阶层的住房需求被压抑，他们急需住房，而市场提供的大部分是中高档住房。第二，因供需缺口和利润追逐，致使房价一涨再涨，低收入阶层无法实现安居，中收入阶层也因买房而成“房奴”。第三，住房改革和住房保障制度的不健全，对住房市场的管控不力，特别是对百姓最敏感房价问题。

中共十六大提出构建社会主义和谐社会若干重大问题的决定，为解决住宅建设中所存在的种种不和谐现象指出方向，人们期待政府以科学发展观来探讨住宅的发展问题，这是社会和谐的重要组成部分，尽管路途尚远，人民期待着一个社会主义的和谐人居前景。

超越经典，有中国特色的建筑创新

发源于欧美的经典现代建筑，先后以主动或被动的方式，在世界各地传播。改革开放以来，我国建筑师对经典现代建筑及其二战之后的发展与修正进行了再认识，中国建筑作品，进入一个既逐渐融入国际又具中国特色的创作阶段。

1. 传统建筑类型的新表现。现代建筑有许多传统类型，新时期的优秀建筑，在功能性、科学性、经济性、真实性、空间化、理性化等方面，突破了原有建筑类型的设计水准，出现了新面貌。建筑类型不胜枚举，仅能略举一二。

体育建筑。通过亚运会和奥运会以及援外项目的促进，达到了新的水准，如国家奥林匹克中心的不断完善（1984~1999~2008），直到奥运会上所谓“鸟巢”、“水立方”的完美展现；上海、广州、天津、长春、哈尔滨、大连等地完成的体育场馆，都有独特表现。

交通建筑。经济发展的新需求，促使火车站和航站楼等交通建筑类型之规模、品质有了本质的飞跃，如首都机场航站楼的一扩再扩（T1-1980, T2-1999, T3-2009）满足了奥运会繁重的迎送任务；其他航站楼如广州白云机场，重庆江北机场，大连、济南、珠海、乌鲁木齐、拉萨贡嘎机场，贵阳龙洞堡机场等等，各有突破；新火车站遍及各地，而且许多采用了“线上”式的结构。早期如天津铁路新客站（1988、2008，韩学迢等）、沈阳北站综合楼

（1987～1990，徐方等）、杭州铁路新客站（1991～1999，程泰宁等）、北京西客站（1996）等，各具特色。

科教建筑。是以往比较薄弱的建筑类型，教育和科研的大力推进，使科教建筑得到相应发展，其设计有集教学、科研和服务于一体综合化趋势。香港著名人士，邵逸夫、包玉刚等人，大量捐赠内地教育事业，在许多学校中建起以他们命名的科教建筑，如广州华南理工大学逸夫科学馆（1992，何镜堂等）、上海同济大学逸夫楼（1993，吴庐生等）、重庆大学图书馆及学术中心（1992，王辉、关肇邺、余吉辉等）、武汉大学人文科学馆（1987～1990，沈国尧、高菘、孙明伟等）。近些年来，各地兴建“大学城”，尽管对此类“圈地”现象有所批评，但客观上也建成了一批规模较大、设施完备、形象清新的校园，像沈阳建筑大学等等。另外，各个省会城市，先后都建设了较大规模的图书馆，亦为科教建筑之盛事。北京国家图书馆二期和上海图书馆（1996，张皆正、唐玉恩）等，代表了新的水准。

博览建筑。新时期的博览建筑，如博物馆、展览馆等，有全新的表现，不但已具有现代化设施和综合性功能，而且表现出结合中国特色的现代性。如广州西汉南越王墓博物馆（1986～1993，莫伯治、何镜堂等）、北京炎黄艺术馆（1988～1991，刘力等）、上海博物馆（1995，邢同和等）、郑州河南博物院（1992～1997，齐康）、拉萨西藏博物馆（1999，中国建筑西南设计研究院）等。大型展览馆如北京国际展览中心（1985～，柴裴义等）、新疆国际博览中心新馆（1994～1995，孟昭礼、孙国城等）等。

高层建筑。集现代建筑各项进步为一体，如先进的结构设计和计算技术，高强的建筑材料、较高的施工技术，复杂的建筑设备，以及雄厚的经济实力等等，所以许多人认为高层建筑是现代化象征。1980年代，高层建筑分布在有限的几个大城市之中，如深圳、广州、北京等地。此后，建筑规模和高度日新月异，上海环球金融中心已达460m，更高的建筑还在建设之中。毋庸讳言，众多超高层建筑是外国建筑师的设计，其中先进技术和设计思想乃至设计管理，值得中国建筑师学习和借鉴。

工业建筑。工业建筑已经摆脱了“肥梁、胖柱、深基础”的苏联工业建筑体系。高科技的发展，科技园的建立，出现了许多新型的工业建筑，如多高层厂房、通用灵活车间、洁净和超净的封闭车间、新型科学试验建筑、核电站、现代藏书仓储建筑等等；同时，全球环保意识加强，不但满足环保的要求，而且使工厂园林化。较早的项目如成都全兴酒厂（1991，黎佗芬等）、大连华录电子有限公司（1992～1993，黄星元、周景溪）等。与飞机制造业和民航有关的大型厂房和附属设施，因其大跨结构和先进设备而格外引人注目，如北京四机位机库以及北京航空港配餐中心（BAIK）、天津A320空客总装厂房等。

2. 建筑环境意识的新觉醒。虽然真正解决可持续发展问题的建筑尚待时日，但环境意识已经渐入人心，不乏尊重周围自然环境并注意与之相协调的优秀作品，如黄山云谷山庄（1987，汪国瑜等）、织金洞国家级风景名胜区接待厅（1990～1992，罗德启等）、深圳大学会演中心（1987～1988，梁鸿文等）。虽然这些作品所反映的环境意识，并没上升到可持续发展和生态保护的层次，但从中可以明确地体会到朴素的、基于建筑本体要素的、适应自然的设计思想，无疑会发展成为积极主动的环境保护建筑理念。

3. 建筑创作文化观的重建。建筑作为文化现象，不言而喻。“文革”砸烂了建筑传统，革掉了文化内涵，所以1980年代有一个重建文化观的普遍浪潮。反映在建筑创作方面，一是主流传统的新续，出现颇具现代性的古典建筑形式，如西安“三唐”工程（张锦秋）和曲阜阙里宾舍（戴念慈）为代表的一批作品；二是在建筑中注入或保持文化内涵，如清华图书馆（关肇邺）、曲阜孔子研究院（1996～1999，吴良镛等）、天津大学建筑系馆（1987～1990，彭一刚等）、淮安周恩来纪念馆（1989～1990，齐康等）。三是所谓“通俗文化”进入建筑，这类作品曾以所谓“后现代”建筑的部分特征而立足于世。在许多“一条街”的建设中出现此类建筑，引起一些关于“雅”“俗”问题的讨论。

4. 基于本体的象征与隐喻。建筑创作之多元化局面，其明显的一枝是象征与隐喻。象征与隐喻是文学艺术领域的创作手法，一般说来建筑艺术并不擅长此道，建筑师需把握喻体和本体之间的“象形度”，过像会伤及建筑本性，过远则难以形成联想。新时期的创作有许多良好的实例，如威海甲午海战馆（1994～1996，彭一刚）残缺船体，沈阳“九一八”事变陈列馆（1991，赵永丰、贺中令）的国耻日历，东莞游泳馆（1993，佘兆宋、李小莉等）的鱼跃，北京中国人民银行总行、金融中心（1986～1990，周儒等）的“聚宝盆”等等。

近30年的建筑创作，深化并超越了经典现代建筑的历史局限，走向了“中国特色”建筑之路。所谓“中国特色”，是一个永远向往的理想，当我们停下来审视至今的建筑成就时，它就是一个自然的现实。

出去进来，从援外到国际建筑市场

1. 援外建筑另辟蹊径

共和国成立后的30年间，中国建筑断绝了与欧美建筑的直接联系，仅与苏联和东欧社会主义国家有些来往，“一五”计划期间苏联等国对我国提供了大量的援助，同时，政府也向“兄弟国家”或“友好国家”提供经济援助，并视之为履行国际主义义务的重要内容。1956年，政府决定对蒙古人民共和国提供1.6亿卢布的无偿援助，帮助兴建14个成套项目，中国建筑师在国外的建筑活动也就在“援外工程”中起步。如龚德顺主持的乌兰巴托百货大楼、乔巴山国际宾馆、高级小住宅及政府大厦扩建工程等，与国内情况不同，均具有现代建筑的典型艺术特征，也很好地适应了他国的需要。与此同时还开始了对越南、柬埔寨、朝鲜、尼泊尔、也门、阿尔巴尼亚等国的经援项目。

1971年10月，中国恢复了在联合国的席位，外交上的成功、国际关系的改善，也使援外达到高峰。援外项目在48个国家里达到213个，形成项目分布广、类型多的局面。

体育建筑是援外建筑成就突出的建筑门类，为表彰中国援外的体育建筑，国际奥委会曾颁发奖杯给中国政府，国际奥委会主席萨马兰奇曾赞扬说，要看中国的体育建筑，请到非洲来。在体育建筑的设计中，建筑师做到：能适应不同国家的不同要求，例如叙利亚体育馆，要求兼有会堂和宴会厅等。其他如塞内加尔友谊体育场（1975～1985）、塞拉利昂西亚卡·史蒂文斯体育场（1979）等，也是这个时期有代表性的作品。

会堂和观演建筑是援外项目的又一大类，这类建筑在适应当地自然条件、表现当地建筑文化、尊重当地民族情感以及借助当地传统建筑手法或构件等方面，做出了巨大的努力，并取得良好的效果。如斯里兰卡国际会议大厦（1964～1973，戴念慈等）、几内亚人民宫（1967，陈登鳌）、苏丹友谊厅（1976，上海民用建筑设计院）、扎伊尔人民宫（1979，林开武、单沛圻）、阿拉伯也门共和国国际会议大厦（1979，陈登鳌）等等。

此外，还有文化教育、办公、医疗、展览等其他公共建筑类型。例如阿尔及利亚展览馆（1960年代）、毛里塔尼亚青年之家（1970，刘福顺）、毛里塔尼亚文化之家（1971，刘福顺）、阿拉伯也门共和国塔伊兹革命综合医院（1975，陈嵩林、李全卿）、索马里摩加迪沙妇产儿科医院（1977，杜岩）、坦桑尼亚达累斯萨拉姆火车站（1975）等。

2. 在竞争中释放个性

1980年以来，对外经援也从计划经济向市场经济转型，彻底避免了只算政治账，不算经济账的弊端。建筑创作的国内和国际竞争机制，促成一批中青年建筑师优秀作品脱颖而出。

突尼斯青年之家（1990）是刘力在1985年全国公开招标中获胜作品，环境、建筑、室内一气呵成；加纳国家剧院（1985～1992）是程泰宁在1986年全国性招标中胜出作品，剧院视听俱佳、体量奔放、细部精致。他设计的马里会议大厦（1989～1995），借景尼日尔河并传达当地伊斯兰建筑的韵味；埃及开罗国际会议中心（1983～1986，魏敦山等）的作者获得埃及总统授予“国家一级军事勋章”；瓦努阿图会议大厦（1991，王天锡）、受当地传统民居启发，轮廓别致、色彩鲜明。此外，继续发扬体育馆建筑的优势，建筑作品进入更高境界，如巴基斯坦体育综合设施之体育馆（1985，梁应添等）、贝宁科托努体育中心之体育馆（1980年代，项祖荃等）、肯尼亚国家体育综合设施之体育场（1987，黎佗芬等）、体育馆（1989，周方中等）。

应当看到，这些建筑反映了国内建筑师、建筑材料、技术和设备的整体较高水平。但是，中国建筑师进入国外市场的势头，远远不及外国建筑师占据我国建筑市场的猛烈，现在已是真正进行国际竞争的时刻了。

3. 外来建筑的新经验

1949年后在中国大地上重见外国建筑师的新建筑作

品，是1980年代之初。美籍华裔建筑师贝聿铭作品香山饭店（1979～1982），以江南园林的情思、中国建筑传统的再探以及昂贵的建筑造价，引起中国建筑师的热烈争论；美籍华裔建筑师陈宣远的北京建国饭店，以其高效、务实和民居气息，展示了美国建筑实用主义；北京长城饭店（1979～1983，培盖特事务所）是中国第一批出现的玻璃幕墙建筑，而南京金陵饭店（1980～1983，香港巴玛丹拿公司）以110.9m的高度抢占最繁华的新街口广场，凸显了城市规划面对来势凶猛的外来建筑，尚缺乏应有的准备。

更重要的是，以"合作"名义进来的外来建筑，的确带来我国建筑缺少的因素，在很大程度上提升了中国建筑创作的水准。

a 超高层建筑表现出强大建筑技术和设备支持，形象干净、精细，和一些体量变化多端、顶部五花八门的国内设计形成对照；

b 外国建筑师显示了对功能、技术复杂的大型或超大型的公共建筑的丰富的经验。如大型机场、航站楼，高水准的大剧院或商业建筑等。如上海大剧院（1997，夏氏建筑设计事务所）；

c 许多外国建筑师或因尊重中国建筑传统以博取中方的好感，力图在自己的作品中，贯彻某些中国传统的因素，如上海商城（1990，[美] 波特曼）、金茂大厦等；

d 外来的经验超越形式，尽管对外来建筑的观察依然是建筑形式首当其冲，但形式背后的深层含义和设计事务的经验，已经超越形式，而多数设计并非风格或流派挂帅。

4. 明星建筑师的商业表演

越来越多的外国建筑师参与一些大城市重大建筑的竞标活动，并有屡战屡胜之势，最令人瞩目的是北京国家大剧院、CCTV新厦、北京奥运工程的"鸟巢""水立方"等建筑方案。外国建筑师具有较高的设计水准和足够的特色，但也应当看到，其迎合业主猎奇心理的商业语言。外来建筑师，善于用商业营销手段"包装"设计产品。例如为产品起个动人的名字"天鹅""风帆""鸟巢"之类。同时，他们还用一些似是而非甚至强词夺理的所谓"理论"，论证方案的正确。例如保罗·安德鲁解释国家大剧院与传统的关系时说："我认为保护一种文化的唯一办法，就是要把它置于危险境地。"[7] 而大都会建筑事务所解释CCTV设计的新总部大楼时说："超高层大厦是最忠实遵循经济原理的类型之一。……只能依靠某种具有直感的想象力来对抗其原理，孕育新的东西。""这一建筑也许是中国人无法想象的，但是，确实只有中国人才能建造。"[8] 有时，外方把话筒交给中方合作者，期望他们的代言更能从文化心理上打动中国评选团和受众，避免了外来话语的霸气。

人们期望明星建筑师在解决当前社会发展问题上，在实践可持续发展的议题上做出榜样，从中实现自己的商业价值，而不是冠冕堂皇地为业主增添负担。

理论探新，从风格讨论到北京宣言

建筑创作的思想、方法，涉及到对自然、人本、社会、科技等等多种问题的思辨，甚至有些哲学式的思考，中国建筑师有这方面的良好传统。"一五"计划初期，苏联专家照他们本土的文艺斗争经历，在我国建筑界推行那两个口号并追讨所谓"结构主义"（即构成主义），造成理论的困惑和紊乱。

建国十周年，迎来了有自主话语权的建筑理论现象：建筑学术界摆脱了"大跃进"的浮躁氛围，恪守研究工作的基本信念和方法，在全面调查研究的基础上，通力编写完成了《建筑十年》《中国近代建筑史》和《简明中国建筑通史》"三史"，是代表当时高学术水准的历史著作。同年在上海召开的《住宅标准及建筑艺术座谈会》，是我国建筑界第一次放谈建筑艺术的高端盛会。会议不设禁区，畅所欲言，许多有理论水准的发言见诸报端。其中行政长官刘秀峰部长著名的报告《创造中国的社会主义的建筑新风格》，成为建国十年建筑思想或理论问题的总结。尽管报告的内容颇具历史局限，但在当时，它成为几乎所有建筑师都受鼓舞的建筑理论成果，"新风格"向取法古典的"旧风格"挥手道别。由于这个报告的官方性质，随即而来的全国性"建筑风格"大讨论，大体在报告的框架内进行，也显示出它的一些个局限。"文革"中，刘秀峰和这个报告受到万般诋毁以及无聊文人的批判，但掩盖不了报告的理论和历史意义。

改革开放以后，在提倡“繁荣建筑创作”的同时，重建了学术环境，因“名利思想”和“一本书主义”的批判而使得十分冷清的学术出版活动，得以复苏。首先是对“文革”中去世的老一代建筑师的研究成果结集出版，如《梁思成文集》（1982）、《刘敦桢文集》（1982）等陆续面世；同时，卓有成就的老建筑师也在大力著述，如童寯发表了一系列对西方、苏联及东欧现代建筑的研究成果，他的治学，是一代教师和理论工作者的典范。1964年只出版了第一集被称为“天书”的三集大型工具书《建筑设计资料集》，也于1978年出齐。陈志华的著作《外国建筑史》（1979）、同济大学罗小未等4所学校教师合作编写的《外国近现代建筑史》（1982）也相继出版，改善了外国建筑史长期缺少教科书和教学参考书的状态。中国建筑工业出版社杨永生等编辑出版了一种极为简约的《建筑文库》，收集了亲历现代建筑运动的前辈建筑师一些主要在1980年代发表的论文，规模虽小，却是建筑理论的报春花，是中国建筑师自由撰写的著作。一些中青年教师或建筑师，在“文革”期间的学术积累也陆续出版，如彭一刚的《建筑画与表现图》《空间组合论》等。这些理论著作的出版，无疑对促进中国建筑的重新起步有十分重要的作用。

与此同时，还展开了外国建筑理论的翻译。一些西方建筑大师的名著翻译出版，如勒柯布西的《走向新建筑》（吴景祥译，1981）、P.L.奈尔维的《建筑的技术与艺术》（黄运升译，1981）等。1986年6月，由汪坦主编的《建筑理论译丛》出版，这是由13本专著组成的丛书，建筑界研究外国建筑的专家学者参加了丛书的翻译。这年，中国建筑工业出版社还组织出版《国外著名建筑师丛书》，丛书首批共12册，介绍世界公认的12名建筑师。可贵的是，许多作者是与这些外国建筑师有直接联系的学者。此外，1985年由清华大学教授汪坦主持召开了中国近代建筑史研究讨论会，开始了卓有成果的中国近代建筑史研究。

1989年，吴良镛出版了一部重要著作《广义建筑学》，把眼光投向城市、城镇群、地区以及社会文化内容，而不仅是传统上的单体建筑思维。这些思想，在1999年世界建筑师大会通过的《北京宪章》中有了深远的发挥。1999年6月国际建协（UIA）20届世界建筑师大会文件的准备，促成我国建筑师开展了一次空前的建筑理论探讨。围绕着《主题报告》《分题报告》以及《北京宣言》等重要文件的起草，学者们发表了一系列的论文。国际的胸怀，历史的眼光，院校的协作，使我国的建筑理论水准，更上层楼。10卷巨著《20世纪世界建筑精品集》，由10个地理区域，投票选出1000件建筑作品，较为全面地反映了全球建筑成就、交流与碰撞，具有很高的学术价值和信息量。大会前后，还出版了大量中国建筑师的作品集，著名的如5卷集的《百名一级注册建筑师作品选》。

在忙碌的建筑设计市场上，许多人寻求建筑样本和理论片段支持自己的产品，建筑理论受到冷落。同时，也有许多学者，坚持理论研究和理论教育，不断推出新的成果和译著，如王贵祥翻译的2卷集《建筑理论》等。

探索未来，全球化与实验建筑活动

我国的改革开放与国际经济全球化并进，随着2001年末正式加入WTO，我国正式融入了这一进程。事实上，建筑设计领域的全球化进程，在改革开放之初就已开始，如引入外籍建筑师设计的旅馆，引入种种建筑思潮等。一批中青年建筑师的外国和归国工作经历，传播着某些带有“先锋”或“实验”性质的建筑思路。

“先锋”和“实验”是从艺术领域延伸至建筑的用语，在一般的语境下，先锋建筑和试验建筑没有多少区别，大体上可以看作是一些敢为天下先，具有强烈创新精神，尚未或者正在被社会普遍认可的建筑作品。从历史上看，进步的、符合社会发需求的先锋或实验建筑会具有生命力，能在进程中站稳脚跟，成为新时代的建筑先驱和经典，不符合社会需求者，将化为过往云烟。

当前活跃在建筑创作领域里的一批中青年建筑师，大都受过良好的建筑教育，很多人具有海外留学或事务所工作的经验，往往在学习或创业初期就崭露头角引人关注，是一批“跨文化”的建筑人才。他们所从事的建筑试验呈多个方面：一是与现代艺术关联，以建筑概念或建筑部件为话题，制作一些装置或发动一些行为。这一类是现代艺术语境中的艺术，不能算是建筑艺术，它的实验性，不在建筑本体。二是通过一些有影响的国际性展览，其参展作品提出各有创意的实验建筑概念，以展现解决特定课题新的可能性，提出许多智慧的作品。三是在相对小型的建筑里，注入或实验某种建筑概念。有的项目采取邀请多家建筑师进行的有特色的所谓集群设计，在一个群体项目中分别展开各自的建筑概念，如北京“长城脚下的公社”、“金华建筑公园”等。四是在建筑设计市场上，提出一些国际或国内所关注的热点问题，如环境保护、城市矛盾等层面问题的解决方案。在试验建筑方面有重要影响的建筑师，如张永和与他的非常工作室，由于他在国内外引人注目的建筑活动，于2005年被选中出任著名的美国麻省理工学院（MIT）建筑系主任。马清运是另一位有国际影响的实验建筑师，他和他的事务所的建筑实践涉及多种建筑类型，2004年在德国举办了马清运建筑作品展，2006年被任命为美国南加州大学建筑学院院长。

事实上，“实验”一词日常更多地用于科学技术领域，为了检验某种科学理论或假说，而反复进行的某种操作或活动。具有此类性质的实验建筑，也有一些探索。如以“可持续发展”为号召的“节能建筑”、“绿色建筑”、“生态建筑”等，逐渐进入了实验阶段，如清华大学的环境能源楼、奥运建筑中对“绿色奥运”概念的有效贯彻。1990年代以来，计算机技术在建筑领域有突飞猛进的发展，已经从“甩掉图版”的纯绘图机器或储存工具，展现出利用数字技术进行复杂建筑形式的所谓数字建构、虚拟空间研究和建筑形式生成等前景。此外，新材料、新技术的开发，如新型钢材、塑料、设备、可再生能源等，将前瞻未来新型建筑的可能性和丰富性。实验建筑最有意义的方向，是给中国建筑做出前瞻性的榜样。

当新中国建筑走完了一个甲子行程的时候，建筑正面临着复杂而艰巨的新任务。党和政府提出全面小康的目标之一是“可持续发展能力不断增强，生态环境得到改善，资源利用效率显著提高，促进人与自然的和谐，推动整个社会走上生产发展、生活富裕、生态良好的文明发展道路”，这个目标简直就是给建筑下达的任务。广大建筑人会在60年建筑成就的鼓舞下，在工作中，以科学发展观促进城市、乡村和建筑以人为本、与自然和谐。在完成以工业技术为基础的现代建筑观念和任务的同时，必须着手以信息技术为基础的建筑探新；在我们拥有建筑数量世界第一的同时，也要拥有质量与之相称的世界优秀建筑。可以肯定，在建国100年完成“基本实现现代化，建成富强民主文明的社会主义国家”的成果中，也有建筑人所奉献的优美城市、乡村及其建筑。

注 释：

[1] 本文内容限于中国大陆，未涉及香港、澳门和台湾地区。

[2] 中国建筑年鉴.北京：中国建筑工业出版社，1984～1985：588。

[3] 中国建筑年鉴.北京：中国建筑工业出版社，1984～1985：588。

[4] 参见：建筑学报 1994-11 期。

[5] 建设部 2005 年全国城镇房屋统计公报。

[6] 卢卫，《居住城市化》，中国计划出版社，2005 年。

[7] 参见：魏大中.“要与传统决裂”——保罗·安德鲁和他的国家大剧院方案．光明日报，2000-03-02

[8] 重松象平．想象的国度——想象与热望的结合．时代建筑，2003-02 期（总 70 期），35～36。

作者简介：
邹德侬，天津大学建筑学院教授。

优秀建筑艺术作品

P 021

目　录 / CONTENTS

无锡鸿山遗址博物馆

主要设计人：崔愷、张男、李斌
设 计 单 位：中国建筑设计研究院
建 设 地 点：江苏省无锡市锡山区鸿山镇
设 计 时 间：2006年1月~2007年5月
竣 工 时 间：2008年4月
建 筑 面 积：3 500m²
占 地 面 积：7 332m²
图 片 提 供：崔愷工作室
摄 影 作 者：张广源

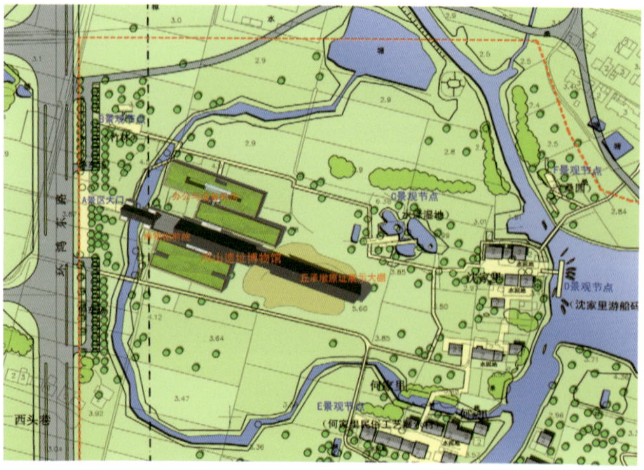

总平面图 ↑

外观 ↓

鸿山遗址位于江苏省无锡市锡山区鸿山镇东部，东南距苏州市区约20公里，西北距无锡市区约20公里。根据中国建筑设计研究院建筑历史研究所编制的"无锡鸿山遗址总体保护规划"，本遗址博物馆的选址位于丘承墩（特大型越国贵族墓封土堆）西侧的二级建筑控制地带内，且博物馆应包括丘承墩墓葬原址保护展示的特别展厅。根据"无锡鸿山越国贵族墓发掘简报"所述，该墓葬区现大小近百座土墩，分布于东西6公里、南北4公里的广大范围中，墓墩均是东西向，墓墩的分布规律是大量的中小型墓以特大型墓为中心呈扇形分布。墓地的年代可定为战国早期，大致在公元前470年前后。丘承墩为仅次于印山越王陵的特大型墓葬，外形为长方形覆斗状，平面为"中"字形，在越国墓葬中仅此一座；墓葬不仅有墓道、墓室、后室和壁龛，墓室中还用木板等木质材料隔成主室和南北侧室，并有壁龛。墓中出土了大量完整成套的青瓷礼器、乐器和玉器。对于越国礼乐制度与中原礼乐制度的相互关系的研究，乃至先秦史的综合研究，均有积极的意义。

总体构思：

1. 依据遗址保护总体规划的对博物馆的控制要点，合理安排场地和建筑布局。停车场地靠近城市道路的主要来向，博物馆主体建筑则位于外部停车和丘承墩特别保护展厅之间，将对遗址区原始风貌的影响减小到最低。

2. 维护遗址区历史信息的真实性——因鸿山遗址墓葬的特点是平地起封，故在整个遗址区域内，地势开阔平坦，唯有大大小小的土墩散布其间，这种景观是鸿山遗址所特有的与环太湖流域的气候、地质和地表土壤等自然环境因素密切相关的环境特点。因此根据丘承墩原址保护展示厅的特殊要求，重新堆土形成巍峨的覆斗形封土堆，恢复丘承墩原有空间形态的感觉，同时强调了遗址不可移动的特点。

3. 建筑与遗址现状环境的呼应和协调——博物馆建筑的形态主要分为主馆和丘承墩特别保护展厅两部分。其中主馆半埋入地下，尽量减弱体量，并且建筑平面的条块分割状的格局（以及屋面相应的形态）均是以基地现状中稻田与田垄的形态相呼应，建筑形体平卧田间，平缓舒展，潜藏在广袤的原野中。

丘承墩特别保护展厅因建在原址之上，位置和高度均受到限制，因此采用封土堆形式将展厅围裹在中间，避免出现过于突兀的形态。

平面功能：

1. 为尽量减少对遗址本体的不利影响，博物馆分为主馆和特别展厅两部分，将主馆部分（普通展厅、办公、库房等）与直接建立在遗址之上的丘承墩特别展厅拉开适当距离，中间以坡道连接。丘承墩遗址展厅高架在墩上，突显遗址主题。

2. 博物馆本馆平面主要分为四区：展厅、游客服务区、办公区和文物库房。展厅的展线设计展厅、游客服务区、办公区和文物库房四个部分分区明确，相互独立又联系紧密。

3. 展线组织——展厅线状串接，展线流畅连贯，游客的参观线路组织可以有两种方式：一种是经最后的丘承墩特别展厅直接进入遗址区参观，第二种是由特别展厅经坡道回到主馆，通过展厅之间夹道（有顶光的走廊）的导引，经游客纪念品商店后结束参观。两种线路均可避免线路的重复。

4. 空间布局——从入口前区逐渐下沉的坡道，经过馆区丰富多变的内部空间，再经由长长的上行坡道到达封土堆中的特别展厅，空间变化抑扬顿挫，收放从容，并能使参观者专注于展示主题，心无旁滞。

5. 丘承墩遗址特别展厅是遗址原址展示，既要充分显示完整的历史信息，又要保证遗址本体免受自然环境的影响，因此两个主要策略是：

a) 展厅采用玻璃地面，使观众最近距离接触墓室遗址，同时起到保护遗址本体的作用。

b) 展厅侧墙也采用轻钢玻璃墙面，墙外堆土至原墓葬封土高度，既可以遮住直射阳光，同时可以利用封土模拟历史上的土层断面，有利于展厅内部形成恰当的展示气氛。

造型与材料：

1. 造型——博物馆本馆和特别展厅两部分的外部形态有较大反差，前者是规则的扁方块体的组合，暗喻田垄，半下沉的处理使建筑更贴近地面，与周边的环境相协调；后者将长方体的展厅埋藏在复原的封土堆中，呈现出原始自然地貌的形态。

2. 材料的视觉效果——外墙混凝土厚重平和，局部的玻璃通透轻盈，两者的搭配运用，为建筑带来朴素和精致的双重性格；局部的轻钢结构（如特展厅的端部）可以充分显示现代工艺的精美与古朴自然材料的戏剧性对比；植草屋面使建筑更自然地融入周围环境中。

3. 技术措施——博物馆主馆采用钢筋混凝土结构，坚实可靠；特展厅采用轻钢玻璃结构，适合遗址本体的展示和保护；入口、出口庭院和中部天井可以提供天然采光通风，井字形走廊的上部天窗不仅可以解决采光（经过柔化处理），更为展厅的光环境设计带来机会；博物馆主馆屋面植草，可以起到调温隔热的作用，生态节能。

室内组图 ↑
室内剖面组图 ↓

15-15 剖面图

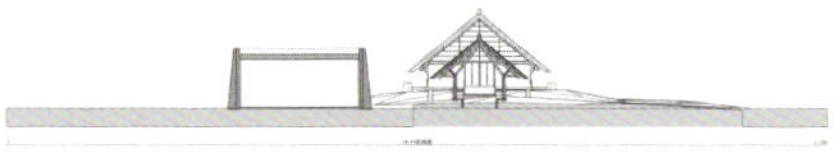

14-14 剖面图

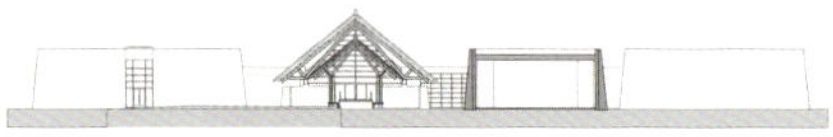

13-13 剖面图

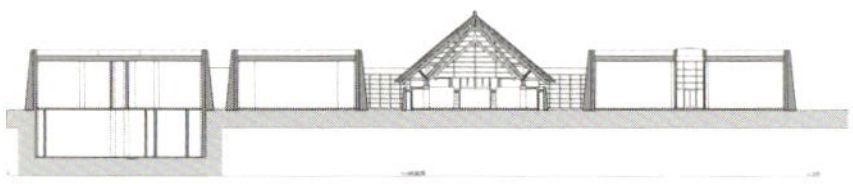

6-6 剖面图

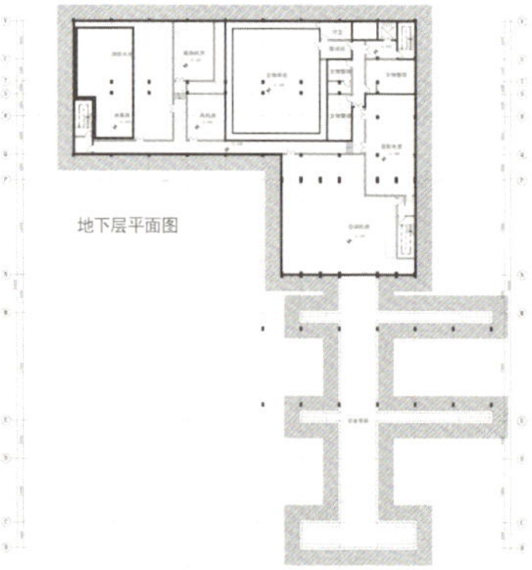

地下层平面图

西立面图

北立面图

南立面图

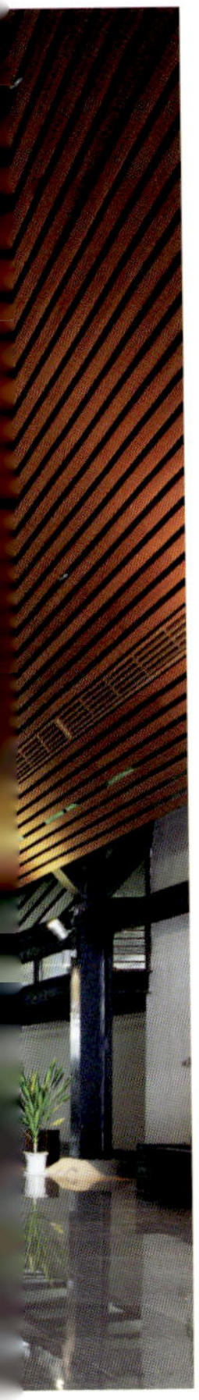

面图

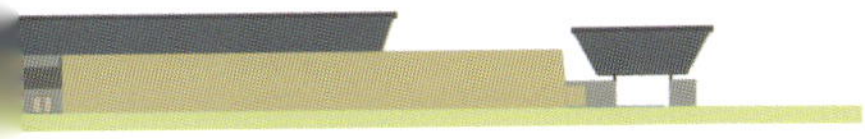

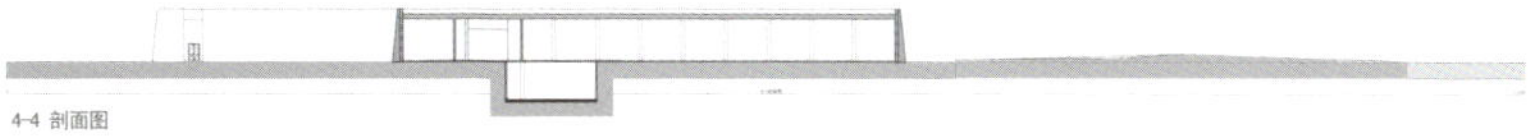

4-4 剖面图

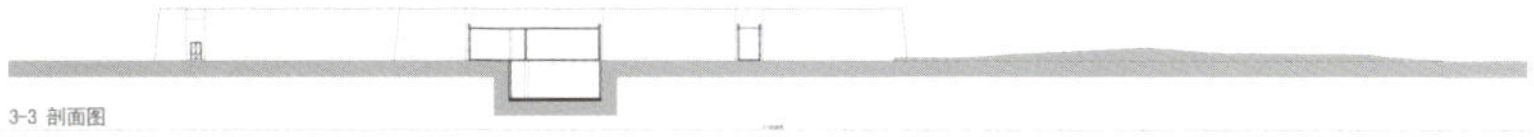

3-3 剖面图

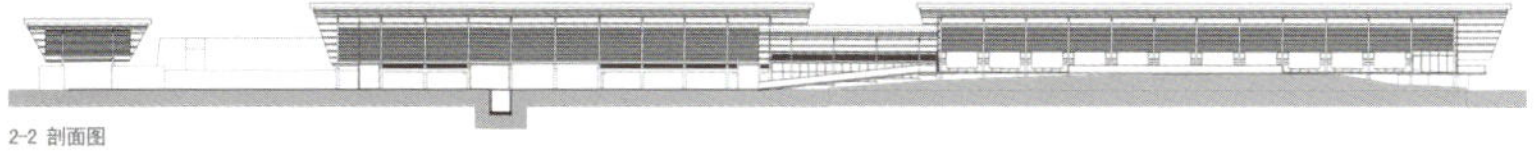

2-2 剖面图

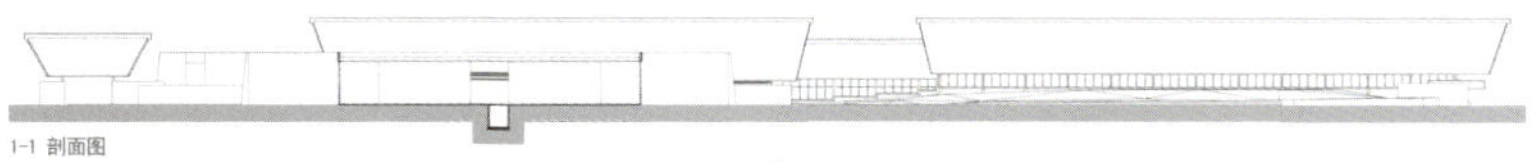

1-1 剖面图

西山艺术工坊

主要设计人：崔愷、时红、喻弢、关飞、邓烨
设计单位：中国建筑设计研究院

建设地点：北京市海淀区
设计时间：2006～2007年
竣工时间：2009年
建筑面积：24 225m^2
占地面积：12 880m^2
图片提供：崔愷工作室
摄影作者：张广源

建筑，应作为反映它在被使用时的真实状态的实体而存在。

当需要在一个108m×108m、限高15米的方形场地中安排下75套艺术家工作室时，我们只能想到一个词——扎堆。有趣的是，这就是中国艺术家的生活状态，艺术家都喜欢扎堆，他们可以相互宣泄，互成圈子。而与北京已有的几个艺术家圈子，诸如798工厂、草场地艺术东区、北皋艺术区等不同的是，这是一次带策划色彩而非自发生成的艺术聚落设计，它坐拥京西深厚优越的地理人文积淀，又是定位于主流艺术的成熟艺术家私人工作室的建筑群落。这种思考使我们意识到：挖掘艺术家群落的工作状态，通过恰当的建筑语言反映到空间与场所中来，是这个设计的关键。

可以说这是一组容纳艺术创作和生活的社会住宅，我们选择了一个介乎于规划设计与建筑单体设计之间的方案。一方面，所有的建筑单体都是通过群体规划的方式布置的，单体相互毗邻，形成街道与大院空间；另一方面，所有的单体通过“圈子”的方式聚集，在底层形成可对大众开放的“艺术圈子”；二层屋面上则是属于艺术家们自己的内街社区——“生活圈子”，构成完整的建筑整体。这种特殊的布局方式使我们不能够仅从群体规划或单体设计的范畴对该方案进行定义。

当关注到每个个体时，我们用“漂浮容器”的状态来形容每个单体中艺术家创作与生活若即若离的相互关系：艺术工作就像潜水——一种憋足了劲的创作活动；而生活就像呼吸——一种悠闲的漂浮状态。这种沉浮于水平面的状态最终被反映到设计中——工作空间都被安排在底层5.4m的高大空间中，而生活空间则像一个个白盒子悬浮在工作空间之上，它们之间的关系根据使用者个体的不同也会是若即若离的，这些生活空间可以脱离或进入下层工作空间，形成丰富的空间体验。盒子里的每层是一个个单纯的7m×7m的方正空间，贯穿各层的功能墙的引入使得厨卫和管井这些生活空间中必有的元素独自形成一个游离于围护结构的功能岛，居住空间的纯粹性和灵活性最大限度得以强调，极简的造型与最直白的空间，你可以把它当作一个单纯的卧室或是餐厅，抑或放大了的主卫，一切权看主人的发挥，所有这样的个体在整个聚落中各自变化、各自发挥，相互依存，相互磨合，也形成了西山项目特定的空间和场所。

我们希望这个建筑是它所针对的特殊客户群——主流艺术家的生活状态（或可说创作状态）真实的物化呈现，这是一个既强调个性，而同样重视时代精神的群体，一个自成“圈子”，但仍看重与大众沟通的群体。所以我们并不强调这个圈子的封闭。在整个建筑的西北角上，平面艺术工作室被提升到10m的高度上，让出的是一个立体的模糊了内外界限和楼层概念的空间，这种营造也是意图表达“圈子”对于它其所处的环境和受众人群应有的一种姿态。在这个标识性的室外公共空间中，我们不仅仅希望这个群落的主入口在此，也憧憬着它能成为这里的日常生活与艺术生长互相碰撞和浸染的乐园，这也是我们一直想象的生活中的艺术创作所应有的真实状态和必需的滋生环境。

内院 ←

剖面图 ↓

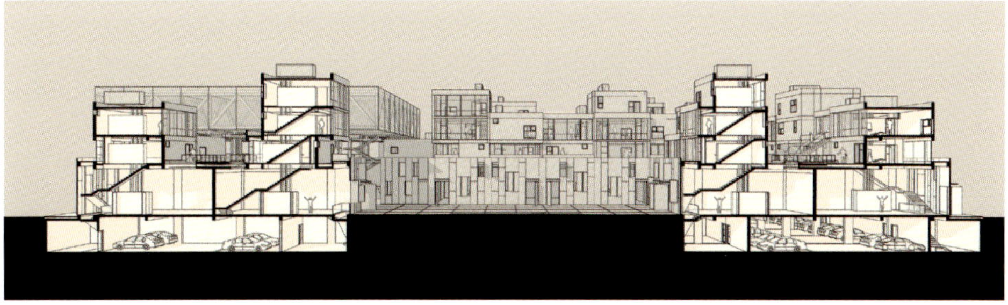

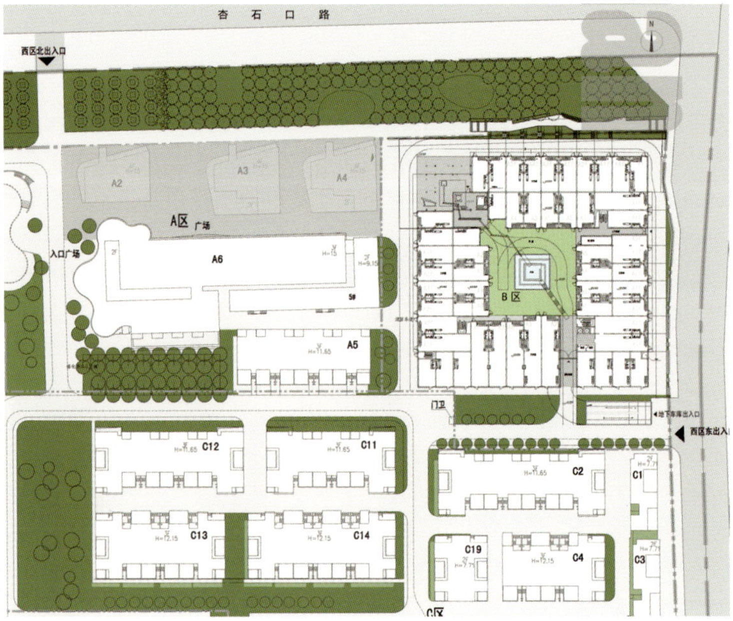
杏 石 口 路
西区北出入口
A区
广场
入口广场
A2
A3
A4
A6
A5
B区
门卫
地下车库出入口
西区东出入口
C12
C11
C2
C1
C13
C14
C19
C4
C3
C区

总平面图 ←

平面组图 ↓

LEVEL 0.00

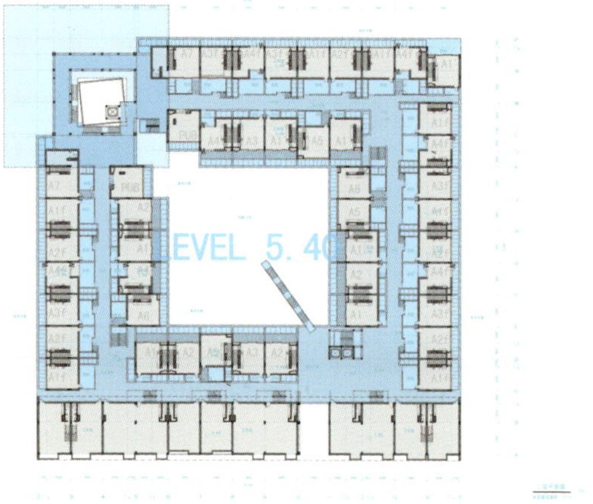
LEVEL 5.40

LEVEL 8.40

LEVEL 11.40

西向外景 ↑

西北入口局部 ↓

宁波博物馆

主要设计人：王澍、陆文宇、宋曙华、蒋伟华、陈立超等
设 计 单 位：业余建筑工作室

建 设 地 点：江苏省宁波市鄞州区
设 计 时 间：2003~2005年
竣 工 时 间：2008年11月
建 筑 面 积：3 000 m^2
占 地 面 积：45 333 m^2
图 片 提 供：业余建筑工作室
摄 影 作 者：吕恒中

场地在一片由远山围绕的平原上，不久前这里还是稻田，城市刚刚扩张到这里。原来在这片区域的几十个美丽村落，已经被拆的还剩残缺不全的一个，到处可见残砖碎瓦。按新的规划，相邻建筑之间的距离经常超过100m，城市结构已经无法修补。问题转化为如何设计一个有独立生命的物，这座建筑于是被作为一座人工山体来设计，这种思考方式在中国有着漫长的传统。但在这座山中，还叠合着城市模式的研究，高度因此被自觉限定在24m以下，它片断性的意指着一种24m以下限高的低城，存在于人工和天然之间。通过国际竞标，业余建筑工作室获得了这个项目。

建筑下半段只是一个简单的长方形，在上半段开裂为类似山体的形状。人们从中部一个扁平的，跨度30m的穿洞进入博物馆。内观整个结构，包括三道有大阶梯的山谷，两道在室内，一道在室外；四个洞，分布在入口、门厅和室外山谷的峭壁边侧；四个坑状院落，两个在中心，两个在幽深之处。一种山体类型学叠加在上面，公共空间永远是多路径的，它从地面开始，向上分叉，形成一种根茎状的迷宫结构。也用来适应一直不确定的展览内容。建筑的内外由竹条模板混凝土和用二十种以上回收旧砖瓦混合砌筑的墙体包裹，如一种在人工和天然之间的有生命的宏大俭淡的物，作为山的物性是它唯一要表达的。它的北段浸在人工开掘的水池中，土岸，植芦苇，水有走势，在中段入口处溢过一道石坝，结束在大片鹅卵石滩中。在建筑开裂的上部，隐藏着一片开阔的平台，通过四个形状不同的裂口，远望着城市和远方的稻田与山脉。

| 外观 ↓

台阶 ↑
平台 ↓

院落 ↑

室内 →

外观组图 ↑
立面图 ↓
剖面图 ↓

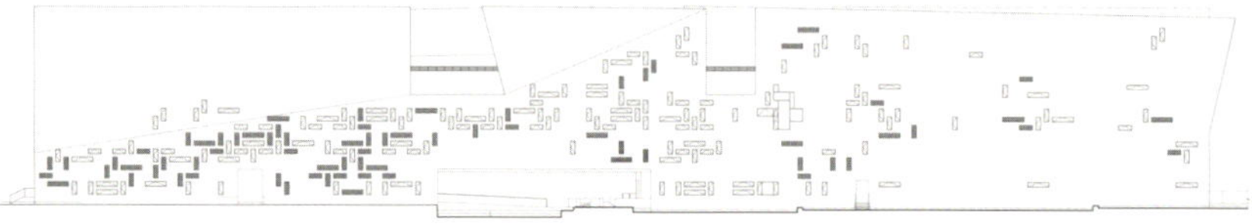

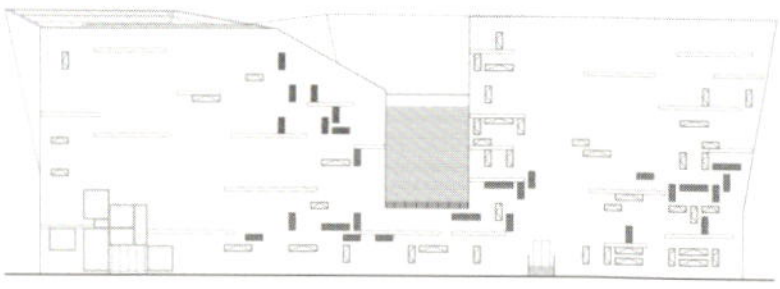

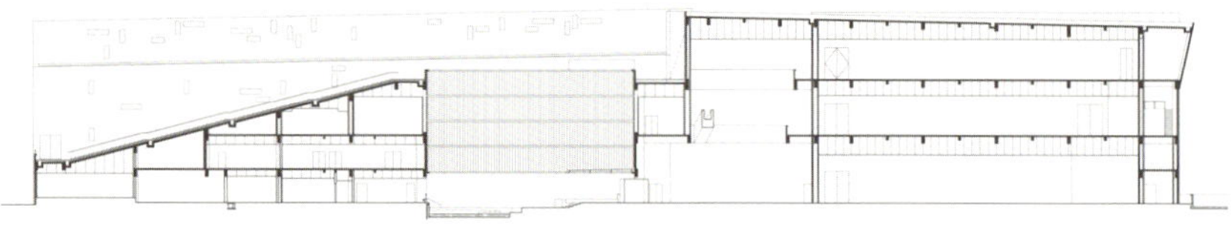

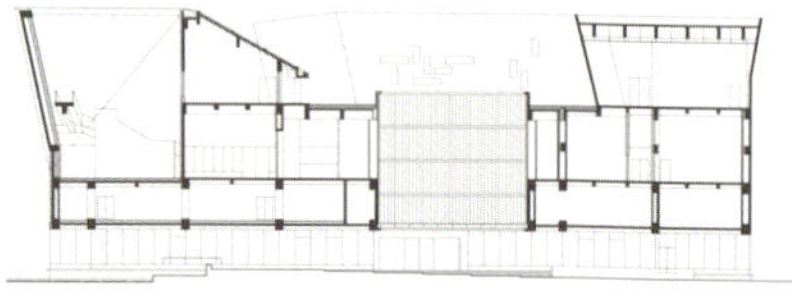

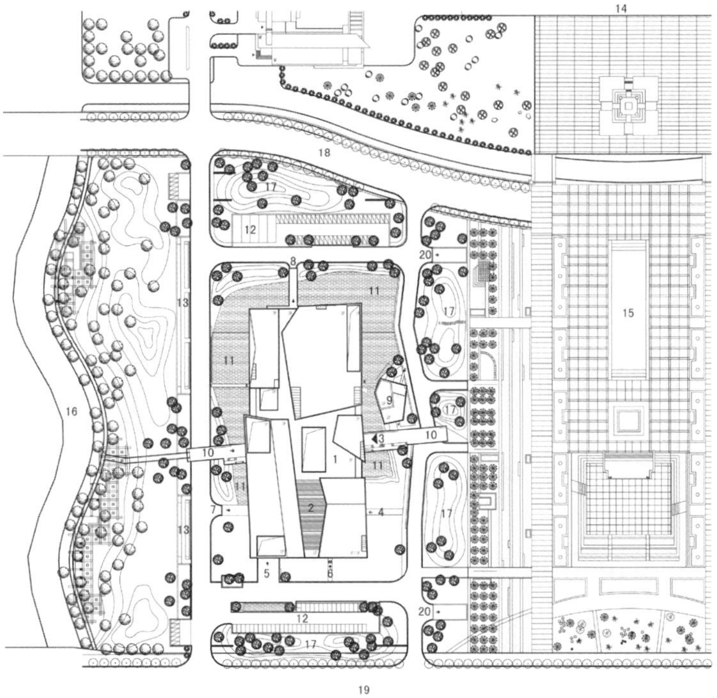

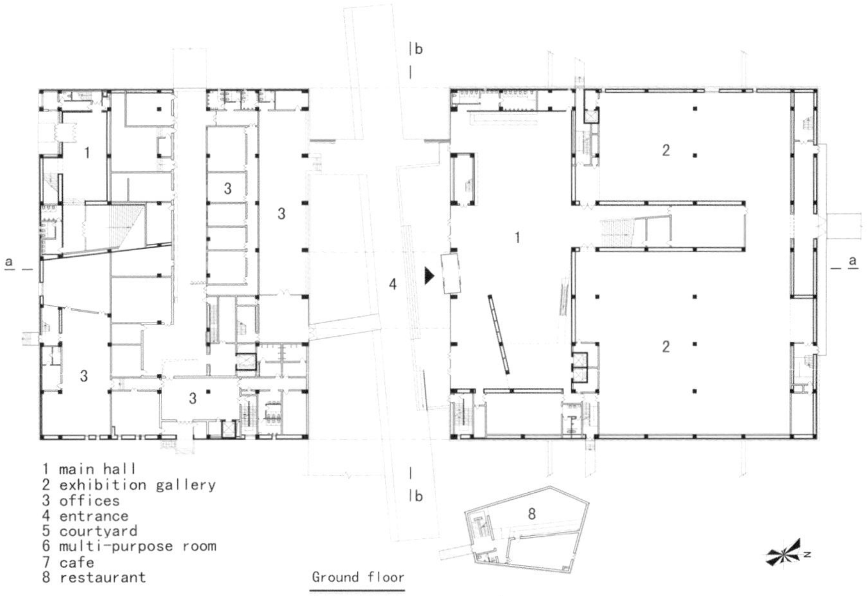

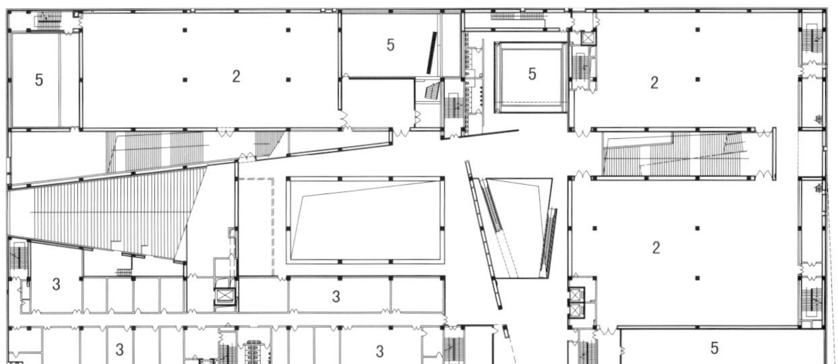

总平面图 ↑
底层平面图 ↗
一层平面图 →

西溪湿地博物馆

主要设计人：胡倩、高桥邦明、山本匠一郎、饭岛刚宗、福泽崇浩、内田贵之、王亮、王晖、杨一轶、David Tong
设 计 单 位：上海矶崎新工作室

建 设 地 点：浙江省杭州市
设 计 时 间：2007年2月~2008年10月
竣 工 时 间：2009年10月
建 筑 面 积：19 692 m^2
占 地 面 积：20 100 m^2
图 片 提 供：上海矶崎新工作室

本项目位于杭州西溪国家湿地公园东南部西溪旅游服务中心内，西溪湿地水网交错，芦荻茂密，水鸟栖息，千百年来在高强度人类活动和湿地生态过程的长期交互作用下，形成了以大水面、多鱼塘为主体的罕见的城市次生湿地。然而近年来的高速发展建设同时使湿地也遭到了一定程度的破坏，为了保护湿地，研究湿地，展示湿地，考虑在湿地中引入部分商业和文化设施使湿地文化和商业互助互利，从而使湿地文化的保护及在将来的延续得到更有效的保证便是包括本项目在内的旅游服务中心商业区的建设目的，而本项目作为该区内的文化设施更肩负着达到此目的的重任。具体来说本项目在设计上需要重点考虑的要素主要有：[1]尊重历史风貌和自然环境；[2]结合过去展望未来；[3]具有强烈的独特的建筑的“像”（ICON）；[4]功能设置结合时代及地方特性；[5]建筑自身的环保考虑。

在对前述设定目标反复推敲的基础上，我们得到本设计方案，并可用如下的关键词来说明。

1. 山丘——博物馆：

本建筑的主要的“像”（ICON）之一——山丘。综合了本项目的用地环境、人文历史及博物馆策划上的可对应性，我们最终选择了山丘来表现。

几乎整个博物馆埋入有机形的山丘中，并在其表面设有洞穴似的采光井引入山丘内，其外观与环境融为一体，表达了对用地的过去和现状的尊重，同时也突出了建筑造型的唯一性和特殊性。

山丘内部呈空洞型，通过壳体结构形成的大空间及与之对应的动线设计为博物馆的策划提供了更多的可能性。

2. 挑盘——观光标志塔：

这是本建筑的另一个主要的“像”（ICON），其形象与山丘表面的洞穴刚好相反，似从山丘表面向湿地斜向挑出的圆盘，主要功能为观光瞭望塔，结合设置在洞穴周围的螺旋坡道及圆盘下的斜向自动扶梯可以到达。通过现代的结构技术使得该造型体简洁独特，具有强烈的视觉冲击力，好似从代表过去和现状的大自然的山丘上蹦出的一颗面向湿地伸展的活力无比的新芽，隐喻着湿地的发展和保护的美好未来，并与山坡一起形成了湿地入口的标志。

3. 双螺旋坡道——博物馆和观光标志塔的主动线：

设置在山丘中央的洞穴——“采光井”周围的上下双重螺旋坡道担负了前往博物馆和观光标志塔的主动线的重任。该造型不仅可使前往各功能的流线变得简洁明快，功能组合自由，同时还能丰富室内空间的视觉效果。

4. 自身的环保：

作为促进环境保护的建筑项目，本身应该环保是理所当然的。本设计在自然采光、自然通风、水质净化、太阳能利用及建筑绿化上都做了考虑。

中庭 ←

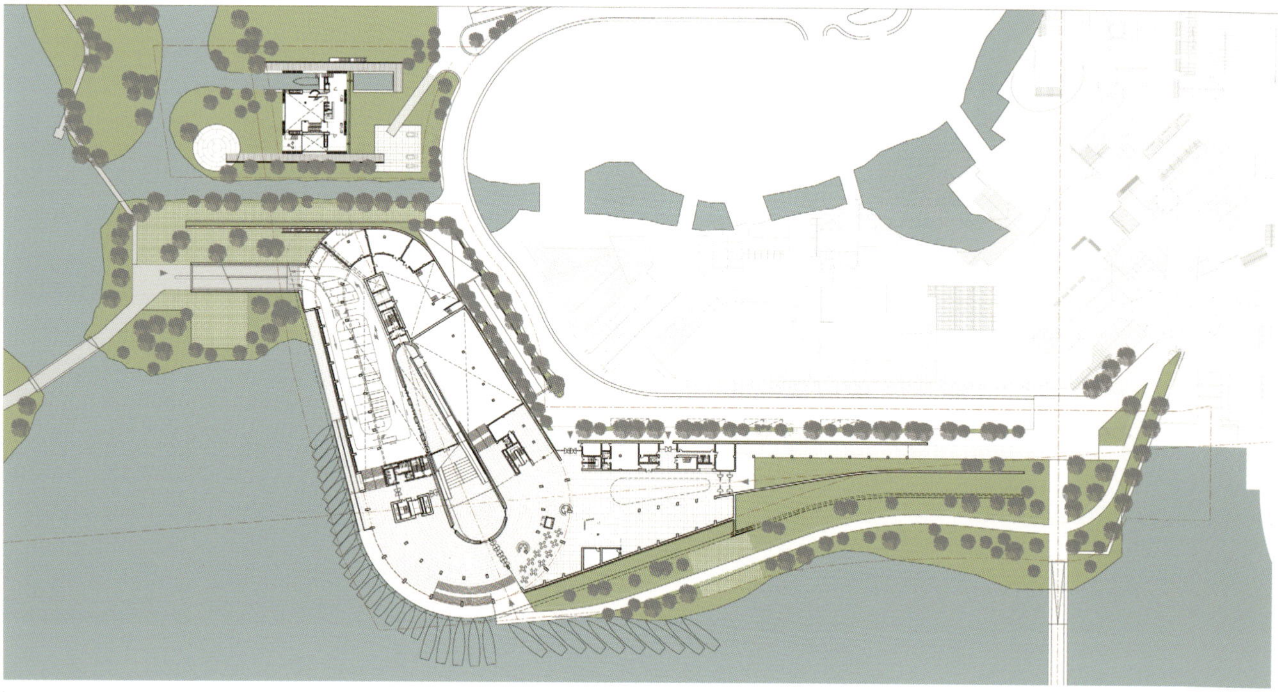

总平面图 ↑

立面图 ↓

鸟瞰图 ↓

中庭 ↑

湖边全景 ↓

都市后院

主要设计人：张轲、张弘、侯正华、杨欣荣、王风、高飞、韩晓伟、高茜、张诚、孙青峰、刘新杰、陈婷、李干

设计单位：标准营造 Standard Architecture

建设地点：北京海淀区

设计时间：2006年

竣工时间：2008年

建筑面积：750 m^2

占地面积：280 m^2

图片提供：标准营造

模型 ↑

夜景 →

"都市后院"位于北大清华之间的成府路上，由一个长达十个开间的珩车车间的两跨空间改造而成。空间原有面积约280m^2，宽12m，深24m，高8m，是一个典型的凸字形断面厂房中的一段。

有趣的是"标准营造"两年前就改造了它旁边同样空间的一段厂房，而上次的改造是功能明确的一个店面，这次改造的出发点有了明显不同，我们已经不再满足于对于厂房空间原有特质的发掘与表达，而是更加关心这次改造能给城市功能和公共空间带来什么样的变化，是否可能在原本很小的空间里引入多个相对独立的功能？是否可能给原本乏味的城市片区带来更多活力？一个小小的建筑改造项目到底能给临近区域的都市生活带来多大的改变？在一个史无前例地高速变化的超大尺度城市中这样的小尺度改造建筑能够扮演什么样的角色？

为了创造更多空间引入更多的功能，我们把室内地面下挖1.5m，这样就可以在厂房内建造一个三层的钢结构空间；同时整个空间分为3m×24m和9m×24m两部分，9m面宽的部分每层都有不同的功能：一楼是酒吧，二楼是咖啡、书店和阳光后院，三楼是意大利餐厅；3m面宽部分的一楼是厨房、二楼是画廊、三楼是后勤办公室；这样建筑实际是由三个相对独立的功能和一个完全独立的画廊组成的。位于二楼的"阳光后院"既是各个功能的中心空间，也是直接对城市开放的公共空间。

建筑从外面看上去一目了然是两个独立店面，细高的画廊的立面是一色的竖向砌筑的灰砖，连入口的门都是灰砖砌的。书店、咖啡、餐厅部分的立面是6mm厚的钢板，我们有意保留了钢板本身的青灰色肌理。店面的大门是一面可以单面旋转的钢板墙，当这面墙向着街道打开时，路过的人们才忽然意识到这间厂房已经变成了一个属于城市的公共空间。

都
backyard

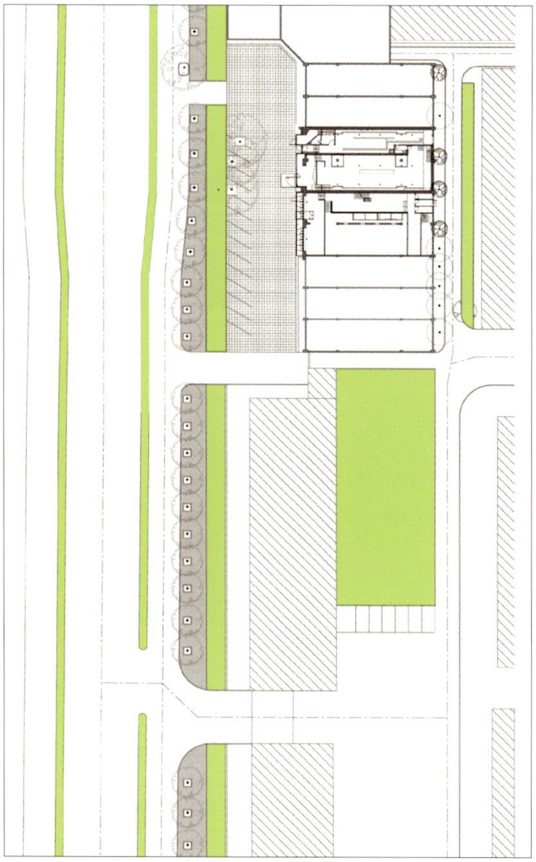

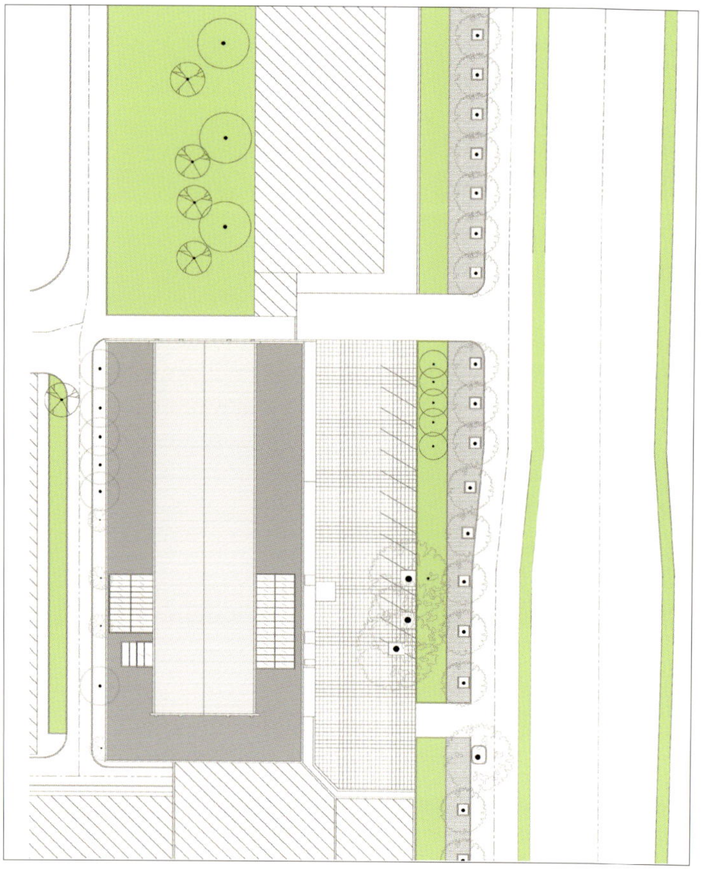

首层平面图 ↑
屋顶平面图 ↗
剖面图 ↓

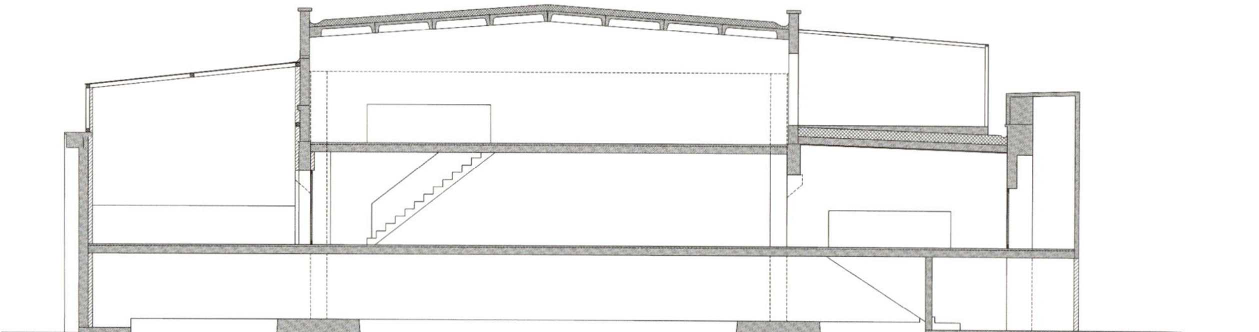

室内 ↑
入口 ↓
室内 ↘

西藏林芝南迦巴瓦接待站

主要设计人：张轲、张弘、侯正华、Claudia Taborda、Maria Pais de Sousa、
盖旭东、孙伟、杨欣荣、王风、刘新杰、孙青峰、黄狄、陈玲
设计单位：标准营造 Standard architecture

建设地点：西藏林芝
设计时间：2007年
竣工时间：2008年
建筑面积：1 500 m²
占地面积：10 000 m²
图片提供：标准营造

林芝南迦巴瓦接待站是"标准营造"2008年继雅鲁藏布江小码头之后，在西藏建成的另一个房子。在西藏做建筑需要面对很多挑战，首要的问题是应该用怎样的态度来对待西藏文化？如何对待本地原有的、带有强烈色彩和装饰性的建筑传统？新建筑与周边原有建筑形成怎样的关系？如何处理建筑与基地、建筑与大范围地形及自然景观的关系？建造过程如何考虑当地工匠、当地技术的参与？在恶劣的气候和有限的资金条件下，哪些材料和建造方式是可行的，而哪些是不现实的？

是否可以用一种"平视"和"平等"的态度对待西藏的文化？是否可以既不"俯视"又不"仰视"特有的西藏文化？在强调保护"传统西藏文化"的同时，"当代西藏文化"有没有发展空间？如果有，作为"当代西藏文化"重要组成部分的"当代西藏建筑"在哪里？

2007年6月，我们几个人带着所有这些问题，辗转来到了西藏林芝地区雅鲁藏布大峡谷中的南迦巴瓦雪山脚下，开始了雅鲁藏布江沿线从林芝机场到雪山脚下的"直白村"约80公里公路、水路交通设施的规划设计踏勘工作。并没有详细任务书，也没有建筑选址，只知道要为雅鲁藏布大峡谷和南迦巴瓦雪山景区建造一个游客接待站。在精疲力竭地走了三天的江边徒步转经线之后，终于在地图上确定了接待站的详细位置。

接待站位于藏东南林芝地区米林县境内的一个小集镇，名叫派镇，小镇海拔约2900m，东面是海拔7782m的南迦巴瓦雪山和加拉白垒雪山，北面紧邻雅鲁藏布江，南面是多雄拉雪山，镇的主街正对着由多雄拉雪山延伸下来的高坡。小镇的前身是经过雅鲁藏布江往全国唯一不通公路的墨脱县运送物资的转运站，有一个简易码头和几十户人家，由于是水路和陆路交通的交汇点，近些年逐渐成为林芝地区一个旅游小集镇，这里不但是雅鲁藏布大峡谷的入口，也是重要的宗教转经线——"转加拉"的起点，还是通往墨脱徒步旅行的出发点。

接待站就坐落在小镇入口的山坡上，面对着雅鲁藏布江和公路的方向，西面是一条由多雄拉雪山融化流下来的溪流，再往西是农田和名叫"派村"的原始村落。接待站总面积约1500m²，功能较为复杂，包括一个大峡谷综合信息展厅、一组公共厕所、徒步装备及食品小卖部、背包客的行李物品存放处、网吧、急救医务室、大峡谷景区的售票检票点、旅游公司办公室和司机导游休息室等等，同时还设置了一个为全镇服务的集中配电房。

我们显然对本地建筑形式的模仿和拼凑不感兴趣，也显然对移植一个时尚的外来建筑不感兴趣，接待站是一个形式上很不显眼的建筑，远远看去，当地人甚至看不出它有什么新奇，它随行就势，由几个高低不一、厚薄不同的石头墙体从山坡不同高度随意地生长出来的体量构成，墙体内部是相应的功能空间，这样多数功能空间实际上是半掩藏在山坡下的。

建筑随着基础的标高不同分为三层，地下一层是储藏室和集中配电房；一层主要是各种接待空间，大峡谷信息展厅、厕所、医务室、网吧小卖部、景区售票检票都在这一层；二层是后勤办公室和可供游客休息观景的屋顶平台。建筑的采光主要通过天窗解决，天窗分为两种，接待大厅采用屋顶凹陷形成的高侧窗，楼梯、网吧和办公室采用的是细长的天窗，整个建筑只在一层接待大厅朝向雅鲁藏布江及加拉白垒雪山的方向和二层办公室朝向南迦巴瓦雪山的方向开了两个明确的景观视窗。

建筑的结构体系是传统砌筑石墙和混凝土混合结构。墙体从60cm、80cm到1m厚不等，全部由当地石材砌筑而成，石头墙是自承重的，墙内附设构造柱、圈梁和门窗过梁，起到增强石墙整体性的抗震作用，同时用来支撑混凝土现浇的屋顶。砌筑石墙的藏族工匠主要是来自日喀则，他们在石墙的砌筑上有很特别的习惯和方法，这一点是我们在图纸上设计不出来的。

建筑的门窗和室内没有使用任何常见的"西藏形式"的门窗装饰，我们毫不回避南迦巴瓦接待站是一个当代建筑，如果人们可以感受到特殊的本地气质，我们希望这种气质是通过本地的材料通过真实而朴素的建造过程自然形成的，而不是"乔装改扮"的结果。

外观 ←

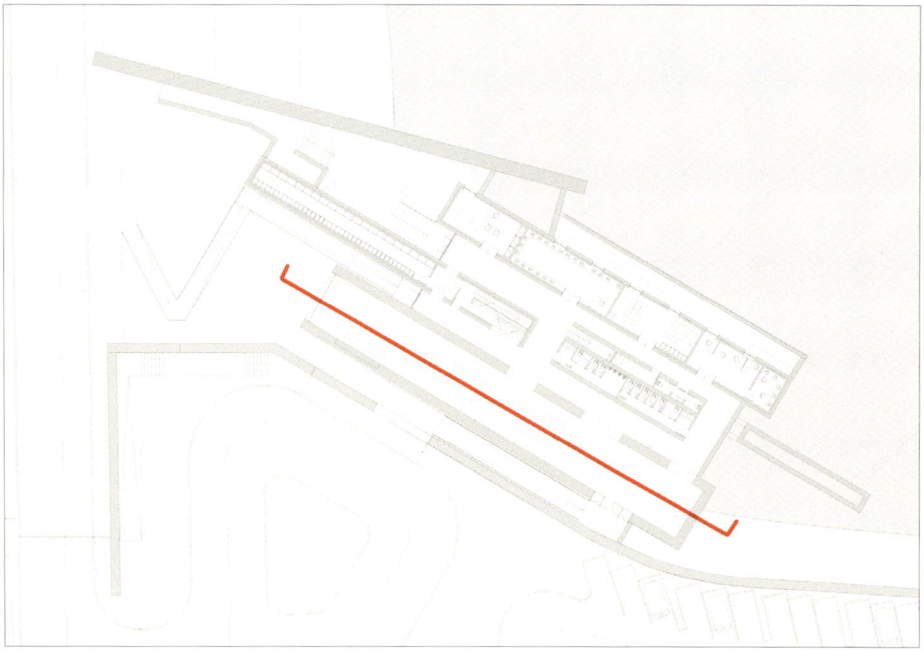

一层平面图 ↑
远景 ↓
室内 ↘

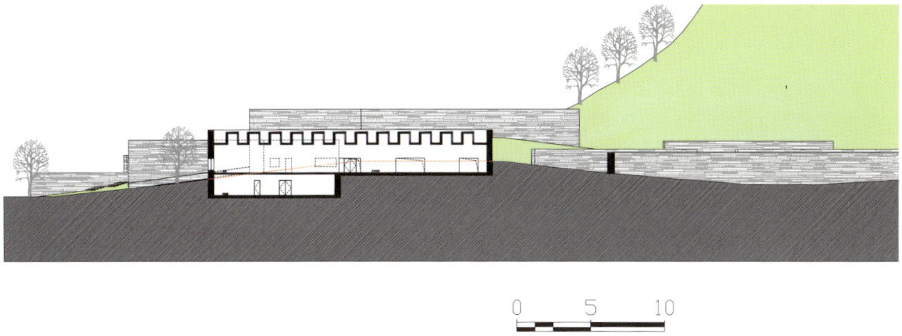

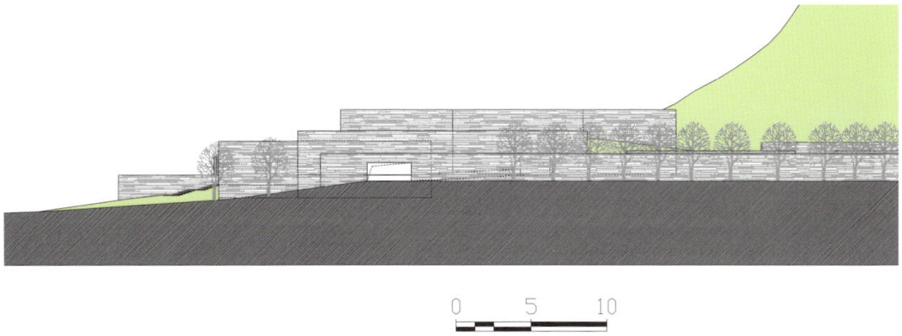

剖面图 ↗
西立面图 →
夜景 ↓

2010年上海世博会——上海企业联合馆

主要设计人：张永和、臧峰、王兆明、刘鲁滨、沈海恩、王宽、仇玉筚、梁小宁、王林、吴瑕、张明慧、邓宏辉、吴杰、陈冠楠
设计单位：非常建筑

建设地点：上海市
设计时间：2008年
竣工时间：2010年
建筑面积：4 949 m^2
图片提供：非常建筑

1976年，由伦佐·皮亚诺与理查德·罗杰斯设计的巴黎蓬皮杜中心建造完成。整栋建筑的内部结构完全暴露在外，并将纵横交错的管道系统作为建筑表现形式。凭借该史无前例的未来主义设计，蓬皮杜中心成为了建筑领域的重大突破。

至2010年，我们经历了一段长时间的高速技术发展，建筑内部的大量技术组件将会成为建筑的基本元素。我们希望将这一观察应用到世博会上海企业联合馆的设计中去：上海企业联合馆是一个自由、流动的空间，它不只是由墙围合界定形成的，而更是由密集的技术网络立方体包裹而成。在这个技术网络立方体中，LED塑料管与喷雾系统可以依照电脑程序的控制，不断改变建筑的外观。

不过，企业联合馆的建筑设计并不是"为技术而技术"。首先，我们希望通过这些复杂的技术和外观变化，在视觉上向人们传达上海企业联合馆的精神，和人们对美好未来的梦想。技术不仅凝结着丰富的想象力，还象征了上海工业与工业精神。其次，我们还希望通过技术来探究和解决日益严峻的能源和可持续发展问题，例如：新型塑料材料的使用，以及太阳能和雨水的采集。

世界博览会是通向未来的窗户。作为国际化大都市，上海不但传承了历史辉煌的荣耀，也在经历着飞速的发展，而且始终保持着一种面向未来的乐观主义精神。借2010年世博会之机，上海企业联合馆将通过设计来诠释上海——这座21世纪伟大城市的独特魅力。

环保技术应用：

1. 能源利用全新途径——太阳能热水发电。上海企业联合馆在建筑屋顶上布置了1600m^2的太阳能集热屏，收集太阳能生成的95°C热水，通过超低温发电新技术发电。这个技术开辟了利用太阳能发电的全新途径。这些电能可供建筑展览和日常用电。

2. 可循环材料再生利用——再生塑料。据不完全统计，上海每年产生的废旧光盘在3000万张以上，却只有25%得到了回收与再利用。如果将这些光盘回收清洗，可以再造出新的塑料（聚碳酸酯）颗粒。上海企业联合馆的外围立面材料采用聚碳酸酯透明塑料管，将各种技术设备管线容纳其中，共同构成建筑虚幻隐约的外立面。当世博会结束后，这些塑料管也很容易进入到再生循环体系之中，节省社会整体能耗。

3. 充分利用自然界资源——水/雾。上海企业联合馆场地范围内的雨水将得到回收，经过沉淀、过滤和储存等技术处理之后，可用作场馆内的日常用水，更可以为喷雾方案提供水源。喷雾方案不仅能够降低局部环境温度、净化空气，带来舒适的空间小气候；更能按照程序的控制，在建筑底层形成丰富多样的喷射图案，令企业联合馆的整体外观呈现出多变、飘逸的特点。

局部夜景 →

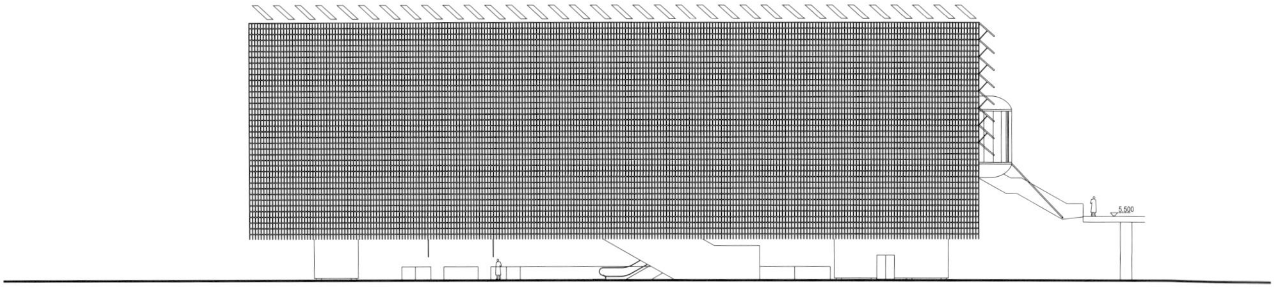
5.500

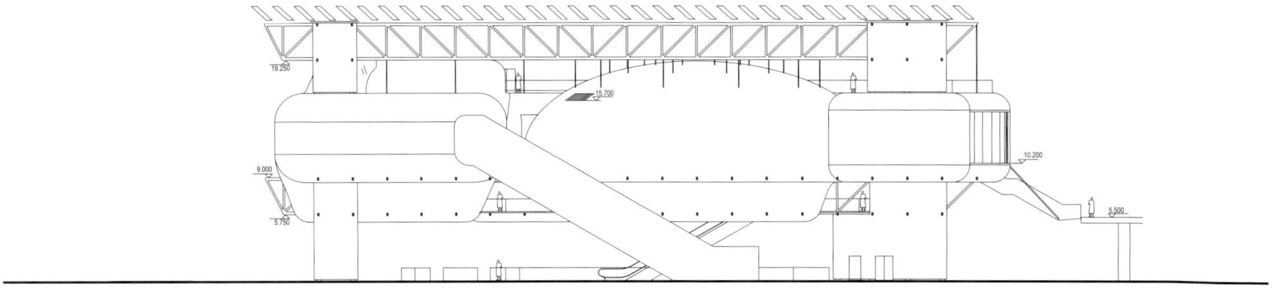
19.250
15.700
9.000
5.750
10.200
5.500

西立面图 ↑
剖面图 ↓

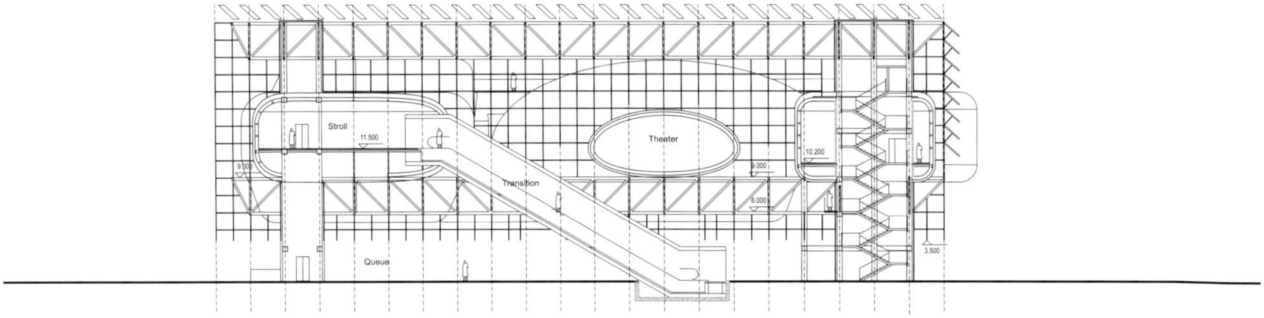
Stroll
11.500
Theater
9.000
Transition
10.200
9.000
6.000
3.500
Queue

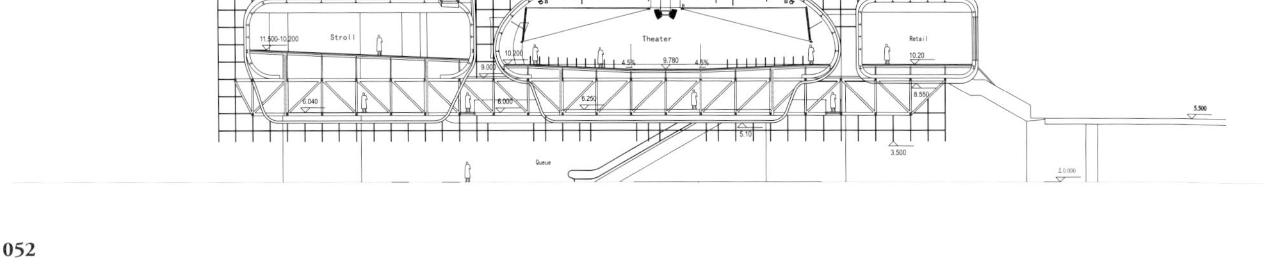
16.000
cafe
11.500-10.200
Stroll
Theater
Retail
10.200
9.780
10.20
8.550
6.040
6.000
6.250
5.500
3.500
Queue

日景 ↑
夜景 ↓

西溪湿地美术馆

主要设计人：朱锫、曾晓明、何帆、柯军、李思、叶晓钦、
焦崇霞、景素春、张静雯
设计单位：朱锫建筑设计事务所
设计时间：2008年（在建中）
建筑面积：5 793 m^2
占地面积：53 180 m^2
图片提供：朱锫建筑设计事务所

鸟瞰图 ↑

结合杭州的城市文脉与湿地的地貌灵气，设计的核心概念来源于自然，在尊重地域特征的同时，用当代而创新的建筑语言建立起蕴含人文性、艺术性、装置性的建筑聚落美学，为杭州文脉历史的延长线上增添新的枝叶，延续其人文精神并创造出新的城市文化意境。

我们从自然的随机性中寻找的建筑体的构成方式。它们如五片树叶随意散落，疏密有致，既独立又重叠，各自实现功能。其中，互相连接的四个建筑体为商业娱乐、酒店餐饮和大堂，较远离的建筑体为美术馆。

建筑看似随意的形状，在俯瞰时与地块的肌理相呼应：硬而有力的部分与陆地呼应，阳刚如建筑的筋骨；流线型的建筑部分则更像水域，润泽而阴柔，它们与地块的机理融为一体，柔中带刚，具有一种儒雅的韧性。金属感的外壳与周围水面互相映射，带来洁净、润泽的自然感受。

金属外壳上成片的圆孔使建筑成为一个呼吸的有机体，正如叶片的毛孔，呼吸着自然的清新空气。这个巧妙的设计使室内采光变得有趣而富于变化，仿佛阳光透过树叶后洒下的光点，在室内光影嬉戏。

室内空间与建筑的自然形体性格一致，连贯的建筑造型使得室内空间非常畅通，具有很好的流通性，各部分之间的互相访问非常方便。

日景透视图 ↓

立面透视组图 ↑

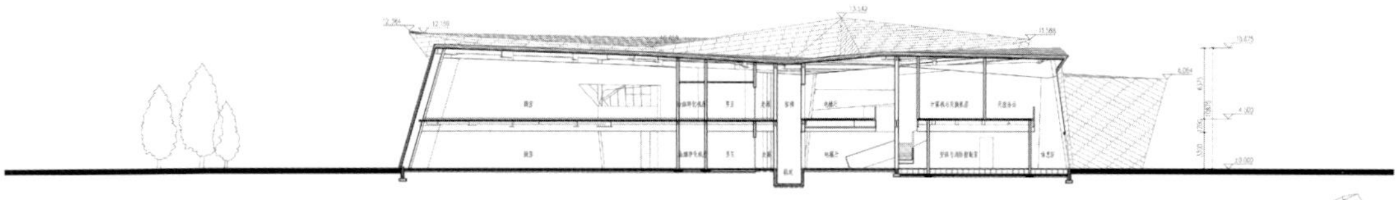
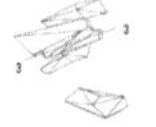

3-3剖面图　1:200

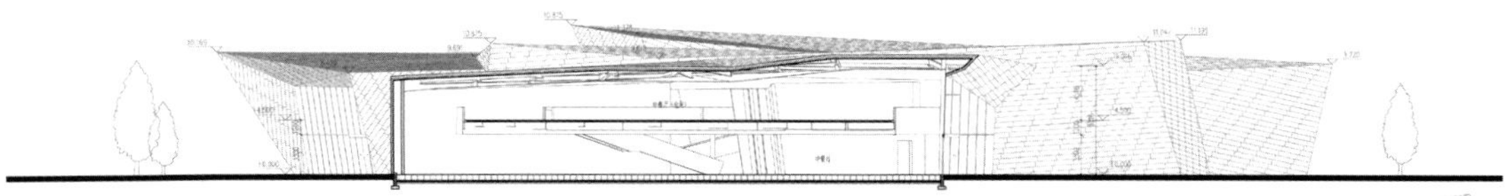
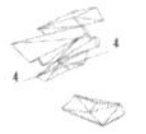

4-4剖面图　1:200

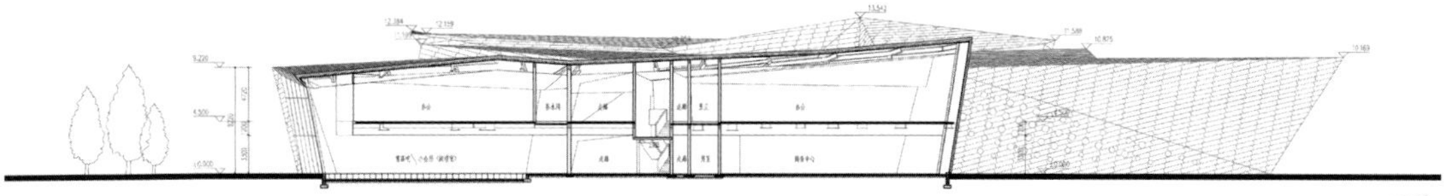
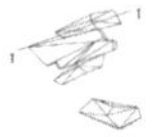

1-1剖面图　1:200

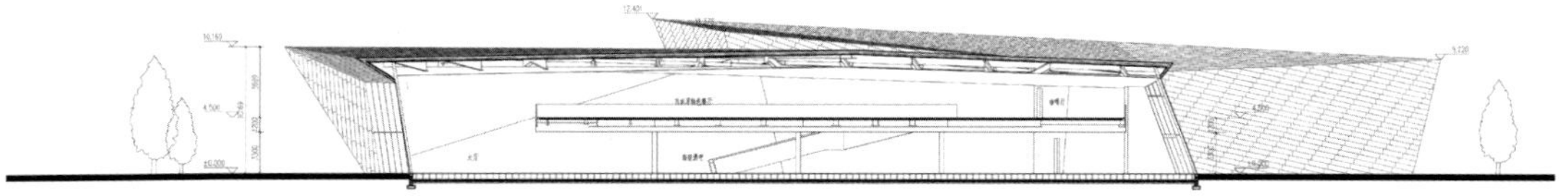
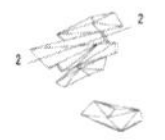

2-2剖面图　1:200

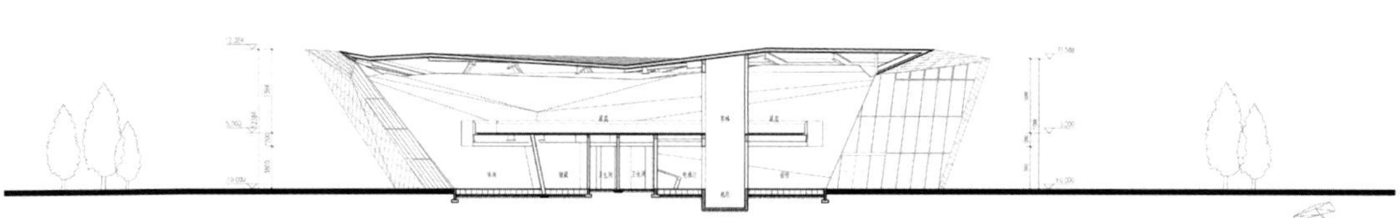
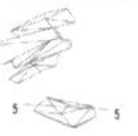

5-5剖面图　1:200

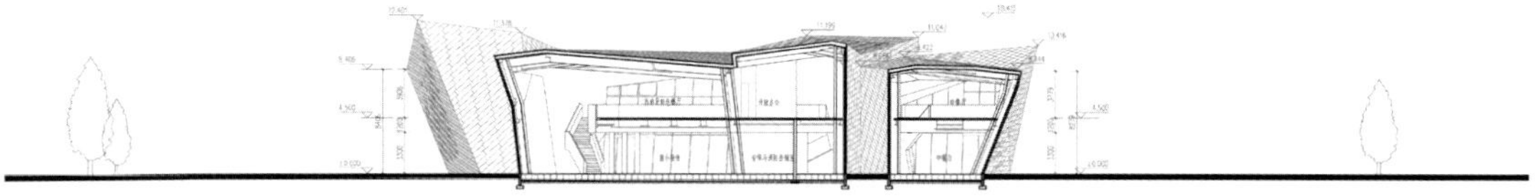
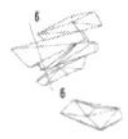

6-6剖面图　1:200

| 剖面组图 ↑

深圳文学艺术中心

主要设计师：朱锫、Simon Takasaki、Ryan Lobello、何帆、钱逸筠、Heon Seo、Joshua Llaneza、柯军、Casey McSweeney、Guillaume Durand、徐铭亮

设计单位：朱锫建筑设计事务所
地　　点：广东省深圳市
设计时间：2009年9月（在建中）
建筑面积：43 000 m^2
占地面积：10 000 m^2
图片提供：朱锫建筑设计事务所

后院日景 ↑
全景 →

深圳文学艺术中心位于深圳中心区东侧，莲花山城市公园南侧。由于基地周边区域的特殊性，我们认为建筑的主要城市特征应取决于北边和西边城市界面的影响。因此我们在建筑北侧立面构思了一个贯穿南北的多层城市空间，即“城市舞台”。它是建筑功能的核心，有效地将各个功能区连贯一体。建筑西端塑造了向城市中心开启的“城市之窗”和半下沉的广场艺术空间，以寻求和城市中心区及莲花山城市公园的呼应关系。

地段南侧三面高达百米的深色塔楼，为建筑基地构筑了一幅复杂沉重的城市背景。我们反其道而行之，构思了一个简单，近乎于白色，具有很强的雕塑感，它简约、明确、肯定的水平向体量横贯地段东西，好似中国传统绘画中写意的一笔，在繁乱复杂的城市背景中脱颖而出。

建筑学强调了多种层面上的沟通。沟通的首要条件是中心流线的布置，它为使用者提供了联系建筑纵向横向多层功能的可能。第二个条件是在同一功能分区的不同使用空间内，它们在排布和空间形态上的不同可能。通过将不同艺术种类形式归统到单个功能体内，在不同功能分区间就形成了多方面的积极的联系。这些联系有内容层面上的，也有形态上的。在功能的实际布置过程中，人的活动跨越了其所属功能分区——“越界”，并实现了最大限度的沟通、互补、加强、激活等等。建筑在组织和设计上尊重了各个分区的独立性，但也通过智能感应系统和布局的临近性，实现了它们之间所需的便捷高效的“邻里关系”。

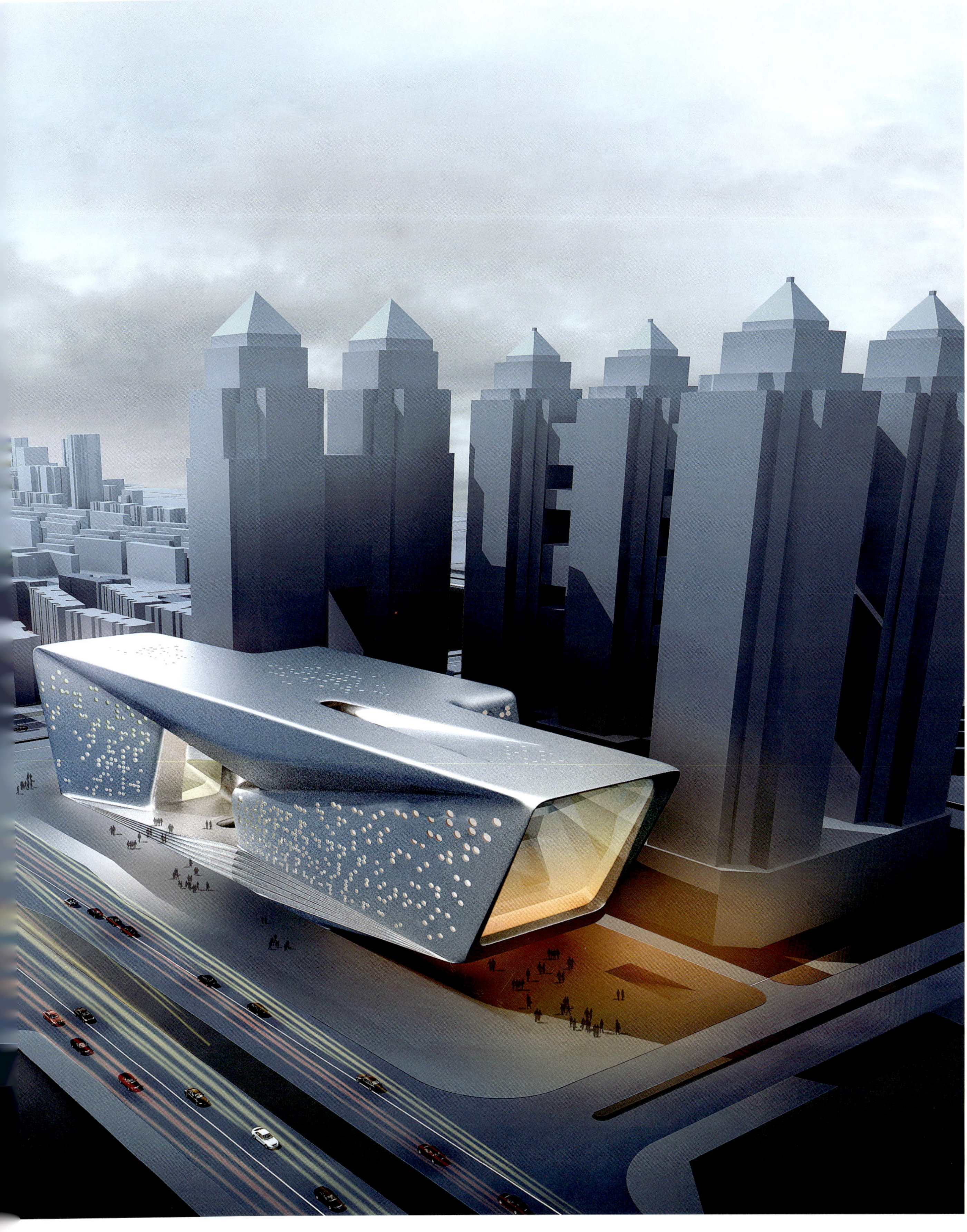

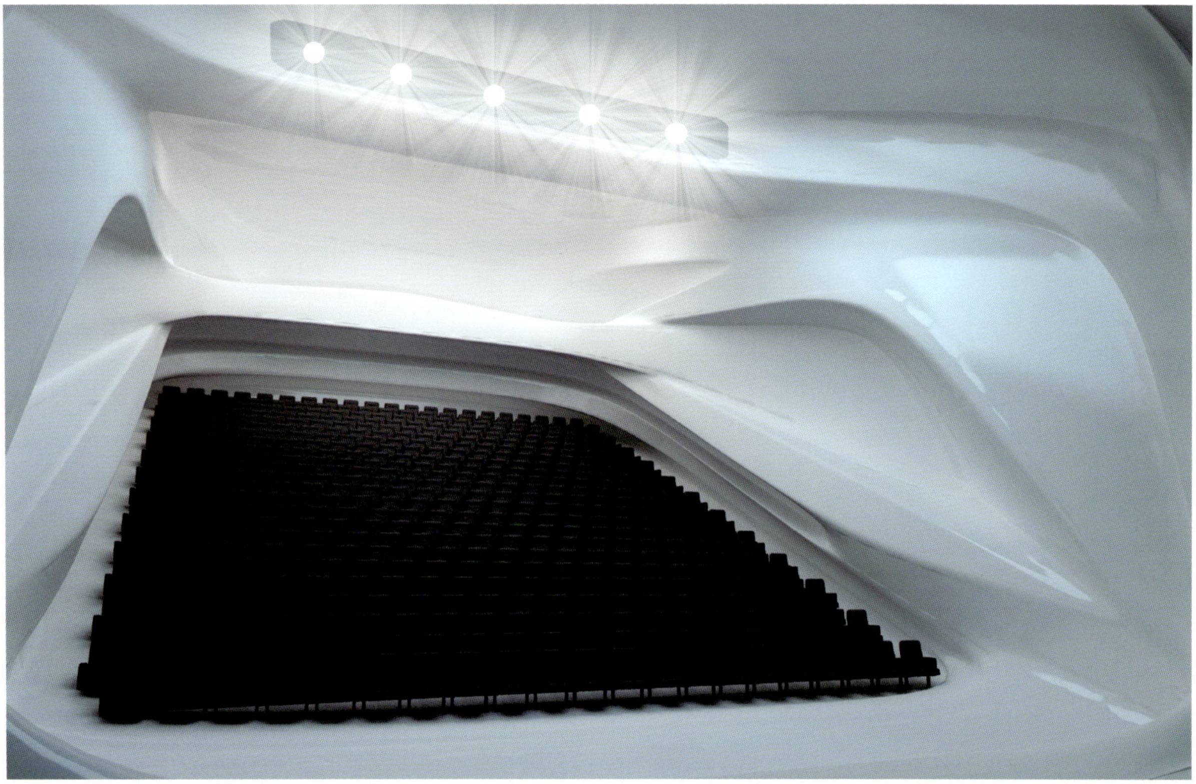

城市舞台向主门厅 ↑

剧场观众席 ↑

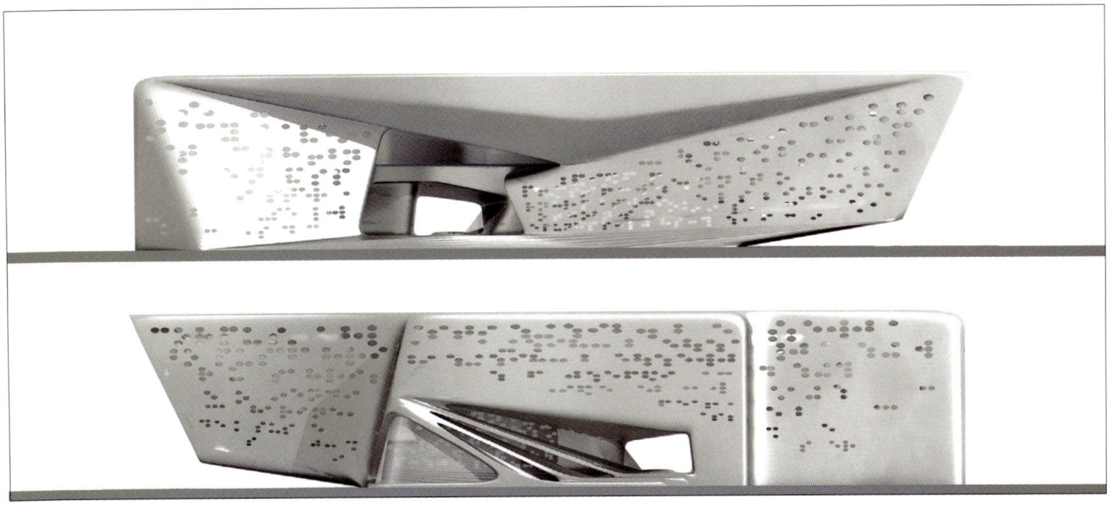

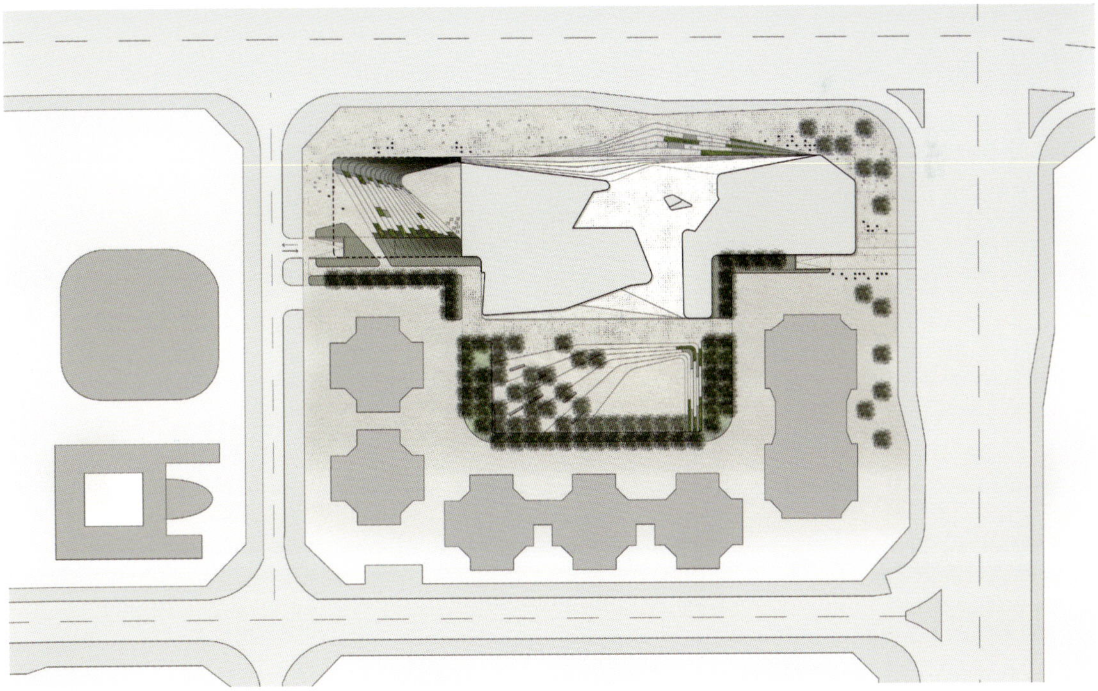

立面图 ↑

剖面图 ↑

总平面图 ↑

皇都艺术中心

主要设计人：马岩松、党群
设 计 单 位：MAD建筑事务所

建 设 地 点：北京市
设 计 时 间：2008年（方案）
建 筑 面 积：46 000 m^2
占 地 面 积：63 000 m^2
图 片 提 供：MAD
摄 影 作 者：方振宁

外观近景效果图

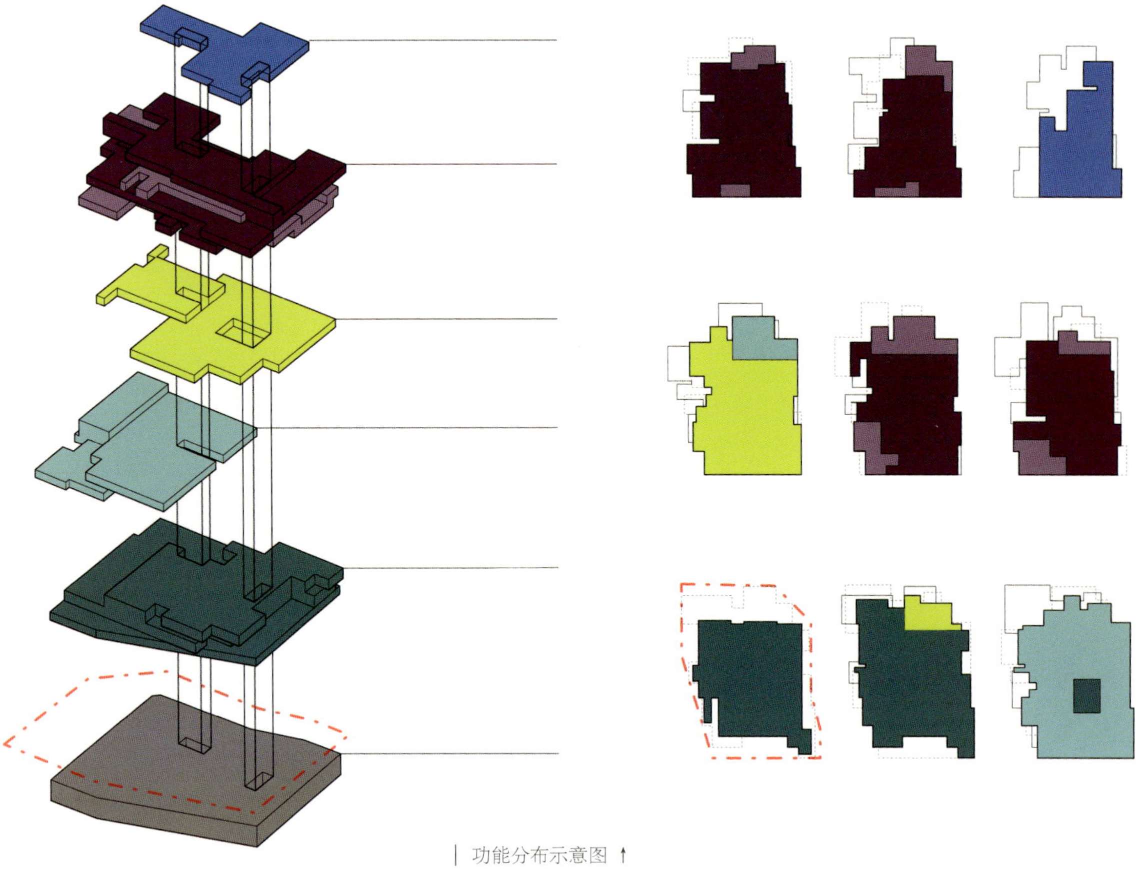

| 功能分布示意图 ↑

老北京的美在于建筑之间有"空儿"，在这些"空儿"里有树有鸟，每个建筑倒不需要显示自己。

——老舍

老北京城的基本肌理是四合院和胡同。然而这种由单层的砖瓦房屋所围合的庭院空间以及四合院之间纵横道路所构成的独特城市肌理正在遭受大尺度，纪念性建筑的破坏。现代城市开发所追求的单体建筑容量与老四合院的小尺度密集结构之间的冲突，如同肿瘤对城市细胞结构的入侵。

皇都艺术中心位于老北京的心脏，与代表这座城市历史的紫禁城为邻，基地的正对面是中国美术馆，西侧是现存的四合院胡同，东侧则是现代的轴线大道、商业街和旅馆。现代建筑的效率原则与城市历史肌理之间存在的矛盾和冲突成为设计的出发点。

化整为零是解决这一困境的基本方法。艺术中心被设计为一座由多层庭院空间结构堆栈而成的城市肌体组织。这是一个室内外空间穿梭掩映的漂浮状结构，没有清晰的几何形体，但在各个方位和不同层高上通过庭院空间把城市公共空间与宜人的小尺度环境结合在一起。"空儿"成为了空间组织的核心。

在建筑设计上，通过使用混凝土悬挑楼板、退后的玻璃幕墙和半室外庭院制造出整个建筑的漂浮感。四合院在平面上的多进院落和错综的环廊在艺术中心的设计中被转化为立体化、多重尺度的半室外城市交往空间。而这些交错的半室外空间，也是向城市敞开的绿色自然空间。多层的堆栈结构同时也把艺术中心的功能空间清晰地划分为底层的艺术画廊区域，位于建筑上部的五层旅馆和一个可以鸟瞰老北京全景的顶层会所。

皇都艺术中心的设计延续了现存的北京城市文化肌理，在这个空灵的漂浮结构上，重叠着城市传统空间的背影和现代生活的感受力。

平台效果图 ↗
模型概念分解 ↗
平台效果图 →

台中会展中心

主要设计人：马岩松、党群
设计单位：MAD事务所

建设地点：台湾台中市
设计时间：2009年（方案）
建筑面积：216 161 m^2
建筑高度：39~85m
占地面积：70 318 m^2
结　　构：竖向核心筒，柱网混凝土结构
图片提供：MAD

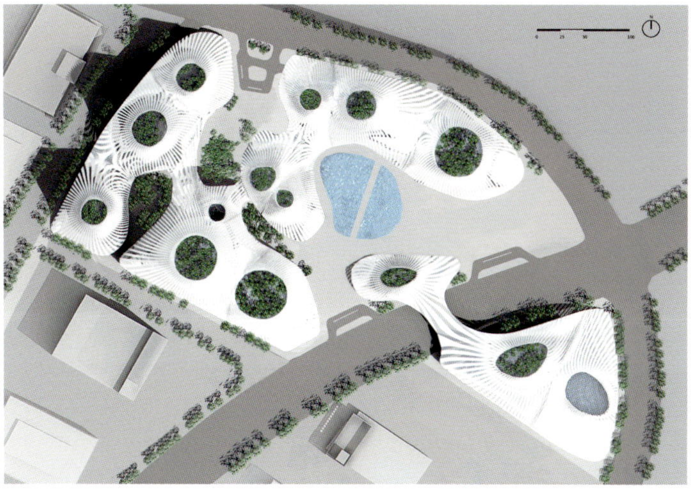

总平面图 →

鸟瞰图 ↓

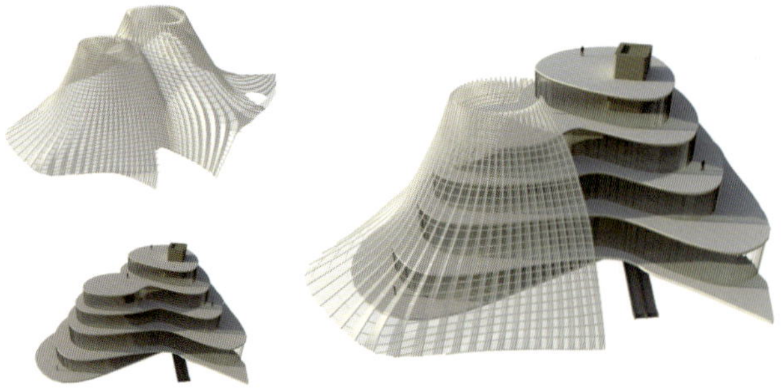

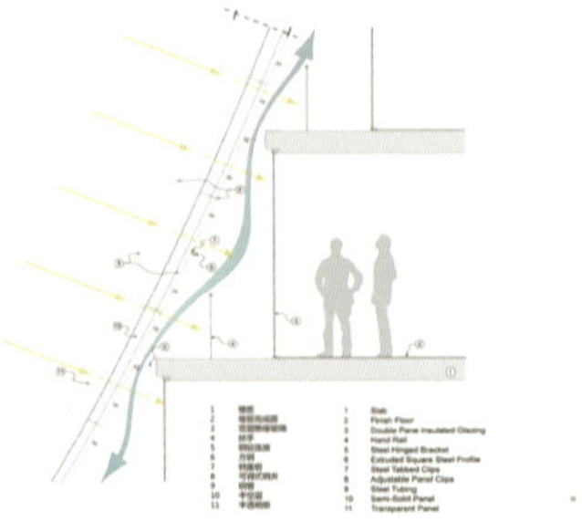

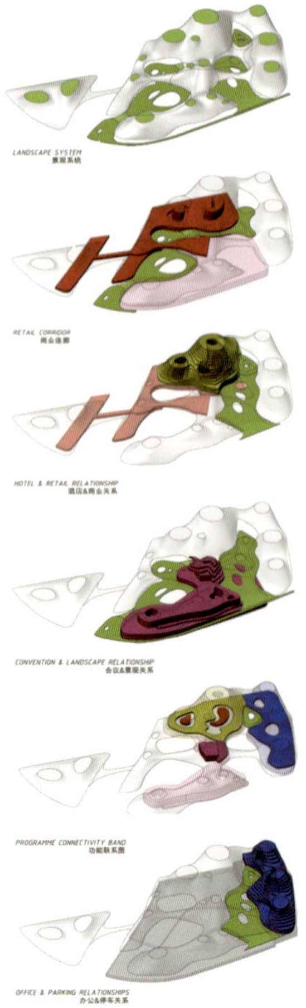

结构与表皮 ↑
功能分析 →
剖面图 ↓

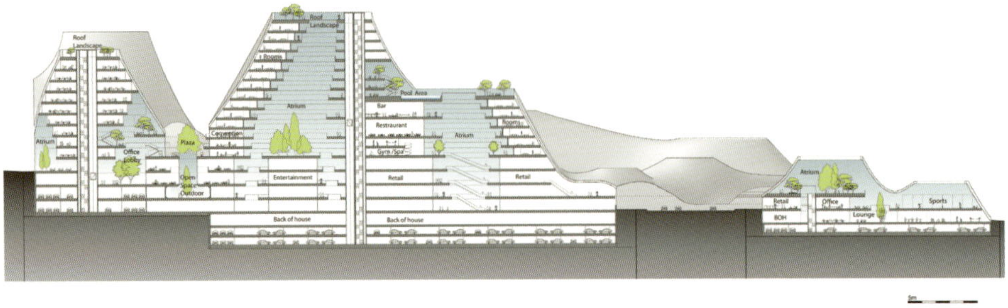

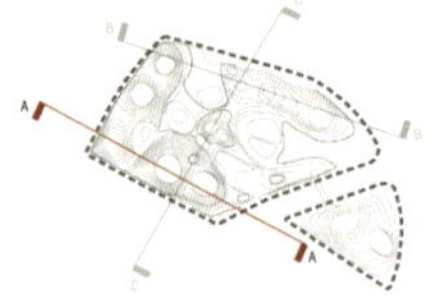

受台中市政府和台湾土地开发公司委托，北京MAD事务所最近完成了他们在台湾的第一个项目——台中会展中心的方案设计。

这是一组连绵起伏的建筑群落，褶皱状的"山体"模糊了建筑、景观和城市公共空间的界限，构成一幅展现东方自然精神的未来世界。方案传承了中国对建筑群体和空间序列追求的传统，并把东方文化中与自然和谐相处的精神气质贯穿于其中。在这个规模庞大的建筑群中，重要的不再是某个建筑单体本身，建筑物的形象是统一化的，而他们所围合的空间则成为主体，那是一种在空气、风、光线之间形成的自然秩序，以及由此建立起来的人与自然之间的情感共鸣。

台中所需要的是一件超越地域、重新定义城市文化景观和社会生活的大型都市艺术品，以独特的建筑观和全新的建筑宣言，使台中跃升成为世界文化先锋。

当今地标式建筑的特征已经由对高度的原始追求转为面向未来和自然的文化述求。地标不仅仅是视觉上的冲击，更应该是一个聚集城市活力、激发交流和想象力的戏剧性生活场景。

这块基地本身就有着她丰富的生命力——平静的表皮下蕴藏的能量渴望被表现出来，地形本身就是一件具有潜力的自然艺术品。建筑物好像当地的"环形山"，相互之间牵动、围合，转化为连绵起伏、具有中心汇聚点的建筑形体，形成建筑与自然地景的对话。

包裹"群山"的建筑表皮，是由一系列的绿色技术构成的复合生态皮肤。褶皱状的连续外表皮为建筑提供自然的空气流动，收集太阳能并维持最低的能耗。

由"群山"围成的院落相互连接，构成了室外空间的自然序列。正如传统的紫禁城和中国园林中对于人与自然和谐共生的追求一样，这个建筑群落的意义更多表现在其非物质的属性，即围合空间极其自然的精神——一棵树，一片竹林，一潭池水成为了空间的主体。这是基于传统哲学和美学的可持续发展观，而不是基于技术的。

室内 →

辛亥革命纪念馆

主要设计人：孟建民、邢立华、徐昀超、杨杰泉、廖武林、
易建华、邝丹怡、董凌、邵如意、张弛、宋薇
设 计 单 位：孟建民建筑工作室（深圳市建筑设计研究总院有限公司）

建 设 地 点：广东省广州市黄埔区
设 计 时 间：2009年8月（方案）
建 筑 面 积：17 560 m^2
占 地 面 积：12 544 m^2
图 片 提 供：孟建民建筑工作室

理念：历史宛如迷宫，从不同角度阅读只能窥其局部，试图接近却永远无法复原全貌。我们希望设置一套空间哲学带给公众不同的阅读维度：历史事件的线性叙事和非线性解读相结合的展览方式。公众可以重新体验那段跌宕起伏、民主救亡的曲折之路。

构思：以原有公园为基础，整合周边地形成为一个更加连续的"大"中山公园，辛亥革命纪念馆以方整体量坐落于公园之中，分成三大部分：悬挂的"历史容器"，连续的公共花园，贯穿的"时空立方"。在历史与现实之间，创造出极具戏剧性的时空背景。

展览："时空立方"为边长36m的立方体，是复杂历史时空的动态"映射"界面；主题展厅以静态方式阐释连续重大历史事件。参展流线以折形坡道进行组织，不断穿梭于"时空立方"与主题展厅之间。虚空中的坡道连续变化，在空间上交错连接，为参展带来即兴的可能。通过"时空立方"不同层面的空间洞口和动态影像，创造出蒙太奇式的视觉深度。

花园：屋顶花园是"大"中山公园界面的延续，编织起各种公共文化事件，形成多元的文化场所。报告厅、青少年活动中心、办公、专题陈列展厅设置于屋顶花园之下，分别与"剧场大院"、"儿童大院"、"园林大院"、"艺术大院"连为一体，成为各种人群交流的场所。

空腔：主题展厅为钢桁架结构体系，分别与两侧的钢筋混凝土框架——剪力墙结构形成受力整体，实现大跨度的开敞空间。展览箱体在花园上空高低错落，形成相互贯穿的空腔，与通透的外表皮一同形成良好的通风。从不同角度引入自然光，营造层次丰富的光影效果。

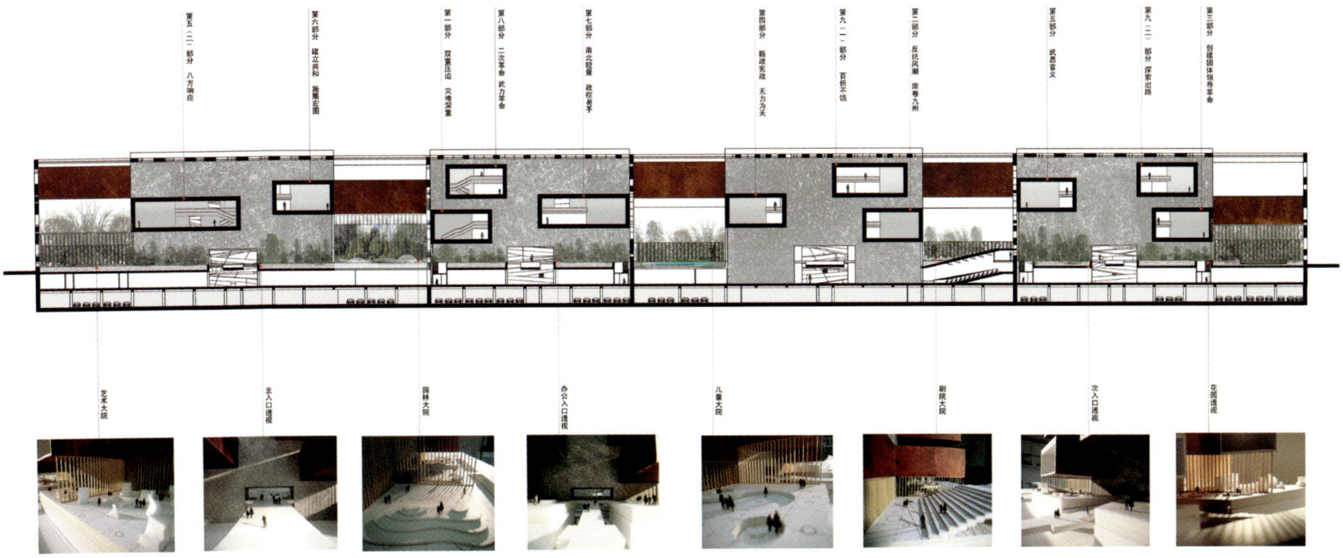

分析图—剖面展开 ↑

实景模拟 ↓

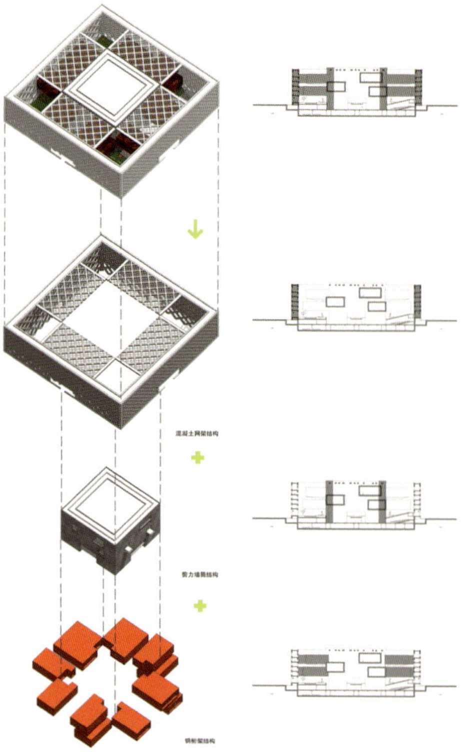

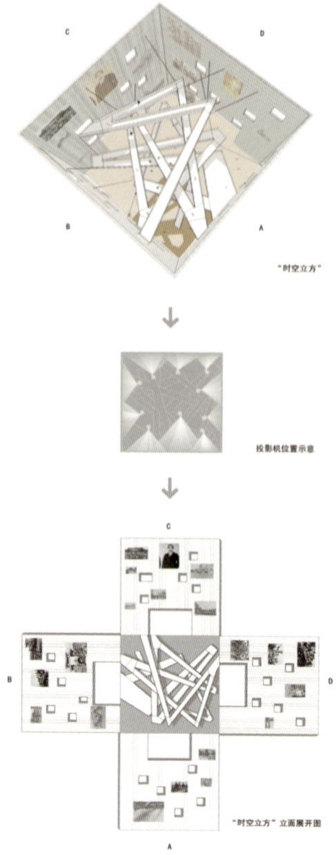

结构分析 ↑
分析—时空立方 ↗
夜景鸟瞰 ↓

模型组图 ↑

总平面图 ↓

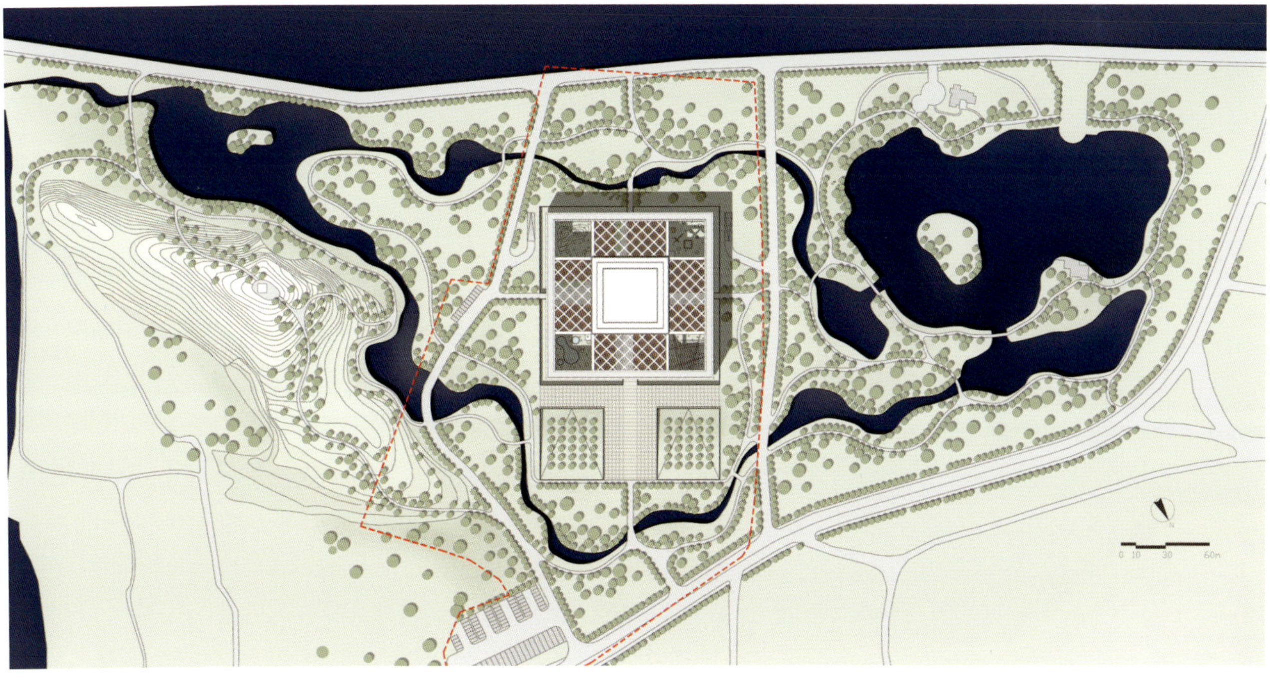

北部流行音乐中心

主要设计人：孟建民、邢立华、徐昀超、邝丹怡、周嘉琦、
Billy Chung、陆洁露、王辰、Alicia van Woensel
设 计 单 位：孟建民建筑工作室（深圳市建筑设计研究总院有限公司）

建 设 地 点：台湾省台北市南港区
设 计 时 间：2009年9月（方案）
建 筑 面 积：72 954 m^2
占 地 面 积：17 595 m^2
图 片 提 供：孟建民建筑工作室

夜景透视 ↓

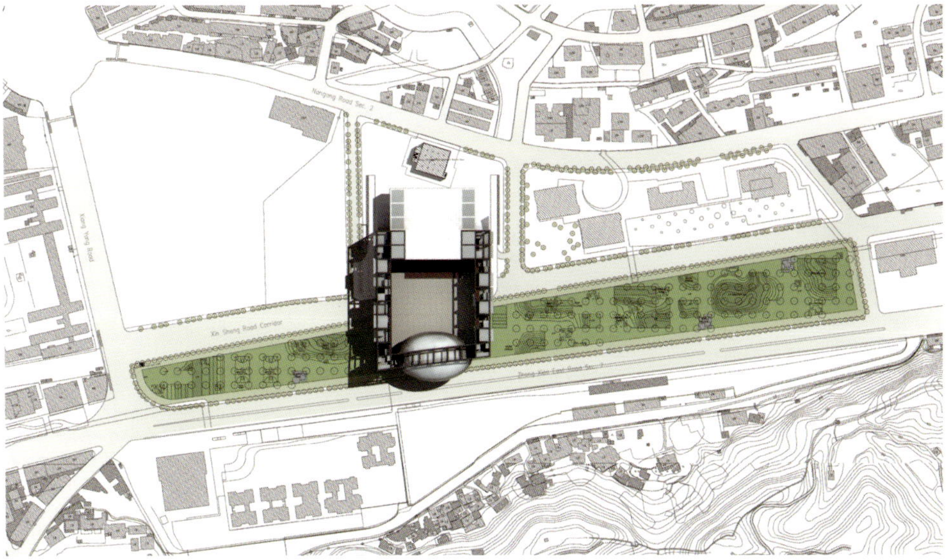

总平面图

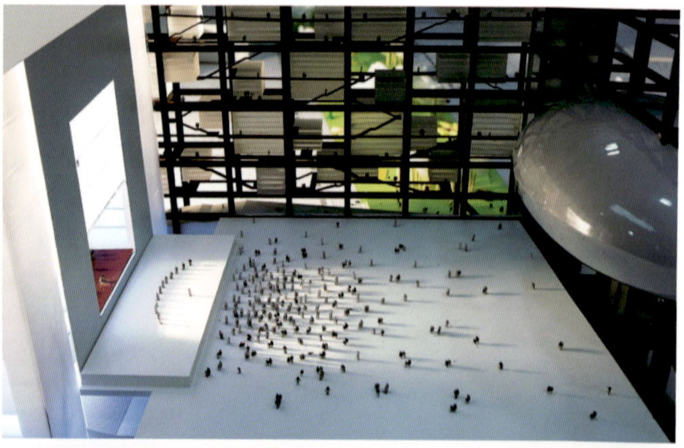

模型组图 ↑

剖透视图 ↓

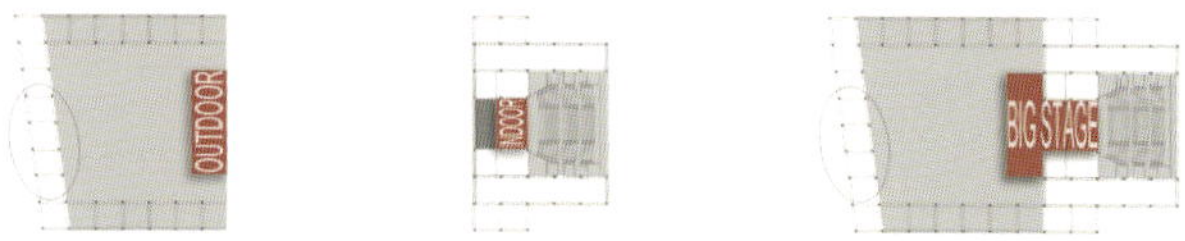

音乐文化：

当今世界，主流音乐的生产链无限循环，非主流音乐为其根基。我们通过建筑空间的设计建立二者之间的对话，将二者完美结合一体。

音乐盒：

"音乐盒"为公众创造一处"音乐容器"，为台北创造一台"音乐播放器"，在纪录每日发生的音乐故事同时，也为城市带来永远的活力。

结构框架成为超级都市"展示架"，流行音乐制作产业链的流程单位在空间上连续为一体，围合成巨大的室外剧场，提供三维立体的观演模式；室内剧场则以悬浮的厢体结构插入主体建筑。垂直向"表演塔"巧妙的利用两者之间的共享地带和自身空间的连通性，戏剧性地将室内外剧场结合为一体，提供可分可合之双重演出模式：15000人的室外剧场+3500人的室内剧场，或18500人的超级剧场。"音乐盒"成为容聚高密度都市活动的发动机。

音乐公园：

与高密度的"音乐盒"相对应，低密度的音乐公园为开放性界面，沿忠孝东路贯穿760m长的基地。Live house 与零售商店结合自然绿化、坡地以及各种露天活动场地，生成综合性的都市主题公园。

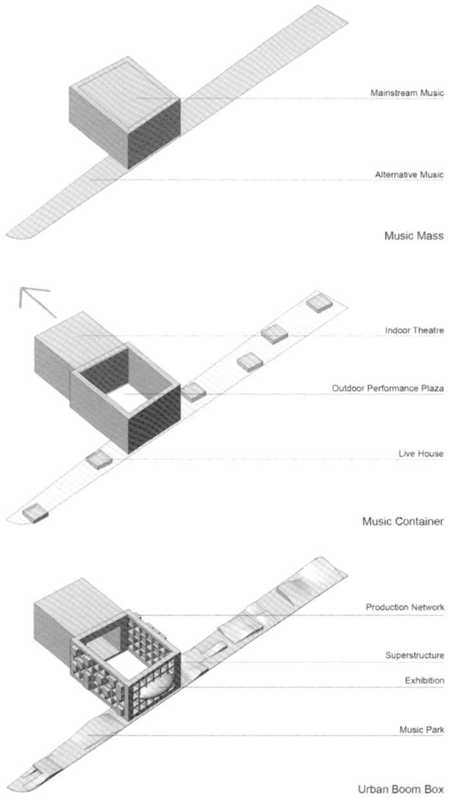

轴测图 ↗
首层平面图 ↓

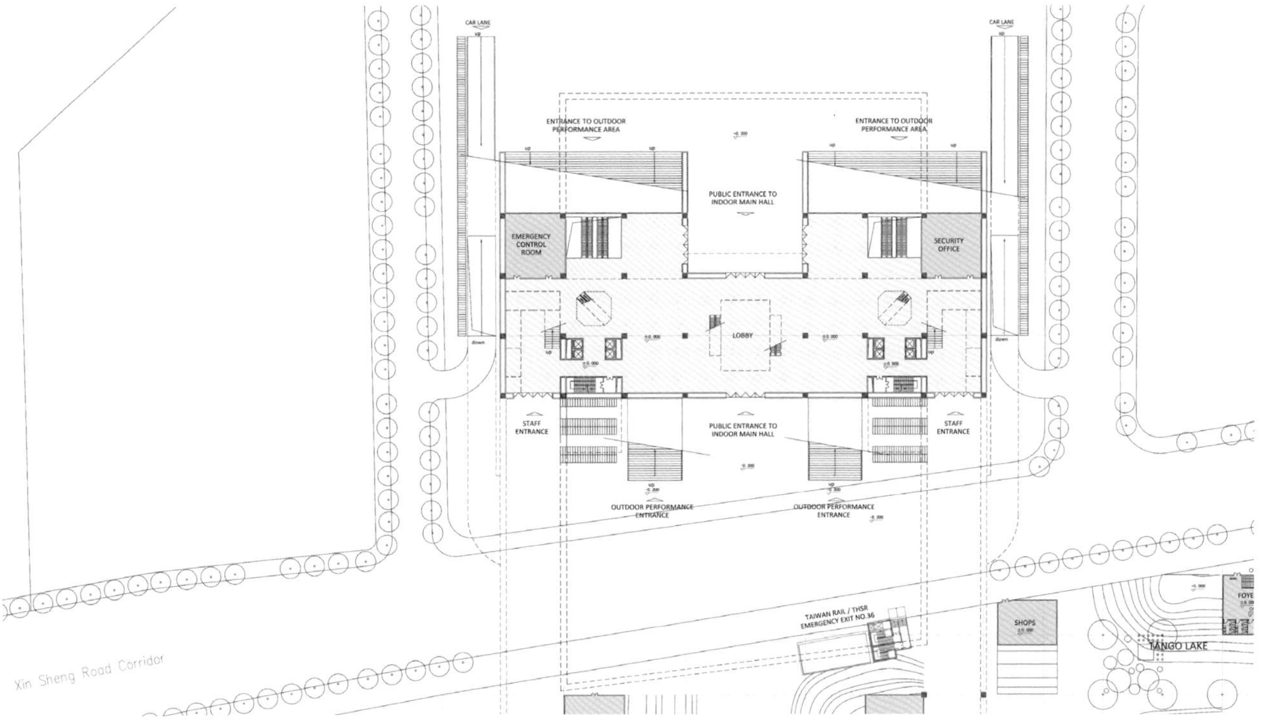

唐山城市展览馆

主要设计人：王辉、刘旭、张柳娟、陈春、王鹏、刘爽、
段云龙、赵利卫、王玮
设计单位：URBANUS 都市实践
建设地点：河北省唐山市
设计时间：2005-2006年
竣工时间：2008年
建筑面积：5 900 m^2
占地面积：22 850 m^2
图片提供：URBANUS都市实践

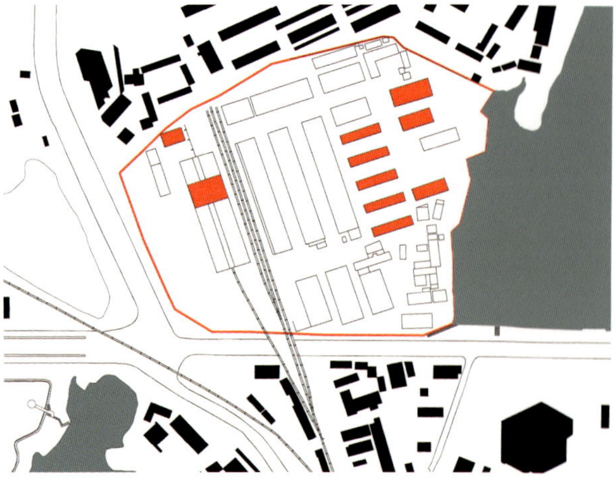

不同于一般城市定位在新、奇、异标准之上的规划展示馆，唐山城市展览馆的主体是由几座朴素得几乎没有任何审美价值的旧建筑构成。它的前生是位于市中心大城山西麓的原唐山面粉厂，其封闭的围墙隔阂了山与城市。因此，工厂在新的都市条件下搬迁后，市里动议将数十座规模庞大、结构完好的单层厂房和仓库彻底拆除，用开阔的绿地公园来连接山体与城市主干道。作为一个容积率很低、人均绿化率很高的城市，这种城市美化运动只是给城市增加了绿地，却没带来生机。唐山市规划局的领导意识到这个问题。在评估基地上厂房的价值时，发现几栋仓库是日伪时期建的，如果采用"公共空间+公共建筑"建设模式来保留，会使这个公园成为城市的亮点。在这个理念的指导下，URBANUS都市实践完成了博物馆公园的构想，用保留下来的四栋日伪时期的仓库和两栋地震后建的仓库作为展示唐山近代工业、民俗和城市的平台，使公园成为一个城市记忆的场所。

保留下的六栋平行的建筑恰巧垂直于山体，构成了一种有意味的韵律。改造设计通过非常少的加建，更强化了这种韵律，使山有节奏地从建筑间的空隙中溢到城市，形成了大城山-山脚后花园-厂房间小院-大公园-城市主干道一系列有层次和有序的城市开放空间体系。这个序列与邻近的铁路公园和凤凰山连接，又构成了宏大的城市公共空间网络。人们在这个连续的整体中漫游，不仅仅在享受物质性的绿地和园林，也在享受历史和文化。材料使用上也很节制，只用通透的金属格栅和防腐木板，来强化场所固有的工业化精神和自然的面貌。在这些另类些、却也朴素的材料映衬下，原封保留的旧仓库的墙面透出了内在的美。沿公园一面，每个仓库增添出一个钢结构门廊，让封闭的仓库具有一种开放性。这些门廊落在反射水池上，使旧建筑的美进一步放大。"人"字形仓库的屋面用"X"形钢结构来代替，形成的侧高窗使原先封闭的室内变成明亮的、非常完美和标准的展示厅。

对于已经厌烦了平庸的生活环境的普通市民而言，通过享受宜人的公共空间，再来品味熟视无睹的建筑，是重新认识自己城市价值的绝好途径。

加建部分的笔墨不多。通过新旧部分的材料对比，对老仓库的屋顶和门廊夸张重构，用水池和连廊统一离散的个体等处理手法，精心地呵护和放大厂房和山体间构图上的天作之美，在新的环境下彰显毫无美学价值的原有建筑群的内在美。

博物馆群原本计划有多元化内容，但最终只作为单一的城市史和城市规划的展示，一定程度上略有遗憾。但是，这也帮助这个改造项目成为正朔，有助于启发人们去思考、去热爱、去保护、去利用那些平庸的城市建筑。虽然它们于建筑史几乎毫无价值，但它们毕竟记录了城市的一段历史。这点于唐山更有意义。这个与深圳同时建设的城市，有与被城市化烟熏火燎的深圳迥然不同的性格。这种性格就是平常心。但随着城市化飓风扫荡进二线城市，新的审美价值观已不容许城市再继续平庸。今天的城市化运动和当年的地震一样，都在抹杀唐山平凡的现当代建筑史。但对于这个毫无花拳绣腿、震后重建的城市，平凡是一种朴实的城市精神和恬静的城市生活方式，是一种一般市民可承受的体面环境。它不逊于一线城市火热的生活。当人们走进展览馆去畅想城市未来后，走出展馆又能体会城市的历史。这种平衡有助于去思索今天的城市化行动所应有的策略、立场和价值观。这个建筑提醒着城市建设的执行者，城市化不是地震。

区域图 ↑
近景 →

水景 ↑

远景 ↓

水景 ↑
走廊 ↙
水景 ↓

经济
繁荣
Economic
Prosperity
文化
Cultural charm
Pleasant
宜人风光
scenery

室内 ↑

改造前组图 ↓

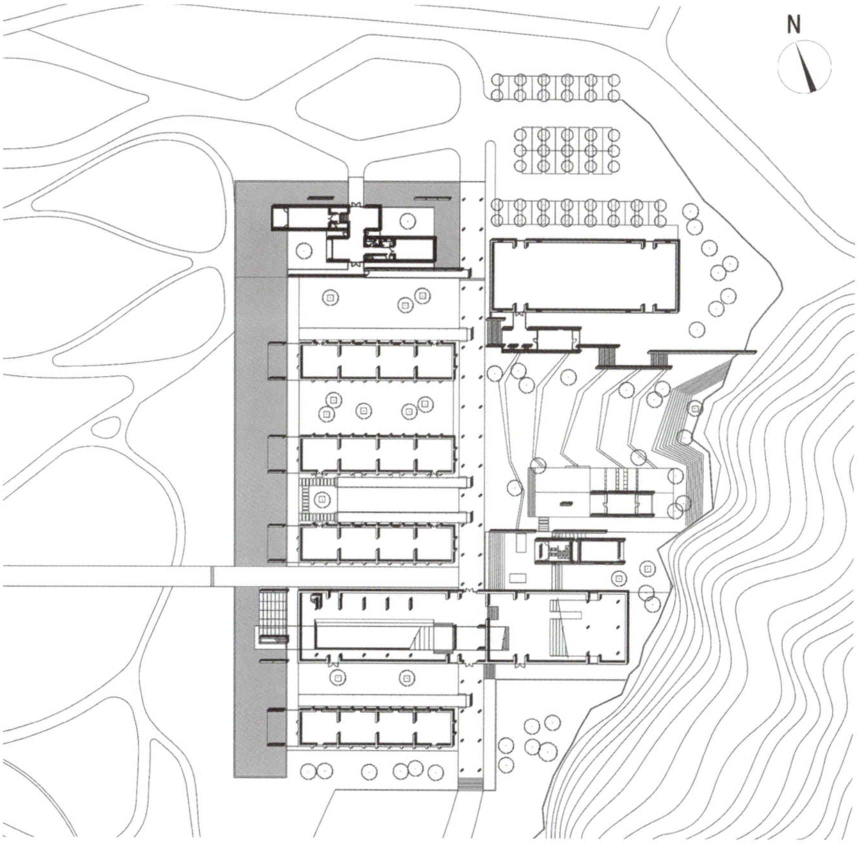

总平面图 →
建筑元素分析图 ↓
剖面图 ↓

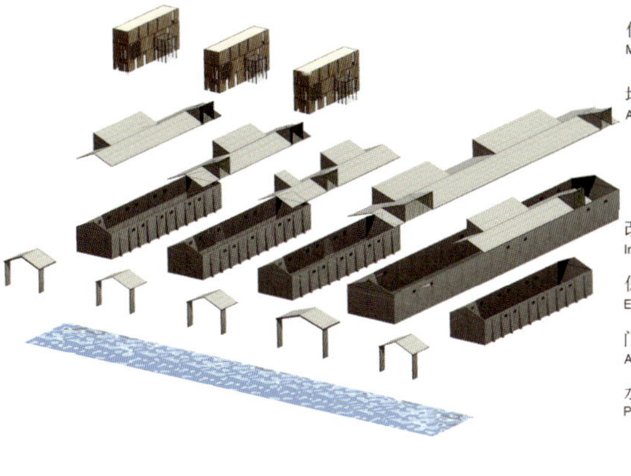

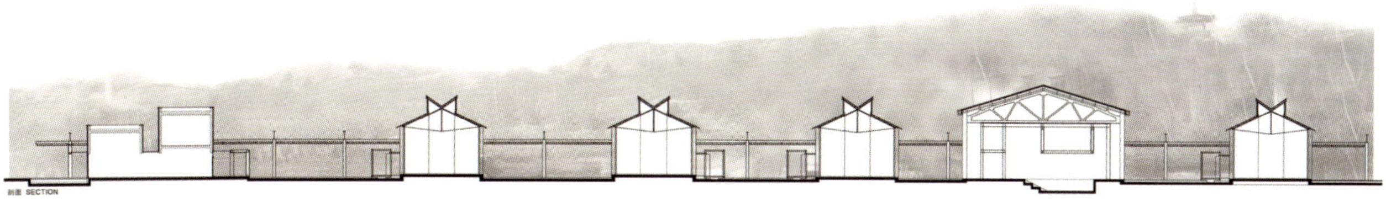

宋庄艺术公社

主要设计人：徐甜甜
设 计 单 位：DNA设计事务所
建 设 地 点：北京市通州区宋庄镇
设 计 时 间：2007年8月~2009年5月
竣 工 时 间：2009年
建 筑 面 积：5 300 m^2
占 地 面 积：1 400 m^2
图 片 提 供：DNA设计事务所
摄 影 作 者：Savoye/周若谷

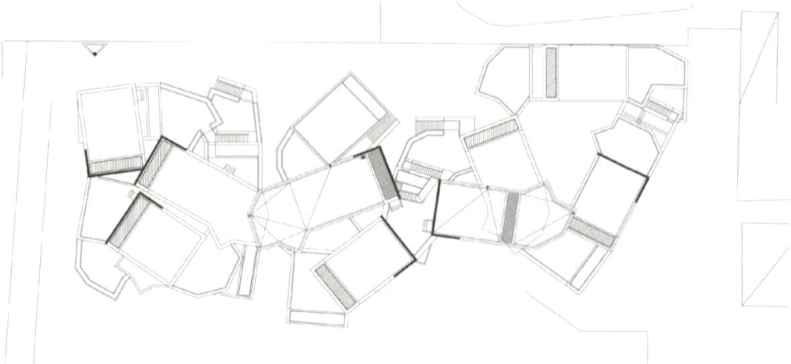

总平面图 ↑
外观 ↓

随着中国当代艺术家的激增，艺术家对居住和工作空间的需求也随之扩大。坐落在北京六环以东的宋庄艺术家村就正经历着由于这种增长所带来的变化，20个面向鱼塘的艺术家工作室应运而生。

按照工作室的居住和工作两种主要功能，每一个单元都包含两种不同的尺度与组合：工作部分为6m高的简洁的方盒子，居住部分高3m，有一系列几何形空间容纳起居厨厕功能。体量高差决定了每个单元的工作和居住功能或在同层联系或通过楼梯联系。整个建筑立面采用压型钢板，水平活动平面则是当地典型的红砖。

这20个工作室就像叠加在一起的集装箱，不仅和场地原有的工业气息相呼应，而且创造富有张力的外形和独特的建筑空间。体量的虚与实，光与影，创造变化的室外交流空间，为艺术展示提供了更多的可能性。当地艺术节开放工作室时，这片区域可以为参观者带来多样的空间体验，同时成为丰富的创作展览现场。

这个带有艺术创作和居住功能的建筑何尝不是位于艺术村的一种另类美术馆？

局部组图

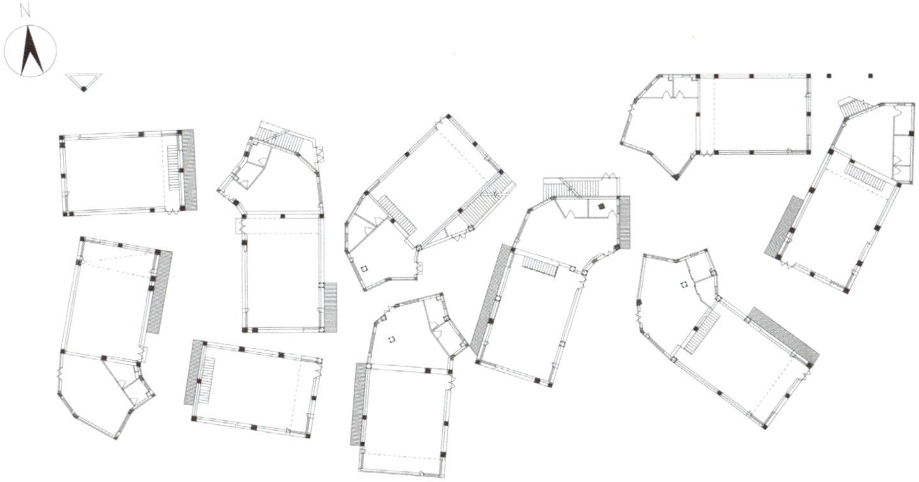

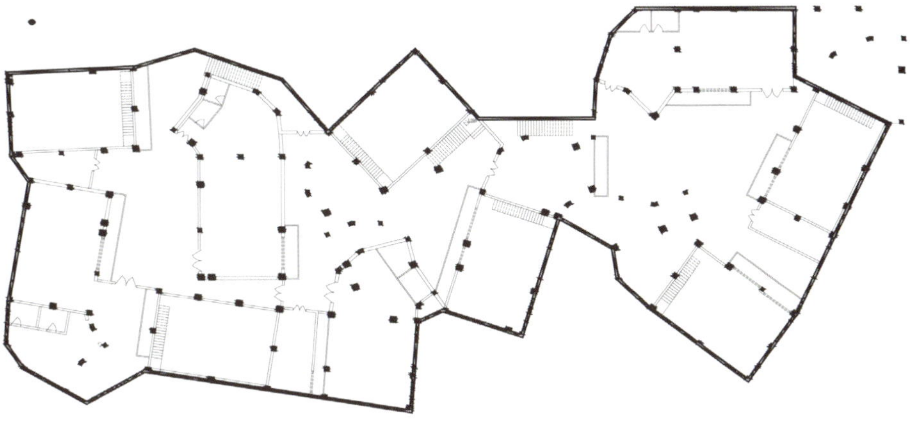

鸟瞰图 ↗

首层平面图 ↗

地下一层平面图 →

四川成都安仁民国孙氏锦衣博物馆

主要设计人：余加、梁潇、王金刚、刘秋平
设 计 单 位：深圳中深建筑设计有限公司余加工作室

建 设 地 点：四川省成都市安仁镇
设 计 时 间：2009年5～12月（在建中）
建 筑 面 积：1 386 m^2
基 底 面 积：985.2 m^2
占 地 面 积：1 481 m^2
图 片 提 供：余加工作室

本项目位于成都大邑县安仁镇的建川博物馆群落内，三面临园区道路，一面临家具博物馆，道路旁边有婚庆博物馆、游客接待中心、停车场及生态小河。

构思： 采用封闭的内院空间再现孙氏夫人民国时期的封闭而幸福的生活状态。建筑以亭、台、楼、阁、院落的方式组织内院空间，加强其生活化场景的隐喻，仿旧色彩的建筑外观，表达出锦衣丝制品的象征性语言。

建筑：

1. 总平面主要出入口位于婚庆广场之间的道路上，展厅沿周边布置。

2. 平面设计——一层平面设门厅及接待、三个展厅、残疾人卫生间、女卫生间、储藏间、咖啡及吧台，院落被房间围绕其中；二层平面设三个展厅、工具间、男卫生间、露台；三层平面设有开敞式办公室与工作人员休息室。

3. 剖面设计——首层层高为3.6m，二层层高3.2m，局部三层层高为2.8m，剖面上设有贯穿两层的天窗用以采光并组织通风。

4. 立面设计——外墙面基本采用实墙，在局部内部有天井处进行开小孔处理，以透出建筑内院落及内部立面丰富的色彩。

博物馆入口透视图 ↓

院落透视图 ↑
室内透视组图 ↓
院模型组图 ↓

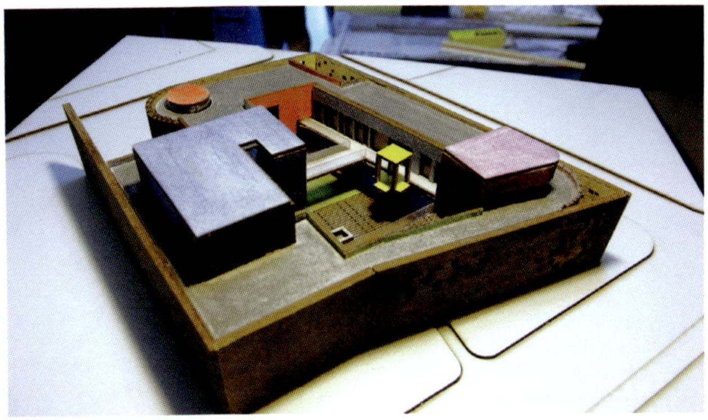

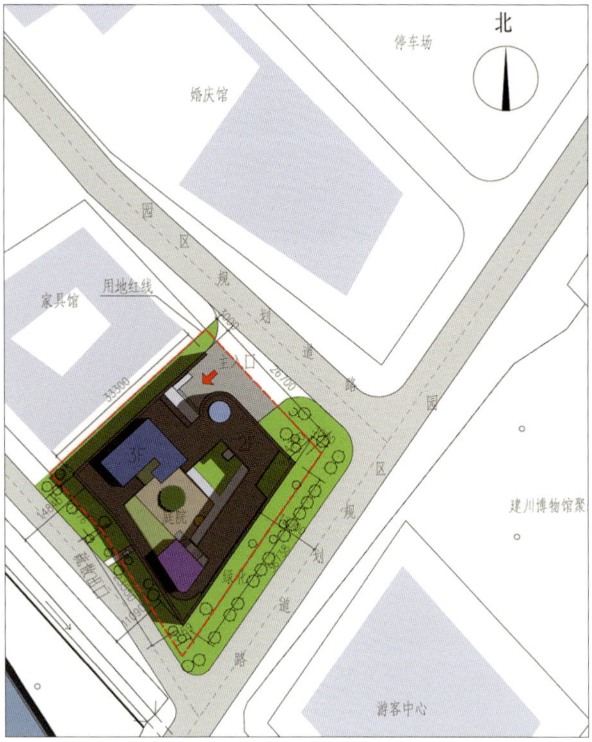

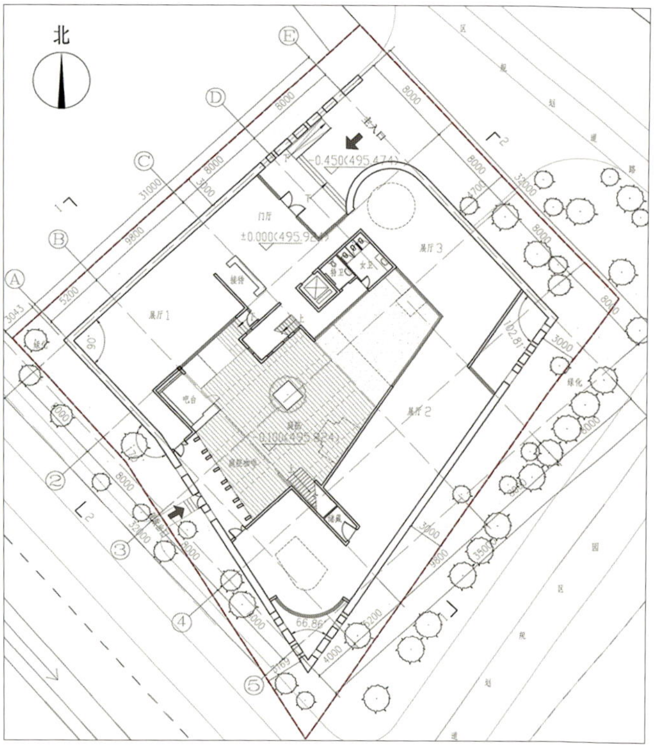

总平面图 ↑
首层平面图 ↗
东南立面图 ↓
剖面图 ↓

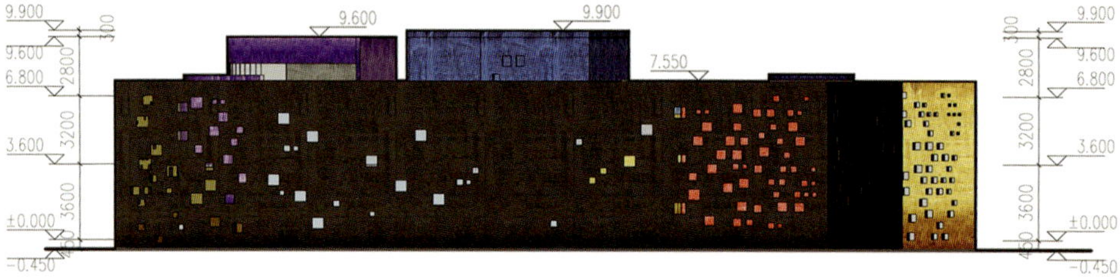

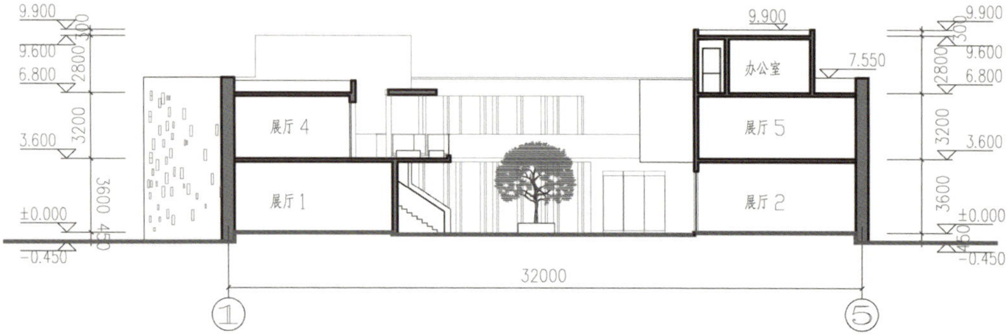

桥上书屋

主要设计人：李晓东、陈建生、李烨、王川、梁琼、刘梦佳
设 计 单 位：清华大学建筑设计研究院

建 设 地 点：福建省平和县
设 计 时 间：2008年
竣 工 时 间：2009年
建 筑 面 积：240 m²
占 地 面 积：1 550 m²
图 片 提 供：李晓东

远景 ↑

平和县下石村的中心有两个圆形土楼，中间横跨一条溪水，传说旧时两个土楼的家族互为仇敌，遂划渠为界，互不往来。李晓东的桥上书屋就在土楼之间，溪水之上，细密的桉树木条包裹住方筒式的建筑，横亘于溪水上，下方用钢索悬吊着一座轻盈的折线形钢桥。土黄的颜色与土楼相溶在一起，强烈的方圆对比由此显得柔和而贴切。

从土楼这种独特的集合住宅形式，可以读取到客家聚落历史上的宗族中心文化，强烈的内向防御性，和颠沛流离的往事。这种内向的传统文化积淀给整个村留下了安静的韵味和丰厚的文化遗产，同时在其影响下整个下石村村落形成了每户封闭独立的格局。住宅之间的场地往往是泥地，平时难以落脚，整个乡村的社区缺乏交流的公共空间和形成精神凝聚力的场所。一个希望小学或许可以为优化这种原发的空间系统带来契机。"一座桥"，这个地段给设计者带来最初的灵感："一座跨越溪水连接两个土楼的桥"。

援建下石村的希望小学只有两个班，功能非常简单：两个阶梯教室，一个小图书馆。建筑师将三个功能块全部安置在桥上，教室单侧的走廊通向中间的图书馆，两个教室在两端，分别朝向两个土楼。教室端头分别设计为转门和推拉门，使端墙外在课余时间成为两个可以为住民服务的舞台。上课时用作黑板和讲台，放学期间村里则在此举行木偶戏等表演性质的公众活动。建筑从功能和形式语言上为两座土楼创造了连接，同时也联系并重新组织了周边的空地，为村落提供了很好的公共广场，广场一边是圆形的带有粗糙痕迹的土楼，另一边是精致简练的舞台，对话双方的强烈对比使整个空间充满了张力。每逢傍晚和夜里，这里就聚集了村里自发活动的人群。这样的设计不仅为孩子们提供了学校教室，解决了交通联系问题，而且为整个村带来了交流的中心。

近景 ↑

入口 →

在传统的语境下进行建筑设计，其形式语言往往会陷入两种极端，一种是夸大并沉迷于当代技术的表现，另一种是强调原发，流连在工业化以前的怀旧情绪。在桥上书屋的设计中，设计者没有完全拘泥于当地的材料，并且试图通过谦逊而现代的技术语言寻求一种介于两种极端之间的方式。整个建筑采取钢桁架结构，桁架内部的整体空间作为主要的教室用途，两个教室中间设置公共空间。教室外侧设置走道，在教室和表皮之间增加一道视觉通廊。外表面采用10×15@20的木条格栅，用钢龙骨固定。如薄纱一般的表皮处理使室内的视线与行人之间不发生干扰，同时远处溪水的风景又可以畅通无阻地进入到室内。下部用钢丝悬吊过河的公共桥梁，桥梁为Z字折线形，避开对两个端头广场的空间冲突，刻意避开了正对广场的方向。没有"表演性"的体量和炫技式的细节，设计者用朴素的语言保持着他一贯的简洁和优雅。平实的现代技术语言对诗意空间的表述使整个建筑在当地创造了恰当的空间对比，形成了宜人而又令人激动的气氛。

土楼村落的社区空间古老而又匀质，在这种长期封闭的传统秩序自我生长而形成的白板（Tabula Rasa）上，桥上书屋表达了一种点状介入的概念。其针对这种封闭体系与现代生活方式的矛盾采取了犀利的"针刺疗法"，以现代语言的建筑置于传统的村落社区空间，以精确和现代感为充满自发性和手工性质的原生空间注入强心剂，试图通过刺激整个空间体系的问题关键点，使整个系统产生新的活力。从这个角度看，桥上书屋的设计从选址到其着眼点皆超越了小学教室的功能本身，而关注到整个村落的整体空间问题。设计者认为：建筑设计应有如中医的理念，调和系统以治疗有病的人，而非仅仅针对疾病本身。以桥上书屋对比于设计者以前的作品丽江玉湖完小，可以清晰地感觉到两个建筑的着眼点完全不同，而又同时关注到环境体系的问题。后者是为当地提供可供参考的建筑范例，前者是为聚落提供有效的结构性的公共空间。中国的农村正处于新时代建设时期，关注正在广泛推行的新农村建设，不应止步于关注建筑本身，同时应该关注提高农村社区的空间品质，更新农村住民的生活方式。桥上书屋这种以建筑实体来解决农村社区空间问题的案例或许可以为中国当下的新农村建设提供一个新的视角。

| 学校平面图 ↓

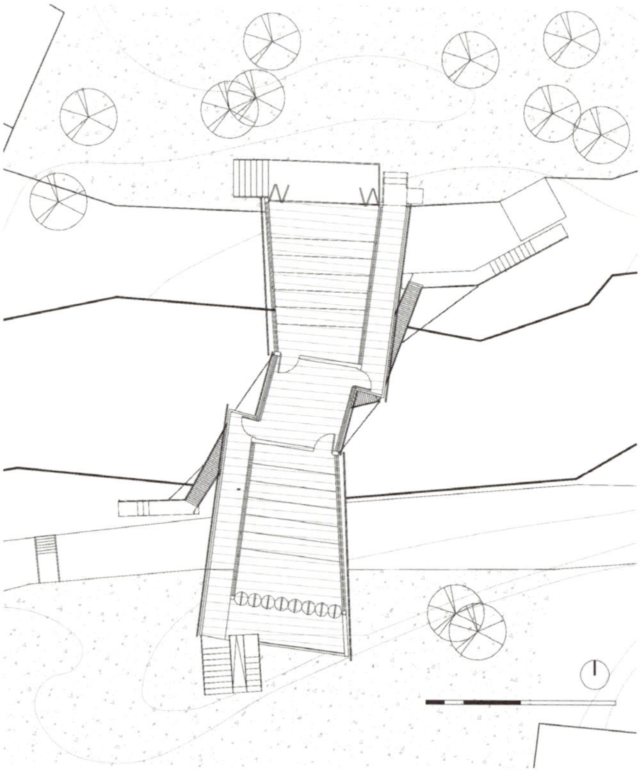

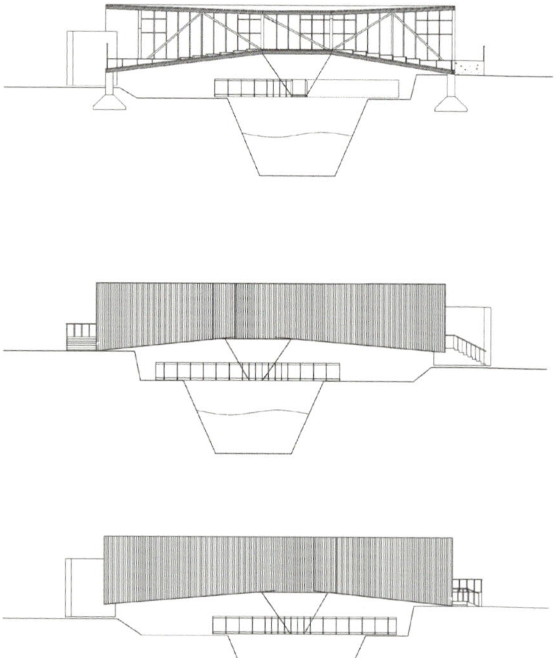

组图 ↑

总平面图 ↓

屋桥平面图 ↓

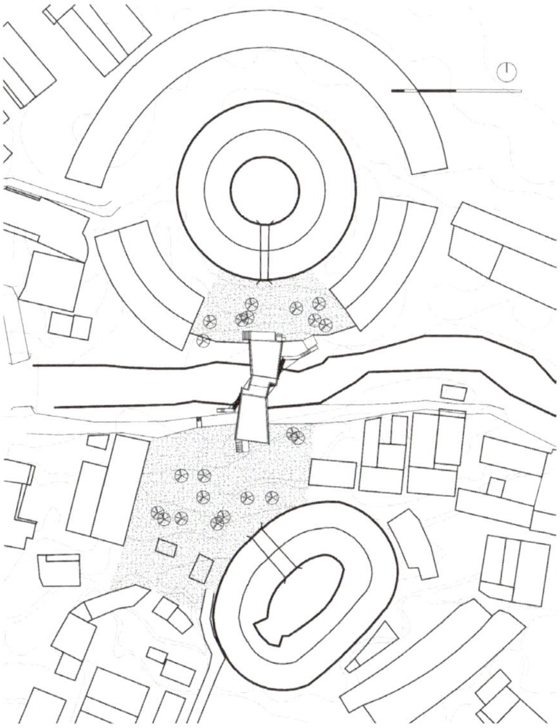

清水会馆补园

主要设计人：董豫赣、王磊、万露、方海军、石磊、袁涛
设 计 单 位：北京大学建筑学研究中心

建设地点：北京市郊区
设计时间：2008年1-5月
竣工时间：2008年9月
占地面积：5333 m^2
图片提供：董豫赣

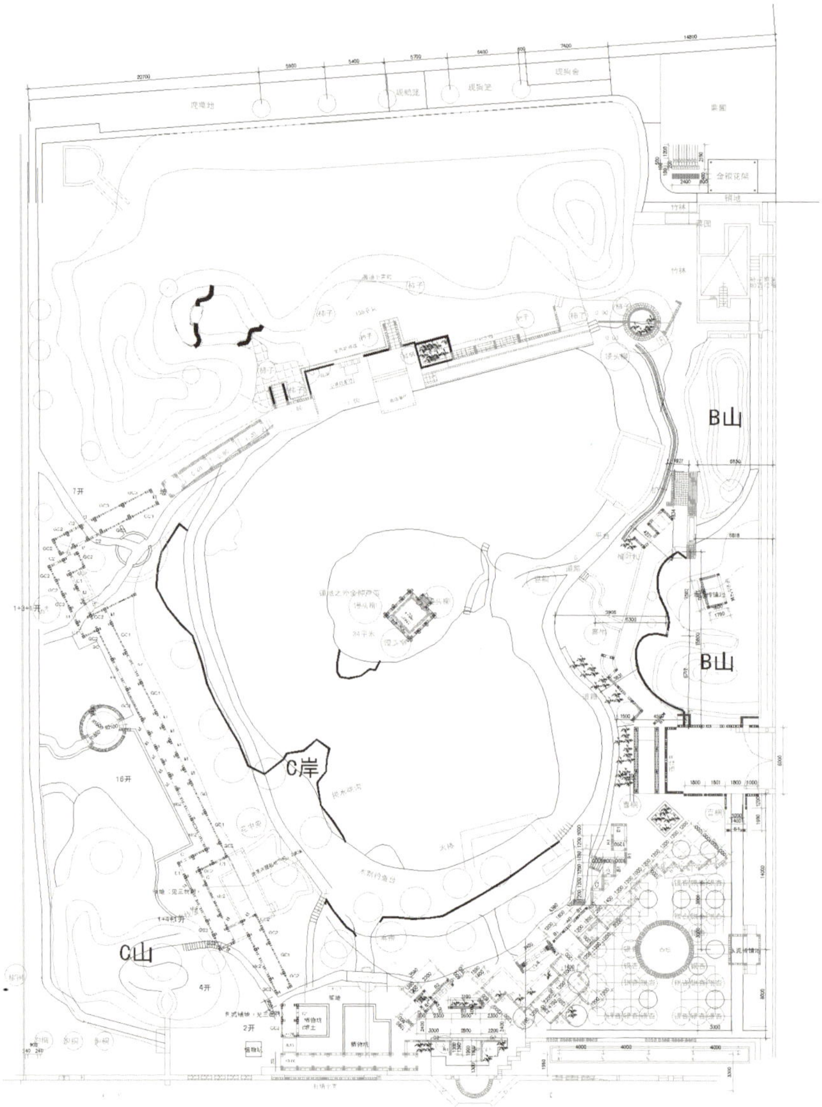

平面图 ↑

东部藤架 ↗
鸟瞰图 ↗
远景 →

因为造价的极度限制，这次尝试使用中国当代最大量使用的两种填充材料——混凝土空心砌块以及红色空心粘土砖，进行造园。另外还使用的包工头工场里的11种余料，譬如瓷砖、陶瓦、石棉瓦等材料。但重点不在材料表现，而旨在利用土建与现有人造山水植物发生互成性关联，比较成功的是杏坛与原有银杏林的关系以及柳纱橱与原有旱柳的仰借关系，后来添加的玻璃顶细节对此有所损失；龙爪槐池、钢筋藤架本身质量较好，但还都需要等待来年的植物添加以考验建筑与景物的互成性关系。

西走廊内景

夜景（李兴钢拍摄）

艺之卉创意产业园

主要设计人：龚维敏、卢暘、曾艳、黎秋雷、王嘉毅、梁茵、杨钧、盛照鑫、黄振宇、赵影

设 计 单 位：深圳大学建筑设计研究院 GL工作室

建 设 地 点：广东省深圳市

设 计 时 间：2007年1月（在建中）

建 筑 面 积：30 000 m^2

占 地 面 积：6 500 m^2

图 片 提 供：GL工作室

艺之卉（EACHWAY）是叶子服装公司的著名时装品牌。产业园位于深圳龙化服装工业园区内，包含创意工作用房（通用厂房）、一个多功能大厅（集会、服装表演）、展览馆及宿舍等内容。

设计追求艺术与时尚的表达。希望能将静谧、冥想与自由浪漫，围合内省与开放敞亮，经典品味与时尚情趣等元素有效地组合，营造艺术与创意相符合的场所精神。

建筑由二组"L"形体量组合而成，东侧为通用厂房楼，南侧为职工宿舍，西-北体量在竖向分成三部分：基座为展销大厅空间，中部为半开敞平台及多功能演汇厅、咖啡厅等"山形"体量空间，飘浮在顶部的"L"形体量包含二个展览空间——时尚博物馆及现代艺术馆。前者镶嵌在后者之中，互为对应。从入口处，上至平台层，再沿着起伏的"山形"屋面"攀升"之空中的展览空间。在这个上升过程中，时尚与艺术获得了仪式性的表达。

内院 ↓

西北外观 ↑
时尚博物馆 ↗

架空平台 ↑
室内组图 ↓

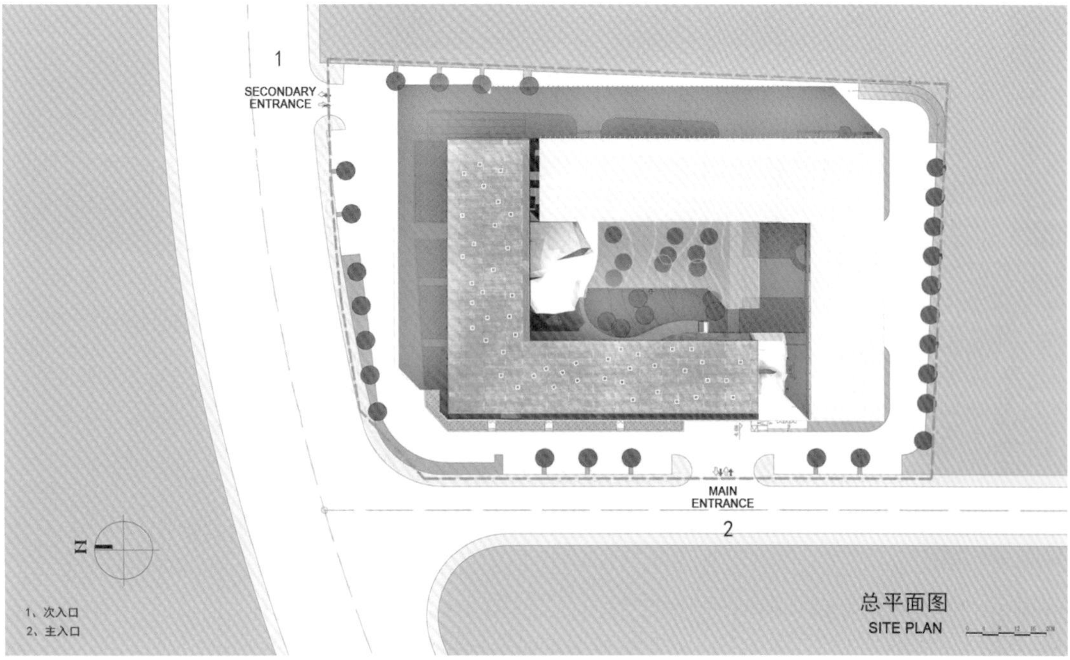
1
SECONDARY ENTRANCE
MAIN ENTRANCE
2
N
1、次入口
2、主入口
总平面图
SITE PLAN

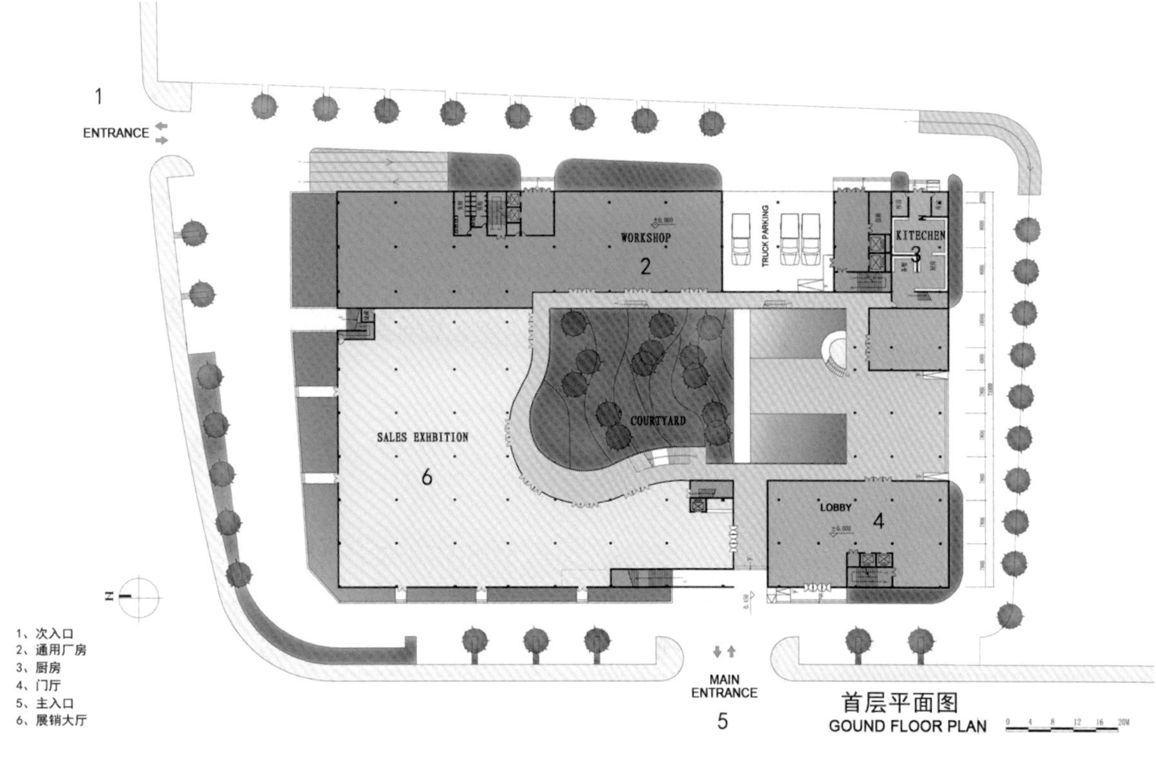
1
ENTRANCE
TRUCK PARKING
WORKSHOP
2
KITECHEN
3
COURTYARD
SALES EXHBITION
6
LOBBY
4
N
1、次入口
2、通用厂房
3、厨房
4、门厅
5、主入口
6、展销大厅
MAIN ENTRANCE
5
首层平面图
GOUND FLOOR PLAN

总平面图 ↑

首层平面图 ↑

浙江美术馆

主要设计人：程泰宁、钱伯霖、王大鹏、郑茂恩、郭莉
设 计 单 位：中联程泰宁建筑设计研究院

建 设 地 点：杭州西湖景区
设 计 时 间：2003年
竣 工 时 间：2008年
建 筑 面 积：31550 m^2（地下15338m^2，地上16212 m^2）
占 地 面 积：8796 m^2
图 片 提 供：中联程泰宁建筑设计研究院

浙江美术馆位于西子湖畔，背靠苍翠的玉皇山麓，建筑依山傍水，环境得天独厚。

设计基于"立足此时，立足此地，立足自己"的理念展开，采取的具体手法是：一、与环境共生。整个建筑依山就势，向湖面层层跌落，从而达到了建筑与自然环境共生共存的和谐状态，虽为人造，宛如天开。二、江南流韵。粉墙黛瓦，坡顶穿插，给人的感觉是清新脱俗，灵动洒脱，似与不似的建筑元素自然而又充分地流露了江南文化所特有的韵味。三、艺术品位。钢、玻璃、石材的材质对比，方锥与水平体块的相互穿插，使建筑具有雕塑感。抽象、变形、随机的现代艺术手法在这里得到了内在的融合，从而赋予了浙江美术馆特有的建筑性格和艺术品位。

浙江美术馆是建设部第五批新技术应用示范工程，已经获得建筑工程鲁班奖等奖项，浙江钱江杯设计一等奖，最近又获得建国60周年建筑创作大奖。已竣工投入使用的浙江美术馆是目前国内已建成美术馆中设备最先进功能最完善的一个，整体在国内处于领先水平。其独特的建筑形体和空间充分体现了传统意韵与现代精神的深层次融合，具有原创性，无论外在的形象还是透露的气质都和杭州以及西湖十分和谐，其单纯性中透漏出的复杂性与多元性在气质上更接近传统的水墨笔法与意象。国际米勒艺术基金会代表专家考察参观后评价为："建筑优美，设备完善。"

外景 ↓

构思草图 ↑

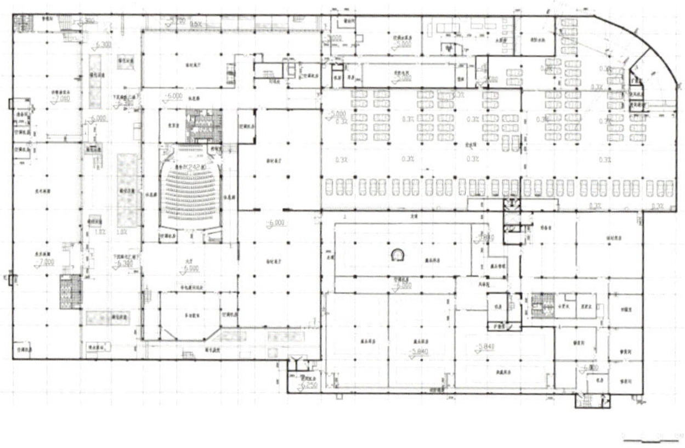

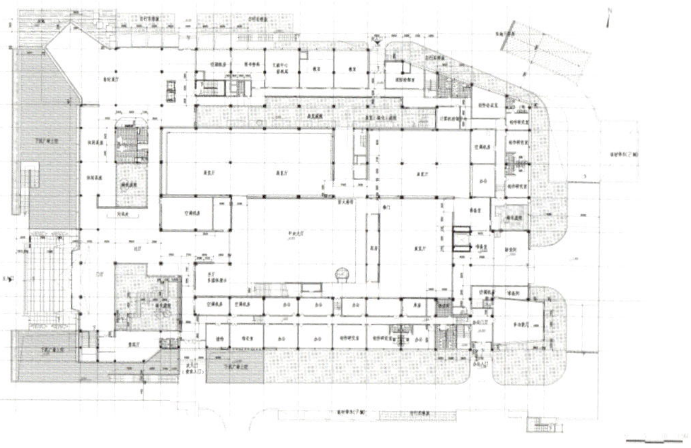

地下一层平面 ↑
二层平面 ↓

一层平面 ↑
三层平面 ↓

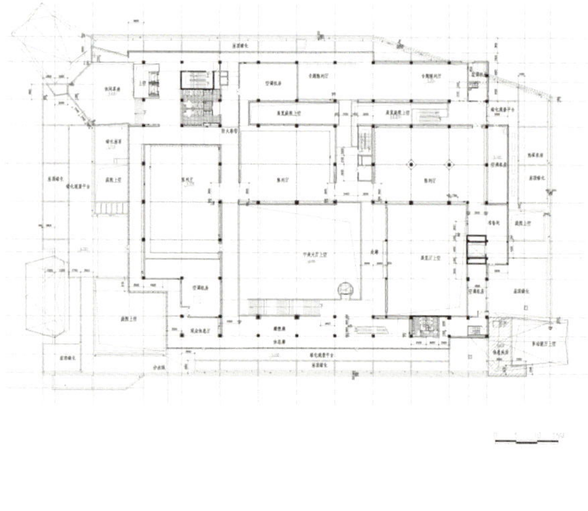

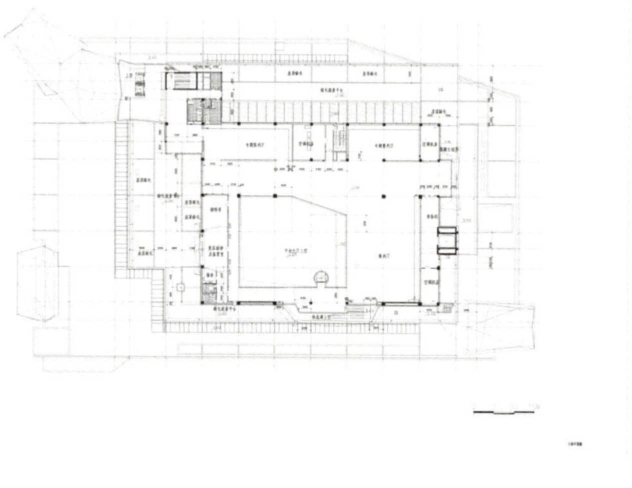

外景 ↑

屋顶细部 ↓

窄院 ↑

中央大厅 ↓

外景 ↓

中国海盐博物馆

主要设计人：程泰宁、程跃文、吴妮娜、杨涛、李澍田、吴文竹
设 计 单 位 ：中联程泰宁建筑设计研究院

建设地点：江苏省盐城市
设计时间：2007年
竣工时间：2009年
建筑面积：178 000 m^2
占地面积：8 896 m^2
图片提供：中联程泰宁建筑设计研究院

中国海盐博物馆是我国反映古老的中国海盐历史和文化的专题博物馆。项目坐落于古代著名的人工运盐河——串场河与宋代捍海名堤——范公堤景观轴之间，东南两面环水，西北面临市区主要通道，视野开阔景观优美。

创造富有地域特色的文化建筑，必须立足这座城市文化之根，发掘、体现、发扬城市的历史文化。盐城广阔的滩涂海域又是海盐生产的独特的环境，如何展现海盐博物馆的风貌，体现盐城特色，如何把这些元素融入到建筑设计之中，是设计研究的重要根基。

晶体，是海盐的基本构成单元。海盐博物馆这一方案形体探索的切入点便来源于对"结晶之美"造型的演绎。几个大小不同立方体镶嵌在层层跌落的台基上，就像晶莹的海盐结晶散落在串场河畔，展现了它特有的艺术表现力。

2008年底建成的中国海盐博物馆全方位、多角度地收藏、保护和研究中国海盐文化历史资料，反映和展现中国海盐历史文明。馆内采用蜡像、雕塑、沙盘等演示手法，展现古代"炼卤煎盐"、"晒海为盐"等海盐生产和盐民生活的多层文化场景。

外景 ←
东立面图 ↓
西面图 ↓
剖面图 ↓

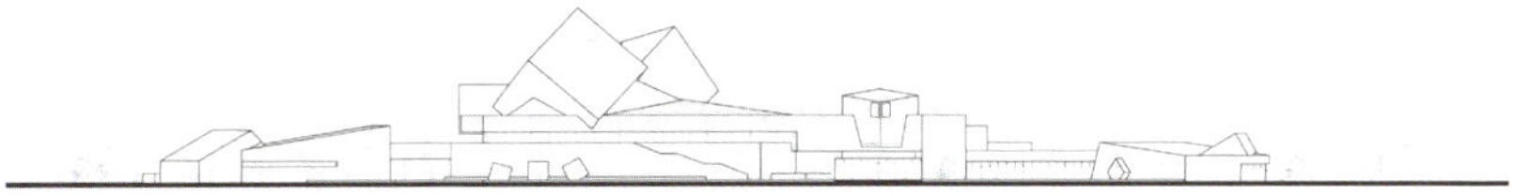

东立面

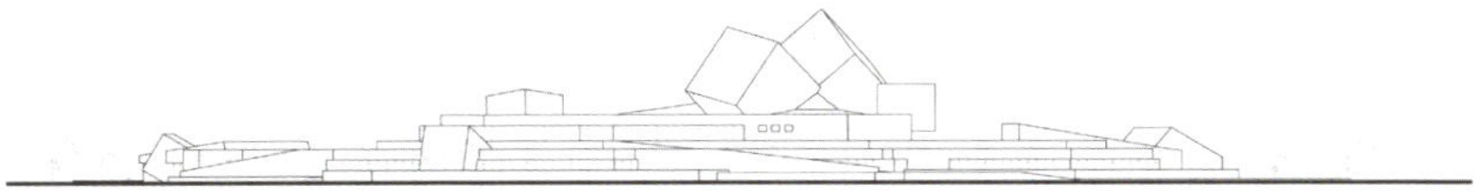

西立面

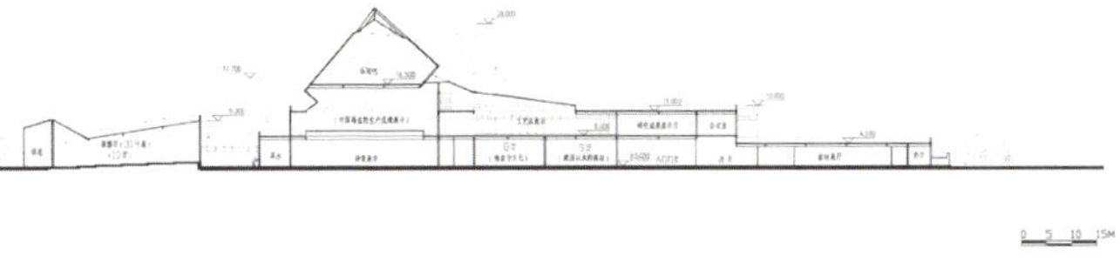

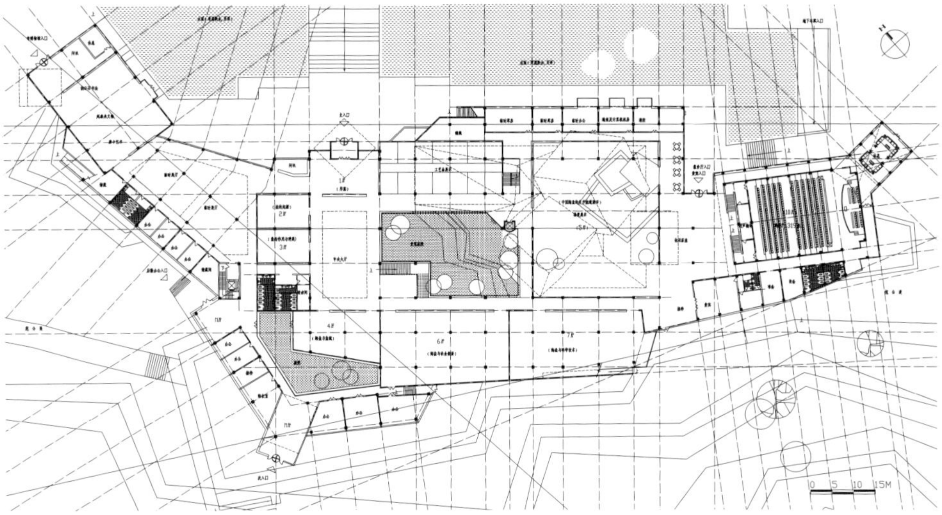

二层平面图

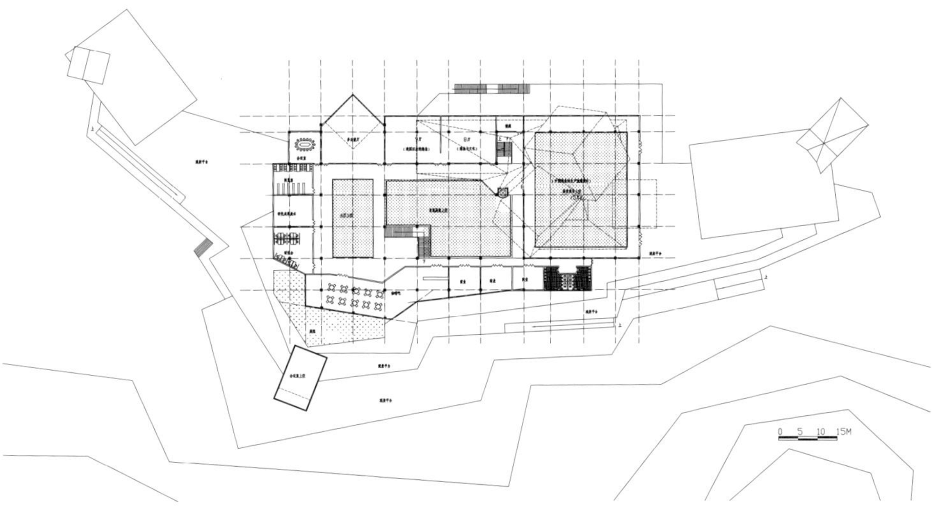

三层平面图

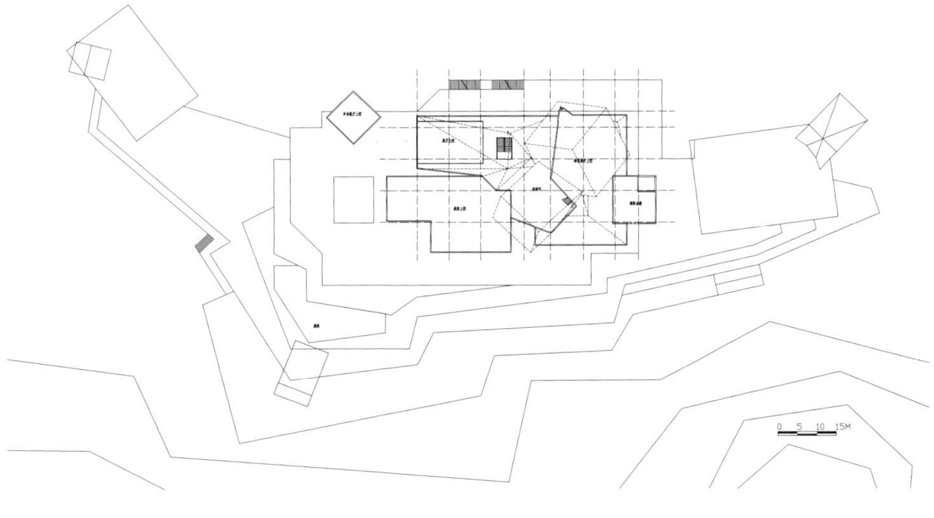

博物馆组图 ←

一层平面图 ↗
二层平面图 ↗
三层平面图 →

镇江丹徒区城市规划建设展览馆

主要设计人：韩冬青、王正、陈科舟
设 计 单 位：东南大学建筑设计研究院
建 设 地 点：江苏省镇江市丹徒区
设 计 时 间：2007年3月
竣 工 时 间：2008年11月
建 筑 面 积：3 100 m^2
占 地 面 积：20 340 m^2
图 片 提 供：东南大学建筑设计研究院
摄 影 作 者：耿涛、吕恒中、韩冬青

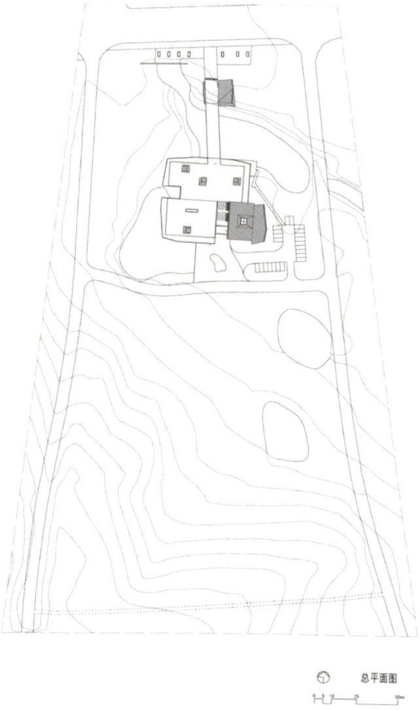

总平面图 →
建筑与穿越场地的河流 ↓

| 一层平面图 ↑

城市化的急速推进正使得人工的痕迹漫卷那些曾经自然的土地。当我们接受镇江丹徒区城市规划建设展览馆设计的时候，这种忧虑再次浮现脑海。项目用地位于丹徒新区的南北向公共轴线上，这条绿轴北起丹徒区行政大楼，南抵市郊水库。建设场地呈现典型的江南丘陵地貌，地形和缓起伏，河流贯穿，水塘密布。面对这种场景，设计者的一个直接疑问就是：这种自然风景中需要建筑吗？正是这个疑问启动了整个设计。

镇江丹徒区城市规划建设展览馆的用地是南北向插入城市的自然绿契的一部分。河流从用地北部蜿蜒贯穿，使北侧道路与建设场地形成大约4m的落差。当人们于北侧道路南望时，和缓起伏的丘陵之间随机分布着零星的水塘，低平的山岗横卧南方。随着绿地两翼的开发建设，此处必然成为人们户外休闲的美妙去处。在设计者的眼里，这里的风景并不需要一个很“正式”的建筑。如果这个项目是必需的，那末，如何才能使未来的建筑不致成为这里自然景观的障碍？我们首先扩大了基地周边的土地测量范围，掌握场地的基本形态和自然的水系汇流方向。通过对地形的图示再现和视域分析，确立了一个基本准则：未来的建筑高度必须控制在基地北侧道路与南侧山岗的视觉连线之下，并避免突现孤立的建筑形态。在这个准则之下，建筑被构想为一处水平展开的公共平台，建筑所需要的功能空间被安排在这个公共平台之下。步行桥跨河连接北侧道路与南岸公共平台，并通过一处可兼作露天讲坛的台地踏步与建筑南侧的地面层主入口联系起来。这条开放的公共步行流线与场地原有的路径联系起来，从而避开了展览馆闭馆时段的影响。这个构想一方面避免了建筑孤立地占有原有的公共场地和景观资源，同时将场地几乎完整地归还给了未来的游客，并且为他们创造了一处可以聚会、观景的高架公共平台。

展馆总建筑面积3100m^2，其主要展示内容包括地方建设史、村镇规划、城市总体规划及部分开发项目的临时展览等内容。由于大部分展品都是以规划模型或图件为主要形式，因此，自然天光是最合适的光环境媒介。设计结合各展陈区域的流线组织和布展设置，在建筑屋盖上设置了一系列以4m边长为底面尺寸，向顶部收口的梯形光盒子。其中，总体规划展厅上方的采光口为适应展示空间和总规模型的尺度，其底边被放大到7.2m宽。上小下大的梯形断面使直射阳光经过光盒子白色界面的反射转变为均匀的慢射光，为展厅提供了基本的光照条件。自然光的运用避免了展厅的沉闷气氛。门厅空间的设计吸收了江南民居中天井采光的手法，在塑造通透灵动的室内环境的同时，解决了卫生间的通风采光问题。

本案的重要理念就是要消隐建筑作为人工构筑的突出显现。最大的总体规划展厅以其不规则形体表达了模拟自然山石的趣旨，屋面平台上突出的梯形采光盒以次一级的尺度，并采用山石意象的变形方法相呼应。深灰色机刨花岗岩饰面有效强化了自然岩石的意象。这一设计手法实现了消融于自然景观中的“浮动山石”的形式主题。为了避免建筑的棱角过于突出，方形屋面平台的边界被切削成和缓的轮廓。屋顶公共平台的木质铺装和透明栏杆更是强化了建筑向周边丘陵地貌景观的水平伸展及其自然趣旨。临近水面的外墙界面采用透明和半透明相间的明框玻璃幕墙，实现了景观利用、室内遮阳和弱化形体等综合目标。

从设计的开始到建成，设计者始终陷于一种疑惑的思虑之中，设计的过程潜伏着难以回避的批判性，同时却又必须在现有的条件下寻找有效的平衡方法。建筑形式是否可能转化为呈现场地的策略？

桥与河流 →

展览馆组图 →

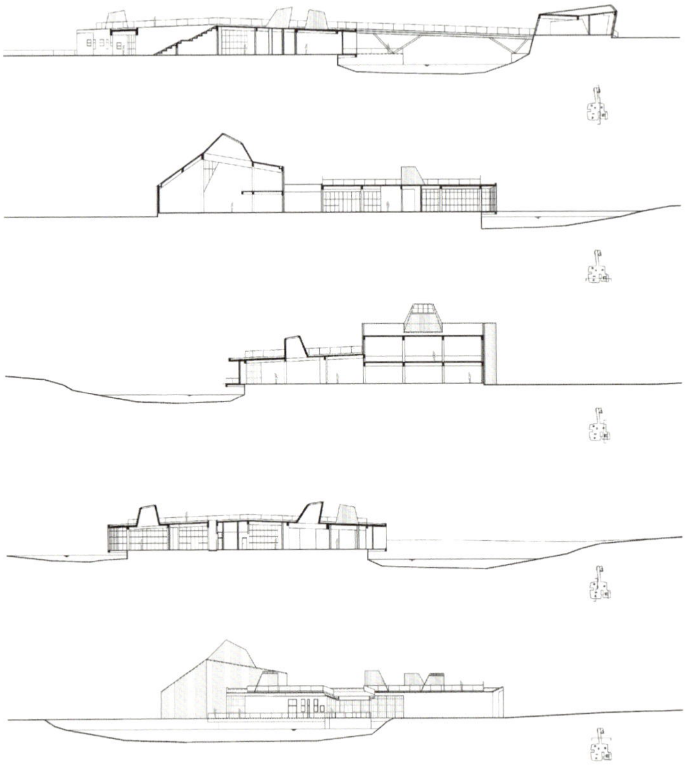

立面、剖面图 ↑

南京市妇女儿童活动中心
及基督教河西礼拜堂

主要设计人：[1]南京市妇女儿童活动中心：韩冬青、马晓东、王正、穆勇
[2]基督教河西礼拜堂：韩冬青、马晓东、石峻

设 计 单 位：东南大学建筑设计研究院

建 设 地 点：江苏省南京市建邺区

设 计 时 间：2007年8月（在建中）

建 筑 面 积：[1]19 091m^2（地上14 072m^2）
[2]13 466m^2（地上 7 852m^2）

占 地 面 积：27 620 m^2

图 片 提 供：东南大学建筑设计研究院

摄 影 作 者：王正

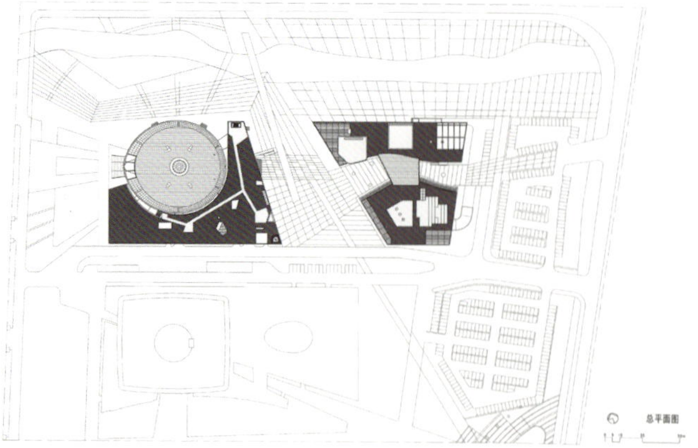

总平面图 ↑
东南向全景 ↓

南京市妇女儿童活动中心和基督教圣训堂共处同一地块。建设选址位于南京市河西新城中心区的体育文化组团，用地南侧与金陵图书馆相临，西侧与文化组团的南北轴线相接。设计在城市环境、地段环境和场地特征三个层面上，试图从自然、人文、交通动线和形体空间等方面创造可连续体验的相互融合的公共景观和行为环境。尽管两者并无必须的使用联系，设计从一开始就计划使之作为一个整体的两个部分，在完成了基本的场地空间整体构想后，各自的地面产权线的划分才得以形成。无论地面或地下，两者的空间形态都相互连通，并通过彼此共享的入口广场与场外的桥梁和地铁站形成清晰的联系。

妇女儿童活动中心：贯穿东西的室外敞厅把建筑分成南北两个体量。南部体量为活动中心，各活动用房围绕中庭布置，中庭空间可直通屋顶花园。北部体量西端为培训中心，底层主要为面向滨河景观的餐厅，二层以上为多功能教室和大小活动室。北部东侧为妇女干校用房，自成一区，独立出入。建筑基本形体得自于场地控制线的分析和地景设计策略。带有动感意象的开敞空间将来自不同方向的人流连接起来汇入主入口，敞厅同时也是妇女儿童活动交流的室外补充场所，并可在此通视其西侧的教堂主体量。曲面幕墙来自对折面动线的变形，室内外空间在此交流互动，并恰当地表现了妇女儿童柔美活泼的性格特征。建筑外墙材料为灰色复合千思板，镶嵌于基本形体中的空中院落饰以彩色穿孔板，强化了建筑的个性色彩。

基督教圣训堂：基督教圣训堂是南京市基督教协会直属的中心教堂（Cathedral），其不仅是市域基督教信众的礼拜之所，同时也是境外教徒的主要活动场所。

与中国基督教神学思想的发展取向相适应，当代基督教教堂的精神气质应当端庄而不压抑、光明而不浮躁、温馨而不媚俗。结合教堂临水而立的场地条件，礼拜堂的设计采用"诺亚方舟"的造型意向，赋予了建筑以必要的象征性。曲面升腾的形体特征也带来"幕帐"的联想。这种象征性不仅联系着基督教的文

化渊源，也与场地环境自然融合。圣训堂包括一主两辅共三个礼拜堂。容纳3500坐席的主堂结合了现代向心模式和传统的长空间礼拜模式的特点，使之既能体现当代基督教神职与信众的交互感，又不失传统的线性仪式。大礼拜堂主体结构采用辐射式门架钢结构。建筑的基座部分采用钢筋混凝土框架结构。外墙材质为干挂花岗岩，屋面平台植绿化，并可自由穿越。

自然光是表现基督教神性最关键的空间设计元素。主礼拜堂几何中心顶部的天光透过圆形天窗洒落下来，使整个礼拜堂沐浴在上帝的关爱之中，同时也使空间获得向上的升腾感。四周圆弧形外墙接受上侧光的漫射，为主礼拜堂提供了明亮的背景。在池座外围廊道的侧墙底部，自然光扫过廊道地面，使人流动线获得必要的照明，同时避免使主空间的宗教氛围受到消极影响。两个辅堂也按照类似的原则，综合运用了顶光和侧光，创造了各具特色的光环境。

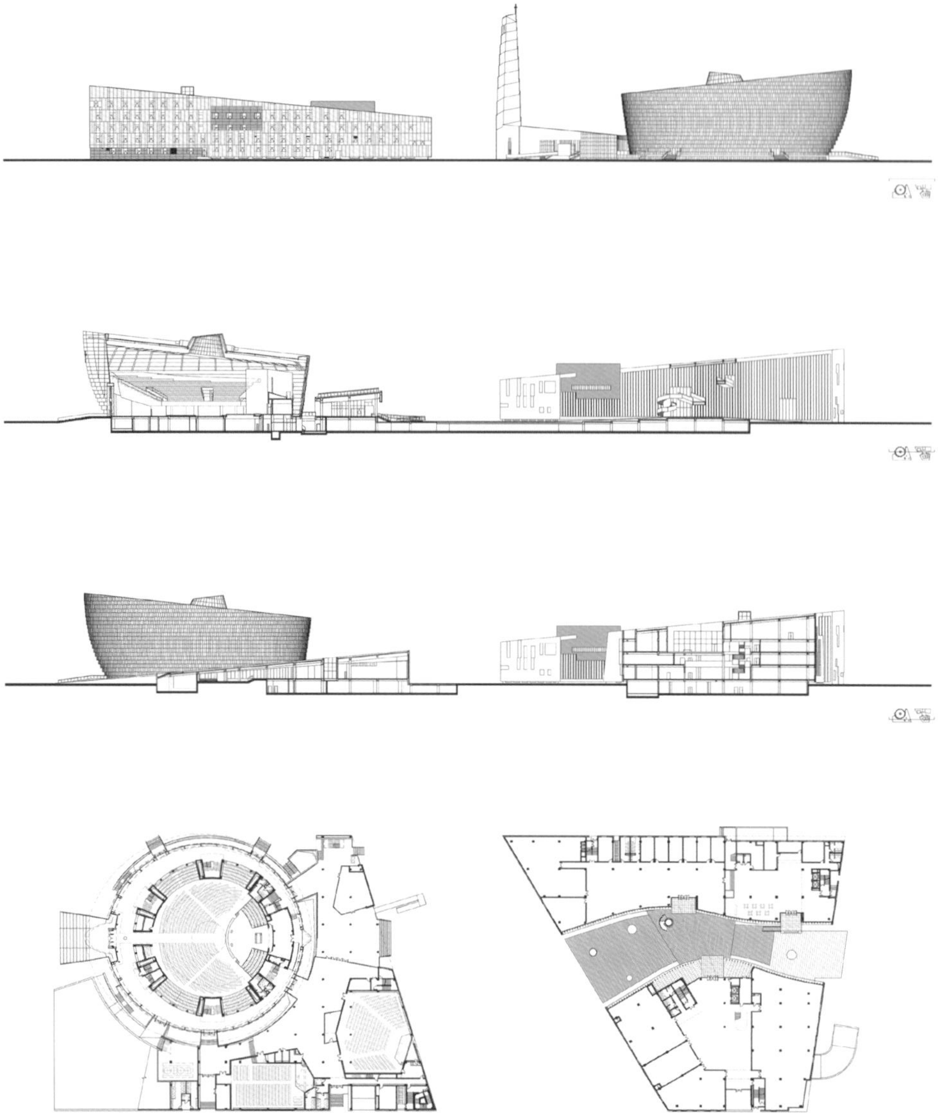

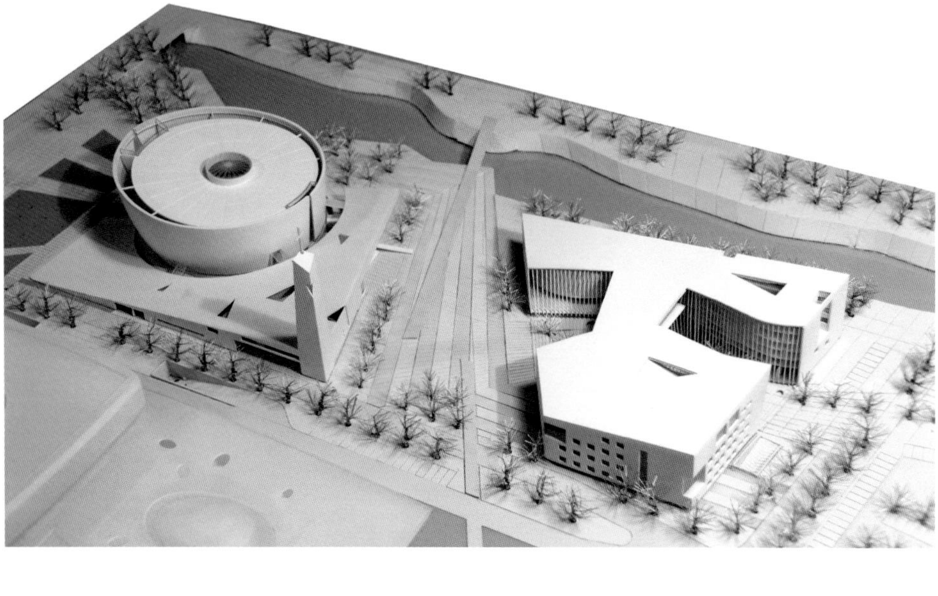

平面、立面、剖面图 ↖
总体模型 ←

贯穿活动中心的开敞户外空间 ↗
主礼拜堂空间与结构 ↗
西北向全景 →

鄂尔多斯东方美术馆

主要设计人：王永刚
设 计 单 位：主题工作室
建 设 地 点：内蒙古鄂尔多斯
设 计 时 间：2009年（在建中）
建 筑 面 积：9 928 m^2
图 片 提 供：主题工作室

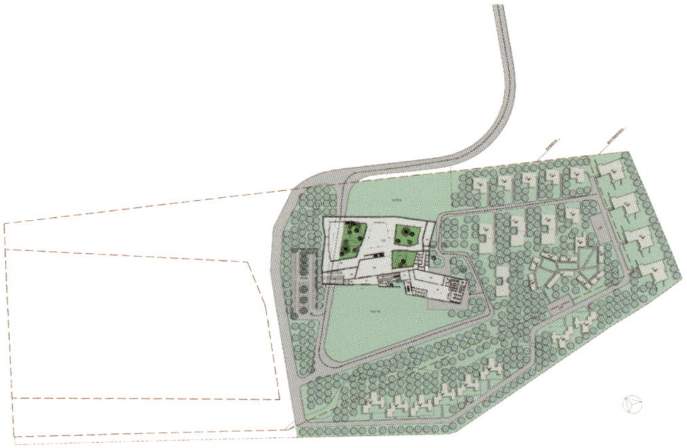

载体：一块巨石，博大、坚硬、果敢、神秘，充满力量，拥有智慧。

转换：现代感，国际化理念，体量，表皮空间深化巨石的精神诉求，是表达文化特征的主要语言。

表皮：1.5mm的铝板冲孔，表面氟碳喷涂，将鄂尔多斯的云形和不规则的石块有机地组合，通过折面铺设强化巨石的量感和空间感，同时满足它的采光、通风、透景和透光的技术要求。

总平面图 ↗
外景效果图 ↓

轴侧及功能分析图

建筑功能空间说明

接待大厅：空间高度为14米，为整个建筑的主要接待功能空间，二层挑空，四周玻璃幕墙环绕，形成开阔的视野空间

发布大厅：空间高度为14米，为布展的开启功能和大型发布会的始发空间。与右侧庭院相连通。

会所：相对独立的功能空间，提供休闲与餐饮的舒适场所。也是布展所需的附属功能空间。

展厅与庭院功能关系说明

大展厅，中展厅与内庭院形成交叉的环廊展厅，形成环绕的交通流线。实现画与景共赏的极致景象。内庭院又形成天然的室外展厅。达到一厅多用，一院多功能的交叉空间。

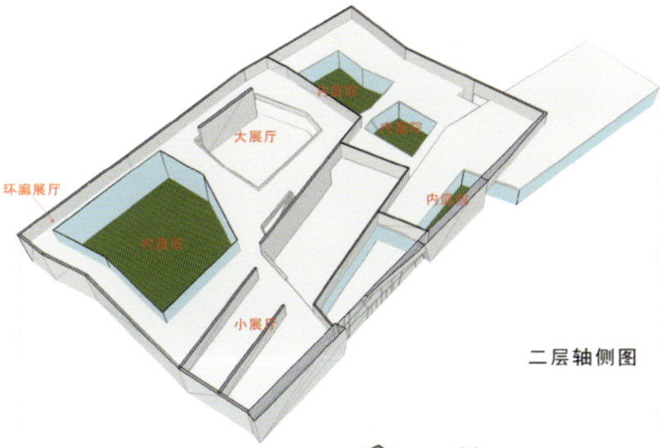

二层轴侧图

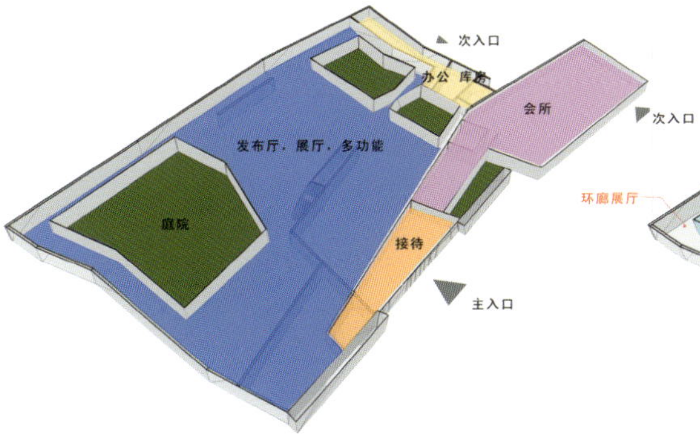

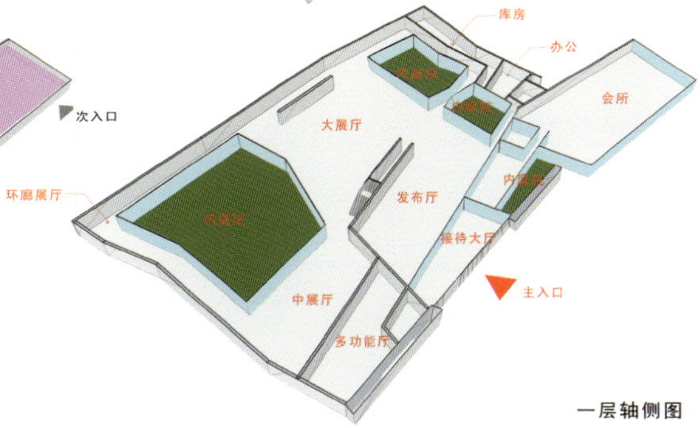

一层轴侧图

轴测及功能分析图 ↑

室内效果组图 ↓

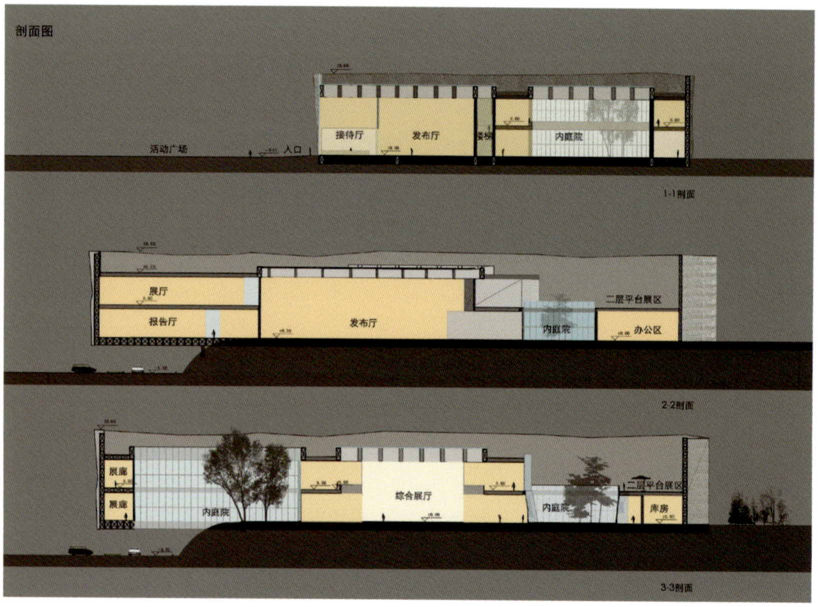

一层平面图 ↖
二层平面图 ↖
剖面图 ←

主入口效果图 ↑
鸟瞰效果图 ↓

贵点艺术空间

主要设计人：彭乐乐、黄燚、王田田、林春光
设 计 单 位：北京百子甲壹建筑工作室 ATELIER 100S+1
建 设 地 点：北京市宋庄
设 计 时 间：2007年6月
竣 工 时 间：2009年10月
建 筑 面 积：1 497 m^2
占 地 面 积：242 m^2
图 片 提 供：百子甲壹

设计意向：

面对一个和建筑师同是六十年代生人同是女性的业主，不同的只是她成长生活在香港。建筑师对她描述自己所经历的生活：在城市或者乡村，在七十年代或者八十年代，在自己脑海里留下的记忆片段——砌块，瓦片，坡顶。这些片段组成了建筑师在"贵点艺术空间"新的表述方式，当这个表述方式在工程竣工之际，通过周围人群的反应，建筑师知道这个片段也是所有成长在那个年代人的记忆和情感寄托。

体积说明：

长方形的地块，地块的南北位置布置两栋建筑。南侧的建筑为展览空间，北侧为居住功能。展览空间主体要求为高空间的展示空间，为了不遮挡北侧居住部分的阳光，将展览空间设计为南高北低，高的部分为展示，低的部分为办公，储存，卫生间等辅助功能。居住部分北高南低，高的部分为生活的夹层空间，包含家庭小起居，主人读书室；低的部分为单层通高的客厅，私人画室等。

南面外观 ↓

| 入口门厅 ↑

| 大展厅 ↑

| 内院 ↑

| 小展厅 ↑

| 室内 ↑

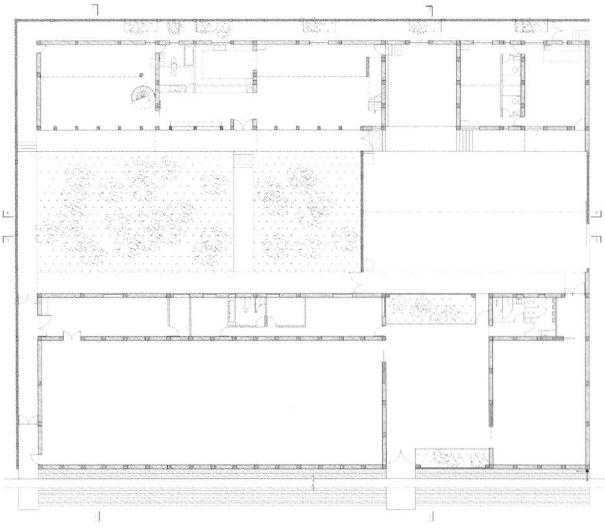

一层平面图 ↑

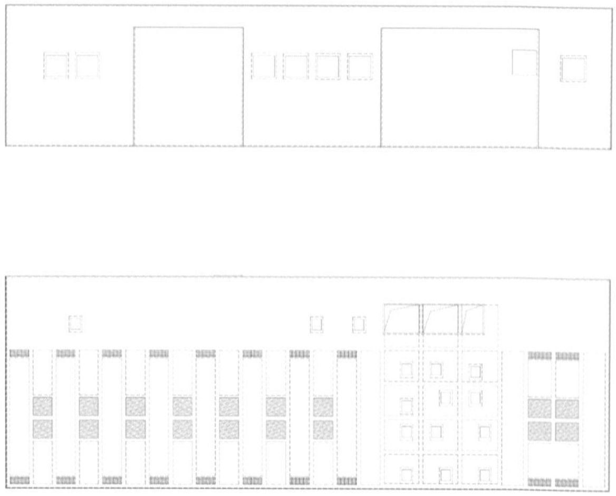

屋顶平面图 ↑

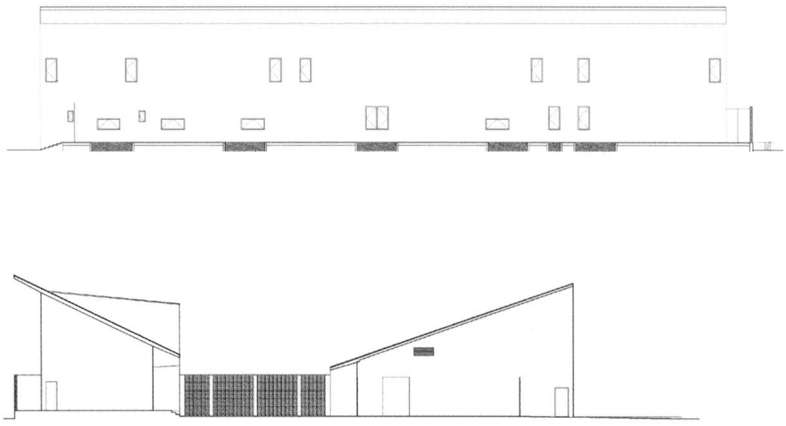

北、西立面图 ←

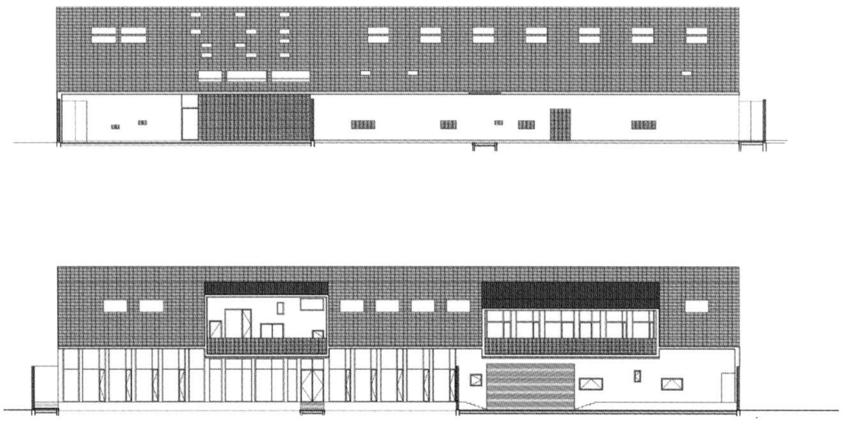

剖立面图 ←

草模 ↖
砌砖过程 ↑

肌理 ↖
宋庄花砖 ↑

周春芽艺术工作室

主要设计人：童明、黄潇颖
设 计 单 位：TM Studio、南京中和建筑设计事务所

建 设 地 点：上海市嘉定区
设 计 时 间：2008年1-6月
竣 工 时 间：2009年5月
建 筑 面 积：1 460 m²
占 地 面 积：3 000 m²
图 片 提 供：童明工作室

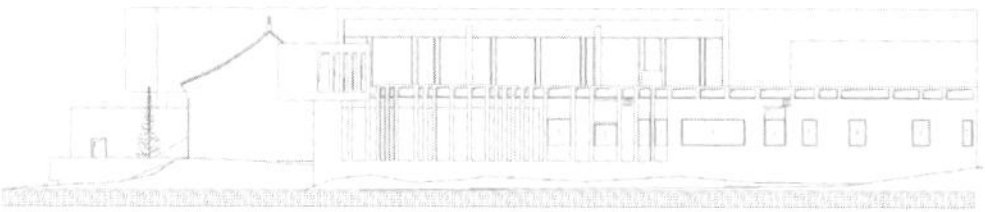
西立面 1:100

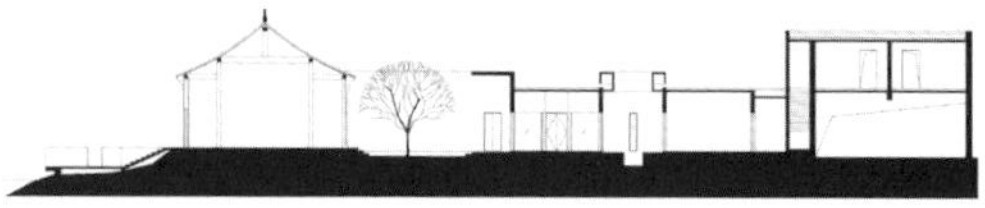
14-14剖面 1:100

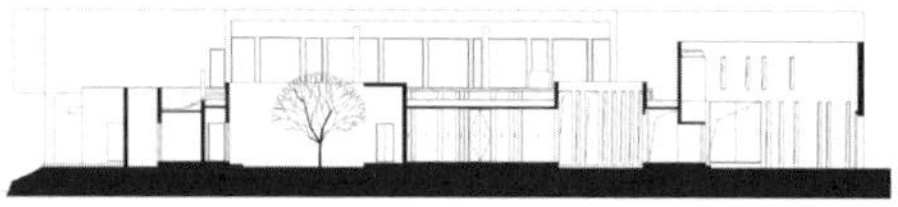
15-15剖面 1:100

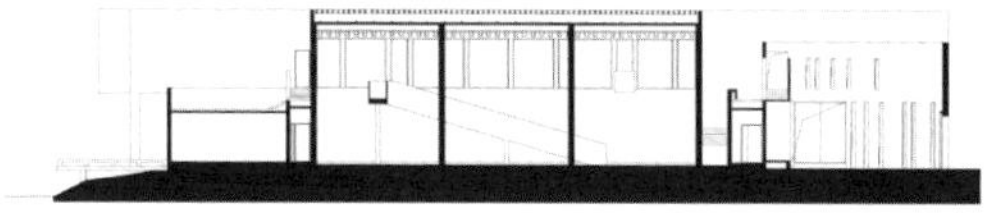
17-17剖面 1:100

19-19剖面 1:100

0 1 2 5 10M
周春芽艺术工作室屋顶平面图

立面、剖面图 ↑
屋顶平面图 ↗
殿前庭院种植了两株桂花 ↓

入口立面 ↑

周春芽艺术工作室的建造背景是上海市嘉定区郊外正在积极推进的新农村建设，通过引入知名的艺术家及其相应的艺术活动，为城市外围相对偏远的农村地区注入新的发展活力，以达到新兴文化产业与乡村优美景观的结合。

工作室的基地三面环水，周边是典型的江南水乡风貌。为了适应这种自然而野趣的环境，建筑选择采用清水混凝土的结构及外表，这也相应能够体现艺术工作空间的品质与氛围。

设计的出发点主要在于艺术家本人的工作及其生活特征要求，同时结合基地现场特征，将工作室在总体上分为东西两个部分。东侧沿河为两层楼高度的长条体量，以容纳艺术家的工作空间及居住空间，总体上对外相对封闭，以保证私密性的要求。

西侧由于基地现场原先存有一栋移建的传统建筑，它在建造过程中被完整地保留下来，因此在设计过程中以此作为新建工作室的一个主要线索，从而形成以建筑-庭院组合而成的空间序列，以用于艺术家较为频繁的公共展示活动。

由于东西两部分建筑存有高差，西侧一层部分的屋面则被利用设计为屋顶平台，并经由各种交通联系与艺术家的工作空间和生活空间联络起来，从而扩大了公共面积，提供了多重的使用可能性，另一方面也为工作室提供了一个开敞的四周景观。

江南春季多雨，屋面的雨水排放采用明沟系统，并与采光天窗的改造结合起来，使得雨水的流淌为人所见，以显示地方的特征。

大殿和餐厅之间的庭院 ↓
主入口 ↘
庭院中的上屋面楼梯 ↘

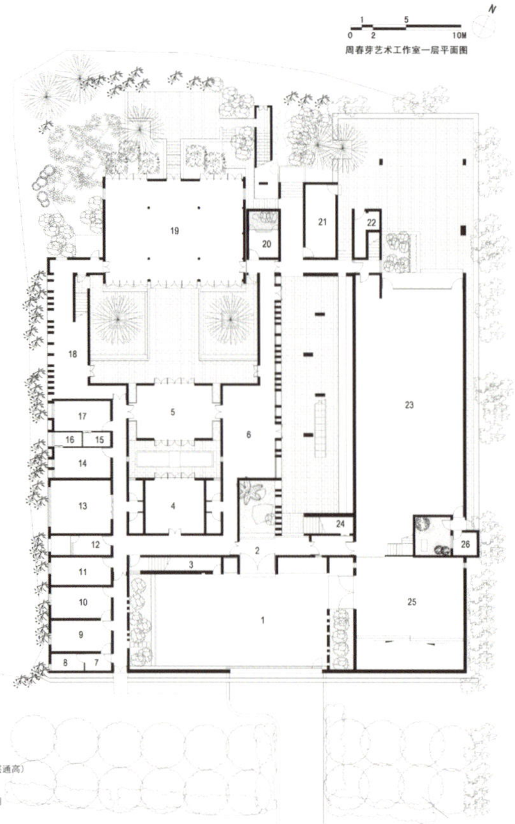

1 入口大院
2 玄关
3 储藏室
4 办公室
5 餐厅
6 过厅
7 洗衣间
8 卫生间
9 门房间
10 佣人间一
11 佣人间二
12 储藏室
13 厨房
14 卧室一
15 卫生间
16 卫生间
17 卧室二
18 过厅
19 大殿
20 卫生间
21 储藏间
22 储藏间
23 工作室（二层通高）
24 储藏间
25 工作室操作间
26 卫生间

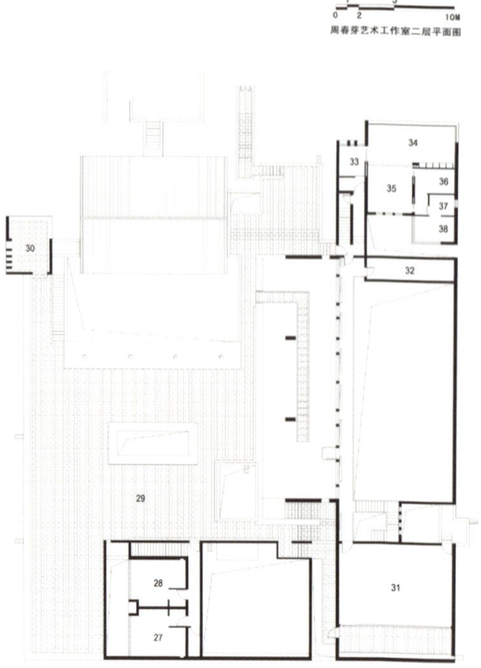

27 客卧一
28 客卧二
29 屋顶平台
30 角亭
31 书房
32 储藏室
33 主卧玄关
34 起居室
35 主卧室
36 储衣间
37 卫生间
38 浴室

一层平面图 ↑
二层平面图 ↗
书房 ↓

待客大殿 ↑
楼梯 ↓
画室 ↘

岳敏君工作室及住宅

主要设计人：柳亦春、陈屹峰、王龙海、陈江
设 计 单 位：上海大舍建筑设计事务所

建 设 地 点：上海市嘉定区
设 计 时 间：2008年（在建中）
建 筑 面 积：1 300 m²
图 片 提 供：大舍建筑

南面外观 ↓
模型 ↘
总平面图 ↘

这个房子选址在上海郊区一个盛产葡萄的村子里。基地西边有一条小河，南边及北边稍远处有两个以灰瓦白墙为主的小村庄，除此之外，视野里剩下的都是一望无际的葡萄园，间或也夹杂了几片水稻田。

设计源于和艺术家老岳的一次对话。

老岳说："我最近对迷宫比较有兴趣。"说着在我的小本子上画了几笔，一个汉字式的迷宫。

原来，老岳的画从2005年就开始了"迷宫"系列（岳敏君油画作品），而和汉字相关的动作则从2000年之前就有了。

所谓迷宫，最直接的理解便是多重路径吧。但在使用汉字作为迷宫载体比如"岳"的迷宫变形和一条抽象的螺旋线之间，最终还是选择了后者。

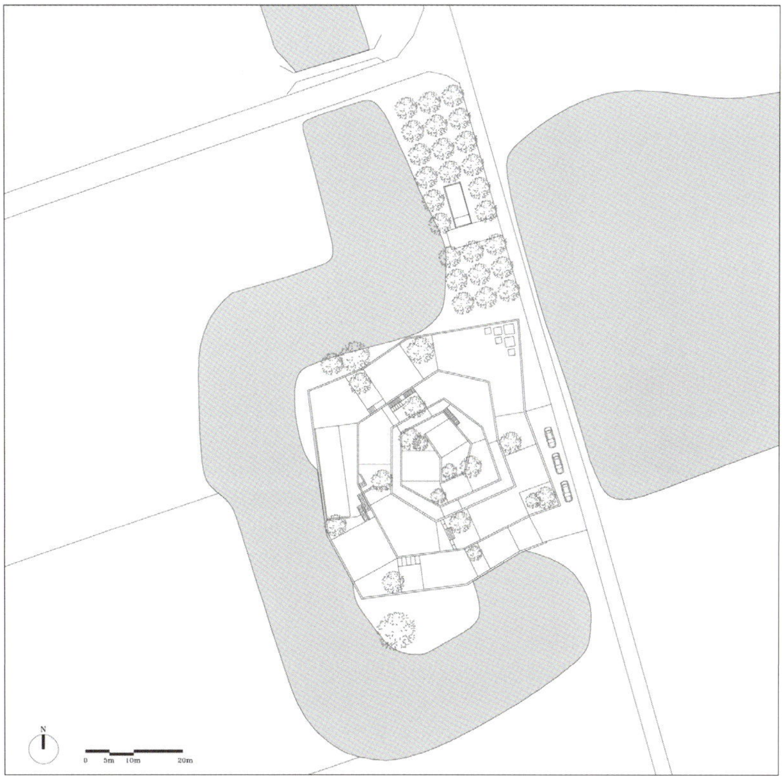

老岳又说：我有点喜欢园林。

其实也是和路径有关。在一个不大的空间范围内，通过分隔、离镂的手段使人在行进中产生深远、层叠的实际感知。

最终设计以一条螺旋折线为组织结构，将以"进"为特征的江南传统住宅空间进行了重新组织。所谓"进"可以理解为一个室内外空间不断交替的过程，如果空间允许，它可以沿直线方向不断向前延展，不过在一个50m见方的场地中，延展的方式便是那条螺旋折线。于是一个有趣的现象产生了，这个空间序列的末端又回到了开端的一侧，如此不断重复，当两个本来可能是处于两端的却又变成了相邻的空间之间的墙体上出现洞口，新的路径便产生了，空间的透叠也产生了，迷宫也随之产生了。可这还不足以构成园林。

老岳说他特喜欢一地儿，就是北海后面皇帝读书的那地儿："上上下下的，挺有意思。"从老岳的描述和他描述时笑眯眯的不紧不慢的神情来看，那是他心目中一处很园林的地方。想来想去，一定是北海公园里琼花岛上白塔山的北坡，一道道假山屏障、盘旋环绕中的那些园中之园吧。

于是想不妨在这块三面环水的基地上也建一座"假山"。通过不同功能的空间对高度的不同要求以及与环境对应之后所可能产生的标高的变化，将场地根据设想堆出一个小山包来，建筑随之起伏，建筑和地形共同形成一个可以上上下下的且具有连续性的微而弱的"假山"。

用这种不自然的方式去塑造一种超自然，或可"园林"吧。后来我们看到老岳的一幅名为《迷宫 / 修身持志、怡情养性》(Maze-Self-Discipline) 的作品，他将中国的田园山水通过汉字组织成了一个园林式的迷宫。

工作室 ↑

廊子与院子 ↑

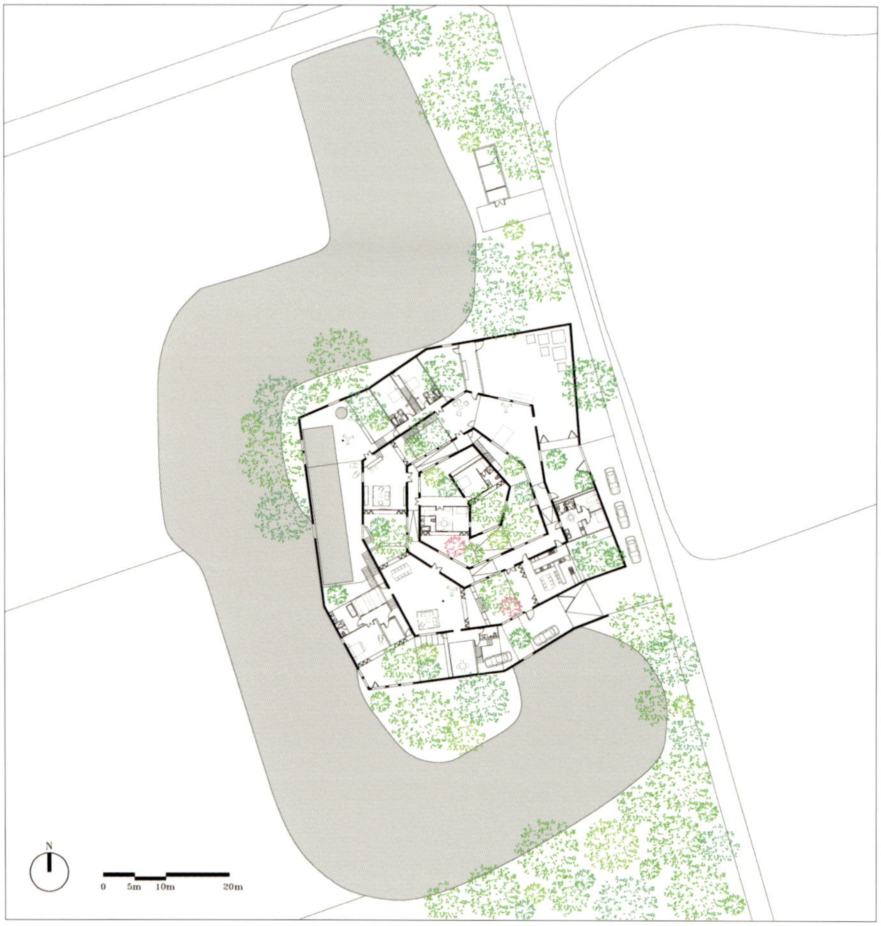

首层平面图 ←

泳池 ↑

起居室 ↑

云南省博物馆

主要设计人：李宁、陆激、殷农、方庆、方炜淼、刘慧杰、高巍、郑为
设 计 单 位：浙江大学建筑设计研究院

建 设 地 点：云南省昆明市
设 计 时 间：2009年6～8月（方案）
建 筑 面 积：52 000 m^2
占 地 面 积：13 500 m^2
图 片 提 供：浙江大学建筑设计研究院

总平面图 →
主入口透视 ↓

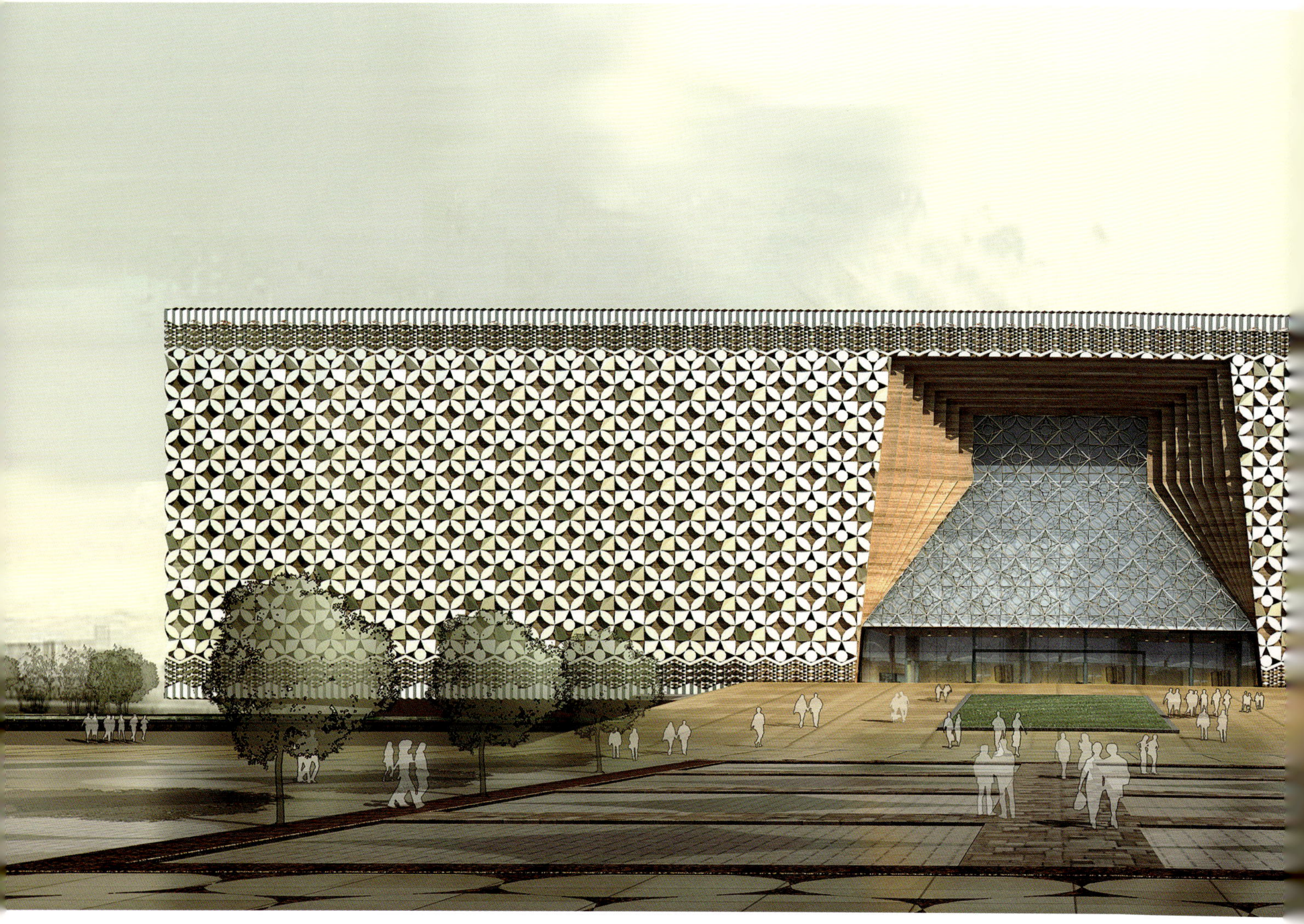

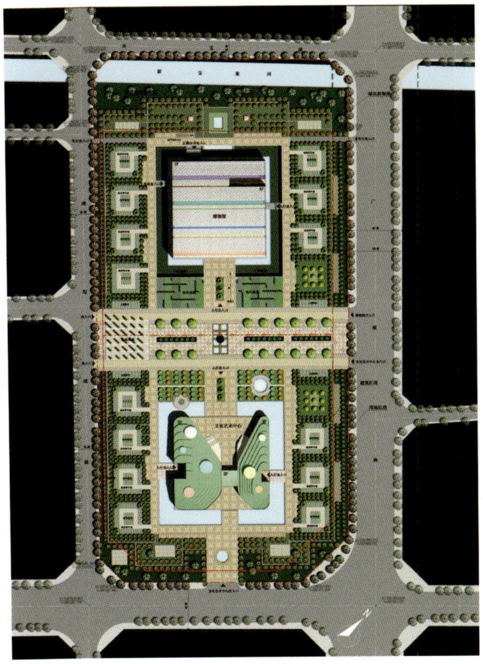

项目概述

复杂多样的地理环境、特殊的立体气候条件、悠久的历史文化和众多的少数民族聚居，造就了云南神秘而丰富的自然与文化背景；作为云南省的博物馆，应该生发于这样的自然与文化背景之中。博物馆建设用地东北靠城市主干道广福路，西北侧为城市干道关宝路，西南为规划道路，东南与拟建文化艺术中心贴邻；总用地面积10hm^2，总建筑面积53688 m^2，室外展场面积7000 m^2，是集中体现云南悠久历史和灿烂文化的现代化博物馆。

设计构思

1.七彩云南——很难说哪一片景观、哪一种物产、哪一段历史、哪一个民族，最能代表云南。路南的石林、元阳的梯田、玉龙的积雪、东川红土地、怒江的波涛、版纳的孔雀、万家坝铜鼓、一颗印民居、傣家的竹楼、大理的白塔……她们都是云南，但又都不能涵盖云南。处在三大文化圈的交汇点，自然与文化多样性成为云南最独特、最鲜明、在祖国大家庭中无可替代的个性。而多样性的最好表达，就是"七彩"；"七彩云南"是每一个云南人、或者到过云南的人都认同的称号。因此"七彩云南"，也自然成为创造一个最能代表云南的博物馆建筑的最佳主题。

2.民族云南——拥有众多少数民族，同样是云南绕不开的话题。15个独有的民族，三分之一的少数民族人口，使每一个提到云南的人都不会忘记她是少数民族最多的省份。如何表达民族特色，不能不想到每一个民族表达自己身份的方式——民族服饰。民族服饰，除了"七彩"的颜色，还有绚丽的纹样。所以云南省博物馆，应该有带"花纹"的外衣。

3.馆藏云南——博物馆把整个云南收藏在一处，也把整个云南展示于一时。"花纹"的外衣，包裹着云南"七彩"的宝藏，而这些宝藏汇聚在一处，一定会无可遮挡地透射出七彩的光芒。这就是馆藏的云南，秀于中而形于外，真正的"七彩云南"。

艺术特点

1.七彩大地——滇池之畔的云南省博物馆，与南侧的云南省文化艺术中心是一个整体，所以"七彩"是共同的主题。从同一个广场进入，一南一北，同样是"七彩"的空间，因为功能不同，所以各有特征。博物馆是"静"的，文化艺术中心是"动"的；博物馆"内聚"，文化艺术中心"外放"；两者被"七彩"主题所统一，相得益彰，共同构成一片"七彩的大地"。

2.七彩大厅——七彩的博物馆，应当从内而外透射出七彩的光泽。博物馆的展陈空间不允许有色光的干扰，设计利用展陈空间的间隙，嵌入七彩的光带，参观者从一个展厅到下一个展厅的间歇中，穿越于七彩的光带之间，时刻感受博物馆中独特的"多彩的"空间体验。七条光带相互分离，而纵向贯穿的共享大厅，将"七彩"汇聚到一起，构成一首色彩的交响曲。"七彩的大厅"，是整个博物馆空间的高潮，也是"七彩云南"多民族、多样性交融统一的象征。

3.七彩建筑——云南省博物馆是秩序与诗意的编织。白天，透过迷离的花格，七彩天光从空中倾泻而下，仿佛云南旖旎的曲子飘荡于廊柱间；而在璀璨的夜空中，透明的缝隙里色彩如礼花般绽放，而在最绚烂一刻被凝固。她是珍藏云南所有文明的宝盒，更是云南印象的建筑表达。

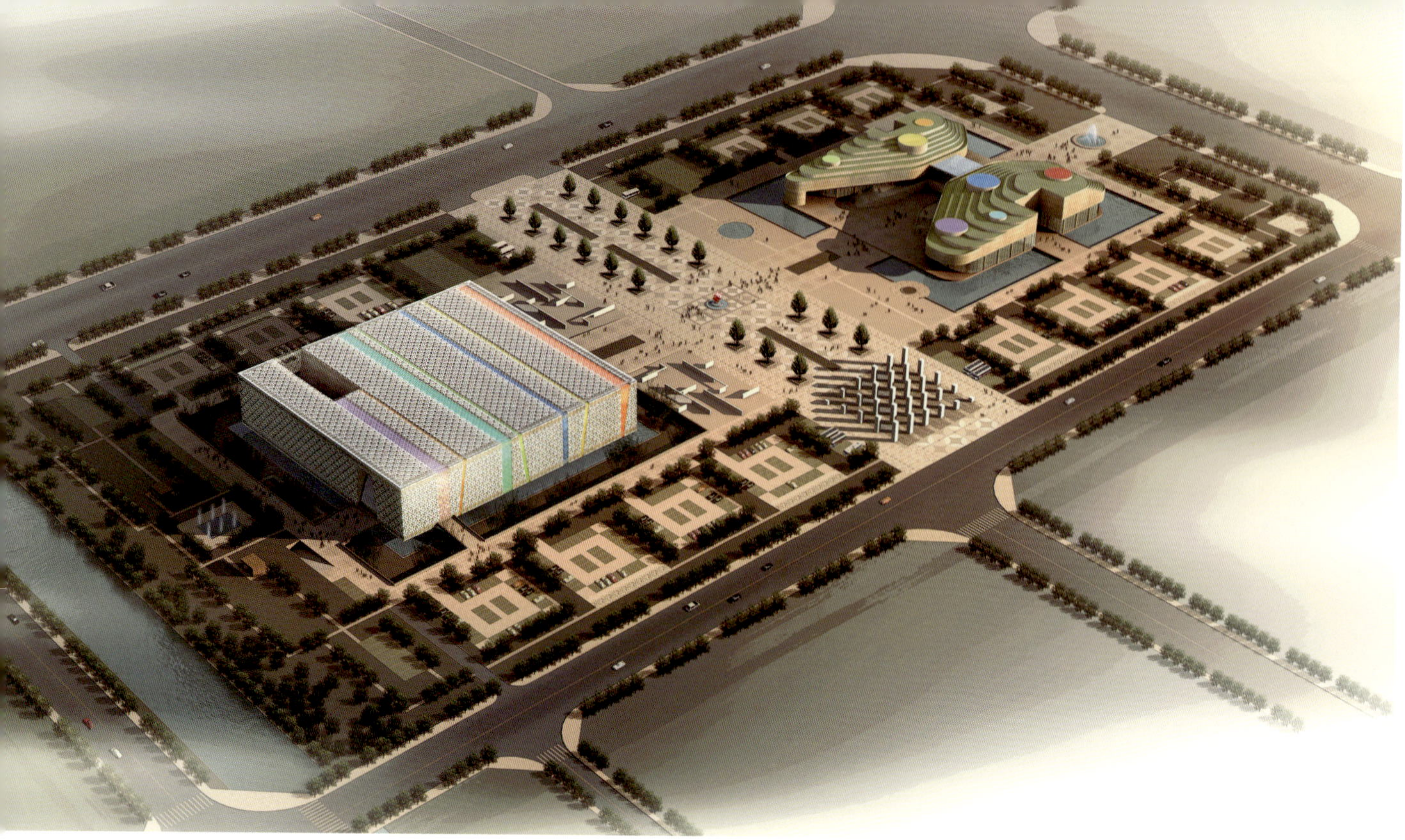

总体鸟瞰图 ↑
区位图 ↓
流线分析图 ↘

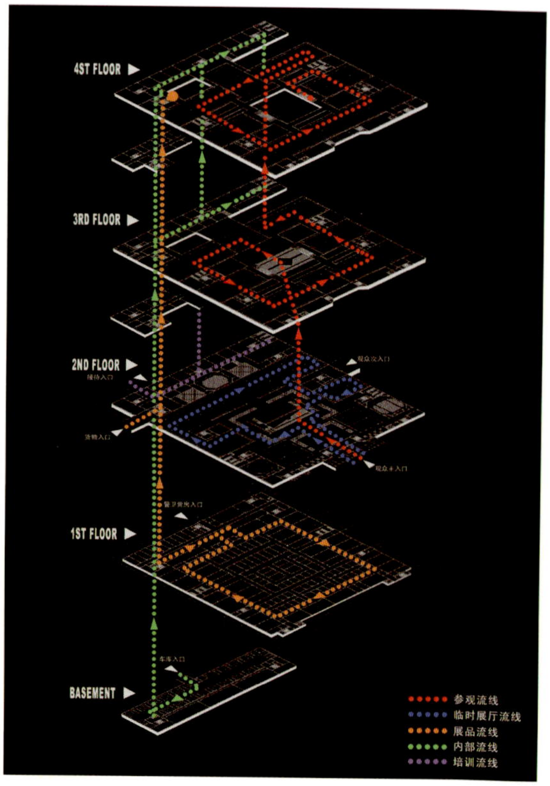

下沉庭院透视图 ↑

室内组图 ↗

一层平面图 ↓

立面图 ↘

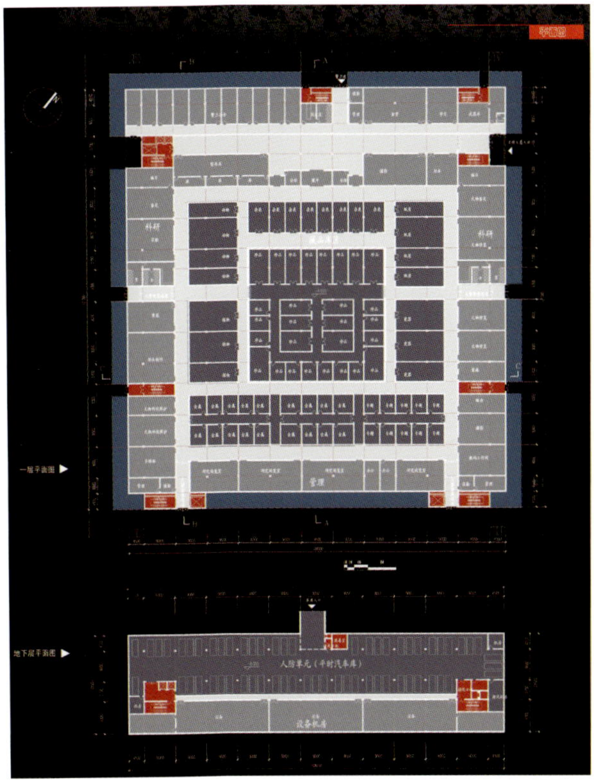

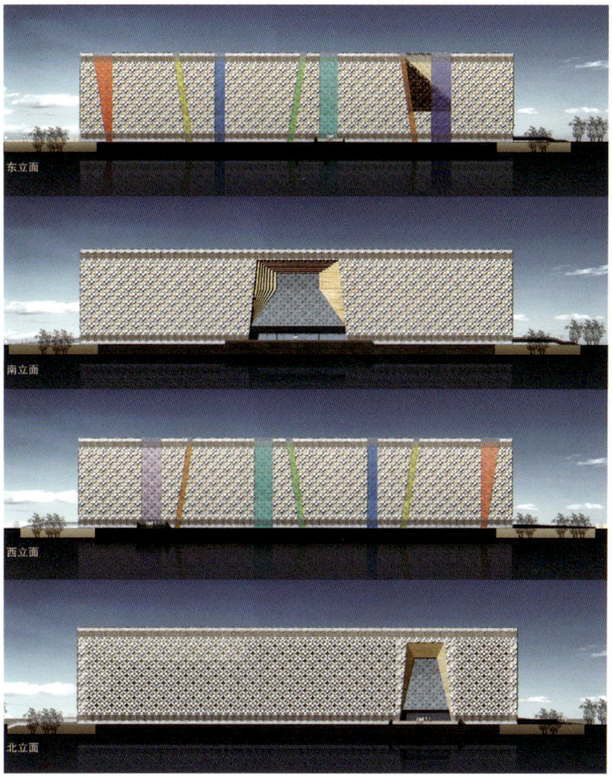

辽宁省丹东市第一医院
一期主体工程

主要设计人：庄惟敏、方云飞、胡珀、成旭东、张维、任晓勇、
徐青、王磊、崔晓刚、贾昭凯
设 计 单 位：清华大学建筑设计研究院

建 设 地 点：辽宁省丹东市元宝区八道沟
设 计 时 间：2005年4月—2006年5月
竣 工 时 间：2008年6月
建 筑 面 积：29 941 m^2（一期主体）
建筑基底面积：6 691.7 m^2（一期主体）
占 地 面 积：653 000 m^2（园区总体）
图 片 提 供：清华大学建筑设计研究院

1. 创造先进模式——双轴：

"双轴"理念是新医院建设和发展的核心思想，设计改变传统医院单轴通道的设计模式，设两条轴线贯串医院，成为联系各部门的交通空间，两轴之间设置核心医技单位，服务一期及未来的二期。

双轴理念给医院建筑的生长带来了极大便利，一二期的衔接将更加灵活，二期可以根据不同需要在西轴不同位置接入，甚至医院远期医疗功能的接入也成为可能，任何医疗功能的接入都不影响整个医疗构架的完整性。

双轴的植入大大削弱了二期建设对一期的影响，西轴本身也是一种屏障，将二期的噪声、污染等不利因素加以隔绝，充分保障一期的顺利运转。

轴线的设计更加自由，宽度可以根据功能和人流加以调整，一期东轴由南向北逐渐变窄，局部结合庭院扩大为等候等停留空间；二期西轴同样可根据功能将宽度进行收放处理，将东西双轴打造成极富特色的医院空间。

2. 打造人文医院——红砖：

建筑设计着力改观医院固有的白色或者暖灰色调外装的形象，以四种色差红色面砖按一定比例拼贴为主要建筑饰面，配合玻璃、金属，力求打造一种具有人文气质的医疗建筑。

医院的外立面设计对红砖进行了多样的表达：裙楼的红白体块搭配强调经典的节奏和变化，病房楼南立面跳跃的砖带和白色线条的穿插大大弱化了建筑体量，而病房楼北立面更加注重体量感和虚实的搭配，带型长窗和空调挑板成为立面自然的构成元素。建筑墙面进行了整体的排砖设计，窗口、檐下都在尝试用一种新的方式演绎红砖。

3. 营造宜人环境——院落、地势：

综合考虑医院的使用特征，方案积极利用自然采光和通风，院落的引入不仅仅打破了东西轴线长线条带来的疲劳性，美化了医院环境，同时对于各个单元的通风起到了积极的作用。

场地的高差变化为景观设计提供了便利，建筑入口缤纷的花台及喷泉水景形成了大气而丰富的景观层次；建筑东侧平台结合地形设计了起伏的绿丘景观系统，绿树掩映下医院分外亲切自然；北侧的缓坡山体公园成为病人的天然的康复乐园。

4. 塑造近人尺度——材质、空间：

医院的室内设计力求贴近患者，大厅简洁通透，采用暖灰烧毛石材为主色调，配合局部磨光处理，体现微妙的细节变化；空间利用地面和天花相互呼应的导向转折设计，配合深色石材的提示，巧妙地将人流在入口处进行了引导转折，同时也丰富了地面和天花的设计。

门诊单元的设计强调空间的归属感、识别性和舒适感，每一个门诊单元采用不同颜色进行一系列的室内设计，从单元入口的强化到护士站以及内部的柱子装饰。巧妙地利用柱子及地面铺装形成舒适且便捷的门诊等候空间。

不同单元功能的等候空间设计是室内设计的重点，无论是药房的候药区域还是影像中心的等候空间，都在强调着与自然空间的渗透及联系。

东立面图 ↑
主入口夜景 ↓

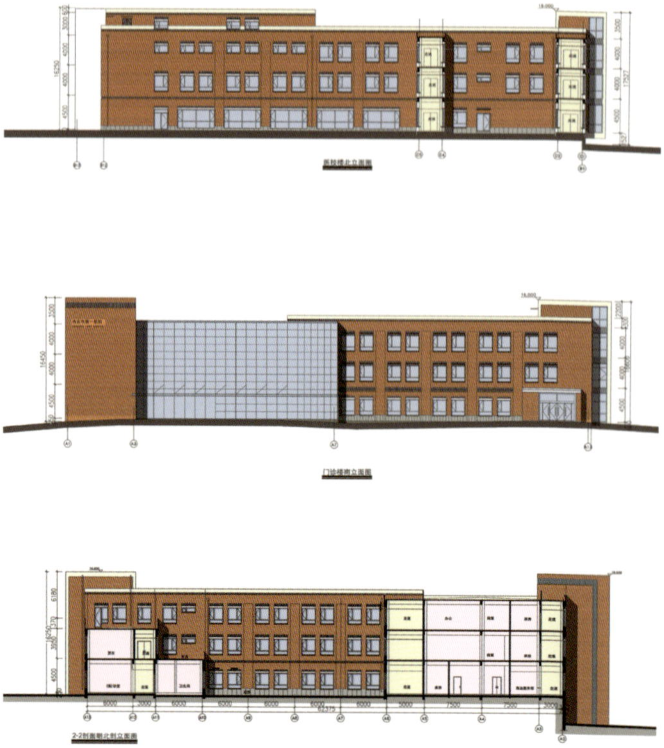

总平面图 ↑
住院部 ↓

立面及剖面图 ↑
病房楼 ↘

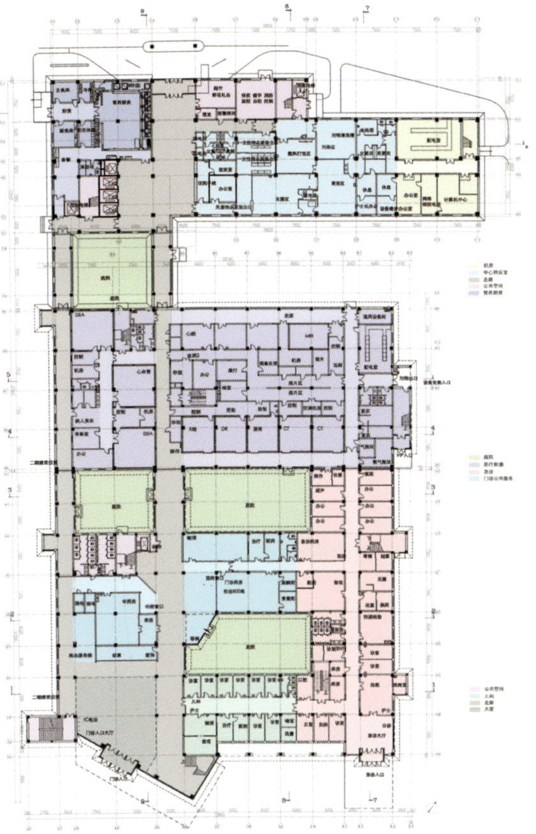

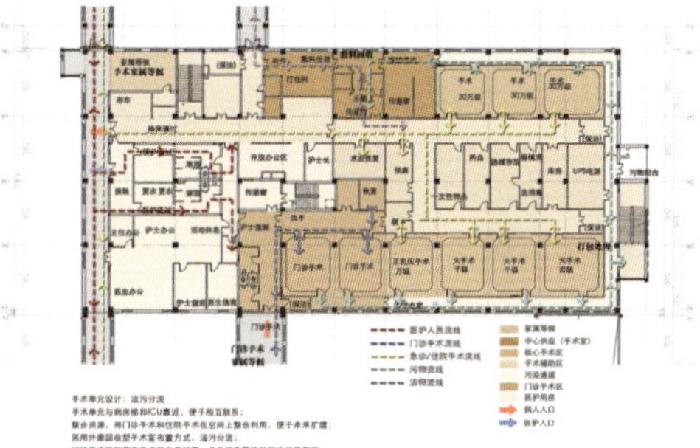

首层平面图 ↑

景观喷泉 ↓

医疗单元流线图 ↑

大堂楼梯 ↓

四川美术学院虎溪校区图书馆

设 计 单 位：汤桦建筑师事务所
建 设 地 点：重庆市

设 计 时 间：2004年
竣 工 时 间：2009年
建 筑 面 积：14 273.77 m^2
占 地 面 积：28 635.96 m^2
图 片 提 供：汤桦建筑师事务所

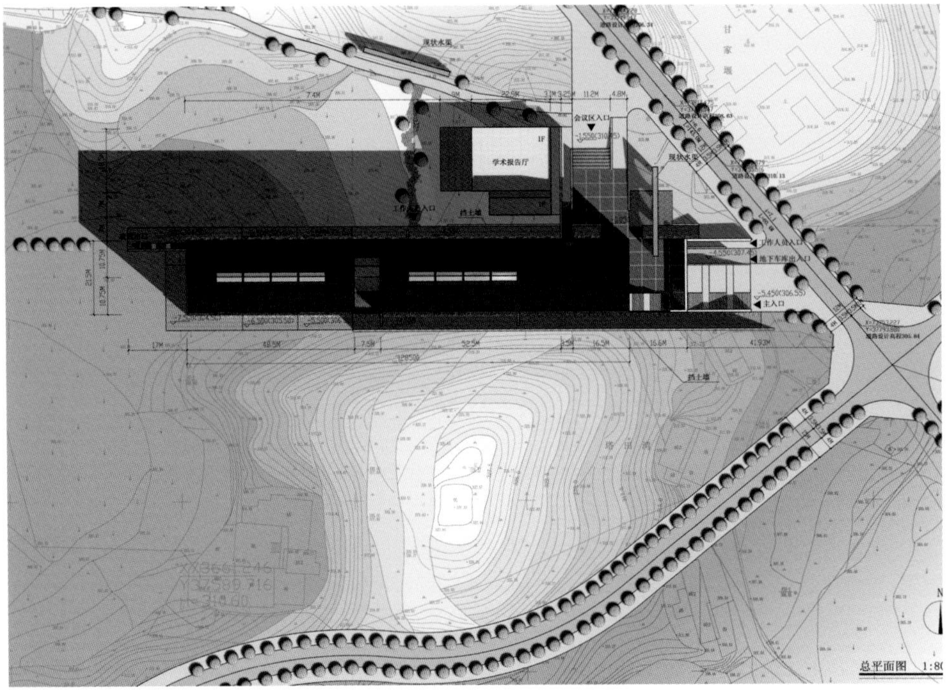

四川美术学院虎溪校区图书馆位于校园中心区，地处教学组团和生活组团之间。用地东侧与校园主干道接驳。现状为东西向延展的梯田，最大高差约6m，其南北为相对高度不超过20m的浅丘。图书馆的规模与新校区学生人数相匹配，计划安排1200个阅览座位，容纳100万册图书。川美新图书馆是校园建设的核心工程，并将成为一个集文献收藏、信息中转、文化交流及学习求知为一体的多功能开放型的场所。

总平面布局

图书馆顺应山体等高线沿正南北方向布置，较薄的条形体量有利于自然采光和通风，也容易组织视线，在室内形成长卷式的景观画面。500座的多功能厅从建筑主体分离出来，构成一个独立的体量。车流及主要人流由建筑东侧广场疏导引入，在建筑中部及西部亦设置了疏散出入口。

乡土性

建造从地点开始。地点延续的历史及其将要承载的生活是设计的支点。

四川美术学院是世界著名的艺术大学，也是重庆最重要的美术教研机构。图书馆作为大学教育文化活动的中心，其精神内涵和审美取向将构成大学城乃至整个重庆地区人文品质的重要内容。

四川美术学院有着浓厚的乡土情结，对地域传统的独特关注影响了几代美术家的性格成长。图书馆的设计立足于这种乡土性，取材于重庆地方随处可见的建筑原型，如砖窑、仓库等，以一种简洁整体的形式屹立于山地中，与校园已形成的小体量分散布局的建筑物形成对比，凸现其重要地位及象征意义。具有地域精神的建筑形式与刻意保留和设计的农业景观形成有意味的关系，表达对历史纵深的悠久文明的敬意；并且，简明的体型在创造最大化的空间通用性的同时，也暗合了传统建筑单体空间的构成方式。

总平面图 ↖
外景 →

通用空间

通用空间是面对现代图书馆灵活多变的使用需求提出的设计策略。在实现柱网、层高、荷载三统一的基础上，阅览空间可根据需要自由布置，所有读者通过大厅门禁统一进出，各层阅览室完全开放，并可自由连通。在连续均质的通用空间中，间置若干上下贯通的花园，一方面可吸纳外界山地和田园景色，另一方面亦可创造出宁静幽雅的阅览环境。

交通结构

阅览人流主要经建筑东侧广场由大台阶引至二层大厅再到各层阅览室。图书馆办公人员可由开放地库进入，也可经由西侧楼梯到达相应区域。临时行政办公人员可由地库电梯或楼梯引至四层及阁楼层。疏散楼梯为阅览人员和办公人员共用，在一层（平顶层）及负一层（底层）均设有逃生出口。书籍在地库装卸，并可通过电梯运送到一层采编办公区，整理编目后亦可方便送至其上各层阅览室。

材料组织

材料的选择除了依据其构造逻辑外，更重要的是考虑到历史逻辑。建筑主体的外表皮采用青色粘土砖叠砌，并以型钢嵌条进行竖向划分，由屋面到墙身并一直延伸到广场地面。内部墙体及梁柱则采用清水混凝土，与外表青砖在色彩、质感上统一且具有变化。在外墙和内部楼梯间上均使用了木材。建筑山墙面和空中花园四周则大量使用玻璃，以使图书馆内部活动能够清晰展示出来。建筑外表的材料是高密度、坚硬和凝重的，而内部材料则倾向于细腻、亲和及轻盈，通过一系列的谐调和对比，希望能够传达出特定条件下微妙的情感选择。

建设

四川美术学院虎溪校区图书馆的建设已基本竣工，这纸上的建筑在现实中的完美再现，充分说明了建设方与设计者之间的相互理解。从设计初始到建设，设计者想呈献给大众的具有地域性特征的建筑在建设方的支持和帮助下得以实施。我们期待着这座新的图书馆为四川美术学院具有乡土田园意境的校园建立一个表达历史纵深和人文情怀的精神坐标。

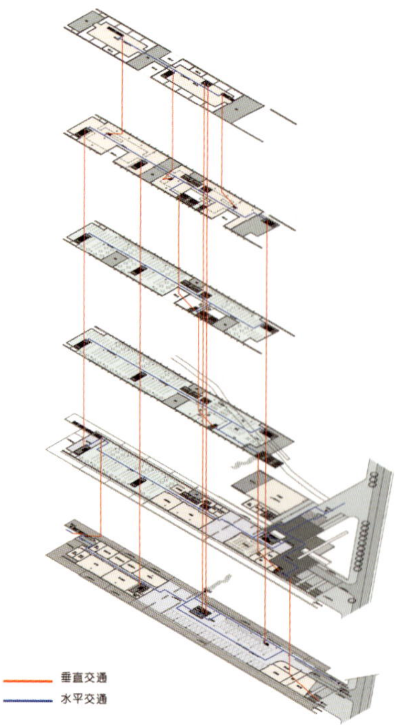

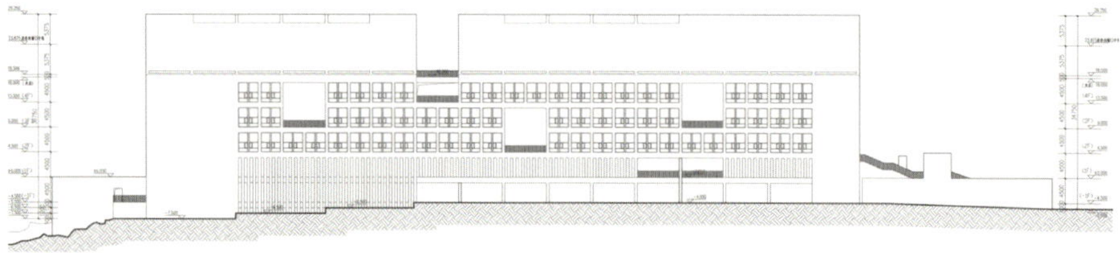

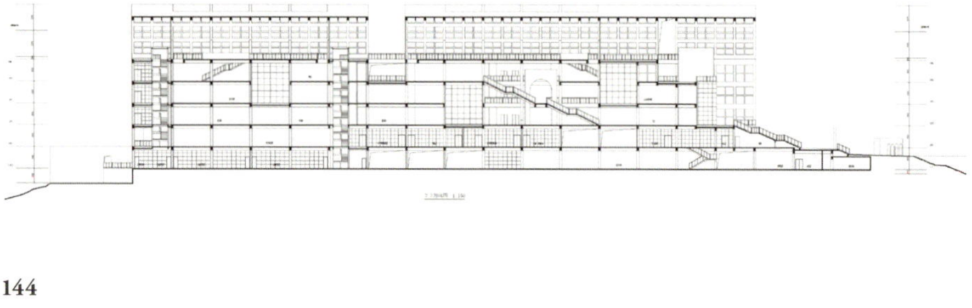

交通流线图 ↑

南立面图 ↖

剖面图 ←

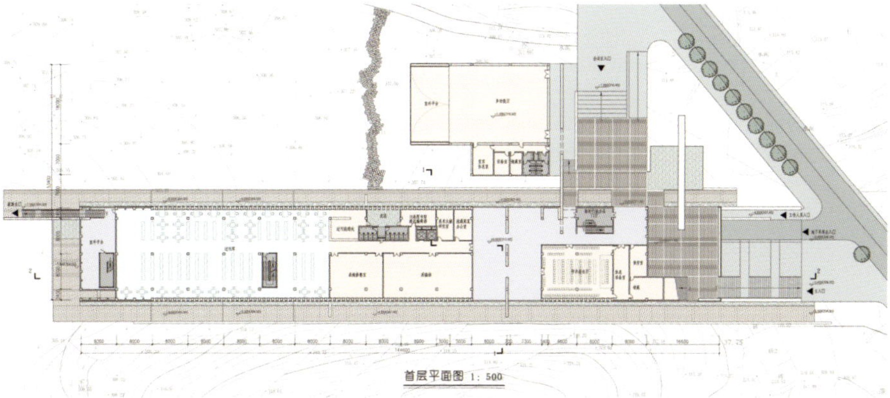

室内 ↑
远景 ↗
走廊 ↑
近景 ↗
首层平面图 →

甘肃康县豆坝英皇幼儿园

主要设计人：龚维敏、何滔
设 计 单 位：深圳大学建筑设计研究院GL工作室

建 设 地 点：甘肃省陇南市康县
设 计 时 间：2009年8月（在建中）
建 筑 面 积：563.8 m^2
占 地 面 积：1 391.5 m^2
图 片 提 供：GL工作室

豆坝英皇幼儿园是"土木再生"灾后设计援建项目，由深圳英皇幼儿园出资。幼儿园位于甘肃康县豆坝乡山区内，规模为6班，500平方米。

设计将6个班分成两排，分散布置，并在两组班活动空间创造了一个内庭空间，可以在当地多雨雪的气候条件下为孩子们提供一个全天候的集体活动场所。设计者还期望这个空间也能成为以孩子为纽带的社区公共活动空间，带动乡村的文化生活。音体教室，办公用房等布置在班活动室的西侧，形成"T"型总体空间结构，整个场地留有室外前院及后院，形成了多层次的内外空间关系。

设计采用了夹芯墙结构体系，所有墙体均由砖，石墙体夹120厚钢筋混凝土"芯"组合而成。这种墙体具有很强的抗震能力，较为经济，也是当地常见的材料。建筑与土地建立了内在的关系。

设计仍采用了乡村传统建筑青瓦坡屋顶的形式语言，并力图在其中注入现代感。混凝土折板屋顶与天窗有机结合，形成起伏的建筑形象，营造出富有光感和动感的内部空间气氛。

鸟瞰图 ↓
入口坡道透视图 ↓

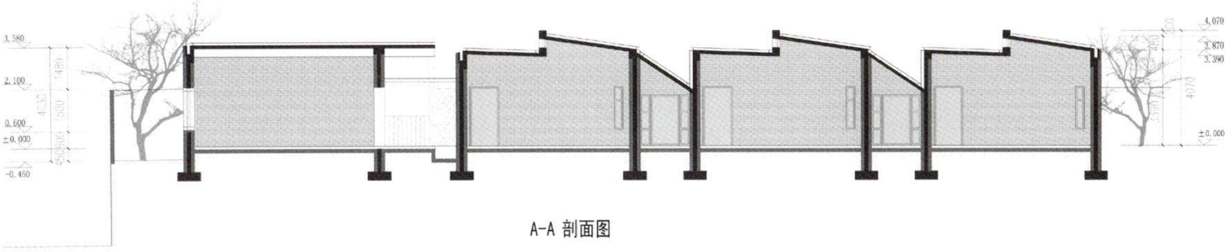

A-A 剖面图

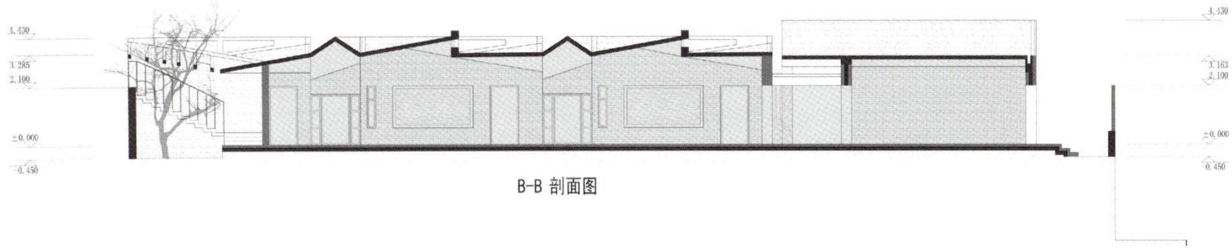

B-B 剖面图

剖面图 ↑
入口透视图 ↓

一层平面图 ←

前院透视图 ↖

入口坡道透视图 ←

北京建筑工程学院新校区学生综合服务楼

主要设计人：胡越、邰方晴、张晓茜
设 计 单 位：北京市建筑设计研究院

建 设 地 点：北京市大兴县
设 计 时 间：2009年8月（方案）
建 筑 面 积：4 443 m^2
占 地 面 积：5 567 m^2
图 片 提 供：胡越

鸟瞰透视图 ↑
东北人视点透视图 ↓

该建筑位于北京建筑工程学院大兴新校区内，是学生宿舍区内的一个小型公共建筑。它面临的最主要的问题是功能转变。该建筑在校园建设的初期，将作为宿舍区的配套商业设施，校园基本形成后的功能将转换成一个多功能建筑。就此校方提出了多种设想：多功能厅、展厅、活动中心、室内体育馆……针对这种情况，我们将功能的自由转换作为设计构思的出发点，并制定了下列设计要点：

一层；无柱；单元式模块组合；电气、设备为功能转换提供有利条件；内部夹层采用较易拆除和可回收的材料；增加节能环保设施。

根据设计要点，我们提出了一个由10m×10m单元排列形成的60m×60m的正方形平面，每个单元由中间的一个天窗和四坡屋顶组成。

在这个基本形状下，结合节能要求提出几个重要措施，最后形成了现在的造型。

措施1：由于该建筑是一个单层建筑，因此屋顶的保温隔热是一个不好解决的问题。因此我们在四面坡的屋顶上又增加了一层砼的反向四面坡屋顶，同时将2m高的大梁隐藏在两层屋顶之间。

措施2：中间天窗采用可开启的方式以便通风。

措施3：在建筑外侧设置了一层外廊，为外侧的大窗户提供了遮阳，同时也为店铺和学生活动提供了一个半室外空间，外廊的另一个重要的功能是为大跨度的梁提供了支撑。另外为了丰富外立面，将外廊处理成在轴网旋转后将外侧单元进行切割的形式。

该建筑为钢筋砼结构，为了表达建筑几何的逻辑关系，屋顶、切割面为清水砼，切口内为木质外墙。

体量关系分析图 ↓

总平面图 ↘

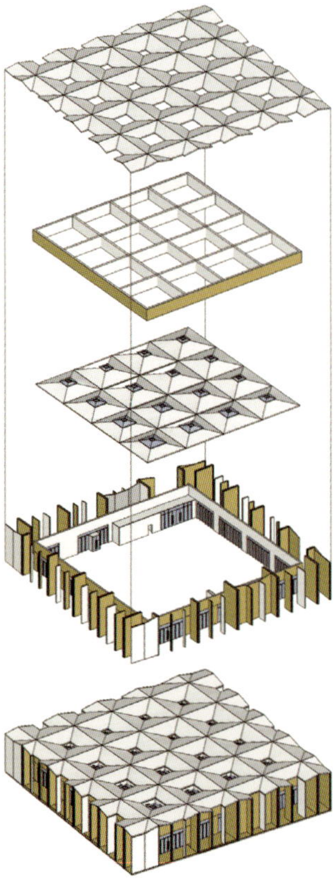

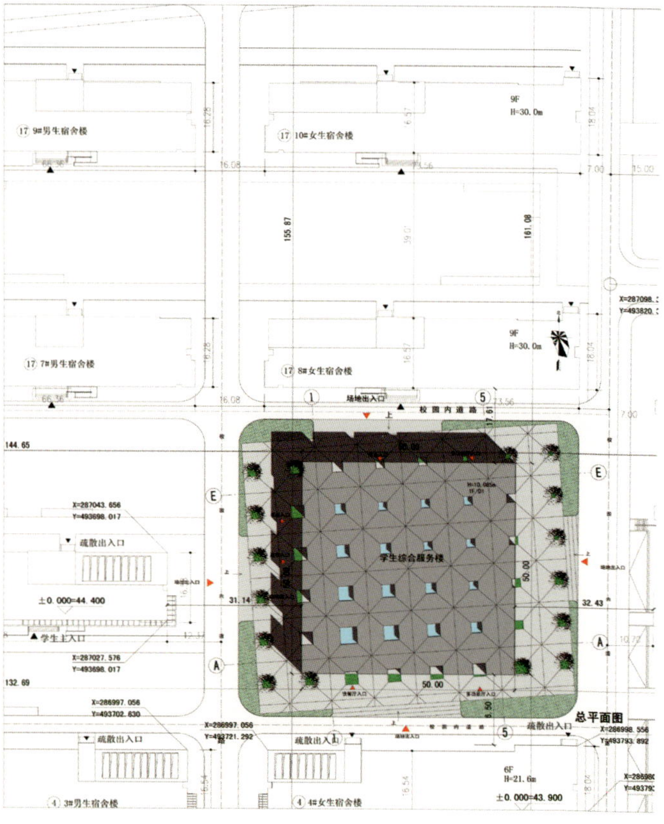

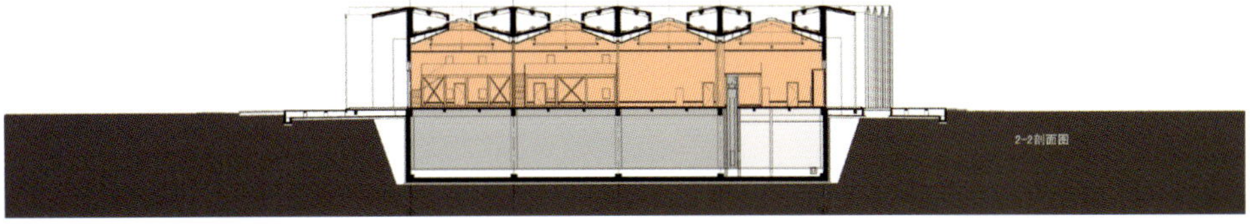

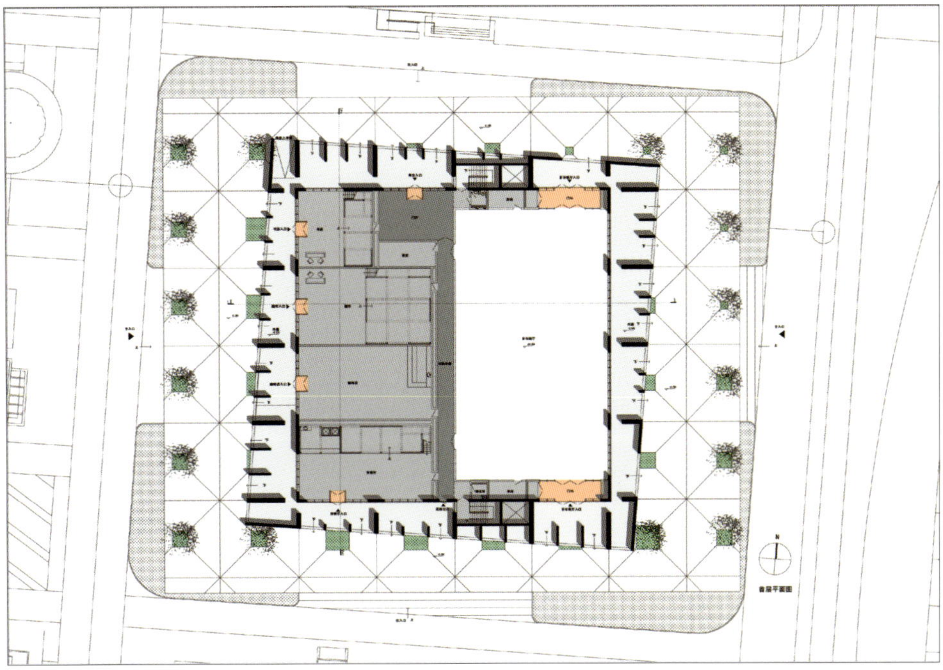

立面、剖面图 ↑
首层平面图 ↗
东立面图 ↓

上海金融学院校区厂房改造

主要设计人：梁井宇、鲁琼、周志红、周源、杨洁青、夏远芊、杨玉春、关文哲、周国峰、王鑫豪、周立国

设 计 单 位：场域建筑、上海天和建筑结构设计事务所、上海六维建筑师事务所

建 设 地 点：上海市

设 计 时 间：2009年（在建中）

建 筑 面 积：40 000

图 片 提 供：场域建筑

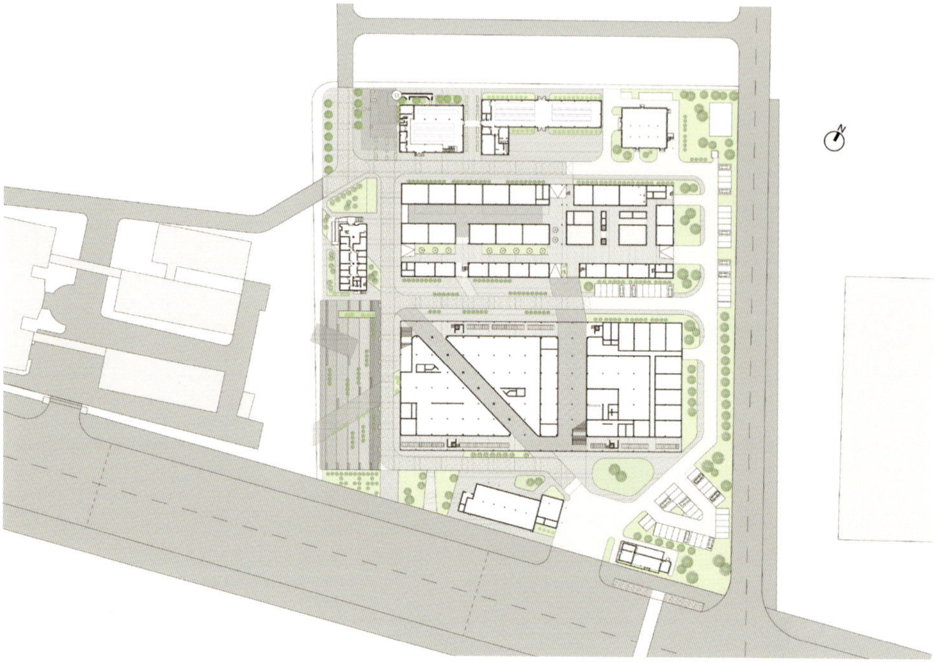

平面图 ←

厂房改造近年来在国内颇为盛行，但是上海金融学院位于上海浦东的校区所进行的改造确实还比较少见。这是将不算太旧（1997年建成）又不算典型空间的厂房（标准框架的多层厂房）改造成不算通常功能（艺术空间、创意办公）——教学空间的一项颇为有趣又富有挑战性的工程。

说它不太旧，可是在它建成之后，中国的抗震规范已经有好几次修改，以至于对其结构进行调整面临许多结构技术和审批难题；虽然它的空间不太像我们印象中的典型厂房，但是却有着巨大的体量和高阔的室内空间，其中最大的一幢建筑的尺寸长达100m，进深达50m，3层高的建筑的其中两层的层高分别达到7.5m；由于要将空间改造成教学、图书阅览等功能，自然通风和采光的挑战远比将之改造成艺术空间要大许多。

除此之外，该改造区域还紧邻原有校区，但是却又被两条不宽的河道隔开成为相对独立的区域。虽然现有校园里有大片绿地，环境开阔，但是在这片需要改造的厂区，建筑容积率却高达1.1，几乎除了道路和建筑边缘就不再有室外空间。

因此，针对现有功能需进行安排、分析，重新组织交通流线，我们将其中最大的两幢厂房进行了空间“切割”，打通了区域内的交通往来和视线联系，并重组功能，利用“切割”开的室外空间解决部分教室的自然通风和采光要求。

对于最大的厂房，除了以上所做的首层“切割”，还进一步从屋顶开启了数个采光通风井，用对结构几乎无损的“微创”手术式修改，大幅度改善该建筑的使用舒适度，并试图降低建筑的使用能耗。

外墙部分保留了原有开窗洞口和韵律，调整中还可见一些原有面貌，这既是使用需要，亦算是不太经意落下的这桩学校和厂房联姻婚事中的“借”和“旧”东西吧！(something borrow, something old！)

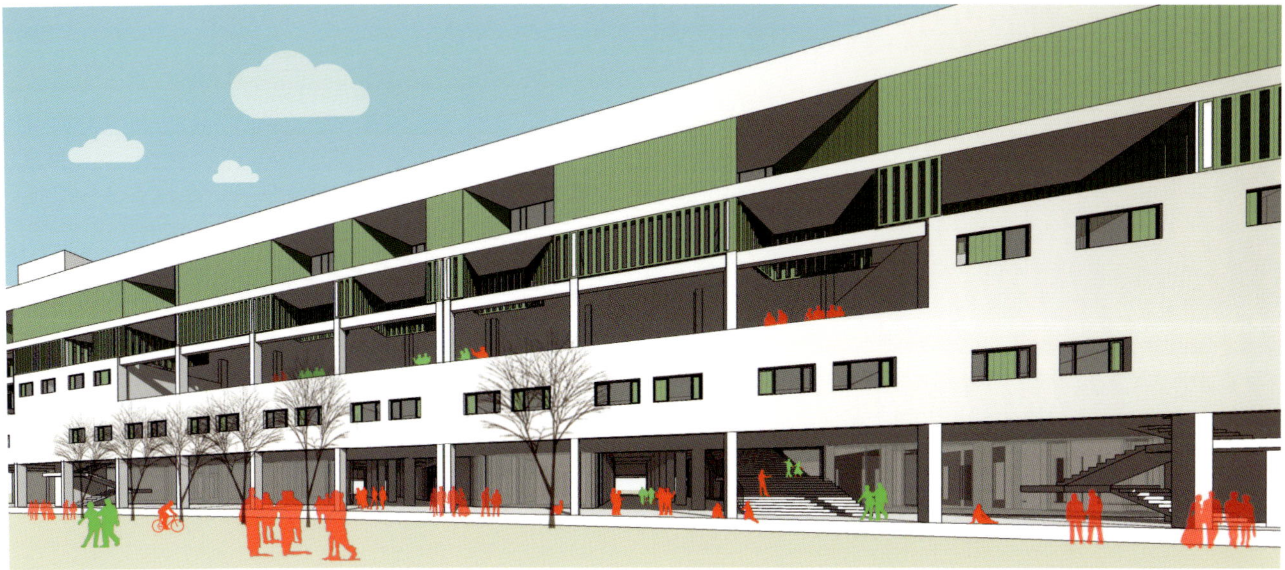

| 走廊外观 ↑

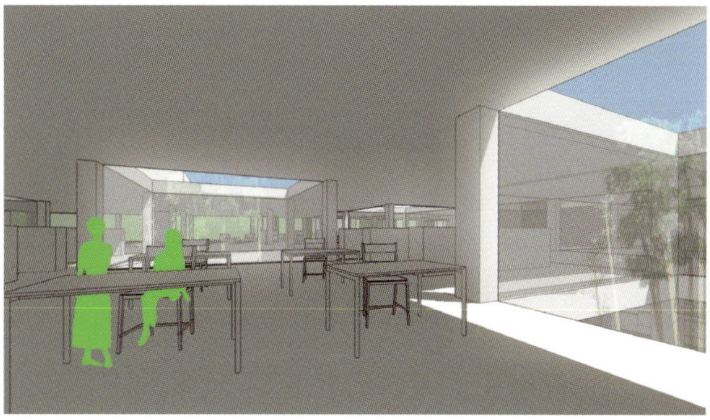

| 厂房室内组图 ↑

| 旧址 ↑

| 厂房改造立面图 →

盐城卫生职业技术学院新校区

主要设计人：王建国、陈宇副、辛雷、何爱国
设 计 单 位：东南大学建筑学院、盐城建筑设计研究院

建设地点：江苏省盐城市
设计时间：2005年6月
竣工时间：2008年9月
建筑面积：150 000 m^2
占地面积：244 798 m^2
摄影作者：王建国、陈宇

本校园规划设计贯彻了城市设计的思想、理论和方法，并针对用地较小的紧凑型校园和使用者以女性为主的校园空间规划等方面进行了探索。

盐城卫生职业技术学院主体建筑群包括图文中心、教学实验楼、体育馆和礼堂行政楼四组主体建筑。主体建筑群中的四组建筑紧密结合，形成以主广场为中心的校园核心区，布局上综合考虑了校园整体功能、朝向、城市以及校园景观与空间环境、交通组织及自然要素的相互协调关系。设计结合自然河道的基本特征形成场地空间的有机变化。针对卫生职业技术学院学生性别构成的特点，设计方案主要从资源配置、安全感营造这两个方面来关注女性的需要。

图文中心位于校园南北向礼仪主轴线的端部，作为新校区的标志性建筑，该楼集图书馆、信息中心、监控中心及学术会议厅为一体。图书馆主楼高十层，主要为教学研究用房和自修教室，西侧三层的扇形体量为开架阅览区，东侧二层的扇形体量为学术报告厅。校园主入口正对主楼，由主广场拾级而上，进入二层主门厅。该楼功能组成复杂，流线处理力求清晰明确，各部门分别出入。各主要使用空间南北向布置，且充分考虑景观需求。

教学实验楼位于校园主广场的西南部，以南北朝向的六层为主，日照充分，空间紧凑，大中小教室分布合理。教学实验楼以三组院落组合成曲尺状形态，每组院落都有独立的门厅和垂直交通枢纽，课间休息和活动场地充分，交通疏散便捷。为加强教学实验区与主广场以及礼堂行政楼的联系，三组院落间都留有视线通廊，通廊之上都有过街楼，既可以整合三组院落的交通流线，也增加了校园空间的景观层次。

礼堂行政楼位于教学实验楼的南部，两种功能空间通过院落和弧形长廊紧密结合，使用方便。曲直的对比和多变的体量组合使礼堂行政楼成为校内外的标志景观。

体育馆位于校园主广场的东南部，地下一层为车库，一层为舞蹈健身等活动用房，二层为风雨操场，并与东侧操场看台联成一体。通过色彩和体量的细致处理，体育馆造型端庄而富有层次。

以上四组主体建筑的造型设计与内在功能的性质相一致，通过资源配置、安全感营造和建筑形象的性格把握，力求反映该校性别构成的特殊气质。立面处理强调不同材质和色彩的理性表达和光影效果。空间、形体、色彩和材质上的一体化设计处理为整个校园建立了尺度亲切和优雅细腻的基本格调。

教学楼外观 ↓

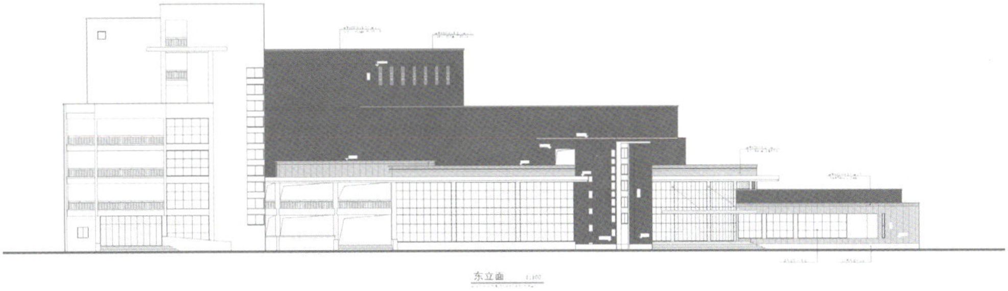

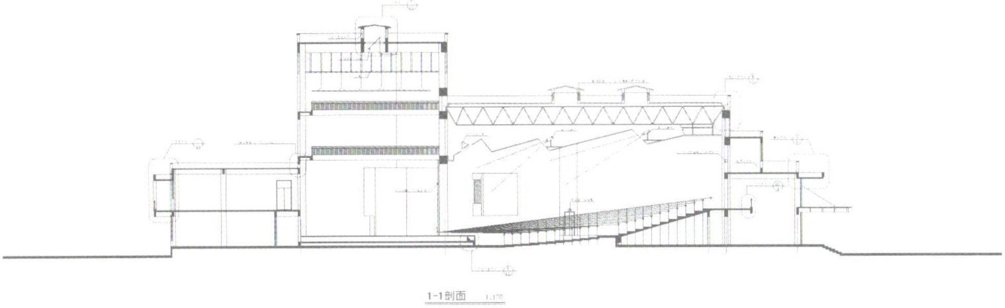

礼堂南立面图 ↑
礼堂东立面图 ↗
礼堂剖面图 →
图文中心外墙细部 ↓
体育馆东侧外景 ↘

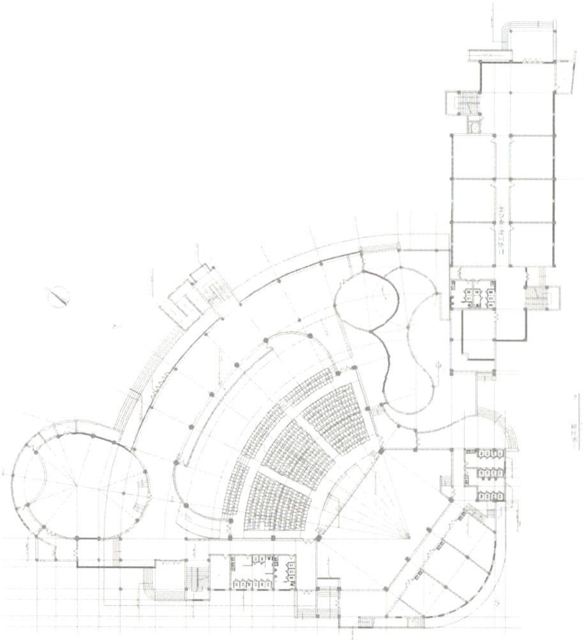

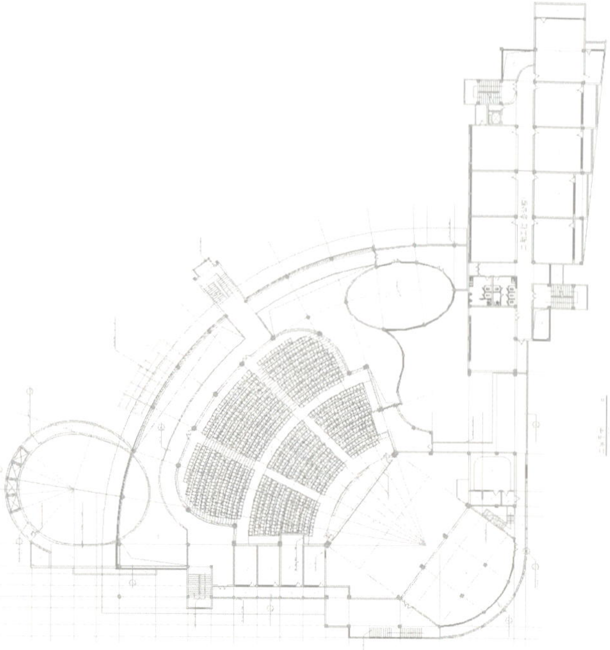

一层平面图 ↑
二层平面图 ↗
总平面图 ↓

主体建筑群鸟瞰图 ↑

门厅组图 ↑ ↗

图文中心内院景观 ↑

北京林业大学学研中心

主要设计人：崔 彤

设 计 单 位：中科院建筑设计研究院有限公司

建 设 地 点：北京市海淀区清华东路林业大学校内

设 计 时 间：2009年（在建中）

建 筑 面 积：89 980 m^2

占 地 面 积：13 770 m^2

图 片 提 供：中科院建筑设计研究院有限公司

南立面沿街人视效果图 ↓

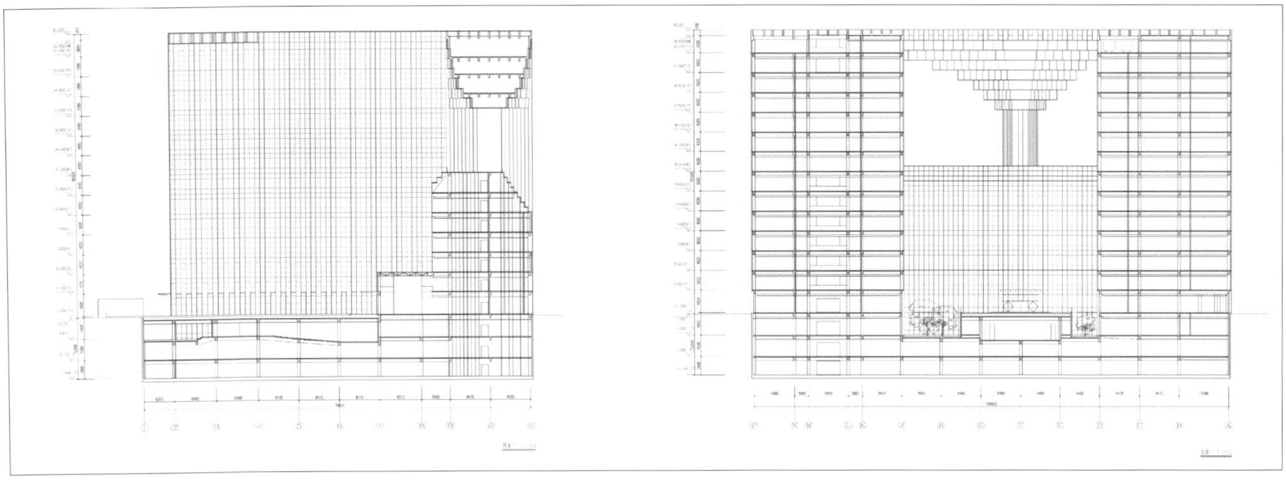

剖面图 ↑

夜景鸟瞰图 ↓

本案地处北京高校云集的学院路区域，位于林业大学东南角，南侧紧邻清华东路。沿着清华东路自西向东先后联系着清华大学，林业大学，矿业大学和农业大学。

此案连同现已存在的林大双塔宿舍楼，林大主楼，形成沿街均衡的布局姿态，并期待学研中心将不同年代不同功能的校园建筑联成共同体，强化校园的整体秩序，塑造完整的城市形象。

总体布局上，学研中心呈U字形，南翼为院系综合办公楼，北翼为教学实验楼，东翼包含了阶梯教室及研讨性教室的独特功能，同时在顶层布置了高端学术研讨及展览功能。地下一层设有下沉庭院，周围是图书馆分馆、报告厅、展览及休闲茶饮等服务功能。

整体的建筑体量布局亲和于校内，营造一个与园区相连的嵌入式空间，构成静谧的“人文书院”。“U”形空间获得了收束性和终极感，而空间轴线尽端“树塔”的独特意象成为林大的“精神图腾”。

对于东侧密集的住宅小区，建筑同样做出回应，最大限度地“镂空”建筑体，减弱日照遮挡和体量的压抑感，同时也为自身带来了更多的采光通风空间。

“十年树木，百年树人”是重构场所精神的基础，在延续校园时空秩序的同时，企盼一种繁衍更生的力量，建构出一个新秩序的空间。建筑整体造型方正，在沿街主入口和内庭院的轴线上做了特殊的形式设计，通过一种自然律动的数据调控，借用分型几何学的手法创造出一种独特的形式语言：中国传统建筑的“重檐斗拱”，从“枝叶繁茂”抽象出的“几何秩序”共同衍生出生命的豪劲！

整体建筑风格选择了一条“中性”路线，建筑色调与校园沿街的主楼和高层宿舍楼相近，保持校园沿街的统一性，而同时调和着灰砖，红砖等校园建筑。均质化的开窗和暖灰色石材饰面显得温和儒雅，从容面对年代不同而风格各异的建筑物。

对内的谦逊包容，对外的简约和卓尔不凡，为这所名校重塑一种生机。

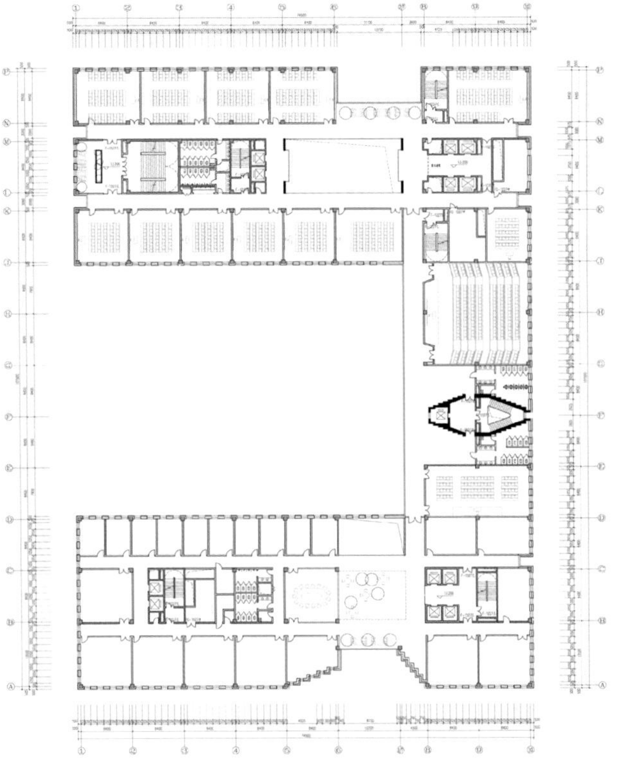

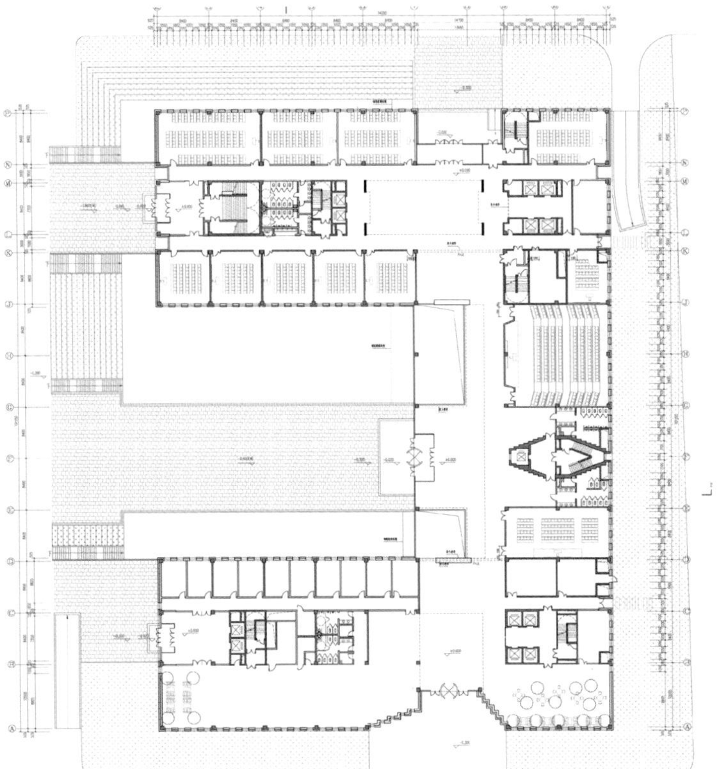

标准层平面图 ↖

首层平面图 ←

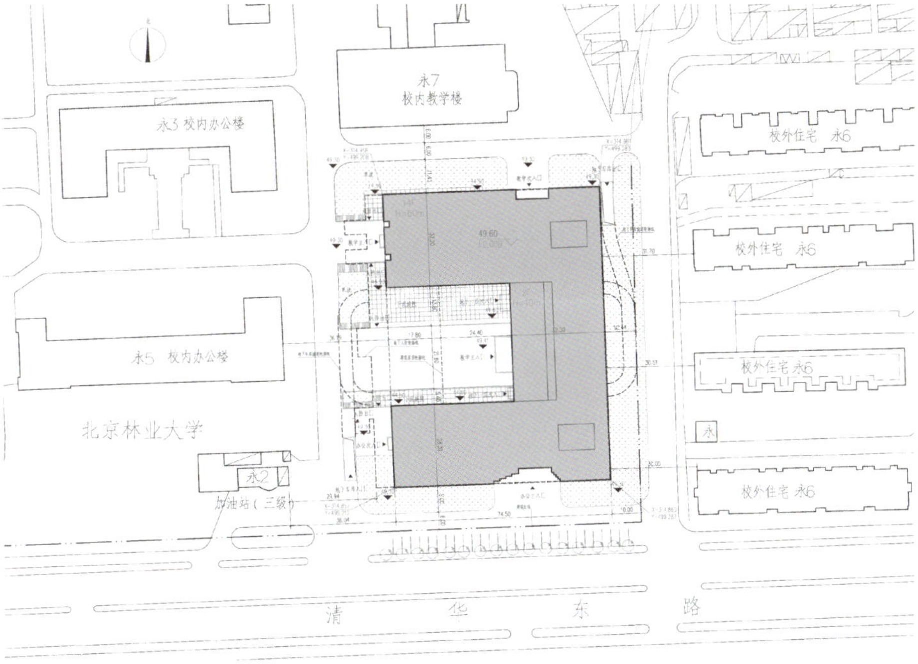

总平面图 ↗
西立面人视效果图 ↓

哥伦比亚大学北京建筑中心

主要设计人：李虎、黄文菁、于清波、汪剑柃、王韬、莫婷昕
设计单位：北京开放建筑设计咨询有限公司

建设地点：北京市东城区方家胡同
设计时间：2009年4月
竣工时间：2009年8月
建筑面积：388 m^2
占地面积：356 m^2
图片提供：开放建筑
摄影作者：舒赫

坐落在北京老城里国子监向南一条安静的胡同里，美国哥伦比亚大学建筑中心所在大院的前身历经沧桑，这里曾经是兵器工厂、机床厂，而后一度被废弃，直至最近的两年间彻底地变身成为了创意产业的一个聚居区。

建筑中心占用的是大院中临胡同的一栋单层坡顶的车间厂房，改造前主体部分是十榀木构架形成的开敞空间。由于朝北和另一栋房子共用隔墙，建筑只有朝南和朝东有窗。夏天茂密的爬山虎将墙和窗的大部分都盖住，从外面看是一栋悦目的"绿色"建筑，里面采光却严重不足。车间朝西的一端是后加出的一个平顶的狭长空间，空间大部分地面都被一个大约7m多深的坑占据。深坑连通地下迷宫般的人防通道。平屋顶下方的梁上固定有巨大的铁钩，显然是某种升降装置的遗迹。在车间生产的年代，可能时常在地面和地下室之间运送东西。

改造后的建筑中心里包含了门厅、书店、画廊、厨房、咖啡吧、办公室、卫生间及开放工作空间。十榀木构架最西边的两跨是画廊，由隔墙把它和开敞的大空间隔开。最东边的一跨被改造成两层，容纳办公室及厨房卫生间等辅助功能。中间部分是完全开敞的多功能空间，通常包括报告厅及开放的研究工作室。6个3米长、3米高有3个轮子的灵活隔断可以自由地分隔多功能空间，以容纳不同人数和要求的展览、演讲、座谈会、派对、小组工作等各种活动。6件同样装有轮子的2.4米宽、1.8米高的活动家具，容纳了150把椅子并提供给学生和研究人员使用的书架及带锁的柜子，它们也可以用来辅助分隔空间。活动家具的背面贴软木，供拼图使用。

门厅设置在端头平屋顶的空间里。为了给地下人防保留通风途径，设计给空间加入了一个花纹钢板构成的内胆。花纹钢板覆盖7米深的洞成为新的地面，再从地面连续地升起来，高低起伏地顺势上行，停止在室外通风口的上边缘。钢板内胆和原有墙体之间的空隙连通地下室，保证地下空间的通风。起伏的钢板的表面展览书店的特殊收藏。钢板上嵌入的LED屏幕是多媒体的展示窗口，同时也连接哥伦比亚大学分布在世界各地的其他几个建筑中心。

为弥补空间采光不足，朝北的坡屋顶新加了9个天窗。北向的漫射光柔和地照亮画廊及开放的大空间。同时可开启的天窗在夏天把热空气拔出去，和南向的窗户一起给空间带来自然通风。

厂房空间里一些工业时代的遗迹都被尽可能地保留了下来，包括混凝土的水槽、电风扇、木门及一些电箱。大空间粗犷的整体感觉和着意加入的一些新的细节形成有趣对比，比如可折叠的西大门，X形的门把手可嵌入钢板上镂空的文字中，膨胀的南大门等等。

改造前 ↓

研究室剖面图 →
外观 ↓

室内组图 ↑ ↗

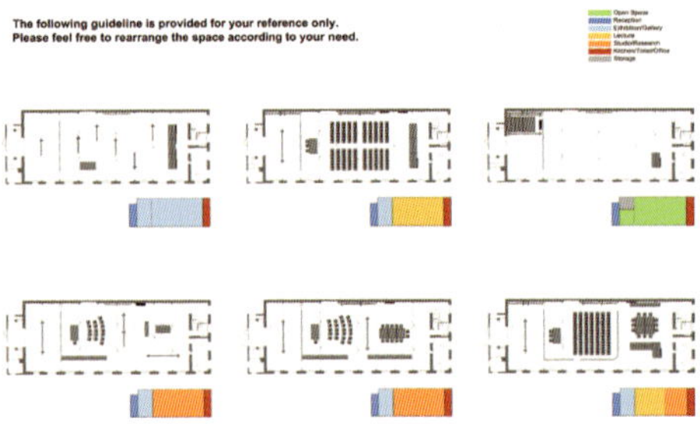

功能区分解图 ↑ ↗
家具布置 ↓ ↘

2ndRing Road North
Studio-X
2ndRing Road North
Lama temple
Guozijian
Guozijian Street
Fangjia Hutong
Studio-X

Fangjia Hutong
Studio-X
No.46 Fangjia Hutong

区位图 →
室内组图 ↓ ↘

西安广电世纪园

主要设计人：马清运、陈展辉、潘达明、柯必得、黄嵘、Cornelis Van Almsick、钱震、于雷、金莉萍、郑国栋、段俊、王山、戴一轩、郭燕玲、姜磊、耿瑜谦、王莹辉、吴文静、STEPHAN、Milan Dale、姜成效、严海波、刘婷婷、李玺、毕宁本、张淞豪、栾晋、龚兵、曹捷、谢海峰、朱瑾、Anthony Tong

设 计 单 位：马达思班 MADA s.p.a.m
建 设 地 点：陕西省西安市
设 计 时 间：2003年（在建中）
建 筑 面 积：81 117 m^2
占 地 面 积：62 854 m^2
图 片 提 供：马达思班

南立面、剖面图 →
外观 ↓

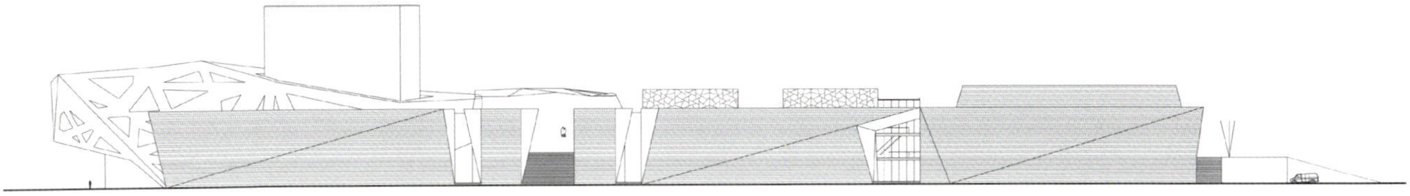

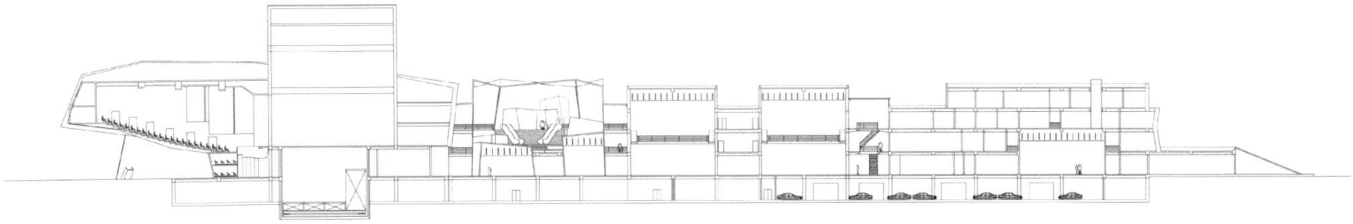

本项目设计承袭了西安汉唐文化中表现出的舒展大度、简洁雄浑的特征，使建筑群尽量整合布置，整体处理，突出并夸张了给定的建筑面积条件下的尺度概念。整体建筑中的诸多功能由一道有象征意义的“墙”围合在一起，暗示了西安城墙大地艺术的气质，又合理地统一解决了四周的场地标高不同的问题，同时，还表达了西安广电“媒体城”的寓意。

场地的设计中顺应了曲江仿唐公园景观的地势、地貌特征，建筑群中组织了一道非常明确的南北轴线，回应了汉唐以来大型建筑群依轴线组织的建筑方式。这道建筑的轴线还同北面的曲江轴线系统形成了一个轴线的贯通体系，延长了曲江公园业已形成的南北轴线，此轴线在竖向上则顺应场地大的标高变化，在穿越建筑群内部时由北向南逐渐跌落，将场地的标高变化引入室内，既展示了曲江自然的地脉地貌，又加强了大型公共空间的纪念性。

在外部形象的设计时，注重在统一中求变化，在传统中求新颖，在宏大尺度中求细微人性化。整个建筑群最突出的元素是，边界的以实体感为主的墙体，这个意念上的城墙，虽然具有历史的迹象，但强调它在用材及构造方式的现代化。立面分为内外两层，内皮为建筑物内功能的真实体现，外皮则使用统一的材料，开窗处是有不同宽度间隙的陶土百叶窗，整个立面被统一在不同疏密的横向线条中。既体现了古典砌筑方式的分量感，又表达了现代建筑的轻盈属性。于是这座“媒体城”的墙成为一座具有雕塑感的艺术媒体墙。这是整体建筑群的基调，在艺术媒体墙的统一维护之中，有一些特殊的功能被设计成“出墙”的姿态。譬如西侧的“媒体剧场”，它的具有强烈现代气息的外部体型，从墙中突现出来，形成西侧公共空间的核心标志物。象征着媒体和大众融合，广电与城市相印的思想。这个体量也具有雕塑感，但它的雕塑感的特征又来自于西北民间剪纸、绘陶的间架感，又是立足处于现代与古朴之间的创作出发点。中厅的大堂屋盖在概念上引用中国古典殿堂的宏大尺度及中国木构架的折面逻辑，但在几何的选择上更多地注重具有结构合理性的三角形。这些三角构架面，有上有下、有平有倾，形成良好的空间支撑体系，不但可以减少空间中所需要的柱子，又能最大化地体现屋顶底面形成的空间界面的艺术震撼力。在经过科学地遮光、滤光处理后，可以完成“阳光媒体殿堂”的创意。

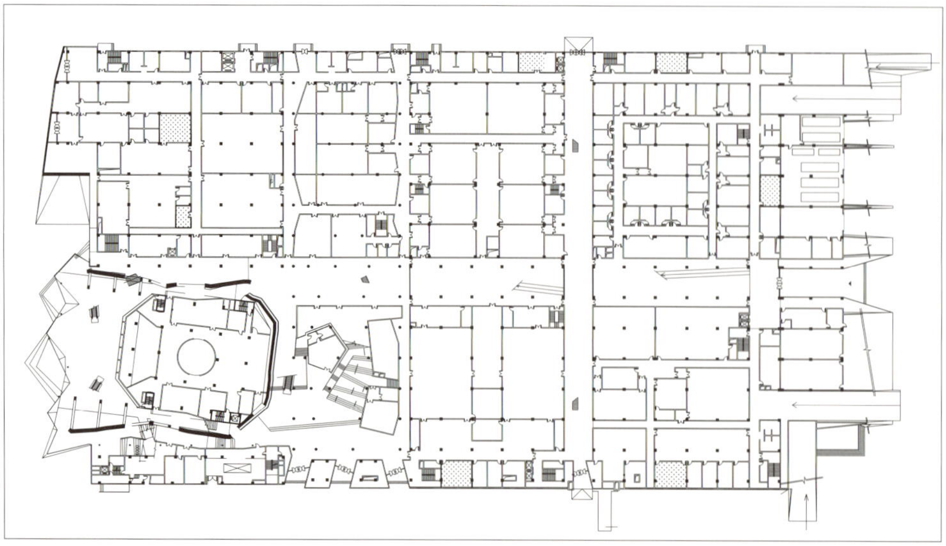

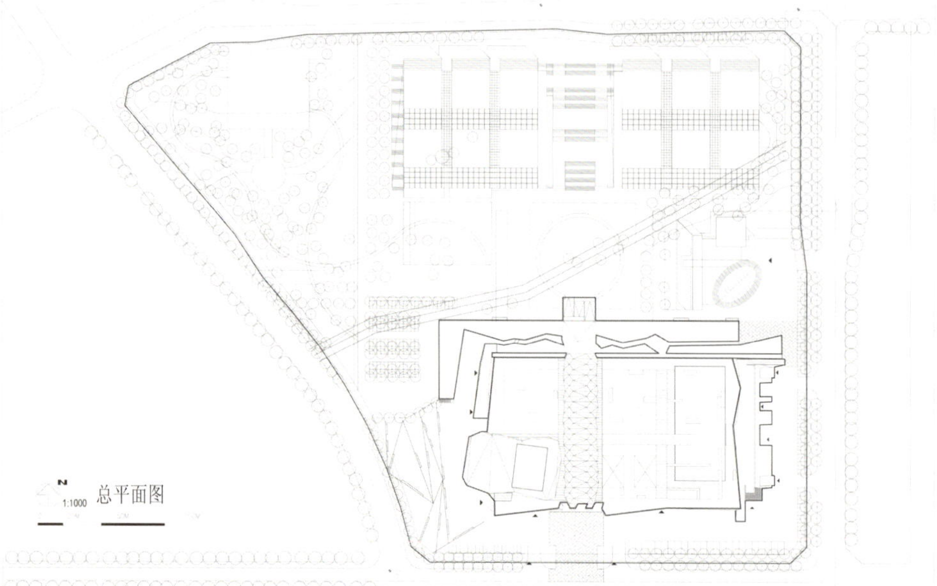

首层平面图 ↑
总平面图 ↑
工地实景组图 →

北京光华路SOHO

主要设计人：马清运、陈展辉、王坚锋、黄嵘、王莹辉、张礼行、
严海波、张铎、段俊、徐慈

设 计 单 位：马达思班 MADA s.p.a.m

建 设 地 点：北京市

设 计 时 间：2006年

竣 工 时 间：2008年

建 筑 面 积：75 438 m²

占 地 面 积：10 189 m²

图 片 提 供：马达思班

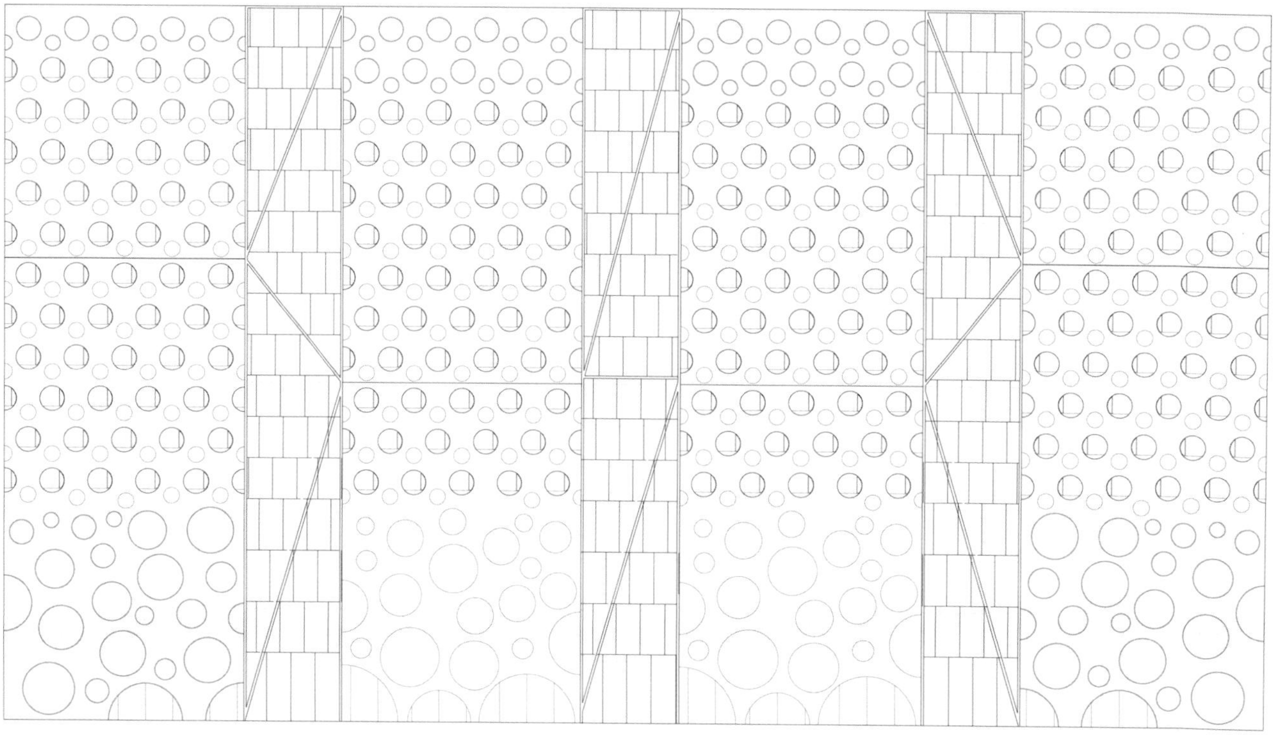

北京是一个多核的、分散的、不均匀的复合城市，光华路SOHO就希望加剧这一背景特征，制造一个都市突变、打破传统的所谓语境延续的都市观，创造一种自我完整的微观都市片断。所以该项目以"圆形"为主题，通过白色外立面给建筑披上了经典时尚的"衣料"。在赋予建筑独特外观的同时，也给内部使用者提供了全新的圆形视角来观察外面的世界。圆点是永远不会过时的流行符号，是时尚的象征，圆的铺陈让光华路SOHO可以成为一个开放的空间。这里将有超过60%的开放空间，把周围的街道和景观融合起来。建筑与城市，室内与室外融会相连，人群随时从街道被引进琳琅满目的消费空间。4座60m高的塔楼在不同高度、不同方向发生轻微的扭动，通常位于办公楼正中央的黑暗的电梯和通道被向外移，直接面对明亮的玻璃体或外窗，形成"亮肺"。圆点和"亮肺"为房子带来阳光，光华路SOHO是罕有的可以在电梯厅接受阳光沐浴的建筑。

北立面 ↑
建成外景 →

光华路
SOHO

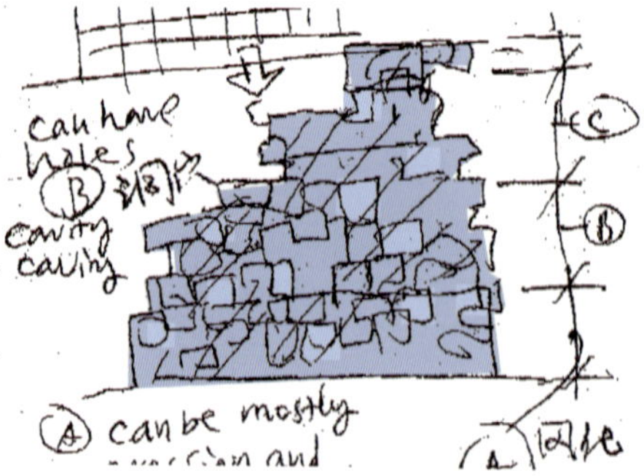
can have holes
B
cavity
C
B
A can be mostly

open holes to the garden
office

室内 ↖ ←
构思草图 ↑
外观近景 →

光华路
SOHO

山东省广播电视中心

主要设计人：
（西区广电大楼）崔愷、李凌、任祖华、谢悦、李惠琴、武志
（东区媒体产业大厦）崔愷、任祖华、陈晓唐、辛钰、莫鑫
设 计 单 位：中国建筑设计研究院

建 设 地 点：山东省济南市
设 计 时 间：2004-2005年
竣 工 时 间：2009年
建 筑 面 积：（西区广电大楼）105 985 m^2，（东区媒体产业大厦）38 302 m^2
占 地 面 积：（西区广电大楼）22 532 m^2，（东区媒体产业大厦）10 855 m^2
图 片 提 供：崔愷工作室
摄 影 作 者：张广源

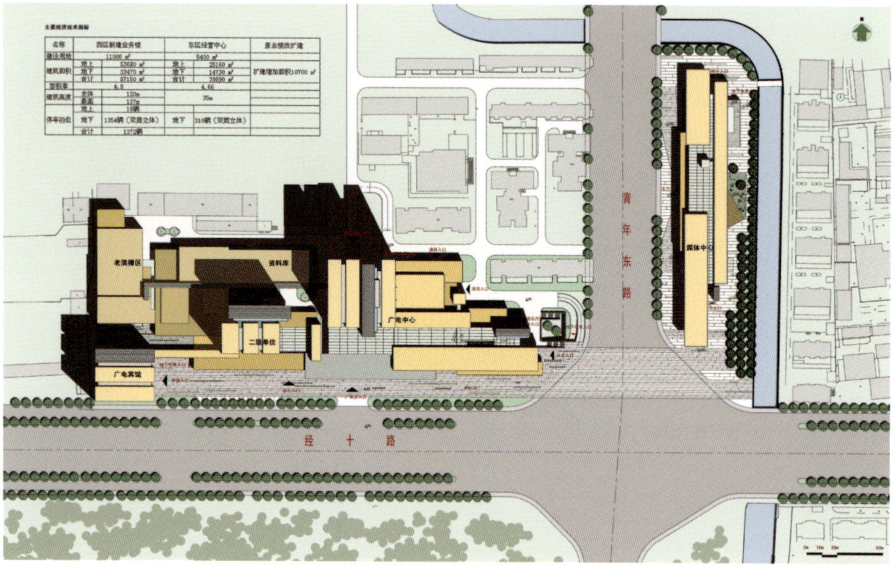

总平面图 ↑

山东省广播电视中心位于济南市经十路与青年东路交汇处的北侧，用地范围分别在青年东路东、西两侧。其中西区为广电大楼，东区为媒体产业大厦。

西区广电大楼为山东省广播电视总局的自用楼，主要功能包括广播电台、电视台、视网联的相关演播、录制、编辑、播出等专业工艺用房和办公、会议、接待等日常办公用房。东区媒体产业大厦主要用于相关媒体产业的出租办公之用，也包括部分西区广电大楼的附属用房。东西区之间通过一设置于地下的星光大道相连接。

东西院建设用地均为窄长形场地，东院为南北延伸，西院为东西延伸。在空间处理上，充分利用场地特征，利用长向发挥空间优势，连串排布的演播室的长条实体空间与连续宽敞透明的玻璃大厅空间虚实相结合，空间形态明确纯净，富有震撼力，利用挖空，开敞楼梯等相连，创造了具有连续性、流动性、互动性的空间形态。在面向植物园，经十路侧设有连续的玻璃，具有良好的景观对景效果。

广电建筑对空间的特殊要求和本地材料——石材的运用，使生成建筑形体的两个主要因素。整个建筑根据不同功能的需要，被拆解成大小不一的不同“石块”，这些石块或扎根于地下，或悬浮于空中，抑或相互咬合、上下叠合，共同构成了建筑的整体形象。

山东作为石材大省，自然景观方面有泰山、崂山等名山，均以石为特色，历史上的建筑与石材的关系渊源深厚，如“泰山石敢当”等石材，具有重量感、沉着大气，彰显地域人文个性，石材厚实的形体与广电建筑功能的要求（封闭的演播空间）也是切合一致的。郡楼为长短大小不一的石块相互横向排列、叠合，巨型筒体结构支撑、悬浮，实体之间穿插以玻璃，如厚重的巨石扎根入地，又如巨石悬浮在空中，具有极强的视觉冲击力。主楼恰如石场层层排列石块之形，似片石层层叠落、组合。根据使用功能、空间要求不同，变换实体的厚度，穿插以少量玻璃、金属格栅，起到画龙点睛之效。室内、室外材料相互延续，形成一体，室内亦是建筑的一部分，整个建筑形体强壮，富有力度，简朴、厚实、大气。

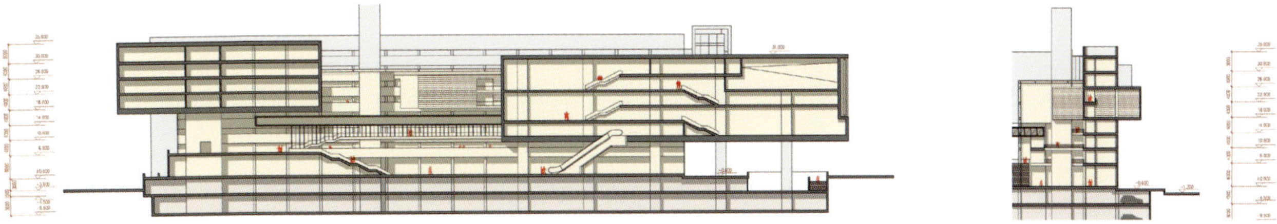

东区剖面图 ↑
西区夜景 ↓

南立面图

东立面图

西立面图

南立面图

西区立面图 ↑

东区立面图 ↑

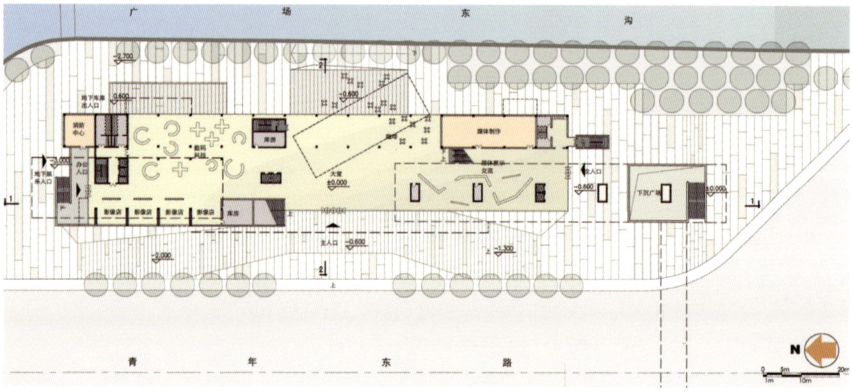

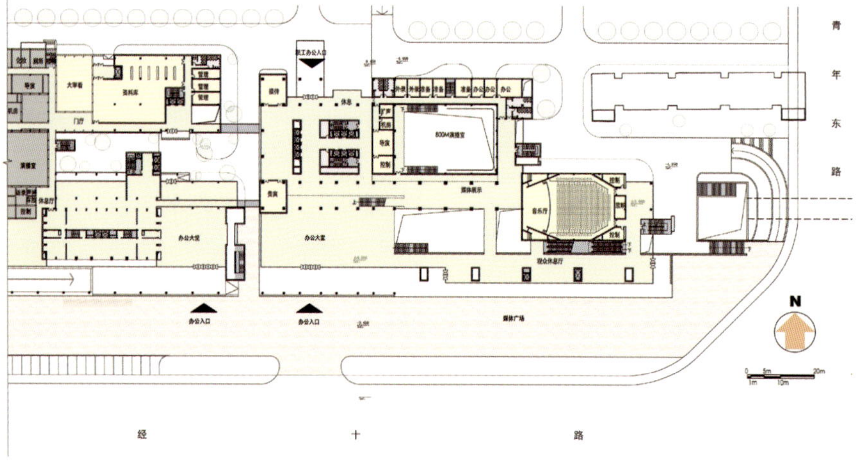

东区首层平面图 ↖

西区首层平面图 ←

东西区全景 ↑

西区广电大楼 ↓

西区入口柱廊 ↓

北京天竺国展商业金融中心

主要设计人：崔 彤

设 计 单 位：中科院建筑设计研究院有限公司

建 设 地 点：北京顺义区天竺镇府右街4号

设 计 时 间：2009年（方案）

建 筑 面 积：113 892 m^2

占 地 面 积：25 146 m^2

图 片 提 供：中科院建筑设计研究院有限公司

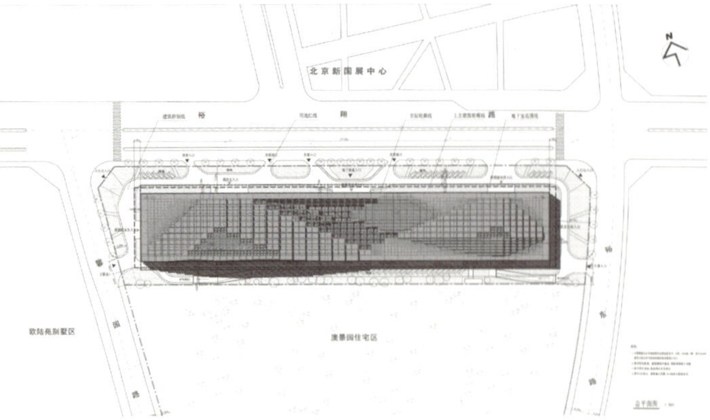

总平面图 ↑

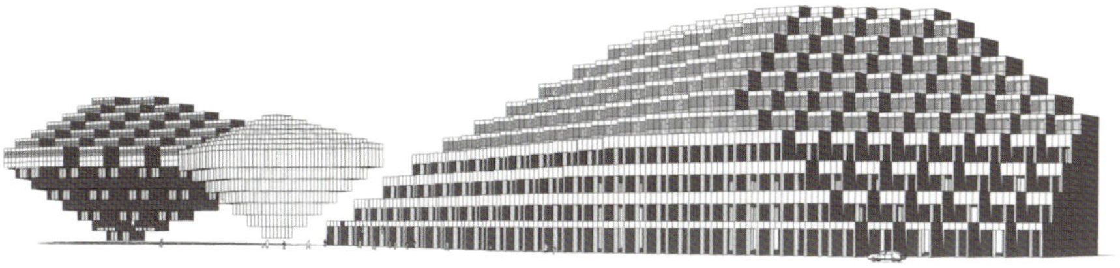

该项目地处北京新国展中心北侧，背靠一片高档别墅区，与国展隔路相望；建筑用地东西长270m，南北宽45m，航空限高45m。功能主要包含4.5m^{2}的商业展销裙房，2m^{2}的星级酒店和1m^{2}的企业会所。方案的设计将既定的限制条件最大限度转化为自身的特色和优势。

设计策略没有考虑大型地块中化整为零的处理手法，而是维持并强化了底层商业裙房界面的完整性，以恢宏的沿街长度取胜。而酒店和会所则被精简为三个明确的锥形体"嵌入"裙房，如"三座岛屿安浮于海洋"。

建筑体量丝丝相扣，个性鲜明的裙房大厅是一个恢宏的三角形空间体，与建筑实体是一种虚实互补的依存的关系。中庭正对国展中心路口，其中的视觉重点是嵌于一侧的金字塔倒锥，在棱角分明的表面布满了动态广告屏，形同一颗闪耀的钻石。展销发布，休闲娱乐，大型集会……作为对国展中心的回应和互补，建筑承载着各种可能发生的城市事件，成为城市公共活动的一个重要组成部分。

自然浪漫的设计风格背后是对功能的尊重，让功能"说话"并在统一的形式逻辑下表明各自的"身份"。空间尺度是功能的演绎，遵循着合理的几何模数：商业裙房柱跨9m见方，在出裙房部分形成4.5m见方的单元体模块，这一点使得方案在结构上避免了实现难度。

沧海中的蓬莱三岛；别墅区的风水靠山；沙盘上的一组枯山水；悬浮的金字塔……设计能给予人们多重想象，这种建筑意向是对北京近郊建筑风格的重新思考。在这片严格限高并远离市中心的区域，设计期望避免塔楼林立的都市印象，面对国展中心"以柔克刚"，转求一种"仁者乐山，智者乐水"的自然安逸。

概念示意图 ↑
鸟瞰效果图 ←

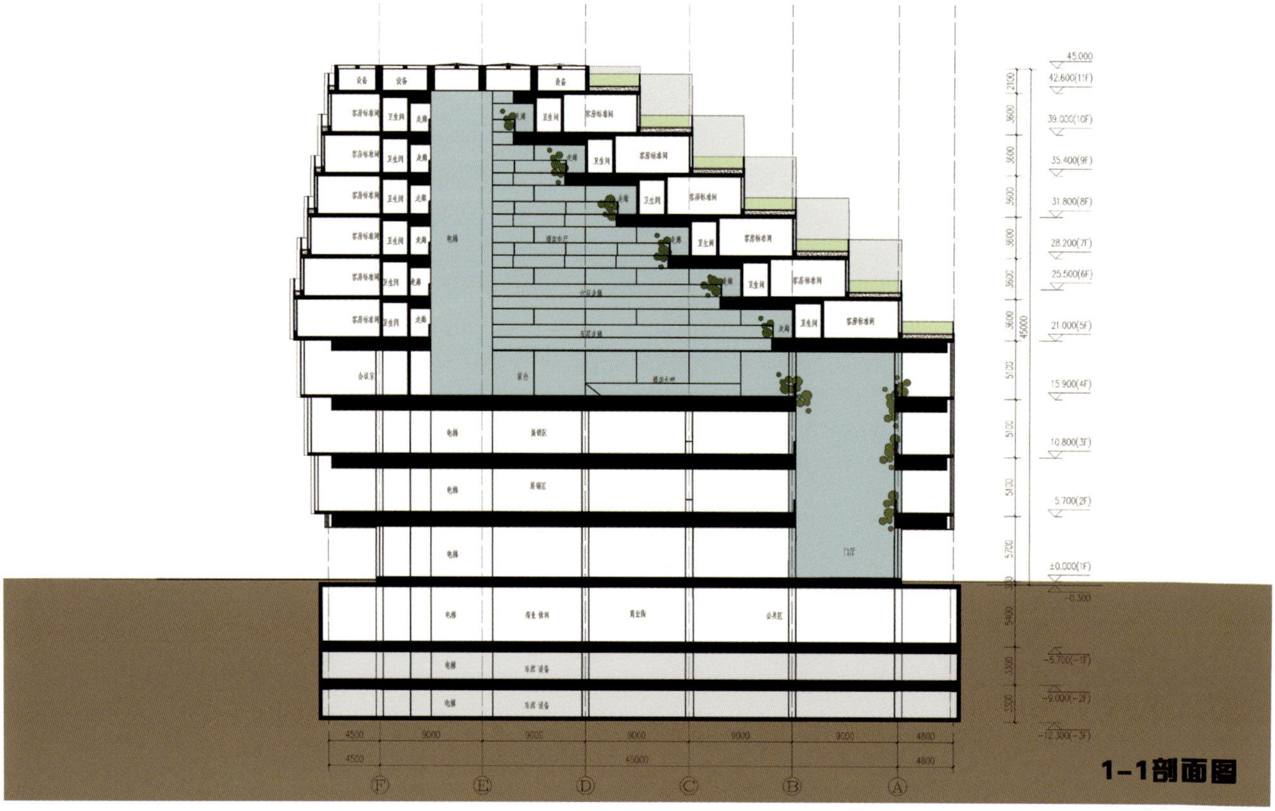

剖面示意图 ↑
沿街人视效果图 ↓

江苏软件园吉山基地6号地块

主要设计人：陈屹峰、柳亦春、唐煜、陈娟

设 计 单 位：上海大舍建筑设计事务所

建 设 地 点：江苏省南京市

设 计 时 间：2006年

竣 工 时 间：2008年

建 筑 面 积：23 000 m²

图 片 提 供：大舍建筑

江苏软件园吉山基地位于南京市江宁区一片风光秀丽的丘陵中，是由38幢面积为1000—2000m²的独幢办公楼及相关配套设施组成的商务园区，开发目的是为IT企业提供有别于都市写字楼的郊外办公场所。

办公楼单体建筑采用院落式布局。一层高的院墙在自然起伏的基地中围合出一个平整的人工世界，在这里，众多院落与开放式办公空间水乳交融，于一层缓缓展开，诉说着郊外办公的优越之处。二、三层办公空间被进一步分解，各自倚在周边的院墙上，充分享受着郊外和煦的阳光、清新的空气和秀丽的景色，同时也不会对一层院落的宜人尺度带来负面影响。事实上，一层和二层以上两种不同密度的空间恰好达成了一种相互补充的平衡。

地块内的各单体建筑结合地形起伏布局，形成一个有机的聚落，这样的布置方式与单体建筑内部的空间组成方式是同构的。院墙在限定建筑内部世界的同时又成为建筑之间外部空间的边界。

建筑的院墙采用白色涂料，而二、三层体量的其他几个立面则以木质遮阳构件包裹，映衬在郊外的青山绿水中。在南京淡淡的天空下面，纯净的白色院墙与沉着的深棕色木质格构向江南传统民居表达着深深的敬意。

近景 ↑

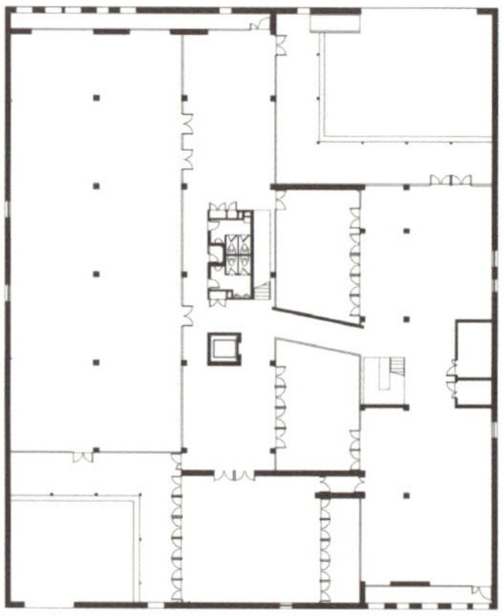

一层平面

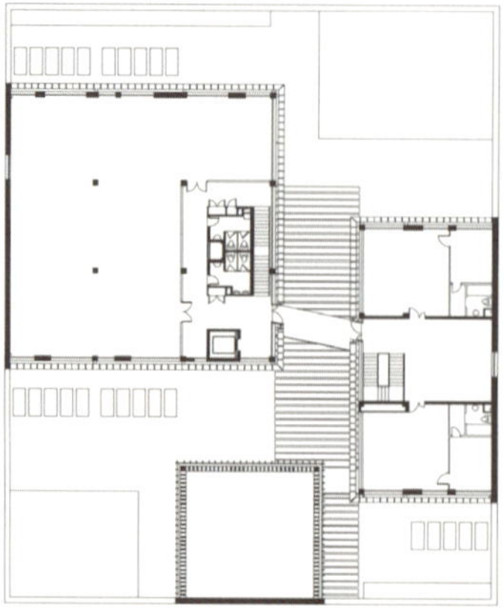

二层平面

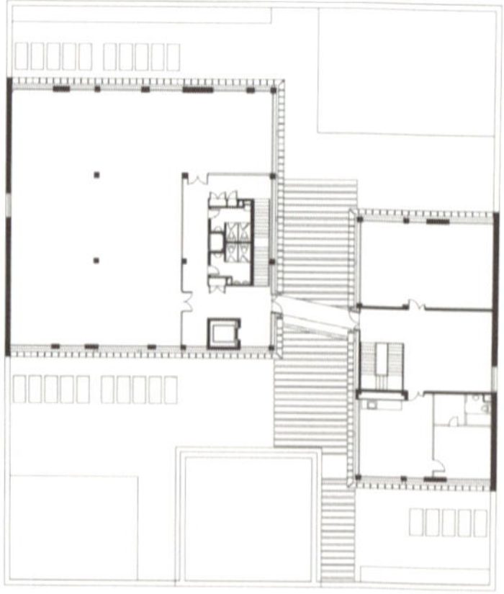

三层平面

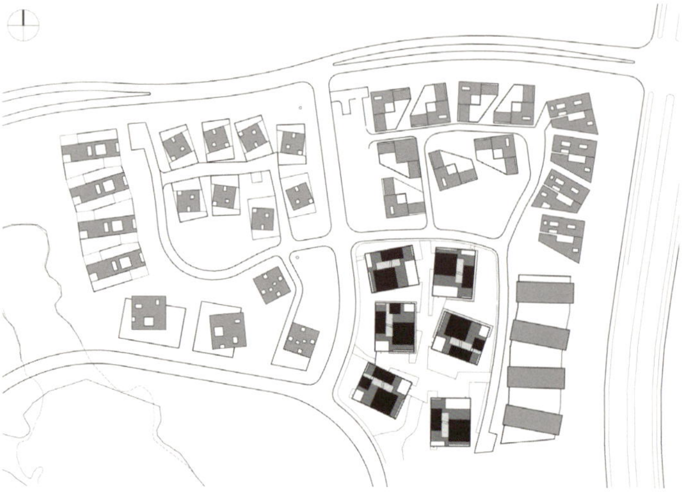

平面图 ↑
总平面图 ←
外观 ↓

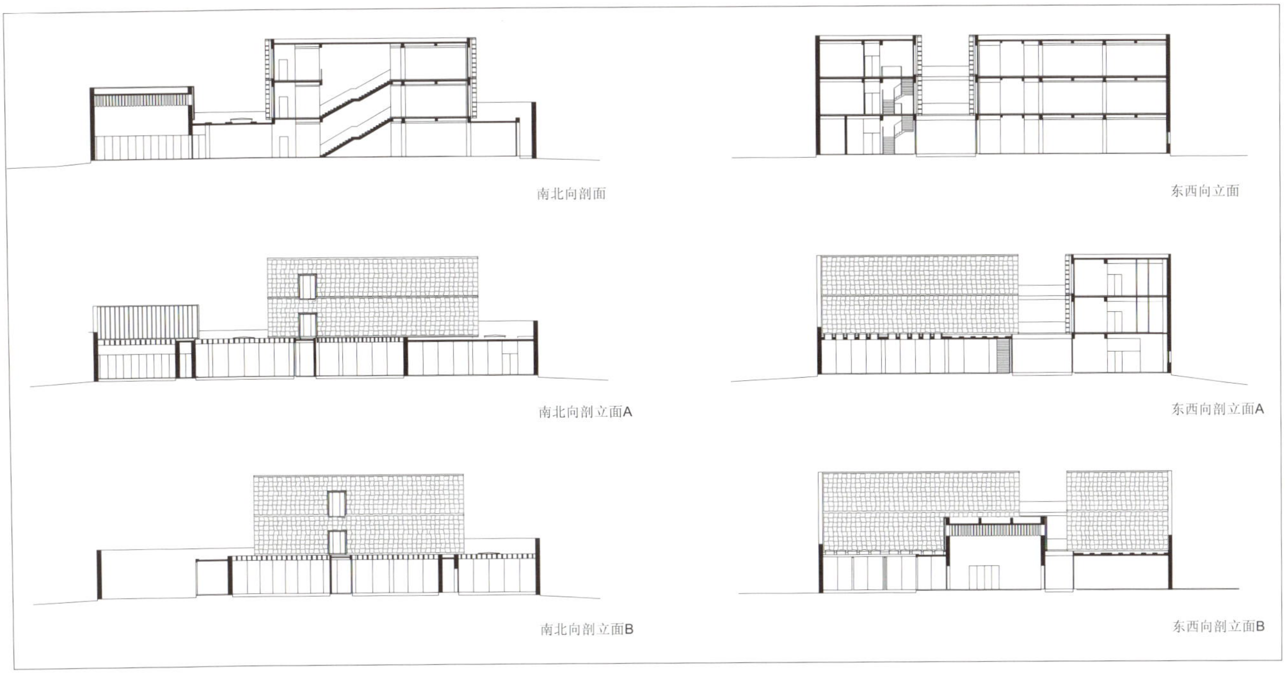

剖面图 ↑
立面图 ↓

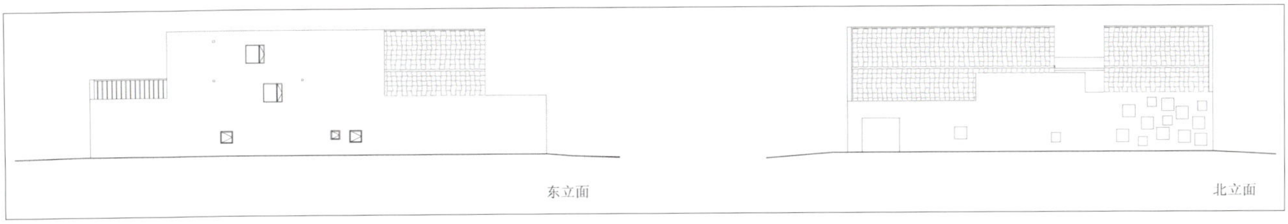

组图 ↑

北辰长沙新河三角洲项目展示中心

主要设计人：张雷、周苏宁、王亮、王昳、龚桓

设 计 单 位：张雷联合建筑事务所

建 设 地 点：湖南省长沙市

设 计 时 间：2010年01月（在建中）

建 筑 面 积：3 470 m^2

占 地 面 积：25 500 m^2

图 片 提 供：张雷联合建筑事务所

透视图 ↑

总平面图 ↓

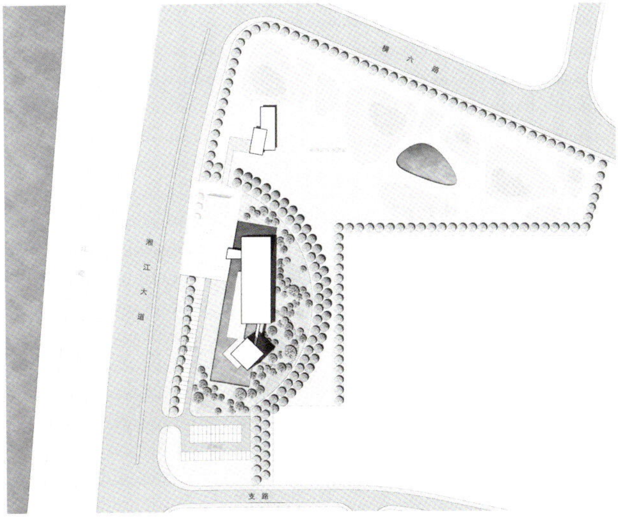

以灯塔、标杆、航船为造型意向，突出项目对于引领长沙未来生活的标示性意义和滨水特征。

以国际一流品牌专卖店为参照系和设计标准，采用“N”作为设计母题，并辅以北极星的抽象表达，形成强烈视觉引导性的“Logo”，巧妙地将北辰引领长沙城北新生活风尚通过时尚的建筑语言予以表达。通过品牌品质两方面的强化，形成独特的形态，创造超一流的品牌体验与展示中心。

总体布局中将展示中心、高尔夫会所、高尔夫练习场、景观与样板房体验区、VIP观景体验塔等各部分功能有机结合，形成对品牌和项目全方位、立体的展示，丰富了体验层次，营造了独一无二的区域高端氛围。

采用钢结构，力争80%以上建筑材料能够循环使用。将低碳、节能减排可持续性发展的策略始终置于优先考虑的位置，通过精致的生态景观环境的营造，树立长沙新生活的样板。

门厅 ↑
展厅 ↗

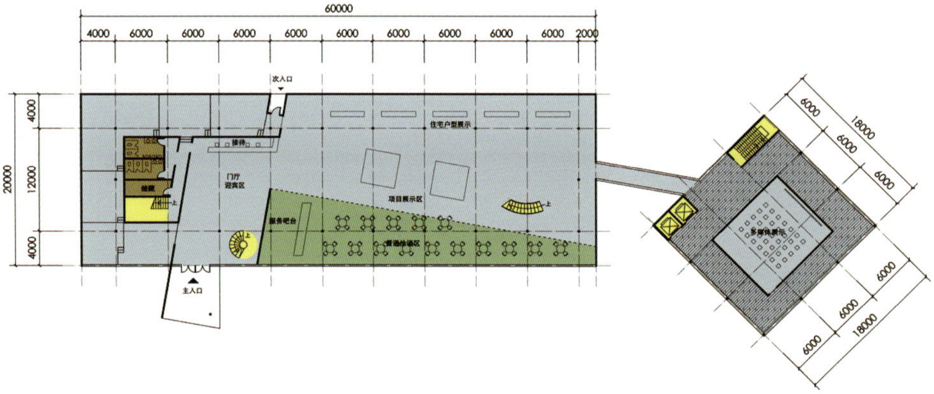

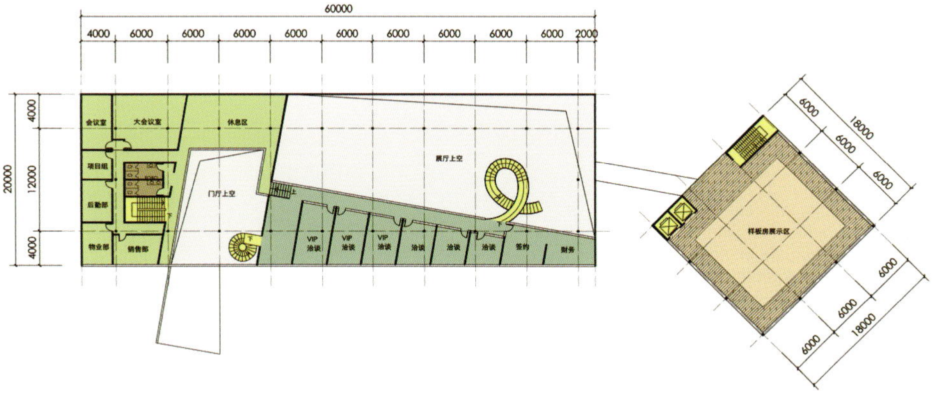

一层平面图 ↖
二层平面图 ←

展示中心夜景
AZL architects

夜景 ↑

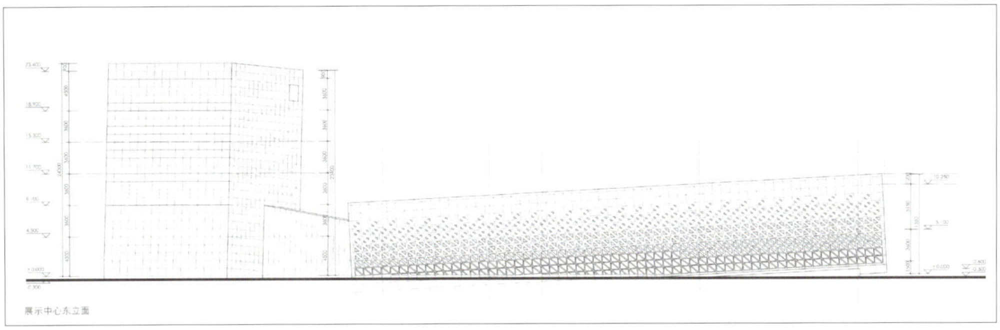
展示中心东立面

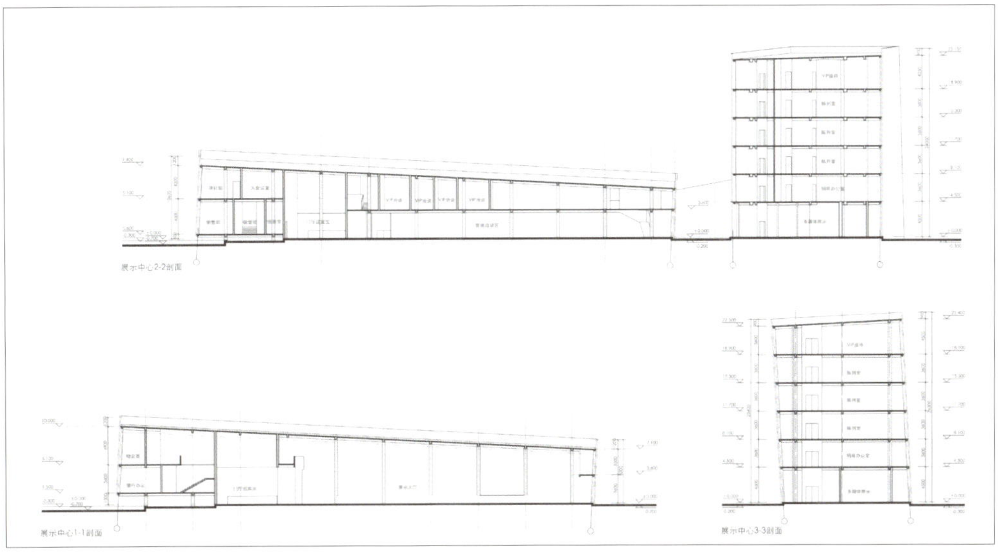
展示中心2-2剖面
展示中心1-1剖面
展示中心3-3剖面

立面图 ↗

剖面图 →

武汉天河国际机场
航站区规划和T3航站楼（方案）

主要设计人：罗隽、陈岭、余小平、张英等
设 计 单 位：英联达奇国际顾问、武汉市建筑设计院

建 设 地 点：湖北省武汉市
设 计 时 间：2008年3-6月（方案）
建 筑 面 积：600 000 m^2
占 地 面 积：17 170 000 m^2
图 片 提 供：罗 隽

机场的规划和开发需要建筑师将战略视野、商业运作、规划和建筑设计技能结合起来，而要突破国际和国内机场开发的一贯模式显然需要坚定的创新意志和精神。设计者提出了全新的"整体式航站楼"开发模式，根据武汉机场的发展特征和定位，进一步完善和发展了"整体式航站楼"的模式，提出了适应21世纪可持续发展的天河机场总体规划蓝图。本方案于2009年底获湖北省政府和武汉市政府两级审查通过，于2010年3月获国家民航局审批通过予以实施，这将是国内第二个以"整体式航站楼"的理念实践机场开发的机场。

规划的目的是为天河机场建设开拓长远战略空间，满足规划目标年2020年和2040年年旅客流量分别达到4200-7000万人次、货运量44-95万吨的航空业务量需求。

规划立足于"机场开发带动周边及区域经济发展"的理念，充分考虑到机场与城市周边地区规划功能区的关联和对城市经济发展的贡献，体现航空城这一理念。规划深入研究了世界各国在机场商业开发方面的经验，探索可驱升"非航空业务"活动的领域和商业运营模式，力图最大化地增加机场的运营利润。规划针对武汉机场未来的枢纽功能，将陆侧商业中心和交通中心结合为一体，包括城铁、长途客站、公共交通和私人汽车及停车场设施，便于旅客快捷换乘。这应该是衡量一个机场品质和人性化服务标准的重要指标。总体布局和空间组合尊重现有机场轴线和结构，逻辑的选择是近期航站楼单元与主轴垂直，从而形成附轴并顺势延展群体结构关系，其结果是两座分期建设的航站楼单元沿主轴由商业交通中心连为一个整体。功能构成丰富而复杂，包括航站楼单元、酒店、商业、会展、长途车站、娱乐休闲和办公设施。城铁车站设在整体式航站楼商业交通中心地下，通过垂直交通设施和各层商业设施以及出港层、到港层相连。这个"城市空间"新理念能够看作是机场有机的核心。一个有机交织的多层次交通网穿过这个核心向外阵列扩展，联系着两侧的新航站楼，最终将营运出一个由交通、商业、园林景观和建筑交织而成的有机"三维公园"。分期建设的航站楼单元间距被科学地控制，方便联系和旅客的中转换乘，也能提供最多的近机位，减少长年运营成本。除了依轴线创造形成的良好门户形象，空间构成强调旅客体验，注重在陆侧和空侧创造良好的到达感。乘城市轻轨的旅客沿主轴进场方向行进至航站楼前方时逐渐掩入地下轨道，在短暂封闭方向感丧失之前到达阳光洒落的站台，然后沿着阳光中庭行进向上，一个空间高潮在建筑群的结构中心释放。"三镇矗荆楚，双凤栖天河"——新的T3航站楼建筑造型语言捏取"楚"文化之图腾"凤"之庄重、优雅大气之风范，提炼中国传统宫殿建筑的柱式和挑檐造型元素，用现代建筑设计手法，现代技术和材料，将前卫的高科技潮流与地域文化精神结合起来，将现代建筑造型语言与工业设计手法结合起来，创造出"气韵生动"流线型的有机建筑形态，力图塑造中国中部的一个标志性门户形象。新航站楼似两只栖息在天河机场欲展翅腾飞的"凤"，航站楼主体为"凤首"和"凤翼"，曲线优美流畅的指廊则为有机生成的"凤尾"。两侧各5个指廊和4个站坪区正好契合中国文化音律中的5音和4极。建筑形象符合空气动力学的表皮特征，隐喻充满活力动感、具未来主义风格的飞行器。建筑群充满了结构主义和符号元素的暗示。

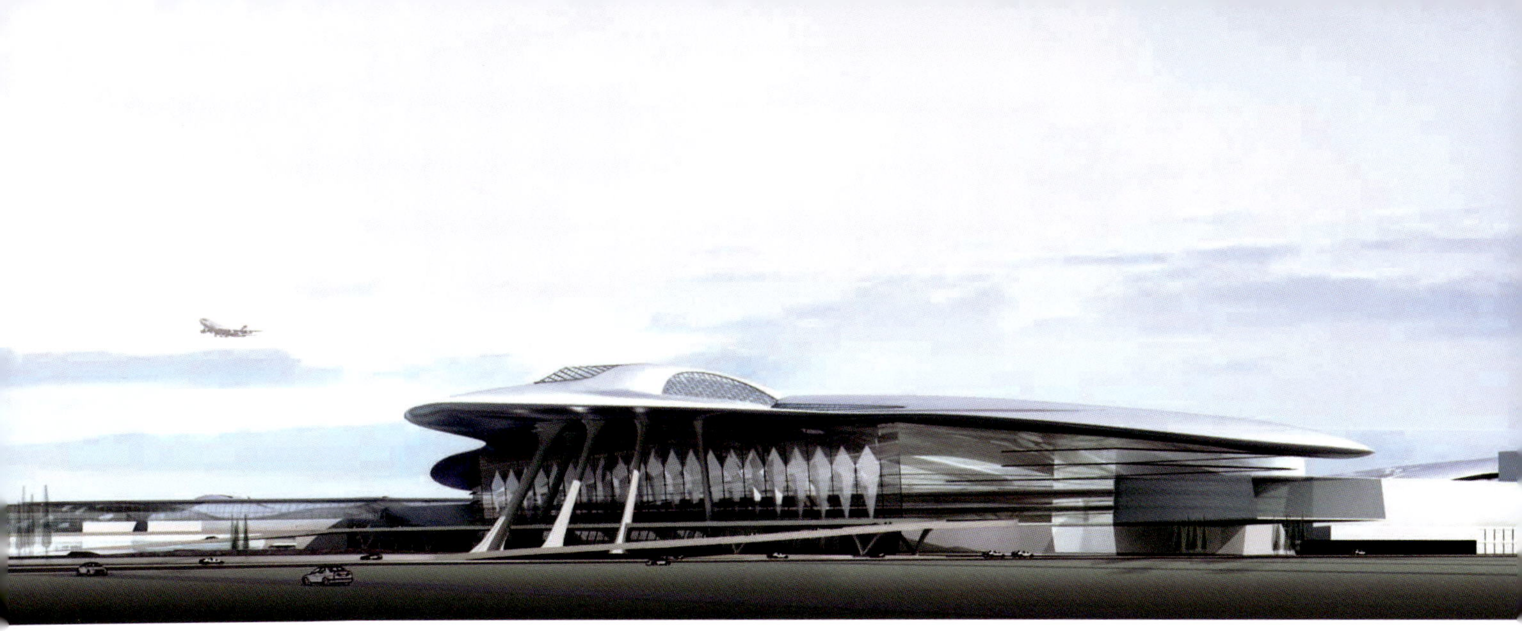

航站楼陆侧透视图 ↑

2040年总体规划鸟瞰图 ↓

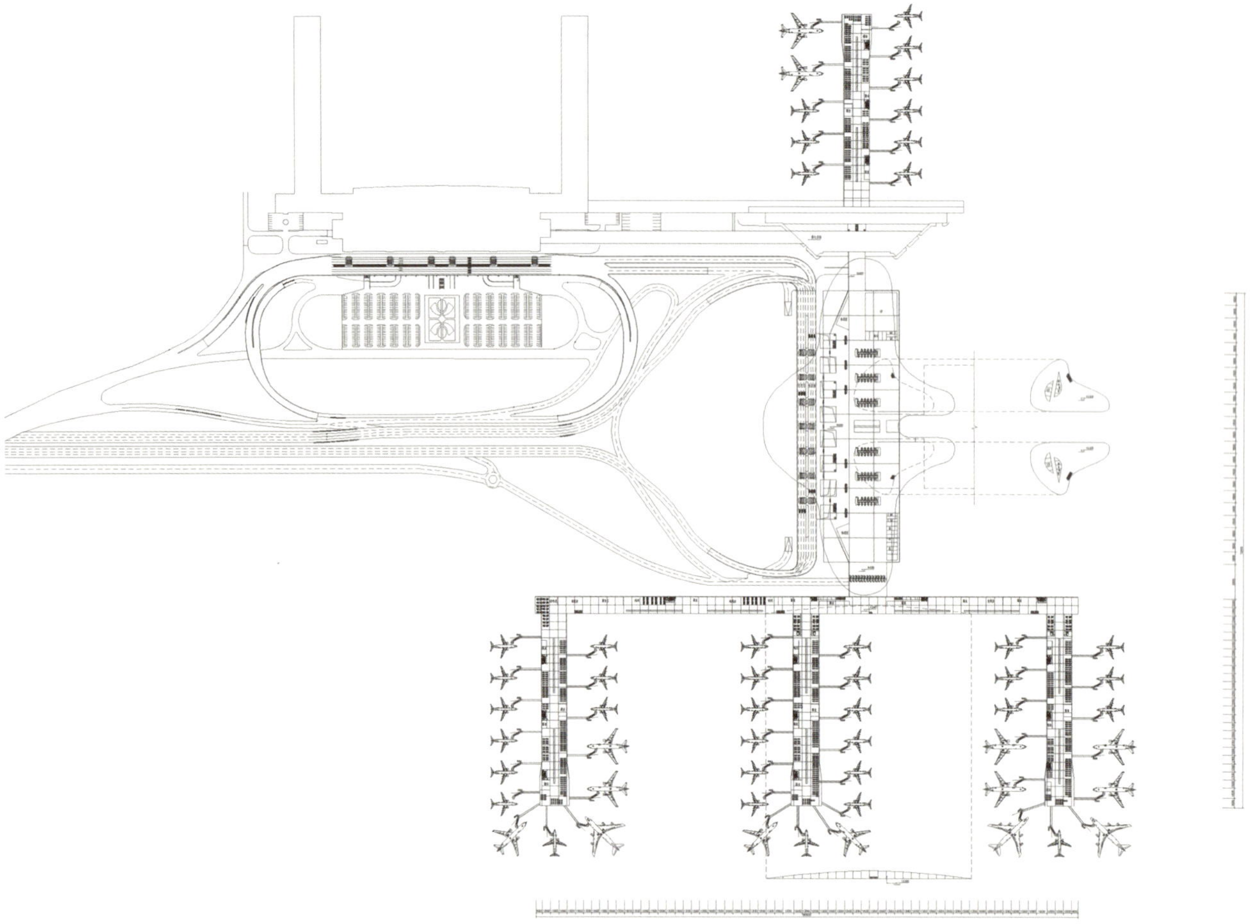

一层出发层平面图 ↑

立面图 ↓

空侧全景图 ↓

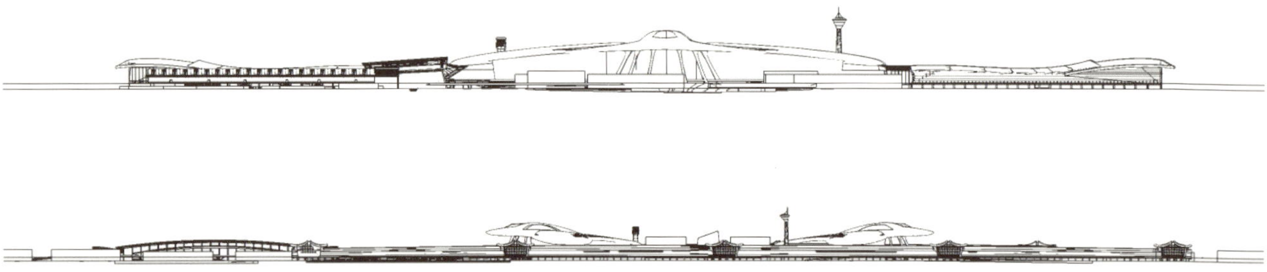

空港城CTC鸟瞰图 ↑

CTC2040平面图 ↓

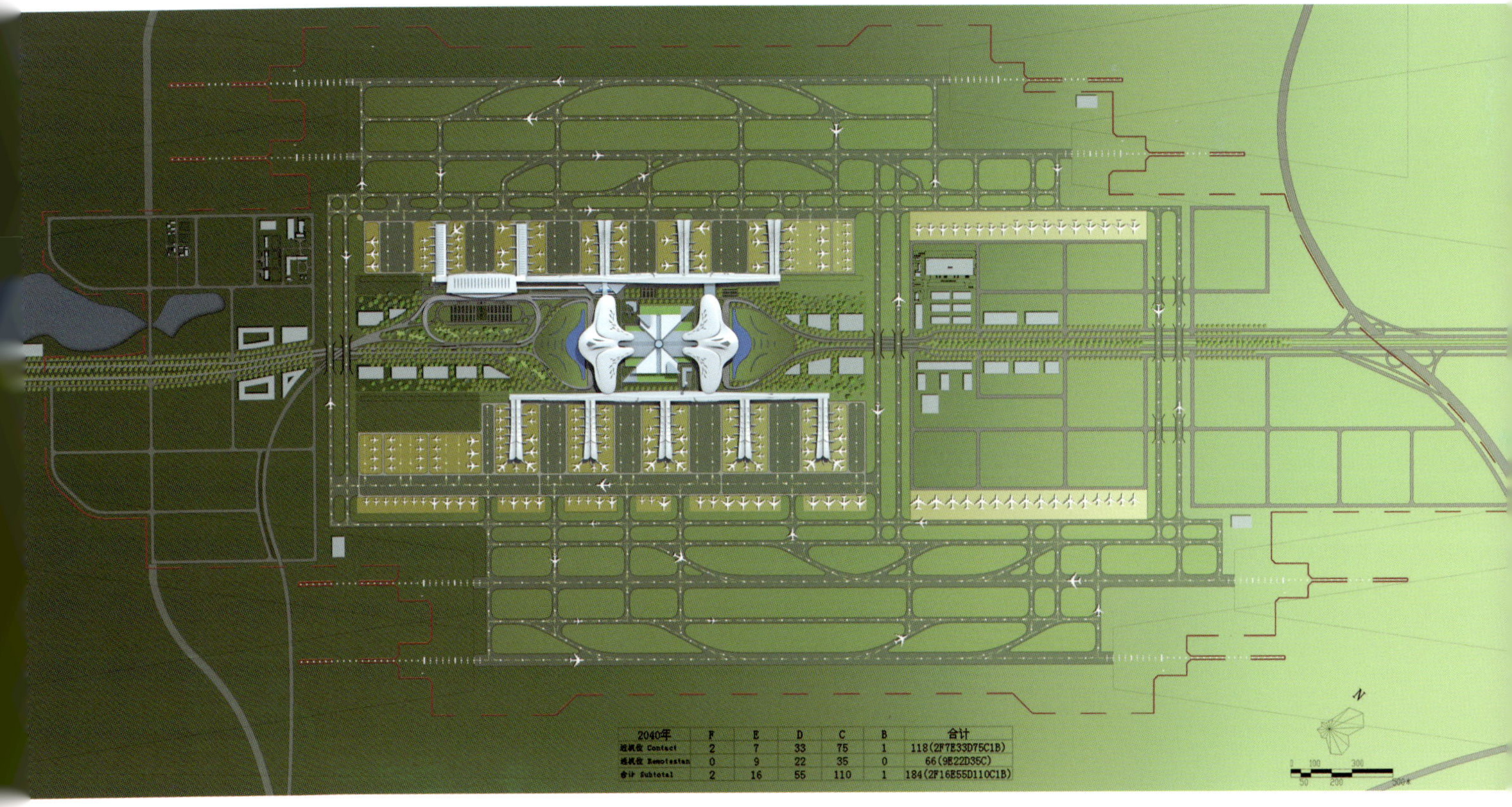

2040年	F	E	D	C	B	合计
近机位 Contact	2	7	33	75	1	118(2F7E33D75C1B)
远机位 Remotestan	0	9	22	35	0	66(9E22D35C)
合计 Subtotal	2	16	55	110	1	184(2F16E55D110C1B)

诸暨商业文化街

主要设计人：王 昀
设 计 单 位：方体空间工作室（Atelier Fronti）

建 设 地 点：浙江省杭州市
设 计 时 间：2008年1月（方案）
建 筑 面 积：17 986.86 m^2
占 地 面 积：23 090 m^2
图 片 提 供：方体空间

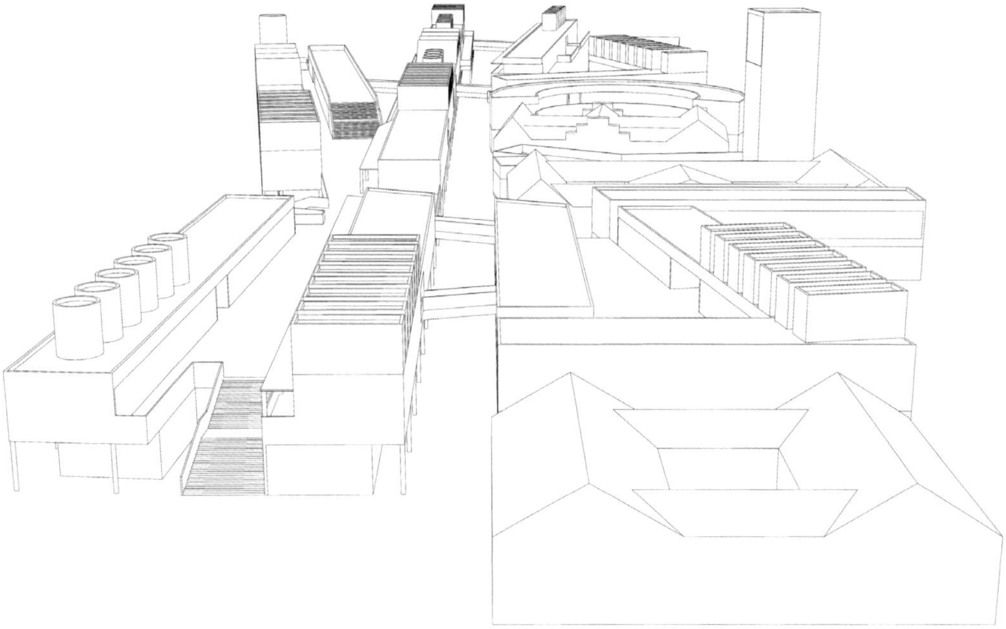

长弄堂自北向南鸟瞰 ↑
长弄堂自南向北鸟瞰 ↓

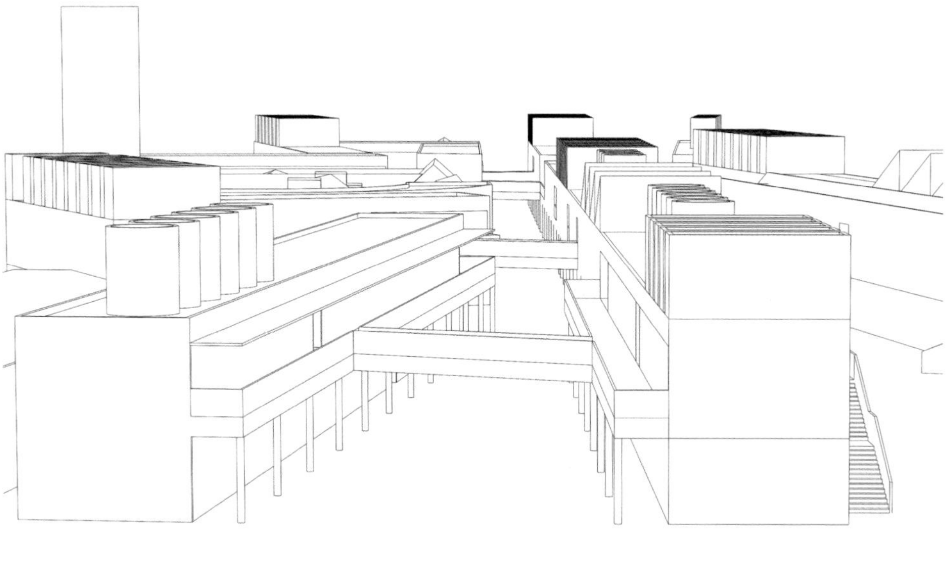

南面鸟瞰图 →

这是一个改造旧城并将其建造成为新的商业街的设计方案，勘察现场时基地上只保留有3栋地方性传统民居。本案在进行设计时没有采取以复古的方式来进行改造，因为假古董的出现势必削弱真古董的价值。为了突出所保留的传统民居真正价值，我们采用将真古董作为雕塑和"对象物"的设计手法，周边新建的商业街完全是为了烘托原有的三个传统民居而建。为了在新的商业区中体现传统的地方商业街意象，我们从江浙一带的传统商业街区中，抽取了"大楼梯"、"长弄堂"以及"长柱廊"等要素糅入新设计的现代商业街区，使人在游走于商业空间时感受到富有浓郁特色的乡情梦影。

湘江旅游客运中心（水晶岛）

主要设计人：左源、马丁
设 计 单 位：深圳左肖思建筑师事务所有限公司

建 设 地 点：湖南省长沙市
设 计 时 间：2008年1月（方案）
建 筑 面 积：40 828 m^2
占 地 面 积：12 200 m^2
图 片 提 供：深圳左肖思建筑师事务所

项目选址于纵贯历史名城长沙市之湘江东岸，创作的主旨是要在滔滔江河与巍巍岳麓对峙之下的悠悠久远绵延千古咏叹、如诗如画的大自然美景中，塑造一个体量适当、形态自然美观而又反映当今时代风貌的建筑，为了使这座建筑不要建成一座普通的房子，构思求索的结果，选定模拟自然的手法，以天然水晶体的结晶形态和晶莹透明的质感，将建筑塑造成一个富有雕塑感的实体，以此装点江山，使之与当地大自然山水浑然一体，起到自然相融、锦上添花的效应，并命名为"水晶岛"。

水晶雕塑般的建筑造型晶莹剔透，外立面的玻璃幕墙与波光粼粼的湘江水景在不同季节和昼夜不同的景色中七彩变幻、辉映多趣，产生千姿百态、昼夜不同的景观效果。

在湘江一桥之北已建成的沿江风光带上塑造一个宛如水晶叠砌、造型奇特的景观建筑，为公众提供一个客运、旅游观光、休闲娱乐、餐饮、办公的综合性文化休息场所。

平面布局在满足构筑晶体造型的同时营造多功能空间，具有灵活可变性，沿江设木栈道，临街设下沉式空间，与闹市稍作退让，以求闹中取静，妙趣其中。

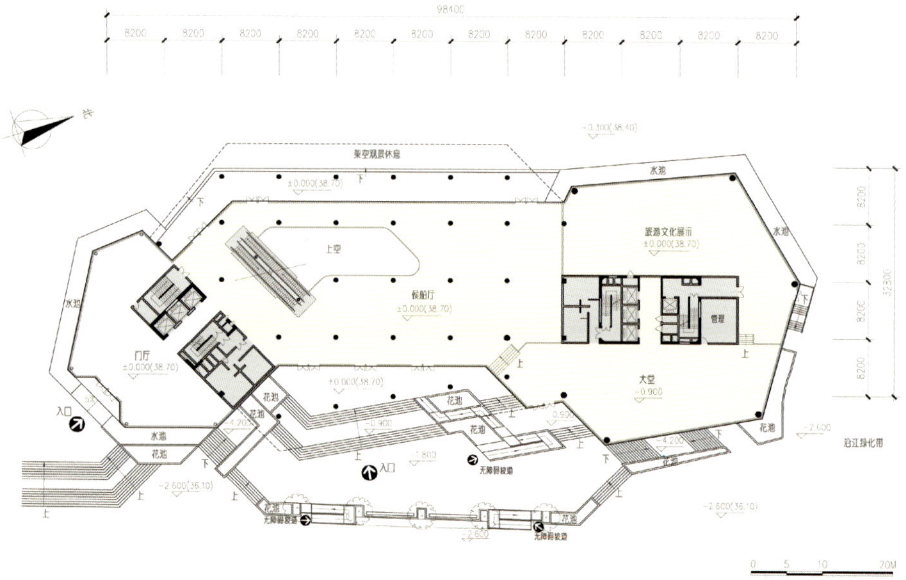

一层平面图 ↑

剖面图 ↓

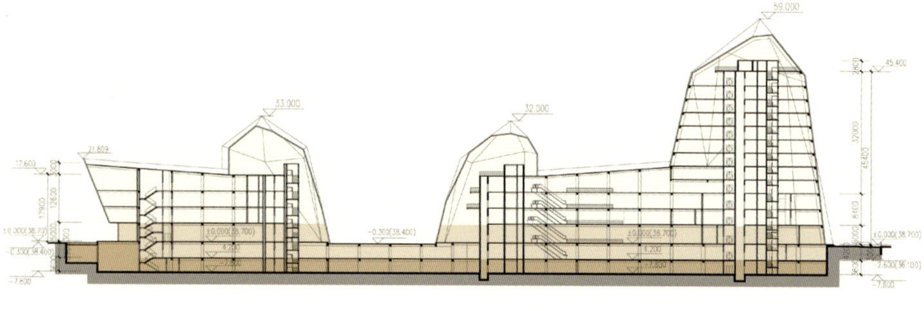

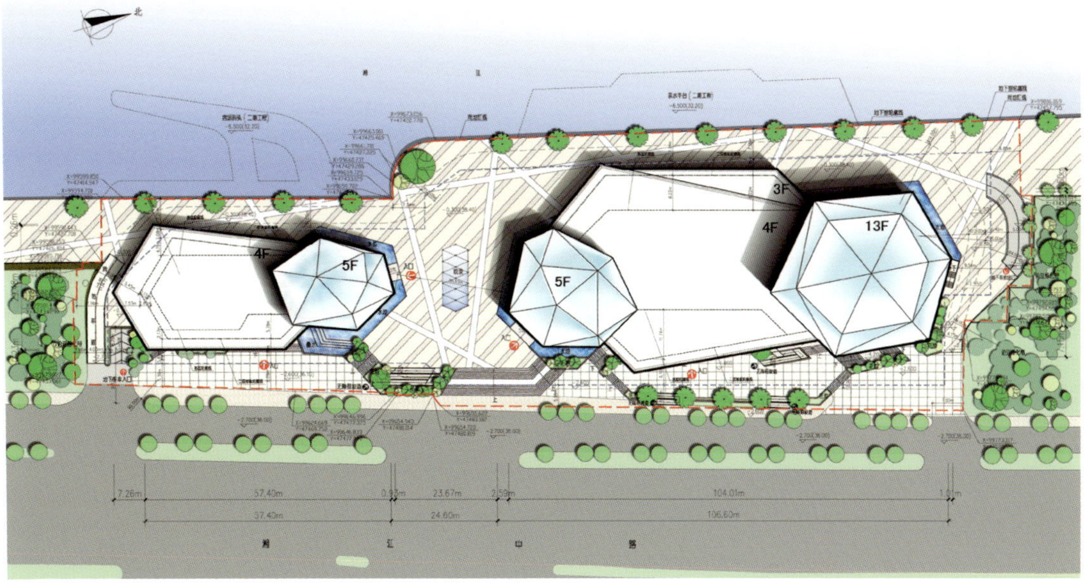

总平面图 ↑

沿江夜景透视图 ↓

九间堂某别墅

主要设计人：胡倩、高桥邦明、王泰治、励懿、饭岛刚宗
设 计 单 位：上海矶崎新工作室

建 设 地 点：上海市
设 计 时 间：2005～2007年
竣 工 时 间：2008年9月
建 筑 面 积：1 429.63 m^2
总 楼 板 面 积：4 000.27 m^2
占 地 面 积：8 518 m^2
图 片 提 供：上海矶崎新工作室

南楼 ↓

建筑体量分两栋设置，分别为主要用于家庭生活的北楼和主要用于会客活动的南楼。两栋之间通过宽阔的水面以及两侧的绿化连廊连接。北楼设有层高5m的起居室以及宽敞的露台，高大的落地窗可以全面打开，使室内外的空间连成一体。此外带花园的卧室以及在水面上挑出的早餐小阳台都为住户提供了惬意的生活空间。为控制建筑最高高度，设计将起居室的地面标高设置在地下负1.5m处。南楼驾于水面之上，基本为带顶的敞开空间，中间为可开可闭的烧烤区，同时为方便主人聚会活动，在其一端设计了厨房卫生间以及休息室等玻璃房。敞开部分的两侧采用木格栅设计成座椅并兼作护栏，木格栅连续至玻璃房内，并作为遮阳使用。建筑外立面材料除了上述木格栅外，为和九间堂其他别墅立面统一，基本采用了南北墙白色涂料，东西墙灰绿色石材的做法，并在其中结合设置了一些由竹子、玉石、古屏风等材料形成的各类入口大门。

室内设计也采用了类似建筑设计的手法，较少装饰成分，尽可能简洁完美地反映结构体本身，为此内装施工单位也下了不少功夫，对原本较粗糙的主体建筑施工根据设计要求进行了整改。最后的点缀主要通过家具和照明，住宅中的大部分家具和照明都为设计方挑选或设计定制，特别是定制的固定家具和照明，均力求突出个性和艺术性，比如两个客房的床、橱、照明等分别被一体设计在一个圆形和方形的组合空间中，形成房中房似的具有建筑空间特征的组合家具。客房前室虽然空间很小，但通过白色霓虹灯管以及独创的用搪瓷浴缸制成的白色瓷沙发的设置，使该空间充满了装置艺术的氛围。此外为遮挡设备管井而设计的起居室中的艺术灯墙，白天淡雅，夜晚根据心情可调节色彩和亮度，成为照明的一处亮点。

两侧连廊庭院 ↓

南楼平台望北楼 ↘

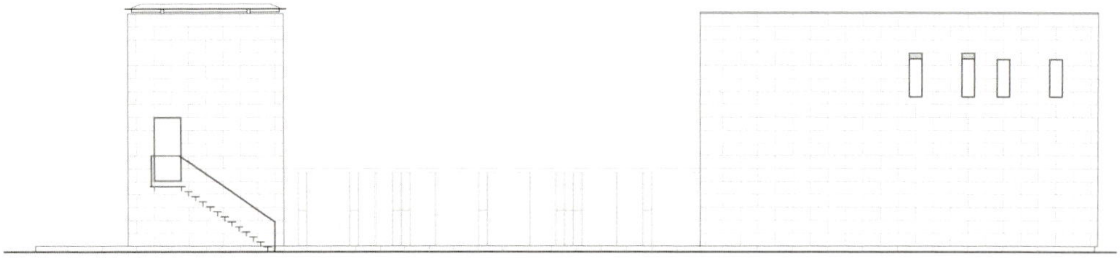

东立面 ↑
西立面 ↗
室内组图 ↓

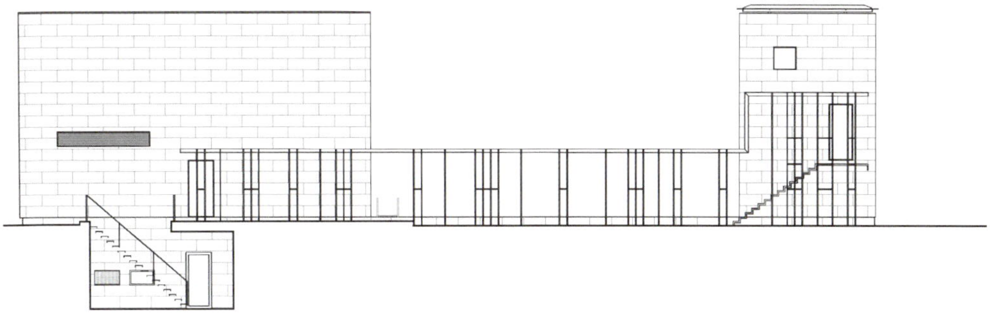

胡同泡泡32号

主要设计人：马岩松、党群
设 计 单 位：MAD建筑事务所
建 设 地 点：北京市
设 计 时 间：2008年
竣 工 时 间：2009年
建 筑 面 积：130 m^2
图 片 提 供：MAD
摄 影 作 者：舒赫、Daniele Dainelli

在2006年威尼斯建筑双年展期间，MAD的城市概念作品"北京2050"首次亮相于威尼斯个展MAD IN CHINA中。其中如同水滴一样散落在北京老城区的胡同泡泡，在三年之后，出现在位于北京老城区的北兵马司胡同32号的小院里。

"北京2050"描绘了三个关于北京城市未来的梦想——一个被绿色森林覆盖的天安门广场，在北京CBD上空漂浮的空中之城，和植入到四合院的胡同泡泡。经济发展所推动的大规模城市开发，正在逐步逼近北京传统的城市肌理。陈旧的建筑，混乱的搭建，邻里关系的变迁，必要卫生设施的缺乏，导致这种原本美好安详的生活空间变成了很大的城市问题——四合院正在逐渐成为了老百姓的地狱，有钱人的私密天堂，游客们的主题公园。

面对这种源自城市细胞的衰退与滥用，需要从生活的层面去改变现实。并不一定要采取大尺度的重建，而是可以插入一些小尺度的元素，像磁铁一样去更新生活条件、激活邻里关系；与其他的老房子相得益彰，给各自以生命。同时这些元素应该具有繁殖的可能，在适应多种生活需求的基础上，通过改变局部的情况而达到整体社区的复苏。由此，世代生活在这里的居民可以继续快乐地生活在这里，这些元素也将成为历史的一部分，成为新陈代谢的城市细胞。

出人意料的是，这种微观乌托邦的理想，在展览的三年之后便开始出现在了北京的四合院里。第一个"32号泡泡"是一个加建的卫生间和通向屋顶平台的楼梯，它看上去仿佛是一个来自外太空的小生命体，光滑的金属曲面折射着院子里古老的建筑以及树木和天空；让历史、自然以及未来并存于一个梦幻的世界里。

胡同泡泡真正的城市理想是把北京的古城与每个人的梦想连接在一起，在大刀阔斧的城市巨变中，我们必须重新思考北京长期的目标和想象力在哪里。也许我们可以把目光的焦点从那些大型的纪念碑式建筑移开，而开始关注人们日常生活的改善和社区生活的重建。

夜景 ↓
内院 ↘

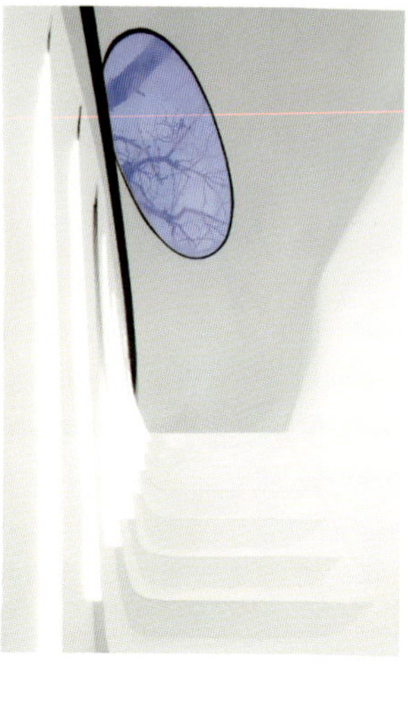

| 室内组图 ↑

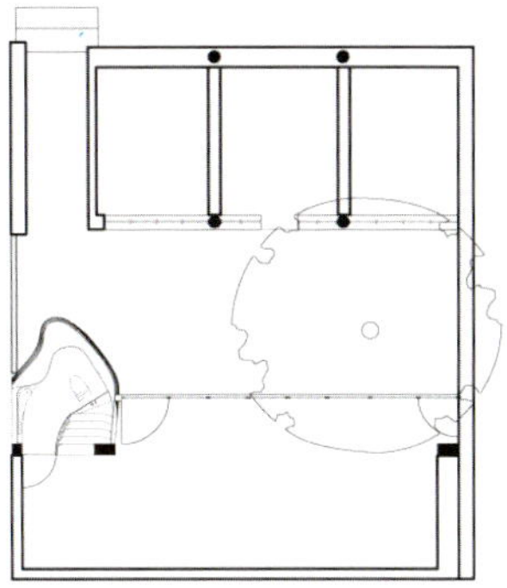

Plan 平面图

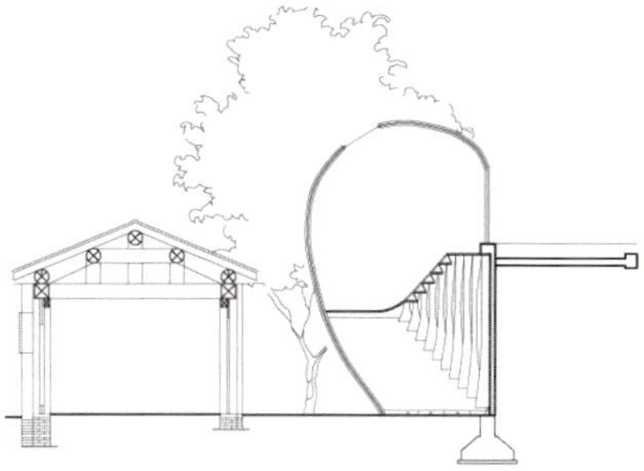

Section 剖面图

平面图、剖面图 ↑

通透的室内与室外空间 ↗

模型 →

日景效果图 →

介词园之卷

概念设计研究/展览作品

主要设计人：王 欣
设 计 单 位：衣甫设计室、北京建筑工程学院
设 计 时 间：2008年4月
图 片 提 供：衣甫设计室

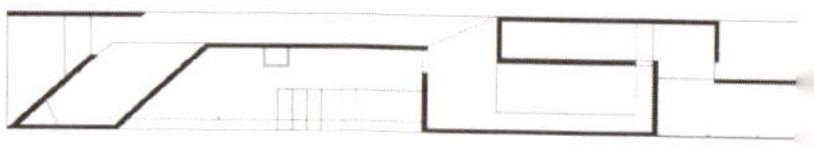

后門

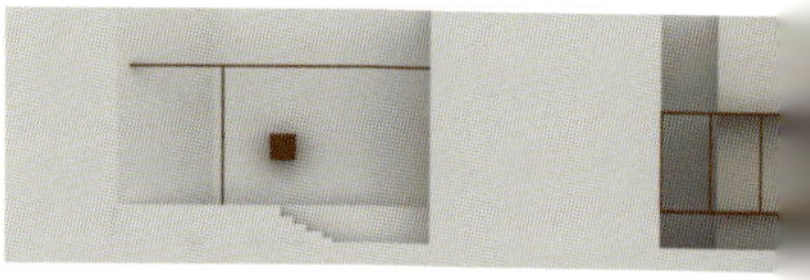

汰擊

此园即此卷，意在还原"建筑"原本在传统中国的一种位置，他不在核心，不是主体，甚至边角就座，他是一个"介词"。

建筑作为介词，肩责关联，承转上下文，从一景转而一境，从一境转为一情，或征明、或点醒、或诱逗……他是"信"的载体和强调化，描述并转译周遭是其存在的理由，因此他虽不显眼，其姿其态却异常丰富。

介词的姿态同时也是游园者在此境遇之下的动作，是景与赏的合一，他们将构成一副联子，表明叙景与叙事的重合：

遮山，挡水，夹间，犹掩，凭望，倚扣，半对，穿凿，附会。

入处，后门，去角，镶隅，汰击，卧流，探首，腾挪，躲闪。

这个模型，是解析性的，所以他属于观念，是各个介词类型一并陈列的长卷。

但同时，他几乎是可以居住的，如一个砖雕般的游园，但具有两面性，转首侧身间正反皆为景。

此卷，亦此园。

平面、正反立面、侧面 ↗
园卷的一面 ↗
园卷的另一面 →

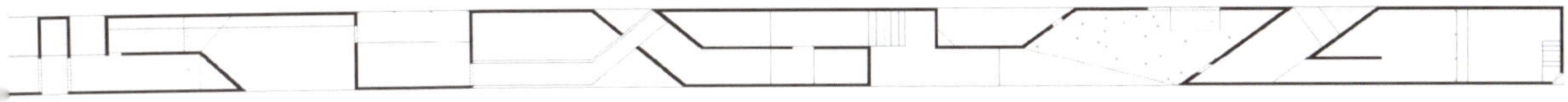

猶掩 卧流 擋水 倚扣 半對 遮山 入處

夾間 鑲隅 穿鑿 探首 躲閃 去角

胡峄阳公祠

概念设计研究/展览作品

主要设计人：王欣、汤羽扬

设 计 单 位：衣甫设计室、北京建筑工程学院

建 设 地 点：山东省青岛市流亭

设 计 时 间：2009年8-12月(在建中)

建 筑 面 积：7 091 m^2

占 地 面 积：5 701 m^2

图 片 提 供：衣甫设计室

青岛流亭胡峄阳公，清中期易学大家，一生传道授业施恩布泽，地方敬为神明。

胡峄阳公祠堂，以云障墙垣，八卦阵列，蒸腾涌动，难断空间之衡量，失判重力之高下，期借以追摹神仙境界，虚拟绝尘空间，以冲淡之意纪念胡峄阳公。

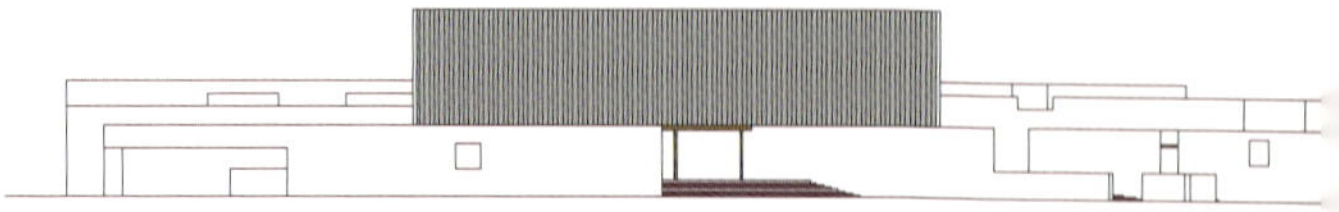

北视全景图 ↓

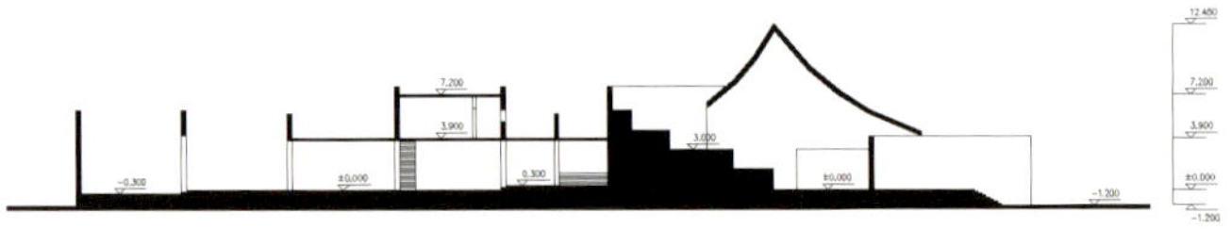

1—1剖面图

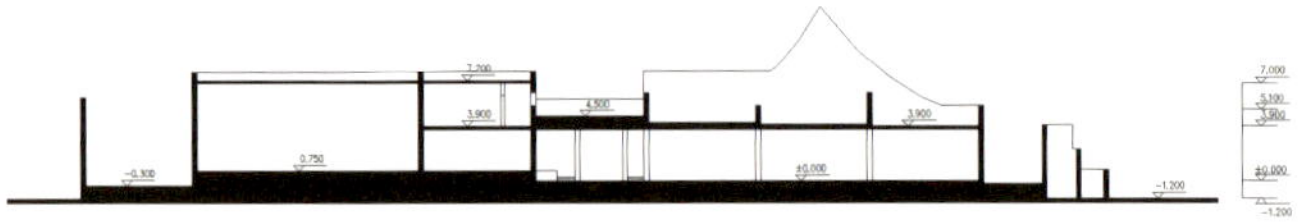

2—2剖面图

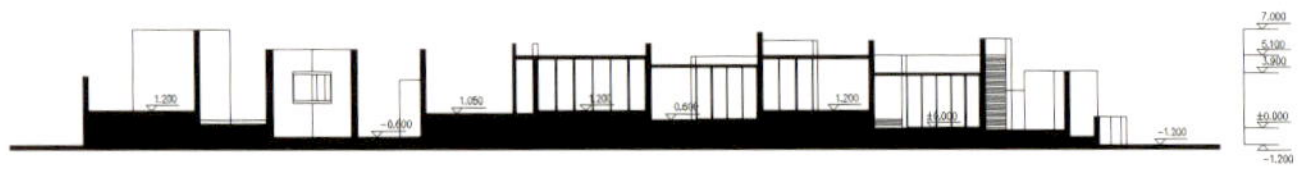

3—3剖面图

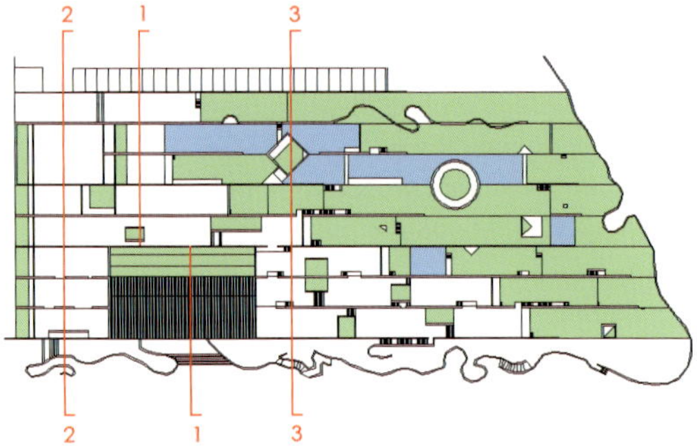

剖面图 ↑

首层平面图 →
南立面图 ↓

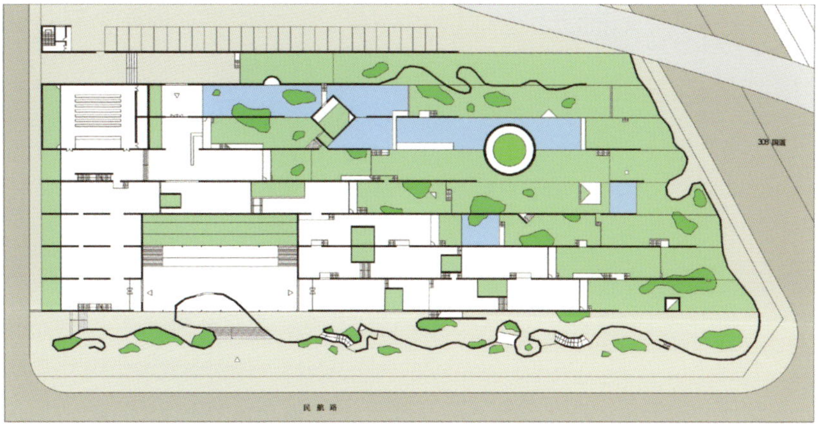

首层平面图

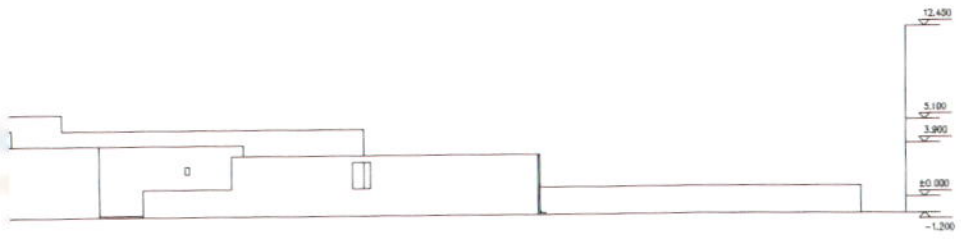

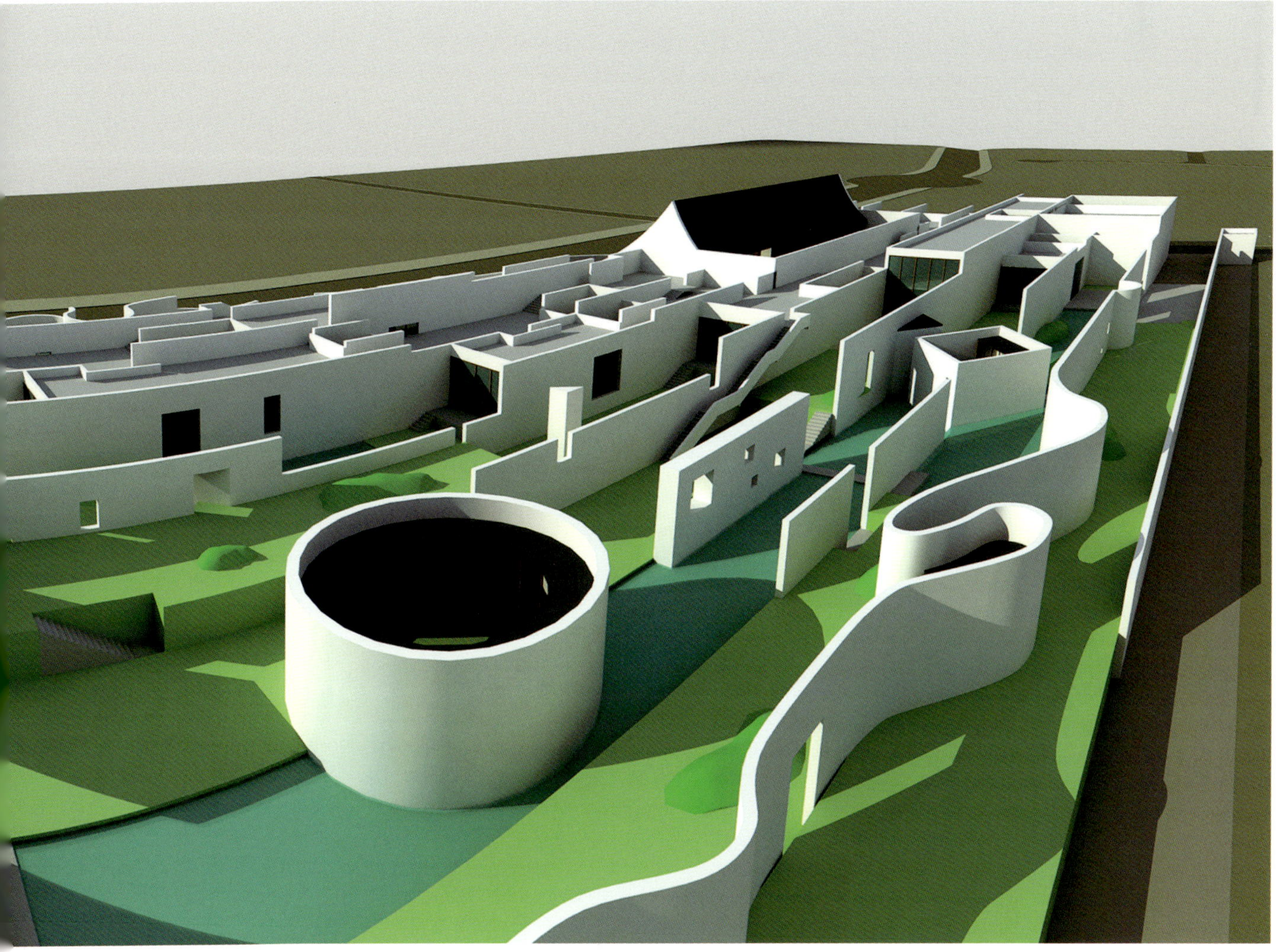

北京奥林匹克中心区下沉花园2号院

主要设计人：祁斌、邹晓霞、郑珊珊、白颖、徐晓颖、王明帆、邓静雨
设 计 单 位：清华大学建筑设计研究院

建 设 地 点：北京市朝阳区
设 计 时 间：2007年1月
竣 工 时 间：2008年5月
占 地 面 积：4 080 m^2
图 片 提 供：清华大学建筑设计研究院
摄 影 作 者：张广源、祁斌

瓦院整体鸟瞰 ↓

奥林匹克中心区下沉花园2号院取名“瓦院”。通过诠释一组北京四合院建筑空间片断，以具有代表性的中国传统建筑材料——瓦作为主要表达手段，结合树木、室外水景等手段，展现北京的地域文化特色，形成有地域文化背景的室外休憩场所。建筑设计在现实与传统之间建立联系纽带的归属感，传统文化中积淀的受大众文化包容认可的社会审美价值也是设计中寻求与传统结合的法则。院落的主题是表达传统文化背景下市民生活的意境。

院落核心是一组北京民居中具有代表性的三进制四合院，保持传统四合院的基本空间格局，表现四合院传统瓦屋面以及支撑屋面的做法体系，将传统的封闭空间开放为开敞的外部空间，加入镂空瓦墙、倒影水池、立瓦铺地等元素，给传统空间注入新的表达语言。院内种植白玉兰、丁香以及金镶玉竹、西府海棠、龙爪槐、寿星桃等代表性地方树木。院落外围的景观花墙，以传统灰瓦砌筑成镂空墙，勾勒出传统民居围墙中典型的什锦花窗图案，墙顶端溢水成为滴水花墙。商业外墙延续镂空瓦墙的做法，引入了丝网印刷竹纹玻璃外墙，成为外部空间的背景。院落内外呼应，营造出传统民居院落的空间围合感和层次感，表达惬意的市民生活情景和传统文化意境，形成一片宜人的室外休憩场所。

区位图 ↑

商业入口 ↓

院落中央的玉兰丁香及倒影池 ↑
开敞休息廊内部 ↓

开敞休息廊内部 ↑

通过院落看商业入口 ↓

内院一角 ↓

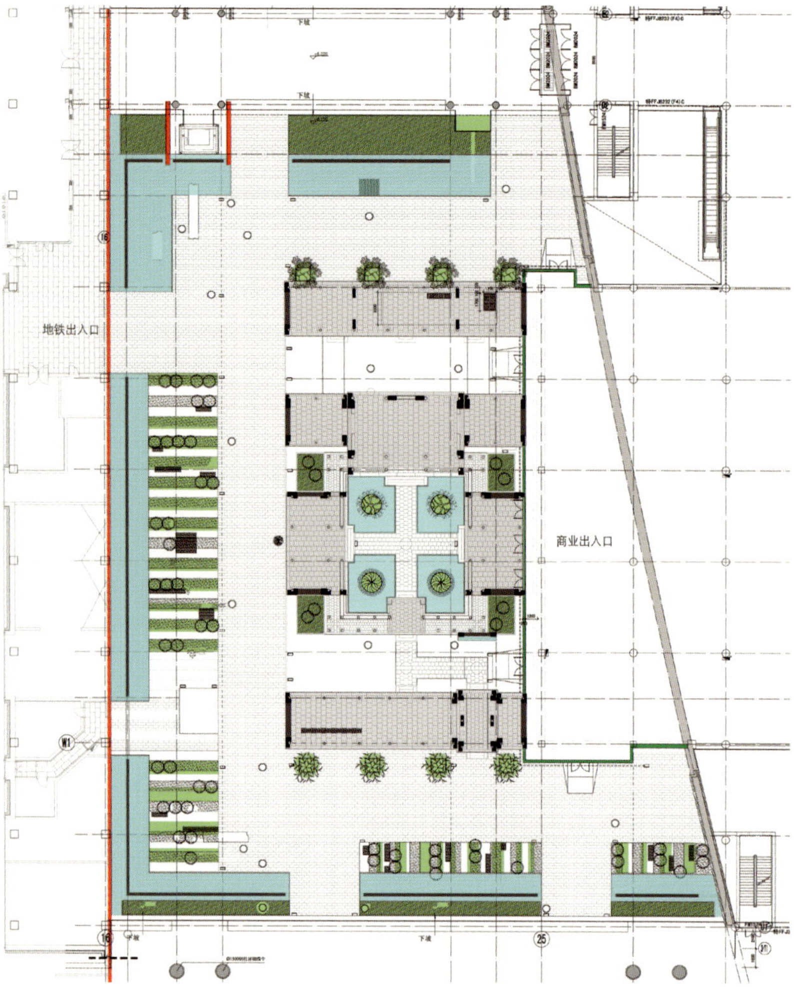

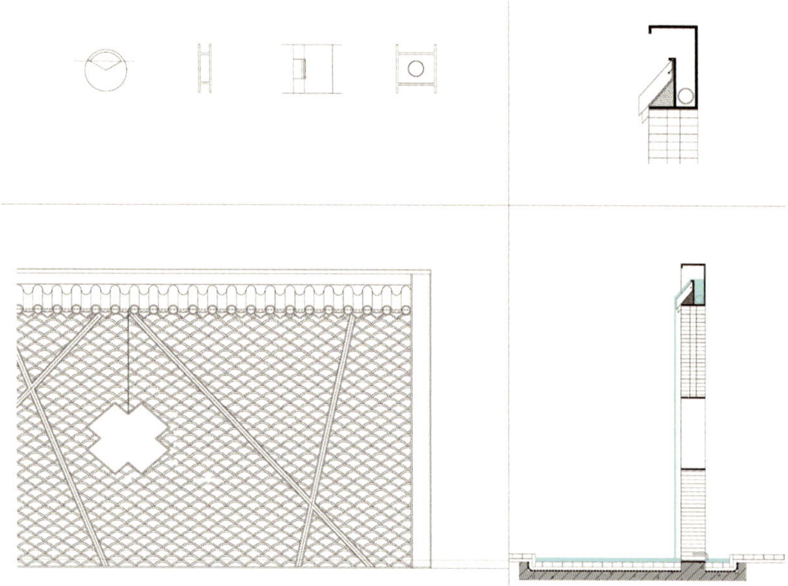

景观花墙局部立面

景观花墙剖面

总图 ↑
景观花墙 ←
瓦墙组图 →

山东省临沂市南坊核心区

城市 · 建筑 · 环境一体设计

主要设计人：布正伟、范强、佘小丽、胡罡、曹翠霞
设 计 单 位：中房集团建筑设计有限公司
建 设 地 点：山东省临沂市
设 计 时 间：2006年
竣 工 时 间：2009年
建 筑 面 积：103 000 m²（天元广场中心大厦）
10 500 m²（天元广场会议中心）
15 000 m²（天元广场服务中心，二期实施中）
占 地 面 积：31.14 hm²（核心区三个地块范围面积，其中天元广场中心大厦、会议中心、服务中心所在中央地块占地面积11.74 hm²）
图 片 提 供：布正伟、范强、佘小丽

新城核心区三大地块区位图 ↑

中轴线南延区段城市空间环境 ↓

临沂位于山东省东南部，是山东省地域面积最大，总人口最多的行政区域所在地。临沂新城核心区建设的正式启动，是从2006年进行概念性规划设计开始的。该核心区定位于市政与商贸服务中心，其三大地块处于南坊新区规划主轴线的中心部位，东西长1333m，南北长325m，总用地43.3公顷，建筑总体规模控制在70万平方米左右，它的南侧规划为半径270m的中心人工湖。市政府先后委托给设计者的任务主要分为三个部分：核心区三大地块的城市空间设计（至实施方案设计），中央地块的天元广场及其主体与副体建筑——中心大厦与会议中心等（至施工设计），以及核心区中轴线向南延展的城市空间设计整合方案（至多套概念设计方案比选）。这就为我们从城市设计到建筑设计、环境设计提供了“三位一体”连续运作的难得机会。近三年来的实践告诉我们，在高速城市化进程中，城市设计与建筑创作之间的紧密关系更加难以把握，而其关键，则是如何在务实和高效的运作中，去实现城市·建筑·环境“三位一体”设计的高度整合。

这里，我们遇到的最大问题就是，总体规划所确定的核心区中心地块划分过大，且中轴线趋长，而位于中轴线上的中央这个地块又难以再作灵活、合理的划分。因此，在城市设计中，如何根据市政和商贸服务中心的功能定位，去构建空间尺度合宜、功能区划合理、交通路经便捷、有利分期建设，而且，又与该新城区三江环绕的生态环境相协调的核心区城市脉络，便成了三位一体设计高度整合能否实现的大前提所在。

为了减少原总体规划中核心区南北中轴线强烈的凝重感和方向感，在三大地块空间格局的谋划中，特意引入了东西贯穿的横轴线，以及东西两区各背向中轴线而呈45°指向中心花园的辅助轴线，由此而形成了功能完善、交通便捷、结构严谨、层次丰富，并带有个性化特征的城市空间脉络。

如果说结合城市总体规划给城市设计带来的全局性思考，去建构得以最大优化的城市空间脉络，是使三位一体设计高度整合的大前提条件的话，那么，在其后续的建筑与环境相互交融的设计运作中，如何去创造人文环境和自然环境、人工生态与自然生态和谐统一的城市景观风貌，便成了三位一体设计中另一个关键环节所在。以核心区三大地块中的中央这个地块为例，坐落在此的主体建筑——天元广场中心大厦，不仅要从该地块的空间尺度上去寻求与之匹配的空间体量与形态，而且还要从城市文化背景去把握它所应表现的建筑文化气质；不仅要推敲它与广场东西两侧副体建筑之间的有机联系，而且还要从该核心区中轴线上城市景观生态的审美视角，去提升该中央地块建筑与环境整合的高度及其

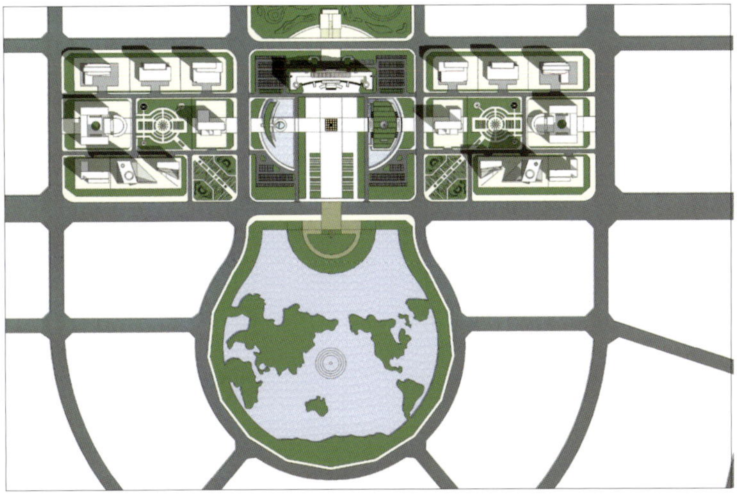

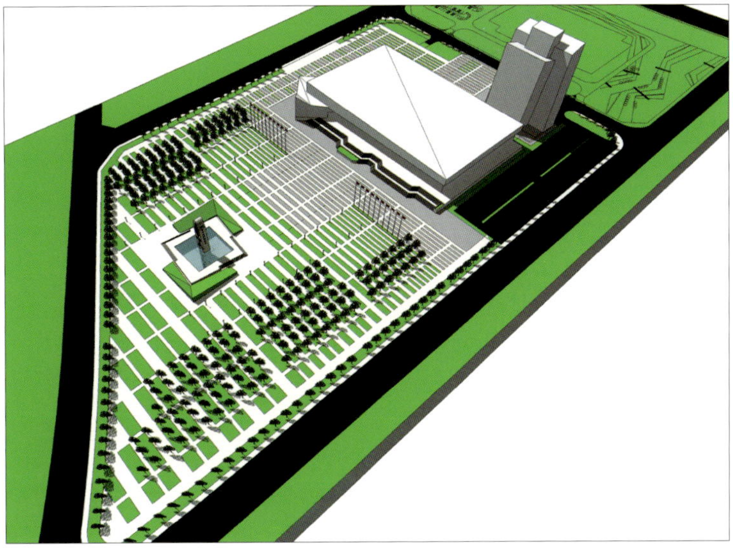

核心区城市设计鸟瞰 ↑
核心区城市设计总平面 ↑
中轴线南端展览馆前广场环境设计鸟瞰 ↑

从中心湖看天元广场中心大厦 ↑
天元广场中心大厦首层平面图 ↓

天元广场中心大厦室外及室内局部 ↑（中/左1–3）
天元广场会议中心公共大厅室内局部 ↑（中/右1–2）

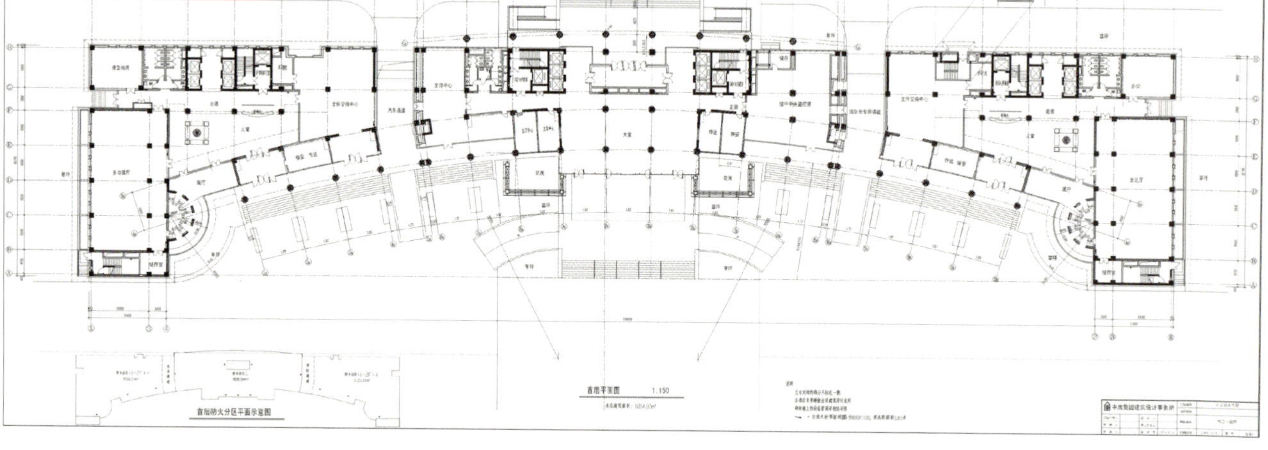

质量。为此，我们在该中央地块建筑设计与环境设计的具体运作中，便是通过反反复复的多方案分析比较去逐一实现以下各个要点的：

（1）与中央地块370余米开阔的面宽相适应，其主体建筑全长取186m、高84.70m，高宽比按1：2.2呈水平状一字形展开，南立面则取“弧形环抱”之势处理。这样，既可形成中心广场建筑群围合的向心力，与南面圆形中心湖的曲线构成相呼应，同时也避免了办公楼室内空间走廊过直过长所产生的视觉疲劳。

（2）对主体建筑“标志性”的考虑，没有采取当下时尚中张扬“野性”的变异手法，而是在充分体验临沂这座山水城市古老文化底蕴的过程中，展示其平实、素雅的气质与性格。顺应办公建筑室内空间构成所具有的均布、平和的基本特征，在南立面的中央部分，采用了比较密集而尺度合宜的竖向划分：通高壁柱宽0.8m，其间竖向条形窗宽1.2m。弧形立面两侧以圆筒形体过渡，至外突的实体墙面作为结束。建筑语言的运用在展示其典雅风格的同时，也表达了该主体建筑形象似一幅双轴画卷的含义，而竖向密集排列的窗间立柱序列，也可以说是对临沂银雀山发掘的汉墓竹简展示的隐喻。

（3）主体建筑南广场东西两侧副体建筑的形态与风格，对该核心区中央区段的“地标性”表达十分关键，可以说，这也是三位一体设计中的“画龙点睛”之笔，其创新难度是不言而喻的。在使尽了的各种“招数”之中，市领导和我们一致认为，采取由水面围合的下沉式复土建筑的特定形式，能够更贴切地与该新城核心区的物质功能和精神功能要求相契合。其中，东侧一至两层的会议中心建筑面积为1.10万平方米，设置了1200座会堂和150人、200人会议厅、300人多功能厅。出于紧凑的使用空间的设计考虑，会议中心纵剖面合逻辑地取之为南低北高的斜坡构形，而该斜坡草坪屋顶中央的巨型“喇叭花”采光罩，便成了广场周边景观生态中十分秀气的标志物。在主体建筑西侧，与会议中心对应的续建设计意向，将在现有布局的基础上进一步细化、落实。

（4）作为中央地块建筑群公共活动场所的天元广场，为了突出其绿色景观生态主题，从方案构思一开始，就以大面积“条码”式绿地来衬托其“十”字构型的活动场地，以期能与中心大厦两侧下沉式复土建筑及其水景设计整合在一起，展现出与地段南面的中心人工湖，乃至新城三江环绕的景观生态相呼应的山水城市特色。

由于临沂新城建设的规模大，进展快，参与开发和设计的单位较多，因而在现实进程中难免出现错综复杂的情况。在与临沂市规划局总工办的协调、配合中，我们始终强调要抓住“城市设计”这个大局，和创造“和谐建筑与生态环境”这个灵魂。出于这个目的，我们对核心区中轴线向南延展的、包括东西两侧区域的城市空间形态，也及时地向市领导提出了多套整合创意方案，而其中将中轴线南延区段确定为由博物馆等低层公共建筑构成的新城文化公园的模式被认同、吸纳。尽管我们未能具体参与文化公园中的这些公建的实施设计，但毕竟还是在一定程度上，将该核心区城市设计所必需坚守的“总体掌控”原则延续了下来，并且在应急情况下，再次接受了市规划局的委托，完成了与天元广场对应的中轴线南端展览馆前广场的空间环境设计实施方案。

天元广场会议中心南侧外景 ↑

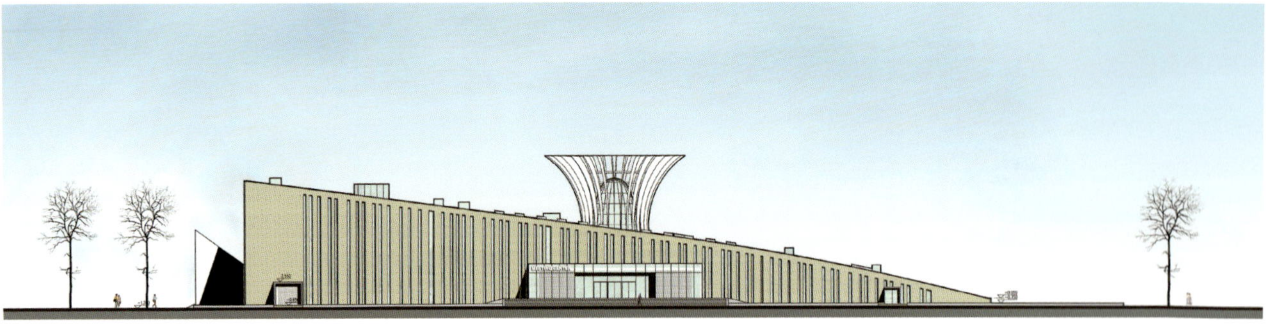

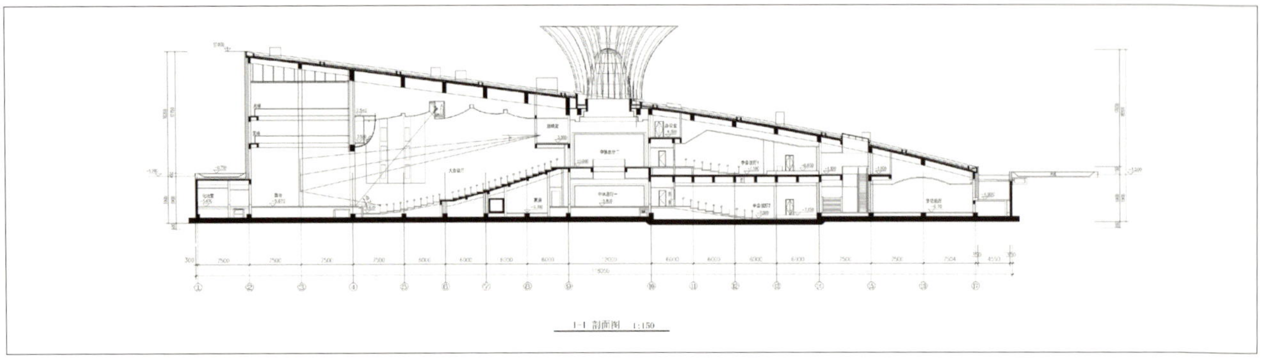

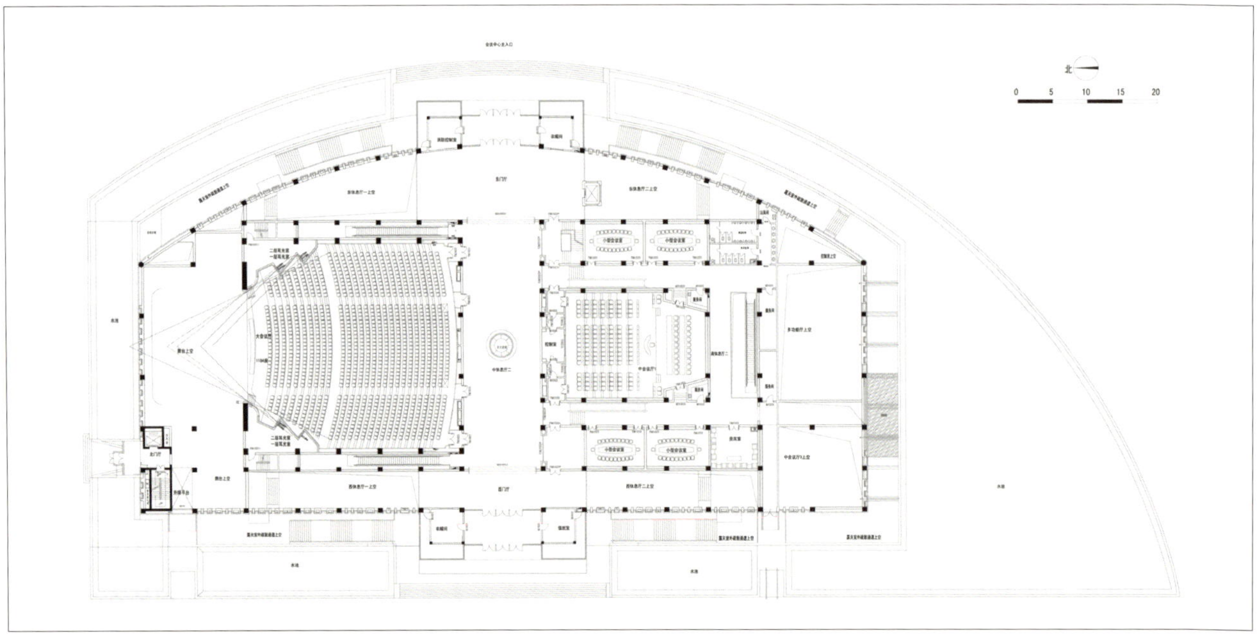

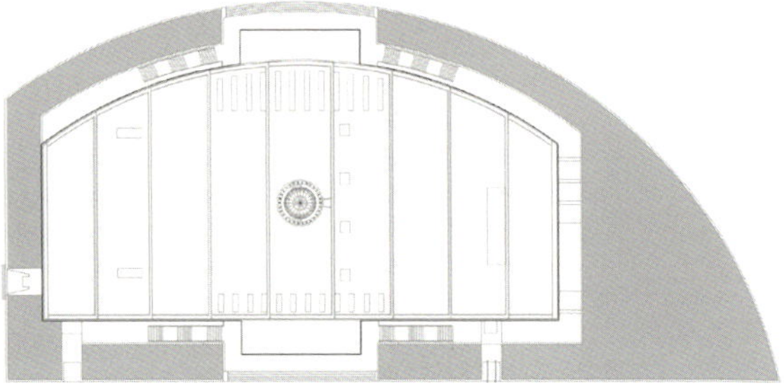

天元广场会议中心西立面 ↑
天元广场下沉式覆土环水会议中心剖面 ↑
天元广场会议中心首层平面 ↑
天元广场会议中心屋顶与水池平面 →

从东侧看会议中心与中心大厦 ↑
从天元广场东北侧看会议中心 ↓

秦皇岛海滨景观设计

主要设计人：俞孔坚、凌世红，刘向军，陈晨、张静、张亦先、龙祥、刘君、林少华、肖远、牛静、廖安生、孟羽佳、潘阳、李晓东、袁伟峰、刘云平、李瑶、罗翠翠、蒋伟荣、袁天远、张君迎

设 计 单 位：北京土人景观规划设计研究院(Turenscape)、北京大学景观设计学研究院
建 设 地 点：河北省秦皇岛市
竣 工 时 间：2008年10月
占 地 面 积：60 hm²
图 片 提 供：土人景观

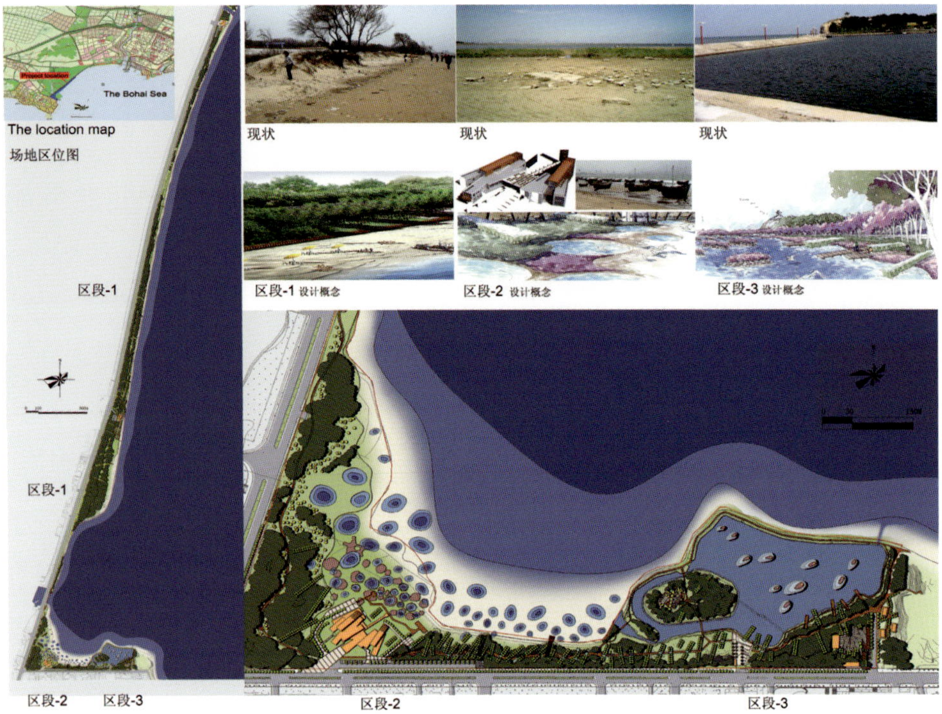

场地区位图 ↑
鸟瞰透视图 ↓

| 冬季观岛 ↓

项目介绍

项目位于秦皇岛市，渤海海滨，长达6.4km，占地公60km^2。整个海滨现状破坏严重，垃圾遍地，海水对沙堤的侵蚀非常严重，植被退化。不明智的场地利用导致滩涂湿地消失。防浪工程机械单一，缺乏生态和环境考虑。

本工程的目的是通过生态化的设计，阻止海岸侵蚀过程，恢复滨海湿地，美化环境，将昔日退化的滨海湿地，建设成人与自然和谐的典范。

整个场地分为三个区段

区段-I：木栈道作为生态修复措施

本区段是一条滨海沙滩，绵延约5km，分布着沙丘和砂生植物群落。这些群落因为微地形的差异，而呈现不同的特征，包括以香蒲(Typha angustifolia)为优势物种的湿地植物群落，以禾本科植物为优势物种的砂生草本群落，以紫穗槐(Amorpha fruiticosa)为优势物种的灌丛群落，以红柳(Tamarix chinensis)为优势物种的砂生灌丛，以及以刺槐为优势物种的人工林带和以柳树(Salix matsudana)为优势物种的人工林。

长期以来，这一沙滩破坏严重，沙堤被波浪侵蚀，垃圾遍地。在这一区段，主要的设计元素是一条木栈道。通过木栈道的精心布局和设计，将不同植物群落串联起来，创造出一条体验廊道和科普教育廊道。同时，栈道设置在植被带和最易侵蚀的沙堤边，在易于侵蚀的地方堆设石块，防止海潮的进一步冲击，使植被在栈道一侧得以迅速恢复。栈道的基础采用环境友好型的设计。包括采用玻璃钢箱（已获得专利）填砂的办法，异地预置，现场安装。这一新技术使栈道在施工过程中不会对沙滩造成破坏，同时使铺设工程方便而快捷。

在风景优美、景观特殊的地方，安置观景和休憩平台和风雨亭。他们成为游客驻足点和吸引物。常有成群的游客和当地居民在此欢聚。

此外在原停车场临海一侧，设计了一处餐厅和休闲设施

区段-2：修复的湿地和湿地博物馆

区段-2是鸟类博物馆所在地，该区域毗邻国家鸟类保护区。场地为一非法游乐园的废弃地，该游乐园破坏了原有潮间带的湿地，场地范围内有大面积废弃地建筑基础。生态恢复是该区段设计的首要任务，结合生态恢复，建立了鸟类博物馆，以作为科普教育之场所。

从潮间带景观的泡状湿地获得灵感，景观设计师在场地中挖出一系列泡状积水坑，收集陆地上的雨水，并滞留大潮时的海水，形成滩涂湿地景观，让乡土植被繁衍，并将包括鸟类在内的多种生物吸引入场地。

鸟类博物馆的设计从秦皇岛外打渔船的群体意象中获得灵感，与大海相呼吸，将建筑融于景观，并成为景观的有机部分，并利用海风降温。从建筑延伸出平台和栈道进入湿地，给人以体验湿地的机会。

区段-3：生态湖和生态化海堤

该区域在鸽子窝公园内，原有一人工海水湖，单调的湖面没有任何特色，水泥护岸生硬而毫无生机。设计的重点是将原有水泥海堤进行生态化处理，砸掉水泥，代之以块石护岸，并让当地野草茂盛地生长。在湖中筑了9个小岛，一方面丰富湖面景观，同时给鸟类提供立足之地，也给水中生物创造更丰富的水际生境。

经过一年的恢复期，上述生态修复工程被证明非常有效。海岸的侵蚀得到很好的控制，植被恢复良好；海涂湿地得到有效的恢复；原有的水泥海堤被全面改造成环境友好的生态型海堤；连续的滨海步道让造访者一个体验多种生境的机会。昔日脏乱差的海滩，已经变得美丽而生机勃勃。

湿地组图 ↗（第1、2行）
会所 →
规划前后对比 →

Before

During construction

During construction

天津桥园景观设计

主要设计人：俞孔坚、石春、林里、贾军、王浩、王云峰、王俊、祁盛、胡含宇、张波、苏兴兰、封显俊、藏学年

设 计 单 位：北京土人景观与建筑规划设计研究院(Turenacape)、北京大学景观设计学研究院

建 设 地 点：天津市河东区

设 计 时 间：2005年10月-2008年5月

竣 工 时 间：2008年10月

占 地 面 积：22 hm^2

图 片 提 供：土人景观

生态恢复后的深水泡群落 ↖

生态恢复后的景观 ←

生态恢复后的景观 ↑

项目改变通常用城市公园的建设理念和方法，以全面改善生态系统服务为目的，进行城市绿地建设和城市废弃地的生态恢复。案例是一个22hm^2的公园，原来是一个废弃的打靶场，垃圾遍地，污水横流，路人掩鼻，临建破败，不堪入目，土壤盐碱。景观设计师应用生态恢复和再生的理论和方法，通过地形设计，创造出深浅不一的坑塘，有水有旱，开启自然植被的自我恢复过程，形成与不同水位和盐碱度条件相适应的植物群落。将地域景观特色和乡土植被引入城市，形成独具特色的、地维护投入的城市生态基础设施，为城市提供了多种生态服务，包括雨洪利用、乡土物种的保护、科普教育、审美和游憩。

本生态恢复工程2006年春开工兴建，于2008年5月正式建成开放。开放第一周，有20多万人入园参观，获得空前的成功。昔日的一块脏乱差的城市废弃地，在很短时间内经过简单的生态修复工程，而成为具有雨洪蓄留、乡土生物多样性保护、环境教育与审美启智和提供游憩服务的、多功能生态型公园。公园的造价低廉，管理成本很低。更重要的是，这一生态恢复型的公园向城市居民展示了一种新的美学——建立在环境伦理与生态意识之上的美学。它是对传统奇花异卉式观赏园林的批判和背叛，并向人们展示了生态城市主义的光明前景；这一生态恢复型公园同时也是对所谓高科技生态恢复技术的批判，告诉人们，自然是有很强的自我恢复能力的，它并不需要人们用所谓“高科技”的手段和高投入的精致管理，而只需要人们尊重地域景观，开启自然过程，自然便可以自己做工，为人们提供无尽的生态系统服务，同时彰显城市的独特景观。

An highway and overpass and inter change
A former shooting range flat and saline-alkali soil
Drainage sink for urban storm water
Heavy polluted, littered, deserted, and surrounded with slums and rickety temporary structures torn down before the design was commissioned

场地现状 ↑

总平面图 ←

旱泡群落 ↑
湿地中的桥 ↑

郑州大学校园核心区景观设计

主要设计人：俞孔坚、凌世红、牛静、陈晨
设 计 单 位：北京土人景观与建筑规划设计研究院（Turenscape）

建 设 地 点：河南省郑州市
设 计 时 间：2004-2005年
竣 工 时 间：2008年10月
占 地 面 积：14 hm^2
图 片 提 供：土人景观

2000年，郑州的三所大学合并，成立新的郑州大学。新校园的建设从此开始，通过新校园的建设来使新合并的学校形成一个统一的认同与归属，便成为校园景观建设的核心问题。2004年开始，土人景观与建筑规划设计研究院接受委托，对其核心区进行改造设计。在土人设计开始之前，该区域在一个不明智的设计指导下，已在动工兴建，一个巨大的水泥湖底工程和护岸工程已经完成。在广大师生都不满意的情况下，校方决定另请土人设计。

本着生态与人本的原则，土人设计师们重新分析和系统的场地设计。从区域景观中获得灵感，设计利用校园的雨水和黄河流域大量的乡土物种，构建了一个校园湿地景观，并使之成为新大学认同与归属的核心。

本景观设计有以下特点：

(1) 收集雨水，形成富有地域特色的人工湿地景观。降低核心区的场地地势，将校园的雨水通过地表径流，收集到湖内，成为湖区的重要水源。

(2) 湿地植物园：结合校园景观营造，使湖区成为黄河流域湿地植物的展示和教育基地。丰富的湿地植物与校园四季交替而繁茂衍生，成为良好的地域景观和生物的科普教育场所。

(3) 沿湖分别设计了亲水湖岸：在湖的临建筑一侧为规则的硬地铺装与自然的湿地相交替，给人以亲水的机会，并与建筑环境相协调；在远离建筑的湖对岸，自然的坡地一直延伸到湖底，充分利用场地原有的巨大石块（已经运来的原材料，原来设计准备用于水池建设），自然散置于水际，形成河谷漫滩的景观。

(4) 穿梭湿地的景观体验：核心区景观连接教学区和生活区，是每个学生每天必须通过的景观，其体验成为校园认同的最重要的组成部分。为此，核心区设计了一系列穿越湖区和湿地的便捷栈桥。同学少年在一天中可以选择不同的路径，或快捷地穿越湿地的苇荡蒲草之间，或漫步绕行于水杉林下，或跳跃于流水丁步之上。或成群结队，或三三两两，或特立独行。所有体验都将使人成为风景，又使风景成为行为之场景和永恒的记忆。

设计的理想获得了实践的检验。核心区景观不但成为校园广大师生引以为自豪的家园、生动的科普园地、美丽而浪漫的交流场所，同时，也是吸引远近的人们前来观光和游憩的公园。

东岸规则湖岸区亲水岸线 ↑

穿越核心区的栈道 ↓

穿越核心区的栈道组图 ↑

总平面 ↑

东岸规则湖岸区亲水岸线组图 ←

翠竹文化广场

主要设计人：孟岩、邢果、丁钰、吴凯茂、廖志雄

设 计 单 位：URBANUS 都市实践

建 设 地 点：广东省深圳市罗湖区

设 计 时 间：2005-2006年

竣 工 时 间：2009年

占 地 面 积：6 870 m^2

图 片 提 供：都市实践

深圳在大规模开展城市建设以前，是丘陵地带。如今原始的地貌已很难在平整的城市格局中看到。翠竹公园与周边街道缺乏联系，是城市中心区里为数不多的、仍部分保留原始地形及植被的地段。

翠竹公园北入口需借用临近的某高尚住宅区的一片开发残余剩地实现与北侧道路的连接。经政府参与协商，该开发商同意将这片地作为城市公共空间。作为补偿，政府同意在公共广场下面为其新建50个停车位。

基地形状不规则，由北至南坡度高差有13m。与城市衔接的半开放广场高出街道地面约3m。设计保留了基地残留的小山丘地貌，采用传统中式园林的庭院形式，遍布的竹岛群为孩子们提供了捉谜藏、做游戏的地方，也为老人们围合出了下棋、打太极以及社区音乐表演的场所。从庭院东北角出发，一条折线形依现存的挡土墙而建，蜿蜒于山边，通向山顶，延伸到公园新的入口。折线形廊子与墙之间形成一系列三角形空间，重新界定了公园东侧的边界。竹、花、树，在这些被界定的空间里形成了若干幅中国画。行走于廊中，步移景易，这种系列性的空间体验正是中国传统园林精髓所在。

沿山体逐级抬升的长廊，将狭长的坡地切割成形状各异的种植台地。台地上栽种花、草、农作物，在鼓励附近居民和孩子们来参与体验种植的乐趣之时，亦是最大程度地引导公众参与社区环境的创建与维护。

从繁闹的城市生活跳跃到田园实践和竹林间的休闲活动，是对人们回归山野、远离尘嚣的内心渴望的积极回应。这种精神的回归之旅建立了一条将传统自然与现代城市链接的纽带。翠竹文化广场是带给人宁静致远的空间体验的现代中国园林，同时也是深圳曾经的原始自然生态的一种见证和纪念。

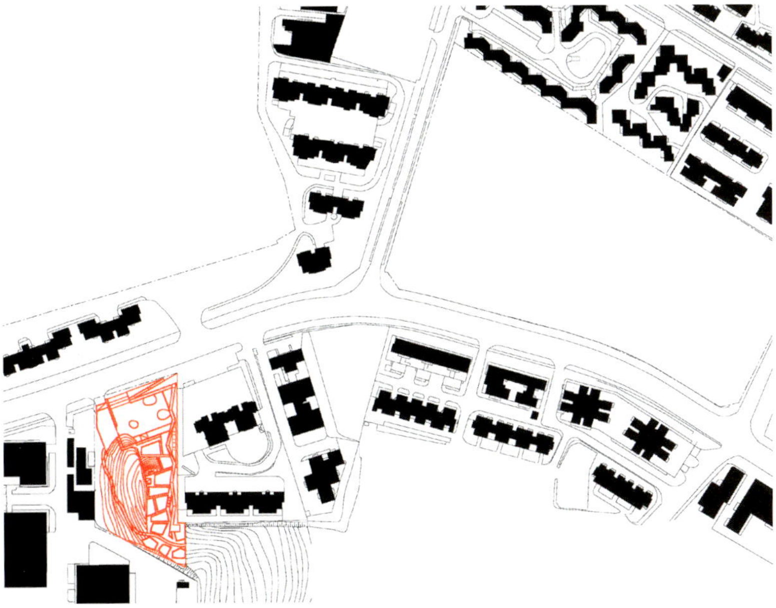

俯瞰 ←

区位图 ↑

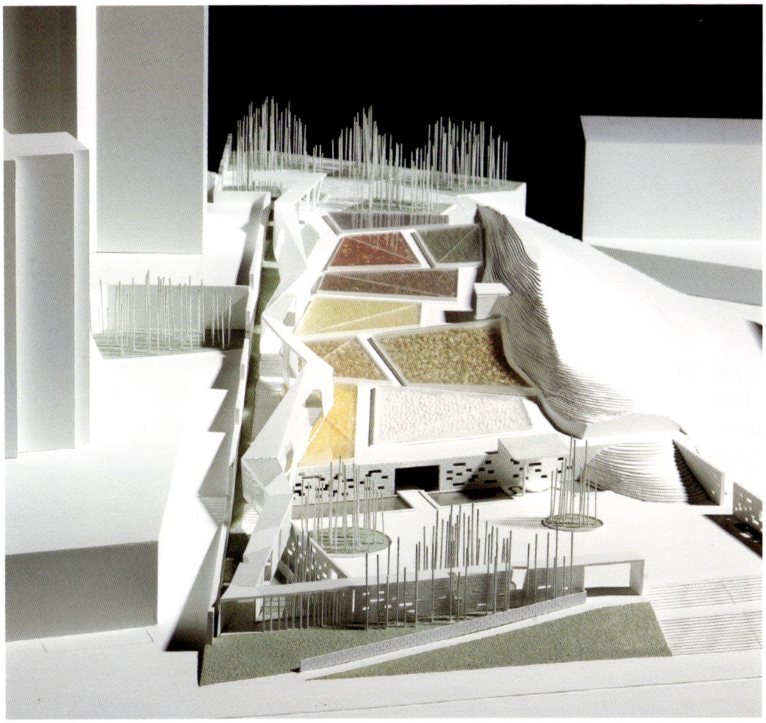

局部组图 ←
总平面图 ↗
模型 →

建筑焦点

P 237

现代中国建筑研究的现状和有关方法问题

文／朱剑飞

摘　要：就研究方法问题，简要回顾跨越1949年的广义的“现代”中国建筑的有关研究，以此为基础，提出一个新的研究方向，在内容上注重形式和社会政治问题，在方法上强调分析批判和自觉反思。

关键词：现代 中国建筑 经验研究 分析研究 社会政治问题 形式语言问题

“现代”的所指历来很模糊。在西方学术语言中，“现代”往往和“现代性”、“现代史”、“现代哲学”联系在一起，指17世纪甚至15世纪以来，广义现代思想、社会和制度的逐步形成。在中国(和亚洲国家)，由于“现代”的被动和滞后，其时间的覆盖比较浅近，出现了“近代”和“现代”的划分。国内史学和建筑史领域，通常把1840年到1949年这一段界定为“近代(中国建筑)史”，而把1949年至今的一段定为“现代(中国建筑)史”。这种分法是否合理？为了研究，时间的划定是必需的；把某一段历史界定为近、现、当代等，就其符号式的用词而言，也没有太大的问题。但是这种划分及其用词，在理论和方法层面上，会出现两个问题：一是人为限定研究的时间范畴，切断实际的复杂的跨时间的联系；二是忽略“近代”历史中本质的“现代”和“现代化”问题，忽略从1840年甚至1600年以来中华世界面临的深层的西化和科学理性化问题，以及这些问题在1949年前后不同形式的出现和逐步的发展。本文采用广义“现代”中国建筑的概念，在时间和思考的范畴上，跨越了1949年的界限。本文希望对广义现代中国建筑的研究的现状作一个简要回顾，目的不是罗列成果和学者的名单，而是在回顾中研讨方法问题。

总览这个宽广的领域，我们首先发现两个问题。首先是研究在时间区间里的局限。研究基本上可以分成关注1840~1949年间的“近代建筑”、1949年以后的“现代建筑”和1990年代中后期出现的“当代建筑”。跨时间的研究比较少。研究各时间段之间内在的社会关系和形式语言关系的研究就更少了。第二，这些研究的基本倾向是经验的和描述的，关心“是什么”而不是“为什么”的问题；它们在方法上不是分析的，在核心议题上一般也不太重视社会政治问题[1]。为了捕捉历史材料，它们往往不关心内在的、深层的如政治和形式的关系等问题；而把这种关心放在具体的历史背景下研究，同时又能探讨长焦的、跨历史阶段、跨社会意识形态体系的潜在大脉络的研究就更少了。

当然，如果我们仔细观察，研究的成果是丰富的。首先在“近代”领域里，已经有许多学者完成了相当规模的研究整理工作。从20世纪80年代中期汪坦和藤森照信的合作开始，工作已发展成大规模的普查和许多地方经验材料的汇集，并在近年以张复合主持的学术会议和论文集的形式积累下来。大量的经验材料已经整理起来，等待进一步的分析和阐释。与此平行发展的是一些学者个人独立的有影响的研究。郭杰伟(Jeffrey W Cody)对美国建筑师亨利・墨菲(Henry K.Murphy) 1910~1930年代在中国建筑实践的研究，为我们提供了严密的历史材料。赖德霖关于梁思成和20世纪30年代中国固有形式建筑的多项专题研究，提供了细密的材料和严格的分析。侯幼彬在他的各项写作中完整使用了一系列分析的概念范畴，如城市、类型、技术、制度、职业、风格与设计思想，为百年来整个“近代”中国建筑史提出了一个比较系统的阐释。杨秉德对于这一世纪的历史研究采用了另一条路径；他强调“城市”与“文化”，把研究的对象构想成一个城市历史问题和中西“建筑文化”碰撞问题。在一定程度上，这些学者的个人研究，用具体方式整合了张复合与藤森照信(或他们团队)手下的大量的经验材料。然而，他们的研究范围都集中在1949年以前。更重要的是，这些研究中的某些工作，有这样一些倾向：或者在伦理价值上把一些“英雄式”的建筑师和建筑风格理想化，或者回避应当追问的建筑与政权的合作问题，或者采用如“建筑文化”这样通用的概念。为了研究的进一步深化，我们需要对通常的话语和实用价值观保持一个反思的距离，在具体历史时期和跨时间的线索中，对设计生产过程中的社会政治问题，进行分析性的解剖。

在跨越1949年的研究中，傅朝卿的工作是较早的。他研究了称为“中国古典式样新建筑”的现象，表现在使用中国式屋顶的现代建筑中，以20世纪30年代、50年代和70年代的南京、北京和台北为集中代表。该研究覆盖了较长历史中许多城市的大量经验素材和具体建筑实例。研究把建筑置于具体的政治时期和意识形态背景下，对它们进行了描述和一定程度的解释。

另外两个跨越1949年的大型研究，都覆盖了从19世纪末到2000年的历史；它们出自邹德侬和彼得・罗伊(Peter G.Rowe & Seng Kuan)。邹德侬的《中国现代建筑史》是对这一历史阶段大量建筑设计项目的一个描述，研究侧重于1949年以后的发展，以及在20世纪50年代到80年代复杂多变政治运动中建筑实践的演变。罗伊的《Architectural Encounters with Essence and Form in Modern China》(现代中国建筑中的"体"和"用")，则是对这一历史时期的建筑的一个释义性阅读 。如果说第一部著作是关于这个历史尤其是1949年以来各建筑项目的大集成，那么第二部著作则是关于这一历史时期有关设计思路的一个精简的速写，并以讨论如何联系中西设计传统的各种方法为一个主题线索。然而两本著作确有相似之处。两者都侧重1949年后的发展；两者在对设计的取舍评价中都不自觉地采用了官方的视野(问题当然不是视野本身，而是采用某某视野或方法的自觉)。因为这种视野的采纳，两者都忽视了后毛泽东时代成长起来的，具有典型的非官方性或民间性的，注重实验建筑的一代建筑师[2]。尽管如此，邹德侬的著作是目前为止在经验研究上规模最宏大的，而罗伊的著作则是西方文字中关于现代中国建筑史最早的一部学术研究著作。

近年来，也出现了相当规模的关于当代建筑和所谓"中国新建筑"的研究。在一些以图片为主的书籍中，凯若琳·克莱恩和爱德华·科构(Caroline Klein & Eduard Kögel)的《Made in China: Neue Chinesische Architektur》(中国制造:中国新建筑)比较有价值，是材料完备又有洞察力的一本。在这方面的更学术的研究，以薛求理的《Building a Revolution: Chinese Architecture Since 1980》(建造革命:1980年后的中国建筑)为代表。该书与邹德侬的研究有一定的连贯性，在方法上也相似，注重材料的覆盖而非分析和理论研讨。但书的内容是充实而丰富的。目前关于当代建筑的研究也有释义性质的，如郝曙光关于"当代中国建筑思潮"的研究。它系统关注当代中国建筑设计中的思潮这个问题；就其选题的聚焦而言，是有新意的。然而，这项研究也是包容的综合的，同时在不自觉中重复了官方的视野和日常的语汇或概念。如果我们要继续分析和深入研讨当代中国建筑，那么对习俗或主导的语汇就应该保持一个批判的距离，对词汇和视野的使用应该是自觉的、谨慎的、解析的，否则研究就不具有分析性、批判性和启发性。

在当代建筑的研究上，我们还应该提及李翔宁、彭怒等以同济大学支文军主编的《时代建筑》为工作基地的一批学者，他们把历史和批评联系在一起，在两个领域之间继续研究现代和当代中国建筑。在工作方法和研究内容上，他们又和近年出现的一批公共领域的批评家联系在一起(如王军、周榕、朱涛、史建、王明贤等)。

更具系统分析的学术研究可以在一批新学者的工作中找到。他们采用了社会科学和人文科学的一些理论和方法，其工作对已有的研究文献提出了可贵的挑战。典型的例子包括:李士桥运用思想史和文化研究方法的有关写作(关注1949年前的一些问题)；赖德霖运用艺术史和社会史方法的研究(关于1910~1930年代的问题)；卢端芳运用社会学理论和政治经济学的研究出版物(关于1960~1970年代社会主义时期单位建筑的设计和规划)；以及王俊雄运用知识社会学的研究(关于20世纪30年代建筑师职业制度化的问题)。卢端芳的研究，也和一批研究"单位"的社会学和汉学领域的学者如薄大伟(David Bray)的工作联系在一起。

卢和王的研究，因其具有社会性，又和其他领域的研究重叠关联；这些领域的研究也关心(广义的)现代中国建筑。这里有一个大群体，有许多不同学术背景的学者，探讨近、现、当代中国的"城市"、"城市空间"和"城市化"等问题。经济学家、社会理论家、规划界学者和地理学专家在此汇集。如果说社会理论家的观察是具体的、分析的、批判的，又有理论的洞察，如马太(或麦克尔·达敦，Michael Dutton)的《Streetlife China》(中国街市生活)，那么经济学家关心的，则是宏观的空间发展，如劳伦斯·马和吴缚龙(Laurence Ma & Fulong Wu)合著的《Restructuring the Chinese City》(重构中国城市))；而从事规划历史理论研究的学者，则可能把宏观和微观的考察结合在一起，如约翰·弗里德曼(John Friedmann)的《China's Urban Transition》(中国的城市变迁) 。另外，都市地理学和城市历史学方面的学者，可以一方面对城市空间作出细腻的乡土式的观察，又能将这种人和物的生活空间与地方的和国家历史的政治问题联系起来，如约瑟夫·埃谢里克(Joseph W. Esherick)主编的《Remaking the Chinese City: Modernity and National Identity, 1900-1950》(重建中国的城市:现代性与国家认同，1900-1950)。然而这些研究，因其各自学科的独特方法及由此产生的局限，无法仔细分析研究建筑空间和建筑形态，更无法处理设计、创作、建筑师职业状态，以及建筑之间的城市空间和结构形态等问题。为此，社会学的研究方法必须和建筑学的独特视野联系起来，与建筑空间形态和设计实践的微观分析或仔细阅读结合起来；而这种工作，大概只有直接关心建筑的学者自己来完成。

综上所述，我们发现，在对现代中国建筑的研究中，关注作为社会政治问题的设计生产过程，紧密联系政治和建筑问题，聚焦具体历史时期又能跨越时间阶段，同时，与日常话语和主导视野保持自觉反思距离的分析性的研究工作，是比较缺乏的。为了深化对现代中国的建筑以及其设计实践的认识和研判，我们需要更多这样的研究。

注 释：

[1] 本文所谓"经验"或"经验研究"，指注重原始材料归纳整理的研究，它往往与分析的、理论的研究不同甚至相反。经验研究和理论研究当然都是重要的，两者在具体的研究工作中也是可以结合的，但是两者在方法和思路上是反向的。

[2] 这里所谓"实验建筑"，指 1990 年代中后期出现的，超越各种装饰风格、强调建筑内在基本逻辑（建构、空间、光、时间、材料、质感等）的一批建筑。它们出自后毛泽东时代成长起来的建筑师手中，以个人"作者"身份思考写作和设计，体现出比较一贯的纯粹性、思辨性、独立性，其设计和方法接近 1920 年代以来西方所谓实验的、先锋的、思考的现代主义建筑。关于这个现象，已经有许多论述（如《时代建筑》各期上的讨论）。

参考文献：

1. 汪坦，藤森照信．中国近代建筑总览 [M]. 北京：中国建筑工业出版社，1992-1993.

2. 张复合．中国近代建筑研究与保护（一）:1998 年中国近代建筑史国际研讨会论文集 [G]. 北京：清华大学出版社，1999.

3. 张复合．中国近代建筑研究与保护（二）:2000 年中国近代建筑史国际研讨会论文集 [G]. 北京：清华大学出版社，2001.

4. 张复合．中国近代建筑研究与保护（三）:2002 年中国近代建筑史国际研讨会论文集 [G]. 北京：清华大学出版社，2004.

5. 张复合．中国近代建筑研究与保护（四）:2004 年中国近代建筑国史际研讨会论文集 [G]. 北京：清华大学出版社，2004.

6. Jeffrey W Cody. Building in China: Henry K. Murphy's "Adaptive Architecture", 1914-1935[M]. Seattle: The Chinese University Press and University of Washington Press, 2001.

7. 赖德霖．中国近代建筑史研究 :Studies in Modern Chinese Architectural History[M]. 北京：清华大学出版社，2007.

8. 侯幼彬．近代中国建筑 [M]// 潘谷西．中国建筑史．北京：中国建筑工业出版社，2001.

9. 杨秉德．中国近代中西建筑文化交流史 [M]. 武汉：湖北教育出版社，2002.

10. 傅朝卿．中国古典式样新建筑 [M]. 台北：南天书局，1993.

11. 邹德侬．中国现代建筑史 [M]. 天津：天津科学技术出版社，2001.

12. Peter G Rowe & Seng Kuan. Architectural Encounter with Essence and Form in Modern China[M]. Cambridge, Mass: MIT Press, 2002.

13. Caroline Klein, Eduard Kögel. Made in China: Neue Chinesische Architektur[M]. München: Deutsche Verlags-Anstalt, 2005.

14. Charlie Q L Xue. Building a Revolution: Chinese Architecture Since 1980[M]. Hong Kong: Hong Kong University Press, 2006.

15. 郝曙光．当代中国建筑思潮研究 [M]. 北京：中国建筑工业出版社，2006.

16. Shiqiao Li. Writing a modern Chinese architectural history: Liang Sicheng and Liang Qichao[J]. Journal of Architectural Education, 2002, 56: 35-45.

17. Shiqiao Li. Reconstituting Chinese Building Tradition: the Yingzao Fashi in the Early Twentieth Century[J]. Journal of Society of Architectural Historians, 2003, 62(4): 470-489.

18. Duanfang Lu. Third World Modernism: Modernity, Utopia and the People's Commune in China[J]. Journal of Architectural Education, 2007, 60(3): 40-48.

19. Duanfang Lu. Remaking Chinese Urban Form: modernity, scarcity and space, 1949-2005[M]. London: Routledge, 2006.

20. 王俊雄，孙全文，谢宏昌，民国政府时期建筑师专业制度形成之研究 [J]．城市与设计（学报），1999(9/10): 81-116.

21. David Bray. Social Space and Governance in Urban China: the Danwei system from origins to reform[M]. Stanford: Stanford University Press, 2005.

22. Michael Dutton. Streetlife China[M]. Cambridge: Cambridge University Press, 1998.

23. Laurence J C Ma, Fulong Wu. Restructuring the Chinese city: changing society, economy & space[M]. London: Routledge, 2005.

24. John Friedmann. China's Urban Transition[M]. Minneapolis: University of Minnesota Press, 2005.

25. Joseph W Esherick. Remaking the Chinese city: modernity and national identity, 1900-1950[M]. Honolulu: Hawaii University Press, 2000.

作者简介：

朱剑飞，男，澳大利亚墨尔本大学建筑规划学院高级讲师，博士生导师。

(原载《建筑学报》2009 年 10 期)

1999-2009中国建筑创作回顾

文／崔愷

摘　要：本文回顾了1999到2009年十年来我国建筑创作进程，提出我国当前建筑发展存在的问题和面临的挑战，探索我国建筑发展道路。

关键词：1999-2009年 建筑创作 机遇挑战

1999 年6 月 23 日，世界建筑师大会在北京召开。来自国内外6000 多名建筑师齐聚人民大会堂，聆听《北京宪章》，认真地思考和讨论下个世纪人类建筑的发展走向。这是世界建筑史上的重大事件，也成为中国当代建筑发展的一个里程碑。从1999年到2009年的十 年中，我国城市化进程之快前所未有，重大建筑工程数量之多、规模之大前所未有，中国建筑发展受到国际建筑界广泛关注的程度前所未有，中国建筑师迎来了一个前所未有的大好时机！在本次庆祝建国60年中国建筑学会建筑创作大奖的评选中，300项获奖作品中有157项是这十年完成的，在申报和提名的800多件作品中，这个比例更是远远超过一半，足以说明建筑创作之繁荣，成果之丰硕。回顾和总结这一时期的建筑创作，不仅仅是一种历程的记录，更对探索今后我国建筑发展有着重要的意义。纵览这十年的建筑创作，笔者以为可以归纳出以下几个特点。

1. 规模大、水平高、分量重

比较建国以来前50年的建筑作品，这十年建筑创作的一个突出特点就是规模大，这不仅指总体的开发建设量大，也指单个工程、单体建筑的规模，动辄几十万甚至上百万平方米的超级建筑并不鲜见。显然规模大不是简单的面积概念，它势必带来一系列新的功能性和技术性问题，而解决这些问题就需要更广泛的专业合作，更依赖科技的进步和观念的创新。由此引出第二个特点：水平高。这十年的建筑作品较之以往，无论从设计理念、方法还是技术措施，从建筑施工到建筑设备和材料水平都上了一个大台阶，整体水平有明显的提高。可以说有相当多的建筑质量达到了国际先进水平，其中有些重大的项目无疑达到了国际领先水平。第三个特点是分量重。60年来没有哪个历史时期像这十年一样集中推出这么多重大的、有国际影响的、有历史意义的标志性建筑。有些代表了国家的形象，有些成为了所在城市的新名片、新地标，也有的将会载入世界建筑史册，成为国际建筑艺术发展的里程碑。因此，我们可以自豪地说，这个时期中国建筑的发展对国际建筑界来说起着举足轻重的作用，这是前所未有的。

2. 开放的市场，国际的舞台

之所以这十年有如此丰硕的成果应该说离不开国家的改革开放。政治、经济、文化、社会领域的开放度直接反映到城市建设领域中来。从中央到地方、从政府到企业，越来越多的决策者都希望以建筑的创新来表达改革开放的成就和面向未来的决心，而中国进入了WTO，市场的开放更成为了国家的承诺。更主要的是经济的发展，投资力度的加大，房地产业的繁荣以及社会消费文化的转变也使国际建筑师进入我国市场成为可能。毫无疑问，这十年是中国建筑发展史中从未有过的开放时期，有人说中国成为了世界建筑师的大舞台。浏览这十年的获奖项目，可以显而易见地看到大部分标志性建筑都是由中外合作设计完成的。无可否认在这些年来的国际竞赛中外国建筑师以其新颖的设计理念和强大的技术实力接连胜出，掌握了创作的主动权。中国建筑师、工程师在与之密切的合作中，付出了巨大的劳动，发挥了积极的作用，承担了重大的责任。但同时他们在合作中也学到了许多东西，从先进的技术、职业的素养，到创作的方法和文化的理念，以至工程的控制和管理的经验，进而大大提高了设计水平，加强了自身的竞争力。近几年来国际竞赛已不再是一边倒的洋设计天下，本土设计师取胜的机会正在呈现上升的趋势，真正开放、公平、多元的竞争局面已经形成。

随着社会各界对建筑创作价值认识的提高，设计市场上越来越多的客户把注意力从初期的选择设计方案转向了选择建筑师上来。他们不再满足于在设计竞赛和方案招标中去选择漂亮的效果图，而更关心谁来为他们设计真实的建筑。建筑师的业绩、信誉甚至人品、素质都成为他们的关注对象，也成为他们选择设计团队的出发点。于是委托设计、定向合作的方式让客户和建筑师坐在了一个更积极、更务实的创作平台上，相互沟通、相互尊重和信任成为建筑创作成功的有力保证。

反过来，建筑师也更加注重个人的业绩积累和职业素养的提高以争取设计市场，这种互动实际上是回归了建筑设计服务业的基本模式，符合建筑创作的客观规律，有利于优秀建筑作品的产生。本次获奖作品中有不少就是这种委托设计的成果。另外，还有的客户以更开放的姿态邀请多名知名建筑师共同参与到项目中来以相对宽松的设计条件，比较自由的创作空间激发建筑师的创作灵感，以期获得更具创意的建筑作品。虽然这类客户的出发点不尽相同，但不可否认的是这种集群设计方式对建筑创作有着积极的促进作用。近年来相继出现的这类创作活动已经成为了一种建筑现象，得到了业界的关注。

开放的市场带来开放的视野、开放的心态。无论是同台竞技还是学术交流，中国建筑创作的语境已不再封闭，而是放在更国际化的背景下去讨论、去比较，在比较中找到异同，在讨论中收获真知。这十年也是我国建筑创作理论研究很开放、很活跃的时期，与国际有了"同步"的感觉。的确，一些重大项目的抉择曾经引发了激烈的争论，但从学术的立场看，这种争议是正常的。事实上世界上许多建筑名作的诞生也都有过激烈的争议。我想说，许多学者仗义执言的立场和为国为民的责任感应该得到充分的理解和尊重，许多的学术观点应该受到重视，也有待于验证。更何况许多建筑问题也不是纯学术问题，也很难在专业领域中得到最终的解答。但无论如何，说"不"或许更能体现出市场开放的成熟度。伴随着这几座备受争议的建筑落成，那令人难忘的一幕幕将会永久载入中国当代建筑发展的史册供后人评说，其意义十分深远。

3. 全球化浪潮下本土设计的振兴

开放的市场，信息的时代，国际建筑思潮迅速在中国大地上传播。各种时尚的建筑语汇和各种新奇的设计概念满足了当今商业社会的心理需求，于是建筑创作在一片繁荣的景象下也呈现出浮躁的状态。但可喜的是在这种情形下一批建筑师对本土文化的思考并没有停顿，反而在更深的层次上展开，本土设计的立场没变，而是在更多样化的方向上探索和迈进。

从获奖作品中，我们可以看到既有对继承和发展传统民族形式的不懈追求，也有立足于地域文脉和地方营造深入研究基础上的创新；既有在保护和展示文化遗产中表现出的新的历史价值观，也有对不同民族文化特色的潜心学习和探索，还有的更注重对地域自然环境资源的保护和利用，从与自然和谐中寻找本土建筑之路。还应该提到的是在许多"洋"设计中，西方建筑师对中国文化传统的认识，他们独特的视角，敏锐的观察力和具有创造性的表达方式颇具启发性，让我们在继承和创新之间发现了更多的结合点，本土设计之路必将越走越宽。另外立足地域自然和人文资源的本土设计也将是全国各地尤其是中西部地区建筑师创作的主导方向，应该充分认识到地域特色为建筑创作提供了丰富源泉，扬长避短，在经济欠发达的地方仍然可以创作出优秀的建筑作品。事实上这次获奖作品有不少就来自这些偏远地区，尽管此类项目规模不大，标准不高，但它的创作价值和文化价值绝不比那些超级建筑逊色。中国建筑的真正振兴必将依靠我们广阔国土上优秀本土建筑的不断崛起和健康的发展，这是我们的希望所在。

4. 设计体制的多元化促进了建筑创作的多元化

这十年，国内建筑设计行业真正实现了体制多元化。既有国营大设计院，又有改制后的股份公司；既有民营的中小设计企业，也有合伙人制的专业事务所。即使在国营大院内部，还有专业院、综合所、创作室和工作室之类的不同组成。即便是民营设计企业，也有的迅速发展形成了颇具影响力的超级设计集团。

这里之所以要提到设计体制的变化，实际上是想说明这种体制的变化，对建筑创作的繁荣有着积极的影响。在本次获奖作品中，国营大院的作品仍然占据了主导的地位，这一方面是因为其历史长，使得它们在不同的时期都留下了许多优秀的建筑。另一方面也是机会多，无论是政府投资建设的公共工程还是民间建设的大型地产项目，往往首选的设计单位还是国营大院。包括外国设计事务所对本地合作设计机构的选择中，也多以大院为主。其三是大院综合实力强，专业人才济济，能够胜任规模大、技术要求复杂的工程项目。此外，大院这些年经过市场的激烈竞争和合作设计中的培养磨练，以及内部体制的多元化调整，设计水平和服务意识也有了明显的提高，建筑创作也开始显现出个性化、多样性的倾向，大大提高了市场的竞争力。毫无疑问，国营大院将在未来的一段时间内，在行业中继续扮演主力军的角色。但是更应该看到的是这些年来民营设计机构的快速崛起为行业和市场带来了新的活力。它们一部分是从国营企业转型而来，更多的是由个体专业技术人员自主成立的设计咨询公司。尤其是越来越多的优秀人才从海外学成回国创业，他们不再满足仅仅作为外国事务所代理人的角色，成立了更具国际水准的设计事务所和教育、研究机构，在建筑创作和建筑教育中发挥了越来越大的影响和作用，设计出一批极有特色的实验性的建筑作品，受到国内外建筑界的广泛关注。有些遗憾的是在这次大奖作品的征集中，由于种种原因，他们的作品申报的很少，有些经过评委提名推荐虽然进入了最后的入围名单，但可能由于时间仓促，资料展示不充分，或者也因为项目的知名度不高，抑或作品的个性带来的学术争议，最终的获奖作品数量更少。反过来，这也说明了我们的行业中体制内外的现实差异，希望在未来可以更积极地互动、交流。无论如何，当今中国建筑创作多元化、个性化、本土化已经成为这个时代的鲜明特征。

5. 科技的进步和环保意识的提高为建筑创作提供了新的可能和方向

当今世界已经进入了信息化的时代，计算机技术在建筑领域中的应用带来了建筑美学的新变化。三维设计、参数化设计产生了新的形式、新的空间、新的视觉艺术，成为越来越多的青年建筑师所追求的方向。而与之相随的施工建造技术的发展和提高，新型的材料和设备的研制和应用，也有力地支持了这种面向未来的建筑创新。在这十年的获奖作品中，大跨度超高层异形结构，新型膜材的大规模使用，新型幕墙系统超大空间的消防系统以及建筑智能化信息系统的出现等，科技含量明显提高成为这一时期的一大亮点。当然建筑的创新不应仅仅关注形式的变化，当下更重要的是对环保节能问题的应对与重视。虽然国家相关法规条例已经颁布多年，绝大多数建筑项目都在严格地监管下实施落实，但如何在建筑创作中更主动地提高环保意识，把环保科技与建筑创新有机结合起来已经成为建筑界开始关注的方向。十年来，各地相继涌现了一大批环保节能建筑，但总体来说，数量还太少，水平也还不够高，在本次大奖评选中这类作品获奖比例太低，与我国建筑发展的总体规模和水平不相称，需要建筑界更加努力。

回顾近十年来的我国建筑创作进程，我们有理由为已经取得的成就而自豪，更应该看到存在的问题和面临的挑战。正如吴良镛先生十年前在国际建协大会上宣读的《北京宪章》中所说："作为建筑师，我们无法承担那些明显处于我们职业以外的任务，但是不能置奔腾汹涌的社会、文化变化的潮流于不顾。'每一代人都……必须从当代角度重新阐述旧的观念'。我们需要激情、力量和勇气，直面现实，自觉思考21世纪建筑学的角色。"记得那天听完这激动人心的报告之后，有许多中外建筑师在午餐时坐在人民大会堂东门外宽阔的台阶上，面对着宏伟的天安门广场，热烈地交谈和议论着，相信在那令人难忘的一刻，一定有很多朋友会想到我们这代人的历史责任。

如今十年过去了，21世纪第二个十年正在走来。在迎接共和国成立60周年的日子里，我再次经过天安门广场，看到早已落成的国家大剧院，看到即将开幕的国家博物馆，心里又想起了那句老话：建筑的确是石头的史书，记载了那么多的故事。建筑师是写书的人，也是故事中的一员。不管你自觉与否，你的工作都将成为历史的一部分，你的创作的真正价值都要经得起后人评说。

作者简介：
崔愷，男，中国建筑设计研究院副院长、总建筑师。
(原载《建筑学报》2009 年 09 期)

张镈与张开济：对阵/分离
——折射中国建筑在20世纪50~60年代的一段发展

文/张永和　　译/范凌

摘　要：通过比较建筑师张镈和张开济在20世纪五六十年代的若干作品中的细微差异，分析中国当代建筑的不同发展方向。

关键词：张镈 张开济 20世纪五六十年代 中国建筑发展 古典主义　比较 细微差异

张镈与张开济都是中国建筑界举足轻重的人物，尤其在 20 世纪50-60年代。二张虽然没有亲缘关系，但除了同姓之外，两人还有若干共同之处。张镈（1911~1999）较张开济（1912~2006）年长一岁，两人都毕业于南京中央大学（现东南大学），该校的课程设置基于巴黎美术学院的古典传统。从1949年北京市建筑设计研究院（简称北京院）成立时起，两人即担任总建筑师直至20世纪90年代退休。虽然北京院是国有单位，政府是唯一业主，但两人都不是共产党员。1959年，在把天安门广场建设为政治、文化地标向中华人民共和国十周年国庆献礼的工程中，张镈负责位于广场西侧的人民大会堂设计，张开济则负责东侧的革命历史博物馆设计。这两位建筑师不仅为首都的中心创造了完美对称，使其成为中国学院派古典主义和社会现实主义的典范，与此同时，两人在中国建筑发展方向上也开始表露出不易察觉的分离，而且这一分离在 20 世纪后半叶被逐渐放大。

本文试图解读二张建成作品之间的区别，更精确地说是细微差异，分析这两种不同的倾向对中国当代建筑已经产生的影响以及未能产生的影响。通过比较两位建筑师在北京设计的三组建筑，本文具体分析两者在色彩、形态、审美趣味和文化价值等方面的区别。

1. 三组建筑的比较

1.1 比较 1——张镈：人民大会堂/张开济：革命历史博物馆（今国家博物馆）

1）张镈：人民大会堂，1959年

这一纪念性建筑群体坐落于天安门广场西侧，形式宏伟，受前苏联（建筑）明显影响，被评论家们公认为是一个社会现实主义式的建筑宣言，但它更认同和彰显的却是中国的皇家美学。琉璃瓦和面砖的使用把中国口味调入西方古典构图之内，大会堂琉璃的颜色正是邻近紫禁城屋顶的金黄色。坚实性和封闭性是整个楼群的主要外部表征，似乎再次提醒人们其位置和皇家宫殿相邻，但在不经意间也暴露了大会堂建筑当时的禁地实质：大会堂平时由卫兵把守，只在特殊情况下才对外开放。人民大会堂在建筑类型上仍属宫殿，对于学院派背景的张镈而言，也许对宫殿类型要比对(代表)社会民主的会议中心更熟悉。

2）张开济：革命历史博物馆，1959年

革命历史博物馆和人民大会堂多方面相似：从大台阶和柱廊到总体对称性与纪念性。但是，博物馆在靠广场一侧立面的中段挖空成庭院的做法，却不只仅仅是一个在同一个建筑中划分出两个博物馆以及平衡广场另一侧人民大会堂的庞大体量的巧妙策略。开放的中部空间形态把通常立面采取的二维设计转化为三维；在同是使用古典形式语言的前提下，与人民大会堂更为封闭的形态相比较，博物馆这种做法显得更开放，尽管依然并不使人感到亲近。除了柱廊上方苏联式的红色旗徽和屋檐的琉璃外，博物馆整个建筑是单色的。色彩的单纯使得建筑看起来统一完整，也恰当地为这个文化设施提供了相宜的平静氛围。庭院空间的运用虽然并不一定使这个建筑更北京（因为很难在这个大尺度的庭院和北京四合院之间建立任何联系）或者更中国，但却稍稍地让这个建筑更接近民间建筑一些，同时少一点点宫廷建筑的冷漠。

1.2 比较 2——张镈：友谊宾馆/张开济：三里河部委大楼（四部一会建筑群）[1]

1）张镈：友谊宾馆，1954年

友谊宾馆参考的原型似乎还是宫殿。其实在落成之初，友谊宾馆坐落在郊外广阔稻田中，也许更像是一座行宫。这是一个多层（大多数是5层）的建筑群，以北京传统的灰色黏土砖作为基本外墙材料，构成整个建筑的形式与色彩的沉稳的基调；同时运用绿色琉璃瓦覆盖的传统曲面坡屋顶推出一个闪光的视觉高潮。宾馆的传统装饰体系还包括了檐下彩画。设计完美融合了现代使用功能和历史形式的外表。整栋建筑显得既精致又丰富，或许隐约还有一丝过去清王朝的没落感。从城市层面上看，整个建筑群被组织成为一个"大院"——一种封闭的社区形式。就友谊宾馆当时的使用特点而言，封闭性是需要的，是为了要让外国专家得到保护或隔离，或两者兼有。

2）张开济：三里河部委办公大楼，1955年

三里河部委办公大楼简称四部一会。其设计受到了中国古

代城门楼建筑的启发（城楼是除了塔之外，中国鲜有的高建筑先例），营造新型中式高建筑；但张开济更感兴趣的却是如何营造城市街区。四部一会是当时规划在旧城外建设的新北京的一部分。这个新北京规划雄心勃勃，旨在保护旧城的同时，发展一个新城，但最终由于政治原因以失败而告终。四部一会和友谊宾馆一样也是5层，沿街道路形成清晰界面，也同样使用具有文脉意味的灰砖。值得注意的是，屋顶上使用了并不常见的深灰色琉璃瓦。可以这样认为：这个建筑墙面的灰色不同于友谊宾馆，不是衬托屋顶绚烂色彩的中性背景，而是建筑整体灰色调的丰富微妙变化的组成，就像传统中国水墨画那样。

1.3 比较 3 ——张镈：民族文化宫 / 张开济：北京天文馆

1）张镈：民族文化宫，1959 年

与今天中国城市中争奇斗艳的新兴建筑相比，民族文化宫已经不再是突出的。但是，其色彩比大多数同时期建筑明亮了许多：白色的瓷砖贴面墙身盖以绿色琉璃屋顶。张镈似乎没太在意传统北京的灰色基调，而是有意与之形成对比。除色彩外，使这个建筑突出的还有其形态：坐落在轴线上的挺拔塔楼也许是现代北京第一座炫耀自我的独立物体，似乎预示了当代中国首都淹没在摩天大楼与物体建筑之中的城市景观。塔身的设计更是一次形式主义的操作，为了体型牺牲了平面，导致室内空间局促，除了容纳小型办公室之外别无它用。

2）张开济：北京天文馆，1957 年

北京天文馆没有借用中国古典建筑的意象，建筑顶部设计为穹顶而非坡屋面，看起来更接近西方古典建筑。然而近距离考量可以容易地发现一些中国的细部，尤其是装饰母题。事实上，当时张开济和中央美术学院的画家与雕塑家合作，在天花、墙面上创作了以中国神话传说为蓝本的壁画和浮雕。北京天文馆的外表面采用了斩假石，清一色浅褐灰。穹顶是钢结构，表面覆铜。这个建筑从本质上讲依然是古典主义的，张开济则把它作为诠释装饰艺术风格(Art Deco)的一次尝试。在我看来，更有意义的是北京天文馆试图脱离由大屋顶定义的中国古典建筑设计。中国古典风格当时已经十分成熟，但也因此停滞不前。

2. 六个方面的具体分析

通过案例研究，能概括出以下几点：

2.1 色彩

以巴黎美术学院为代表的学院派建筑在用色上具有两重性：一方面古典主义原则上提倡不用或少用色彩；然而，另一方面，考古发现欧洲古代建筑，如古希腊时期，其实色彩绚丽丰富。于是有些学院派也设计色彩鲜亮的建筑，把原本以和谐至上的古典主义推向了边缘。中国同样存在和两种学院派平行的相反的用色方式。二张处理颜色的差异也反映了这一组长期且普遍存在的对立观点。而且，色彩往往暗示了其背后更广泛的美学理念的不同。

2.2 形

当下中国的主流观点是把建筑视为物体，强调建筑外部的形和强烈的视觉形象。我们能够在张镈的作品中看到这一趋势的早期形成。取向“雕塑感”和“艺术化”的建筑进一步演化出强调造型的城市，这种视觉优先的城市往往由于忽略从而消解了城市空间（例如街巷）、城市肌理（例如街区），以及商业、社区感，最终消解了城市性。另一方面，张开济在三里河住宅小区设计中，通过3层的住宅建筑围合成“双周边”街区，表现了对于城市的兴趣；而且对四合院这一传统北京城市空间结构也进行了诠释——在四合院住宅中通过建筑围合形成室外空间，而不是由物体的形来占据空间。

2.3 趣味与价值

张镈是北方人，祖籍山东，父亲是清朝最后一任两广（广东和广西）总督，结交权贵众多；张开济是南方人，祖籍杭州，家里祖上以做纸扇为生，父亲是上海复旦中学的校长，好以文人自居，嗜收藏古董。不知是偶然还是必然，两人在北京实践期间，张镈设计了更多的政治项目，张开济则设计了更多的文化项目。或许天安门广场上的平衡也许首先是在政治与文化之间的平衡。

在建筑审美方面，人们也许能在张开济的作品里面体会出江南粉墙黛瓦般清、淡、文、雅的文人倾向。张开济在色彩使用上的节制和文人文化更是一脉相承。张镈的设计中或许尚存一分北方明清王朝统治阶层的优越。从历史角度看，权力阶级和大众都更喜好强烈的形式，随着中国当今的消费社会发展，这一喜好已成为当今的主流趣味。欣赏精致又有节制的表达的人群则越来越小。而不幸失去的不仅是一类特定的趣味，更是中国传统对朴素、谦逊、简洁和禅的基本价值观。人们自然而然会好奇张镈的艺术倾向是否让他更容易与政府进行合作。

2.4 现代性

二张都精通中国古代建筑的形式语言，他们的作品代表了精湛的甚至是最优秀的中国古典风格。张镈从来没有进行过古典主义之外的尝试，而张开济则曾实验中国装饰艺术，例如从十分接近欧洲装饰艺术风的在上海的某住宅项目到使用中国图案修饰的北京天文馆这一公共建筑。张开济也尝试过现代主义，比如北京小汤山疗养院。已退休的中国建筑工业出版社《建筑师》主编杨永生曾说，张开济的思想明显比张镈开放。同样值得注意的是，就现代性而言，在上世纪50 到60 年代，另一些中国建筑师远远走在二张前面，提出了和欧洲现代主义运动同样的一些问题，关注

空间和建构，形成了一种中国的现代主义思潮，其中最著名的包括上海的冯纪忠和北京的华揽洪。虽然这些声音在当时非常微弱，但是已经被证明是中国当代建筑文化发展中重要的里程碑。

2.5 发展

张镈略微大胆的设计[2]也许仅可能从回顾的角度被认为是自上世纪80年代起中国后现代主义和消费主义趋势的前奏，并最终发展成被广泛接受的具有视觉冲击力的建筑趋势。张开济代表的偏含蓄的设计则在市场经济中处于弱势地位。虽然张开济的审美观价值观在今天并没有被完全认可，我们仍然可以认为张开济和他同辈的建筑师对塑造中国当代的地域主义建筑还是有一些贡献。近年来，清、淡、文、雅又回到一些年轻中国建筑师的作品中。

2.6 迈向当代中国建筑

值得指出的问题是：中国年轻一代建筑师并没有对他们的现代传统（虽然并不一定是现代主义）给予足够关注，而过多吸收了西方的现当代建筑文化。我也曾有过类似的态度，阻碍了我认识今天中国建筑实践的特殊性。为了补课，除了感兴趣张镈和张开济的作品，我还阅读了戴念慈关于现代主义的理论文章，更是以华揽洪、冯纪忠等人的实践为范本。也许，真正属于中国的当代建筑只有在我们充分理解前辈们的成就以后才会出现。

（谨以此文献给家父张开济，他的启蒙使我走上建筑师之路。）

注 释：

[1] 20世纪50年代期间，这两个建筑都被作为铺张浪费的典型受到严厉批评，尤其是友谊宾馆。传统坡屋顶（俗称大屋顶）被认为是浪费的象征，因此四部一会的主楼坡屋顶最终并未修建。

[2] “略微”是一个关键的形容词，因为他的作品既不夸张也不庸俗。

附：张镈先生及张开济先生简历

张镈：

1911年4月12日，出生于广州

1930年，考取梁思成任教的东北大学

1934年，毕业于中央大学建筑系，后在北平、天津、南京、重庆、广州等地和香港基泰工程司从事建筑设计工作

1941年～1944年，在北京故宫进行大量古建筑测绘工作

1940年～1946年，兼任天津工商学院建筑系教授

1951年3月，从香港回到北京，任北京市建筑设计研究院总建筑师

1995年，退休

1999年7月1日，在北京逝世

主持设计的代表作品有人民大会堂、民族文化宫、北京饭店东楼和贵宾楼、友谊宾馆、民族饭店、天桥剧场、新侨饭店、友谊医院、先农坛体育场、北京自然博物馆、文化部办公楼、水产部办公楼、北京亚非学生疗养院、香港荃湾电影院等。

著有《我的建筑创作道路》一书，1994年由中国建筑工业出版社出版。

张开济：

1912年7月21日，出生于上海

1930年～1935年，南京中央大学工学院建筑系

1935年秋～1935年冬，（上海英商）公和洋行设计部实习建筑师

1936年秋～1937年春，上海、南京基泰工程司建筑师

1937年秋～1939年秋，四川成都、重庆新华兴业公司建筑部主任

1939年夏～1941年秋，上海鹏程工程司建筑师

1942年夏～1942年秋，上海大地建筑师事务所建筑师

1942年冬～1945年春，上海伟成建筑师事务所建筑师

1950年春～1953年，北京市永茂建筑公司设计部总建筑师

1953年～退休，北京市建筑设计研究院总建筑师

2006年9月28日，在北京逝世

主持设计的代表作品有北京小汤山疗养院、四部一会大楼、天安门看台工程一期、新疆招待所、劳动保护展览馆、北京天文馆、中国革命和历史博物馆、北京三里河住宅区、百万庄住宅区、北京市建工局疗养院、中央民族学院校舍、高教部办公楼、出版总署办公楼、全国总工会办公楼、北京日报社建筑群、北京钓鱼台迎宾馆建筑群、山东济南南郊宾馆建筑群、北京小天井大进深住宅试验楼等。

著有《建筑一家言》一书，1992年由中国建筑工业出版社出版。

（张镈、张开济先生简历由本刊编辑部根据杨永生编著、中国建筑工业出版社出版的《中国四代建筑师》、《建筑师》1982年总第13期、《建筑师》1983年总第14期及北京市建筑设计院人事处档案资料整理）

作者简介：

张永和，男，非常建筑工作室主持建筑师，美国注册建筑师，美国麻省理工学院（MIT）建筑系主任。

（原载《建筑学报》2009年01期）

时间的棋局与幸存者的维度
—— 从松江方塔园回望中国建筑30年

文／周榕

摘　要：分析上海松江方塔园在时间中幸存的秘密，可以得到三组概念密码，用之比照中国建筑近30年来的乱象，足以揭示其三重迷失，并探询未来对策。

关键词：时间 时代 幸存 身份 历史意识 超越性价值观

题记

万物害怕时间，而时间害怕金字塔。

——阿拉伯古谚

1. 时间的幸存者 · 方塔园参照系

时间仿佛在方塔园静止。

除了北门内应景的2010年上海世博会宣传角以及两个人迹罕至、被用作游乐园与碰碰车场的园中园之外，松江方塔园与这个时代几无关联。

这是一块时间的飞地。宋塔自915年前升起，明壁自639年前矗立，清宫自126年前肇始，园林于27年前落成，而塔、壁、宫、园浑然一体，被时间摩挲得如此圆融。这座园林不属于这个时代，甚至也不属于它设计建造的那个时代。它既未曾操持某个时代专属的符号和语汇，因此也逃脱了被囚禁于特定时代壁障中的命运，当一波又一波的时代大潮退去之后，松江方塔园，就这么成为时间沙滩上为数不多的幸存者之一。

在方塔园登塔，恍若在回溯中国建筑30年的旅程。攀梯而上，每高一层，园外的景象就多浮现一分：从20世纪80年代初的仿古建筑，到90年代混用欧陆符号的折衷式住宅与酒店，再到正在兴建的时髦写字楼，大量风格各异的城市建筑争奇斗艳、触目惊心，共同构成了一幅"变乱"的中国风景，或者，一面年代清晰的地质考古断层。

和近乎所有的中国当代城市一样，方塔园外的世界，仿佛时代"灾变"的结果，太多的形式错铺杂陈，彼此毫无关联，也梳理不出一条渐次发展的清晰脉络。时代的情境烟消云散，唯余建筑和城市共同凝固为尴尬的表情和姿态。方塔园与园外的城市，构成了相互的参照系，一方是时间的从容与舒缓，另一方是时代的慌乱和喘息。

以方塔园为参照系回望中国建筑30年来所横越的时代，从时间幸存者的维度重新捡选30年中国建筑所收获的果实，可以发现，尽管时代的建筑遗存是这么丰沛，然而经过时间网眼的重重筛选尚能幸存的样本却如此寥落。假如建筑史只记载幸存者的话，那么近30年中国建筑所爆发出的海量创造，完全可以凝缩为稀薄的几页，但即便在这寥寥数页建筑史中，也必定还有相当数量的入选者是为了照顾其代表性而勉作竽充。

松江方塔园，30年前从这个时点出发的中国当代建筑，经过30年来一日千里的狂飙猛进，最后发现仍然没能突破方塔园所构筑起来的散淡格局。

时间漫不经心地投下几枚棋子，就封锁住了中国建筑的所有去路。

2. 幸存者的秘密 · 何陋轩密码

在时间中幸存是源于宿命，而绝非出自偶然。

这座1978年起由冯纪忠先生领衔设计，1982年开放，并于1988年陆续收尾建成的园林，在20世纪80年代既不曾身处时代的聚光灯下，也未卷入彼时中国建筑界有关创作方向的炽热论战之中。和80年代声名显赫的中国建筑典范——如"神似派"的香山饭店、"形似派"的阙里宾舍以及"创新派"的北京中国国际展览中心等时代弄潮儿相比，方塔园似乎与时代建筑的主流相违甚远：它拒绝复古，也不标榜创新；既非现代，亦非后现代；难以被任何一种现成的理论总结，也无法被任何一个时兴的流派归类；遗世独立、孤芳自赏、甘于寂寞。

回首当年，松江方塔园在设计之初所应对的，是一个位处上海远郊区县、远离重点区域与热点问题且乏人问津的"小题目"。或因夙缘至此：唯其偏，故能逸兴超拔；唯其冷，故能沉潜含玩；唯其小，故能一意孤行。

方塔园进行设计的年代，正值中国建筑界劫后余生，似醒非醒，起而未作之际。西方时新理论尚未传入，集体的声音也尚未合流，苍黄交界，一统未判，未来的建筑创作方向尚处于纷扰与迷茫之中。这样的时代缝隙，为建筑师保留了难得的稍纵即逝的私人空间，正是这宝贵而短暂的"逍遥游"的良机，与建筑师自身的深厚学养及雅量高致契合共振，才诞生出方塔园这样的传世"逸品"。

值得庆幸的是，方塔园设计从一开始面对的，就是一个时间课题：宋代的方塔、石桥，明代的照壁、楠木厅以及清代的天后宫。

这些相距数百年，分属不同时代的古物，如何能够组织成一个有机的历史整体，是方塔园设计中最大的挑战。也就是说，为凸显其发展源流并建立各历史遗存间的关联，方塔园设计必须精心构筑起一个时间格局而模糊掉其时代属性。在这个时间的大格局中，隐含的是对永恒问题的思考与觉悟：今与古、人工与自然、私人与公众、自由与秩序、人与天地万物的关系安排。

一个恒栖于时间中的旷世杰作，在时代的喧嚣中很难被快速地理解消化，甚至30年时光的背书，都不足以让世人充分破解其蕴藏的深意。幸好，冯纪忠先生于1988年发表的《何陋轩答客问》[1]，给我们留下了一窥堂奥的线索。

《何陋轩答客问》共2700余字，不费辞章而余音隽永。通篇看似跳跃散漫、随性而议，实则谋篇精老，有深义存焉。文章虚托主客[2]，以问答为线。客喻指外部世界的已然状态、应然力量，预设的既定视角和惯常的思考轨道；而主则寄意内心世界的价值操守、文化依托、私人趣味与情感纽结。客以通行观念诘主，而主则以个体经验答客。客要求明秩序、定规律、归类别，主却引经典、绕弯子、顾左右，曲意化解客之咄咄攻势。问答揖让之间，何陋轩乃至整个方塔园的设计思想昭然纸上。

首先，《何陋轩答客问》一文满溢着清晰而浓厚的主体自我意识。作者拒绝庸常的惯性思维，而强调"反常合道为趣"的私人趣味。从方塔园力排众议的下沉堑道，到何陋轩削弱节点清晰度的漆涂，设计者始终坚信这种匠心独运的私人趣味不会被时间所淹没，坚信只要游客进行"独立体验"，并尊重自己的内心情感和主体选择，即能对设计者的苦心孤诣有所会心。

其次，通篇无一字言及时代精神与创新诉求，却透露出强烈的历史自觉。作者对松江至嘉兴一带庑殿式弧脊民居"颇惧其泯灭"，故"掇来作为设计主题"，得其意而不拘其形。此一神来之笔，令方塔园与外部更浩大的时空联接在了一起。何陋轩的形式看似天外飞仙，实则薪传有序，历史的文化血脉在此获得接续，新建筑被赋予了某种精神的"根性"。

最为重要的是，即便在一个茶室这样微不足道的园林小品设计中，作者仍力求"小题大做"，毫不以利钝得失为意，殚精竭虑、倾情动感，终至"牵肠挂肚，字斟句酌，不能自已"。设计者在此寄寓的，远非功利性的考量，而是对文化的深情关切。因此，《何陋轩答客问》并非一份建筑设计说明书，而更应看作冯纪忠先生的一纸"文化自白"。在这份自白书中，作者决不涉宏大叙事之辞，更不以中国建筑界的代言人与指路者自居，而是爬梳低微，嗫嚅私语，通过"探微入秘"与"反求诸己"织构出一张具有开放性魅力的絮语网络。就在这嘈嘈切切的絮絮叨叨中，读者可缘于自己的悟心而不断撷得灵性的吉光片羽。恰如作者所言，建筑"一如为文"。与私意甚浓的文章一样，方塔园既是一个服务于大众的"公园"，也是一个供设计者寄托文化情怀的"私园"。何陋轩也正是通过围绕着私与微的散漫独白和絮语，而闪现出一种为习惯用普遍宏大的功利价值来衡度建筑的人们所难以理解的、超越性的文化光辉。这种光辉虽微弱但持久，假以时日，终究会令再耀眼的时代光环也黯然失色。

假如方塔园所揭破的时间秘密必须形诸文字、敷衍密码的话，不妨断章取义，从《何陋轩答客问》一文中直接提取12字真言："谦挹自若，互不隶属，逸散偶然"[3]。通过这三组概念透镜回望30年来的中国建筑史，冀图可以破除遮蔽，去伪存真。

3. 谦挹自若·站队与代表

挹，同抑，谦挹自若，即谦抑自若。

谦抑自若，谈何容易！

中国建筑师30年来第一难做到的，是"自若"；第二难做到的，是"谦抑"。

30年来中国建筑师在集体意义上无法做到"自若"，是因为他们首先就无法做到"自明"，也即难以明晰定位自我身份，搞不清"我是谁"的问题。

方塔园着手设计之初所面对的，正是"文革"后满目疮痍的文化废墟。经过此前30年连绵不绝的政治运动与高强度持续性的奴化教育，中国知识阶层的独立人格被摧毁殆尽，私人趣味被连根铲除，一切为政治服务成为高度内化的自觉律令。在这样的时代大背景下，还能保存冯纪忠先生如此特立独行的"文化另类"实属侥幸。事实上，由于在此前30年的历次政治运动中，建筑总难逃成为意识形态载体的命运，建筑批评几乎被政治批判所取代，因此从群体意义上说，中国建筑师早已被折腾成惊弓之鸟，最明智的现实策略，就是完全放弃自我，明辨政治风向，向强权低头效忠，对强者趋附谄媚。

独立人格的沦丧令中国建筑师集体养就了唯上唯强的媚骨，

并始终困扰于唯恐自己处身错误群体的身份定位焦虑。在这种焦虑的长期煎熬下，保持政治嗅觉的敏感性，永远选择从众、选择站在强势力量的一边已经固化为中国建筑师集体无意识中根深蒂固的"站队"情结，并形成强大的文化基因通过建筑教育与职业实践代代相传、流害广远。可以说，1949年以降，前30年对中国建筑师群体空前成功的"人格改造"，已经在无形中决定了后30年中国建筑的格局与走向。

近30年的中国当代建筑史，就是一部反复易帜的"站队史"。

20世纪80年代初期中国建筑界热闹非凡的对民族形式"形似"与"神似"的争论，实质上就是选择在政治上站在保守派一方还是站在改革开放派一方的站队表态；而80年代后期在建筑创作方向上关于"传统"与"创新"的大讨论，不过是"形似"、"神似"之争换了一个面目的延续，是在政治风向逐渐趋于明朗后，中国建筑师选择再次站队的宣言。后现代主义建筑理论之所以能够在八九十年代的中国风靡一时，并获得比西方原产地更加广泛的实践应用，其根本原因是这种理论可以为中国建筑师上一份政治的双保险：在形式上既照拂了守旧派的脸面，又通过适度的"创新"和"变形"，向唯"新"是举的改革当权派表功示好。

在不断揣摩上意的过程中，中国建筑师的谄媚功力已臻化境：80年代末政治风向的突变，立刻就响应为90年代初建筑复古风尚的流行；90年代中后期所谓"欧陆风"建筑的大规模繁衍，在某种程度上，可以被视为中国建筑师群体在传统的政治权力和新兴的资本权力之间两面讨好的避险之举；而同一批操弄古典语汇得心应手的建筑师，在2001年中国跃入全球化浪潮的政经走势确定无疑后立刻摇身一变，爆发出的惊人"创新"能量令人瞠目。

对外部强势力量的无条件屈服顺从，对权力意志无节制的谄媚放大，把中国建筑师打造成庞大的投机群体。他们中的绝大多数既无价值准则，也无文化操守，更没有职业尊严，只要时机成熟，他们随时准备跟进任何一个主导性的潮流，并向任何一种强大的外部权力效忠。

30年来，中国建筑师站过传统的队，也站过创新的队；站过乡土的队，也站过国际的队；站过现代的队，也站过后现代的队;站过文化的队，也站过时尚的队；站过奢华的队，也站过生态的队；或者说，他们可以随时站在任意一条队伍中，也可以同时站在所有的队伍中。

30年来，中国建筑师谄媚过政治，也谄媚过资本；谄媚过计划，也谄媚过市场；谄媚过低俗，也谄媚过高雅；谄媚过媒体，也谄媚过策展人；谄媚过盲目的生产，也谄媚过更加盲目的消费。一句话，30年向时代强权习惯性地倚门卖笑，留下的是一大堆轻浮而惶恐的集体形式泡沫，而真正具有个体价值的"好建筑"，以今天的眼光算来屈指可数。

中国建筑师由独立人格丧失而产生的身份焦虑，不只表现为选择站队时权衡利弊的"初始焦虑"，更大量体现在站队之后如何突出表现以"固宠"的"持续焦虑"。独立人格被体系化地剥夺，令中国建筑师个人化的价值体系无从构建，私人的文化趣味更无从谈起，他们唯一可做的，是将自己明智地归类于某一个强大的外部组织，依靠组织、效忠组织。个体的内心力量愈弱，就愈需要被组织所赋予的某种虚幻的集体力量来"加持"，因此迫切需要通过"代表"组织获得个体身份的锚固。在身份焦虑的集体无意识的催动下，中国建筑师30年来最喜欢充当集体的"代言人"，他们代表过传统、代表过时代、代表过地域、代表过全球、代表过舶来的理论潮流，代表过本土的社会公众……唯独没有代表过真实的自己。

无论在政治权力时代、资本权力时代，还是在媒体权力时代，这种急切地抢夺眼球、争当"代表"的游戏在中国建筑界从未停止。一方面，"代表"意味着泯灭自我，替被抹煞了个性而面目模糊的集体发言；另一方面，"代表"的"资格认定"要求代表具有"代表性"，不能甘于平淡而必须语出惊人。在这个焦灼的"代表语境"中，"谦抑"二字对中国建筑师而言不啻是天方夜谭。30年来的中国建筑一方面极少带有个人情感的特殊印痕，另一方面则不断通过浅表符号化的堆砌与宏大、夺目、夸张的形式表演，来"旗帜鲜明"地抢在"队伍"的前列，以获得公众的注意与认同，成为时代旗幅上耀眼的LOGO。30年来的中国建筑史上，数量最庞大的，就是这种被"代表心态"催生出来的"亮相式建筑"，也就是那些为强调某类"代表性"特色而竞相进行无节制表演的建筑；"亮相式建筑"初看惊人，再看滑稽，三看无聊，它们越渴望代表时代，就越容易被时间抛弃，成为盛大游行后满地残留的垃圾。

走出站队，找回自我，精神独立，拒绝代表，是中国建筑师必须服下的一剂解药。"谦挹自若"虽不能至，但多少可以心向往之。

4. 互不隶属·时代精神与历史意识

"互不隶属"，是对时代的一种态度。

金岳霖有言："凡属时代精神，掀起一个时代的人兴奋的，都未必可靠，也未必持久。"对30年来痴迷于表现"时代精神"的中国建筑界来说，此语洞见真相，振聋发聩，令人警醒。

60年来，在革命语境中成长起来的几代中国建筑师，一直受到的都是反历史的"革命教育"。一次又一次有目的、系统化的文化灭绝无情斩断了他们与历史之间本应连通的血脉经络，令他们对生养、哺育自己的伟大文明几无觉知。因此，对绝大多数中国建筑师而言，历史不过是零散、片面，甚至是虚假的有关既往事件的知识，而不是浸润于浩瀚时空中延绵不绝，与我们当下血脉接续且联结起过去、现在、未来的深邃而自觉的历史意识。

30年前中国建筑师所面对的，原本就是一个错乱的历史语境。中国传统的本土建筑体系因时代发展与政治斗争需要而屡遭腰斩，从欧美和前苏联移植进来的西方前现代建筑体系亦水土不服、气息奄奄，西方现代建筑体系则因长期闭关锁国而音讯隔绝，再加上十多年建设停滞期造成的经验空白与人才断代，可以说从30年前的起点伊始，中国建筑就缺乏一个足以依托的、具备高度"历史合法性"的建筑传统。

历史感的匮乏与建筑传统的断裂，令中国当代建筑的起点悬置于一个无根无系的不确定时空，也迫使在革命语境中成长起来的新中国建筑师只能选择退身于时代的小格局，以表现同样缺乏根性与定位的"时代精神"为唯一的己任，而放弃了在时间的大格局中重建历史的文化使命。然而，昧于历史的，也必昧于时代；断绝传统的虚妄革命以及没有历史感的所谓"创新"，注定只能是无根之木、无源之水，中国当代建筑也因此进入了30年漂流期：没有历史的定位导航，远离传统的护佑滋养，不加选择地吞咽一切时代输送来的思想饲料，并急迫地与所有看似庞大坚固的时代漂浮物进行栓接。30年来，中国建筑界在缺乏深入研究的情况下，就接纳并实践了西方100年来几乎所有的建筑思想与流派，并把其据为自己"创新"的成果，却从来不曾质疑它们对于中国建筑和文化的历史价值何在；所谓的"时代精神"成为背弃历史的挡箭牌与粗劣制造的保护伞。

在风云突变的时代，"革命"成为中国建筑界唯一的传统：新生代建筑师总是不断地否定前辈建筑师的工作，不断地把本已稀薄的建设推倒重来。30年间，中国建筑现象更变如走马，建筑师改换门庭如翻云覆雨，但其中既乏个人的恒久坚持，也无代际的因袭传承，更没有锚固于时间中的历史自觉，因此30年来的中国建筑，除了留下一叠时代的标签外，并未累积起历史的厚重与意义的深度，也未能建立起连续的传统与稳定的文化坐标系，更无法给后代留下丰饶的、可继承并发扬光大的建筑精神遗产。从文化意义与历史价值来考量，中国建筑师几乎完全浪费了这个人类史上不曾出现过的，最庞大也最疯狂的建筑生产时代。

对于当代中国建筑师来说，从时代精神的禁锢中越狱，"互不隶属"，进而自觉走出文化的漂流状态，重新在历史中寻找锚固点，是一次新的思想解放，也是一个漫长而艰巨的任务。

5. 逸胜偶然·功利价值观与超越性格局

中国建筑，从集体的意义上说，在过去的30年中只坚守过唯一一个不曾改变、一以贯之的"主义"，那就是"功利主义"。

60年来，中国的教育体系一直被"工具论"所支配，其核心思想，是泯灭被教育者的主体意识、独立精神、自由意志与文化关切，从而令其丧失自主的价值判断能力，彻底沦为服务于权力的驯化工具。1952年院系调整之后，建筑学专业被纳入理工科体系，以快速、大量培养"建设人才"——具备建筑专业知识与设计能力的绘图机器——为主要目的。这种被工具论主宰的建筑教育，导致中国建筑师集体堕落为徒具工具理性而无人文关怀的匠人，中国建筑界全行业的功利价值取向，是工具化教育的直接产物与必然结果。

所谓功利价值观，是一种仅仅关注当下与身边利害得失的思维方式，它精心计算投入与产出的直接效率，并完全按照回报的多寡来决定自己趋利避害的行动选择。功利价值观将人的价值视野拘限于一个狭小的时空范围内，从而严重禁锢了主体的生命格局。功利价值观对中国建筑师的精神宰制，导致30年来生产出无数速朽的中国建筑：太多仅仅建成十几年甚至几年的建筑，现在看来就已不堪入目；多少当年叱咤风云的名作，于今观之味同嚼蜡，泯然于众。

建筑的生命周期，远远跨越了个人、一代人甚至几代人的生命周期，建筑的价值从本质上讲是一种超越性的生命价值，即通过将人类个体在有限生命中的创造，与逾越一代人寿命的更久远的时间相锚固而获得更加深邃的意义。因此，建筑师所从事的工作，本质上应当是一种超越性的工作，他所着眼的，除了眼下的功利价值局限之外，还应涵括更为阔大的超越性价值空间；唯其如此建筑师的工作才可能突破个体生命的有限时空，而获得凌越现世生存利害的文化意义与恒久价值。

"逸散偶然"所描绘的，正是这样一个具备"超越性"的价值格局："逸散"，是一个比时代参照系更加雄阔浩淼的大时空思考系，一种比个体的功利生存更加自由烂漫的文化生命状态；"偶然"，则是摆脱了功利价值的小格局中"直接因果律"的主宰，而焕发、张扬出的自在自为的生命意志。"逸散偶然"抒写了一种消逝已久的、在时间中栖止从容的中国文化精神，这种精神自近代以来，历经外忧内困、民生凋敝、文争武斗的侵扰，政治运动、权力机谋、文化杀伐的摧残，以及经济腾飞、贪欲汹涌、声色犬马的诱惑，在今天的中国已近空谷足音，对当代中国建筑师而言更如同天籁稀声，充耳不闻。30年过去，大道汹汹，背影如鲫，挤上时代功名榜的"名建筑师"和"名建筑"不知凡几，但冷眼看来，在"逸散偶然"的偏僻小径上，竟仍然还只有那个踽踽独行的身影踯躅而已。

6. 卅年风雨一局棋 · 返乡之旅

棋局是一个时空系，而对弈所比拼的，是思考格局。

棋力低者看一两步，棋力高者看十几步；棋力低者陷溺于局部得失的小格局，棋力高者着眼于全盘统领的大格局；对弈双方如果不在同一水平的时空思考象限，则格局较小的一方必败无疑。

30年中国建筑的发展，弹指间留下了与时间对弈的一盘残局。

总体而言，中国当代建筑师们算赢了局部，却算输了满盘；赢得了时代，却输给了时间。

输也不足为奇。

在被奴化教育摧毁独立人格，革命教育摧毁历史自觉，工具教育摧毁超越性文化价值观之后，中国建筑师在30年前手谈起始，就被锁困于集体格局、时代格局和功利格局而不自知。时间不动声色，任他们兴高采烈地造势布子、攻城略地、只争朝夕，待时候将到，才不慌不忙地把大龙一一收割，抽提干净。

历史，就是时间与人类对弈的一盘漫长的棋局。

在历史的棋局上，时代是盲目的，易于被欺骗、被戏弄、被设计的，对谄媚者也特别地青眼有加，因此时代最容易宠错孩子，发错糖果。

而时间，是检验建筑的唯一标准。

也只有时间，是检验一切文化生命力的唯一标准。

"试玉要烧三日满，辨材须待七年期"。鉴定真正的好建筑，30年时间虽然有限，但对于识别那些假冒伪劣的"好建筑"，30年时间已经足够。

常言"物是人非"，而中国建筑界30年来竟多上演"人是物非"的戏码，建筑的价值寿命远不及其设计者的个体寿命长久。一个建筑师最悲哀的，莫过于眼看着自己创造的建筑迅速地失去价值，变为难以处理的垃圾。30年，造就了一个地产竞相升值而建筑竞相贬值的时代，或者说，在既往时代我们珍若拱璧的建筑价值，在今天看来，只是一场虚妄。

将历史的漫长棋局复盘，从更广袤的参照系观察，所有欺瞒时代的狡计都一望可知，无所遁形。时间将揭破一切的建筑化妆术，显露出30年中国造物浅薄、空洞、市侩、虚伪、趋炎附势、狐假虎威的本来面目，一如它们企图粉饰却实际上忠实记载的这个时代一样，盲目、狂热、反智、空虚、断根失魂犹沉溺迷梦。

砰然一声，棋已终局。

30年的时光丛林，短视的中国建筑师们以不确定之身，从不确定的起点出发，向不确定的未来超速狂奔，清醒是侥幸，迷失是必然。"该得到的尚未得到，该丧失的早已丧失。"[4]

是时候驻足喘息，扪心自问：

我是谁？

我从哪里来？

我向哪里去？

松江方塔园，宛如30年前智者植下的一根标尺，在2009这个骤然失速的彷徨年份，提醒中国建筑师集体已经在时间中迷路太久。

丘吉尔说，"人类能向未来眺望多远，取决于能向自己的过去回望多远"。正如迷路时最好的方法是寻找来路一样，对中国当代建筑师来说，此刻应对迷失的最佳策略，不是继续涂鸦毫无依据的未来，而是立即开始精神返乡的奥德赛。

回家，从时代的因果链条中解脱，重新在时间中定位栖居。

未来不在远方，即在家的左近。

回家，是时候了。

7. 余音

对于回顾来路，《何陋轩答客问》中有一段妙文：

说着说着，日影西移，弧墙段上，来时亮处现在暗了，来时暗处现在亮了，花墙闪烁，竹林摇曳，光、暗、阴、影，由黑到灰，由灰到白，构成了墨分五彩的动画，同步地平添了几分空间不确定性质。于是，相与离座，过小桥，上土坡，俯望竹轩，见茅草覆顶，弧脊如新月。[5]

注 释：

[1]《何陋轩答客问》首刊于《时代建筑》1988 年第 3 期，后重刊于《世界建筑导报》2008 年第 3 期，重刊时作者对部分文字作了改动，本文引述以重刊文字为准。

[2] 对比相隔十年后作者重刊《何陋轩答客问》一文时的文字改动，发现部分言词与原文主客异位，足见主客之言皆为虚托，聊以起兴而已。

[3] 原文为"总之，这里，不论台基、墙段，小至坡道、大至厨房等等，各个元件都是独立、完整、各具性格，似乎谦挹自若，互不隶属，逸散偶然；其实有条不紊，紧密扣结，相得益彰的"。这里断章取义，截取 12 字聊充密码。

[4] 引自海子短诗《秋》。

[5] 冯纪忠 . 何陋轩答客问 [J]. 时代建筑，1988(3):5.

作者简介：

周榕，男，清华大学建筑学院副教授，工学博士。

（原载《时代建筑》2009 年 03 期）

建筑艺术研究

P 253

文化观遭遇社会观：

梁刘史学分歧与20世纪中期中国两种建筑观的冲突

文／赖德霖

摘　要：刘敦桢在1955年1月发表了《批判梁思成先生的唯心主义建筑思想》。由于直接针对了刘自己的同道故交，并受到了当时政治环境影响而带有颇为浓厚的意识形态色彩，这篇文章今天多为中国建筑史界所讳言。本文认为，这篇文章是刘少数史论文章中最重要的一篇，它体现了刘在1949年以后尝试运用马克思主义历史唯物主义观点研究和认识中国建筑的努力。这篇文章不仅体现了两位20世纪中国最重要的建筑历史学家在史学观点上的分歧，而且体现了20世纪中期中国两种建筑观之间的冲突。这两种建筑观一者强调建筑的文化性，另一者强调建筑的社会性。它们既是当时建筑风格与遗产保护辩论中两种基本对立思想的根源，也是相隔约20年中国建筑史两种不同写作方式的史论基础。

关键词：中国建筑史学史 梁思成 刘敦桢 文化观 社会观

1949年中华人民共和国的建立在给中国的社会和政治带来翻天覆地变化的同时，也给中国的建筑界带来了自近代以来前所未有的转变。这些转变不仅体现在体制上的公私合营、教育上的院系调整，和实践上的大规模城乡建设，也体现在涉及建筑创作、遗产保护，以及历史写作的建筑思想之上。对于后者，目前学界已不乏对有关的事件、争论、相关文献以及人物，尤其是梁思成的介绍和讨论。然而，多数论者却忽视或回避了其中的另外一位重要学者的思想和影响。他就是杰出的中国建筑史家刘敦桢。

众所周知，刘敦桢是梁思成在中国营造学社的合作者，他们将传统文献学与现代考古学和美术史学相结合，一同开辟了研究中国古代建筑的科学新路。今天人们在谈论梁刘时所强调的大多是他们在学术追求上的一致性。不过在我看来，揭示二人在史学上的差异性或许更为重要，因为它体现了20世纪中期中国两种建筑观之间的冲突。这两种建筑观一者强调建筑的文化性，另一者强调建筑的社会性，它们既是当时建筑风格与遗产保护辩论中两种基本对立思想的根源，也是相隔约20年中国建筑史两种不同写作方式的史论基础。

1. 1955年刘敦桢对梁思成的批判

梁刘的史学分歧早在他们的营造学社时期就已经有所显现。这当然不仅是说梁刘分别负责学社的法式部和文献部，而且是说在研究对象上，梁的调查工作以阐明中国木构建筑的结构原理、发展脉络并解读宋《营造法式》为主要目标，而刘则更关注中国不同类型、不同构造的建筑在整体上的成就；在研究方法上，虽然二人都强调对于实物的调查，但梁更注重分析建筑的风格演变，而刘更注重文献考证和工程技术。[1]不过他们之间分歧最集中的表述还在于刘敦桢在1955年1月发表的《批判梁思成先生的唯心主义建筑思想》一文。[2]由于直接针对了刘自己的同道故交，并受到了当时政治环境的影响而带有颇为浓厚的意识形态色彩，这篇文章今天多为刘的亲属和门生所讳言，以至不见于他的文集和著作全集。然而不应否认的是，它是刘少数史论方面的文章中最重要的一篇，全面体现了刘从建筑的社会性的角度对梁中国建筑史写作的反思。对于今天的研究者来说，其重要的史学价值不容忽视。

刘文共分五节，第一节是引言，第五节是对梁错误的“溯源”，其他三节分别批判了梁的历史写作思想、建筑创作思想，以及文物建筑保护思想。针对梁的中国建筑史写作，刘批评说：“梁先生对中国建筑发展的论述方法，在‘中国营造学社’时期所写的调查报告，不问社会背景，只讨论各种结构式样，令人读了以后，不知道这些结构式样如何产生和演变的。近年来发表了一本‘中国建筑史’，并写了几篇与建筑史有关的论文，但所用方法基本上还是一样。就是在内容方面，主要罗列大批表面现象和式样技术方面的各种演变资料，除少数例子谈到生产方式与生产关系以外，未把中国建筑与中国社会发展有系统地联系起来，说明建筑和经济、政治、文化，尤其是和经济的关系，使人由此树立唯物主义的建筑观点，进而找出将来发展的方向，相反地却把人们引向错误的路上去。”

针对创作，刘认为中国建筑特征与社会发展相关，过去的建筑艺术并不适于今天的创作。他说：“古代统治阶级，一方面为了穷奢极欲的享受，另一方面企图在精神方面巩固他们的统治，不惜浪费人力物力，建造了许多规模宏大的宫苑、陵墓、庙宇等等。这些建筑虽然是当时劳动人民用智慧和血汗累积起来的宝贵成绩，有很高的历史价值与艺术价值，但无可否认的，当时统治阶级的主观愿望，曾对这些建筑起了很大作用；因而它们的平面布局与形体色调，有不少部分成为虚骄夸大的形式主义建筑。这种建筑的宏大规模与辉煌壮丽的外观具有相当大的吸引力量，人们如果无批判地接受，便在无形中养成脱离现实为艺术而艺术的唯美观点。梁先生平日醉心这种建筑并对它具有深厚的感情，所以忽视适用与经济，强调建筑的艺术性，终于成为形式主义复古主义的倡导者。”

关于文物建筑保护，刘主张分别等级，对“不重要的”，要根据现实的条件和需要进行评判和取舍。他说：“关于保存古代建筑纪念物方面，梁先生提出所谓‘古今兼顾，新旧两利’的方针，而在实际工作中几乎为保存古物而保存古物，不顾今天人民的需要与利益，反对改变原来城市的面貌，严重地妨碍国家建设事业的发展。……至于保存这大批纪念物的方针，我以为在国家集中力量从事大规模经济建设的时候，只能在经济许可范围内，采取分别等级和重点保护的方法。就是历史价值与艺术都具有代表性的建筑，应该随时修缮，不使其毁坏，而且不能任意使用。如果位于城市内，最好把它组织到城市规划里，使其在文化上能发挥积极作用。次要的，应允许使用，但不宜过分改修，变更原来面貌。不重要的，如妨碍建设或人民生活，可以迁移或拆毁。换一句话说，在原则上，不是为保存而保存，而是使建筑纪念物为今天人民利益服务。”

总而言之，刘文强调要从社会的角度认识中国建筑，代表统治阶级意愿的古代建筑艺术，并不适合今天的需要，即使在古建筑保护问题上也要充分考虑今天人民的需要与利益。

2. 建筑科学观与建筑社会观对建筑文化观的批判

尽管一些措辞带有明显的意识形态色彩，刘敦桢对梁思成的批评却并非无的放矢。梁思成的中国建筑史研究方法与研究目的密切相关。在梁看来，保护和复兴是研究中国建筑两个最重要的目的，正如他在1944年所写的“为什么研究中国建筑”一文中说的：“中国建筑既是延续了两千余年的一种工程技术，本身已造成一个艺术系统，许多建筑物便是我们文化的表现，艺术的大宗遗产。除非我们不知尊重这古国的灿烂文化，如果有复兴国家民族的决心，对我国历代文物，加以认真整理及保护时，我们便不能忽略中国建筑的研究。”[3]出于保护和复兴的需要，梁的中国建筑史研究关注的重点便是形式、风格，以及相关的结构方式。又由于梁接受过宾夕法尼亚大学的学院派建筑教育和哈佛大学的美术史训练，他的建筑史写作受到了19世纪后期以沃尔夫林（Heinrich Wölfflin）为代表并在西方美术史教育中影响巨大的视觉分析方法以及19世纪中期以来英法结构理性主义建筑美学的极大影响。[4]针对梁根据建筑构件是否具有结构功能来评价中国建筑的进步与倒退，台湾当代建筑学者夏铸九在刘敦桢的文章发表35年之后也提出了相似的批评。夏说，结构理性主义逻辑所造成的“结构决定论”“不自觉地化约了空间的社会历史建构过程，产生了非社会与非历史的说法。”[5]

但刘的批评不仅仅是针对梁的“结构理性主义”。他文章的标题是批判“唯心主义”，立论所指可以说是以梁思成为代表的一种建筑观念。这种建筑观视建筑为一种文化的产物，同时也是这种文化的表征，因此可以被称作建筑的“文化观”。18世纪后期以来，对于民族文化的认同和表现的需要伴随着欧洲民族国家的兴起而出现。建筑作为一种艺术形式和所具有的象征性，[6]也被民族主义者们充分认识与利用。如大卫 · 沃特金（David Watkin）曾指出，在19世纪德国哥特建筑复兴时期，哥特建筑就被视为源于德国的自然条件，体现了德国的基督教精神和浪漫的民族主义。[7]彼得 · 柯林斯（Peter Collins）也认为民族主义是哥特复兴的五个来源之一，而英国的哥特复兴就与民族主义联系在一起。[8]

建筑文化观在中国兴起于20世纪20年代。在创作实践中它表现为对于作为文化象征的物质形式，也即一种中国风格的追求。对此笔者已经在《“科学性”与“民族性”——近代中国的建筑价值观》一文中作了较为详细的介绍。[9]这里需要强调的是，建筑文化观也见于中国营造学社的创始人朱启钤的表述。如朱在《中国营造学社缘起》一文中说：“吾民族之文化进展，其一部分寄之于建筑。建筑于吾人生活最密切。自有建筑，而后有社会组织。而后有声名文物。其相辅以彰者，在在可以觇其时代。由此文化进展之痕迹显焉。”[10]

在历史研究中建筑文化观表现为对于这种风格的界定和评判。由于是民族文化的一种象征，所以对建筑的民族风格的界定和评判往往以世界文化为语境，对外强调它与其他文化的差异性，对内强调它在民族的地理空间范围内的普遍性或典型性，以及历史时间发展上的持续性。这些特点在梁思成的中国建筑史写作中都表现得十分清楚。如他以古代官式建筑作为中国传统建筑的代表以及自己中国建筑史研究的核心对象，他还强调中国建筑的基本特征是框架结构，这一点与西方的哥特式建筑和现代建筑在原则上相同；通过研究官式建筑大木结构，他总结出中国建筑的发展谱系，他总结出中国建筑的连续发展谱系，即从初始到“豪劲”，再到“醇和”和“羁直”衰落的演变过程。[11]

虽然刘敦桢对梁思成批判的直接政治背景是中国在1950年代初开展的“知识分子改造运动”和同时在社会科学领域开展的对于“唯心主义”的批判，[12]但他论文的史论基础是当时已经在中国历史学界占据主导地位的马克思主义辩证唯物主义和历史唯物主义史观。马克思主义自1919年的“五四运动”以后在中国传播，其关于社会发展规律的主张也被中国的历史学家引入对于中国历史的研究和对不同时期社会性质的讨论。如果说刘敦桢的早期研究是渊源于清朝乾嘉学派和近代考古学的实证，他在1950年代对建筑社会性的关注和强调则明显受到了马克思主义的辩证唯物主义和历史唯物主义史观的影响，这一思想的核心是，生产力是社会发展的动力，社会存在决定社会意识。[13]

刘敦桢还在为《中国古代建筑史》的绪论所写的第四节“中国封建制度对古代建筑的影响”一文中深入探讨了中国建筑的社会特点和社会影响。在整体上他认为中国建筑是封建制度的产物，而在技术上又是保守和落后的。他说：“第一，许多重要的建筑是为封建统治阶级服务的，它们反映着封建统治阶级所要求的物质生活和思想意识、美学观点等。……第二，建筑技术发展缓慢。主要原因是中国封建社会的生产力，无论农业与手工业都长期停留在手工操作的范畴，尤其手工业未发展到大规模的机械生产，成为推进建筑发展的动力之一。……第三，创作方法的因循守旧。古代的劳动匠师们受着当时生产关系和封建保守思想的束缚，使他们的建筑创作方法往往限于因循守旧。其中最主要的一个特点就是旧的建筑形式一直不能被新内容、新技术所突破。”[14]

刘敦桢的这些表述显然受到了当时政治环境的影响。不过，如果仅仅把刘的这些思想看成是一种意识形态的反映则是简单化的表现。批梁一文所反映的史观不仅有马克思主义的影响，也有建筑学的来源，这就是20世纪30年代以来在现代主义建筑思想影响下，中国建筑界内部对于建筑文化观以及相应的“中国固有式”建筑的批判。[15]

第一种批判来自中国近代以来对于建筑的科学性的认识，具体表现在对于建筑的功能、材料以及技术的合理性和时代性的强调。如1928年南京《首都计划》的制定者曾列举四条采用“中国固有式”的理由，即“所以发扬光大本国固有之文化也”，“颜色之配用最为悦目也”，“光线空气最为充足也”和“具有伸缩之作用利于分期建造也”。而中国近代著名建筑师林克明在1942年介绍现代主义并批评“中国固有式”建筑时直言道：“查以上所举理由，稍加思度已知其无一合理者，且离开社会计划与经济计划甚远，适足以做成‘时代之落伍者’而已。”[16]甚至梁思成的同学童寯也从科学理性的角度，明确指出了中国建筑传统与现代的建筑结构与材料的矛盾，并间接地批评了梁所主张的中国古典复兴风格的建筑设计。童寯1941年在《战国策》杂志上发表了《中国建筑的特点》一文，他在结尾质疑说：“以上中国建筑的几个特点，是否也是其优点呢？无疑的，在近代科学发达以前，中国建筑确实有其颠扑不破的地位，唯自钢铁水泥盛行，而且可以精密计算使其经济合用，中国建筑的优点都变成弱点。木材不能防火耐震抗炸，根本就不适用现代。中国式屋顶虽美观，但若拿钢骨水泥来支撑若干曲线，就不合先民创造之旨，倒不如做平屋面，附带的生出一片平台地面。我们还需要彩画吗。钢骨水泥是耐久的东西，彩画是容易剥落的东西，何必在金身上贴膏药？”[17]

1945年10月童又在《我国公共建筑外观的检讨》一文中重申了上述观点。他说：“中国木作制度和钢铁水泥做法，唯一相似之点，即两者的结构原则，均属架子式而非箱子式，惟木架与钢架的经济跨度相比，开间可差一半，因此一切用料均衡，均不相同。拿钢骨水泥来模仿宫殿梁柱屋架，单就用料尺寸浪费一项，已不可为训，何况水泥梁柱已足，又加油漆彩画。平台屋面已足，又加筒瓦屋檐。这实不可谓为合理。”[18]

对于建筑文化观的另一个批评来自建筑的社会观。如果说建筑的文化观关注的核心问题是作为文化的表征的建筑以及它与其他文化体系的建筑的区别，建筑社会观则关注文化体系内部一种建筑活动与特定社会条件的关联以及该社会对建筑形成与发展的影响。这种建筑观早在1920年代在中国建筑界就已经萌芽。如刘敦桢在日本留学时的校友和回国后的早期合作者柳士英就把建筑改良与社会改良联系在一起。他说：“一国之建筑物，实表现一国之国民性，希腊主优秀，罗马好雄壮，个性之不可消灭，在示人以特长。回顾吾，暮气沉沉，一种颓靡不振之精神，时常映现于建筑。画阁雕楼，失诸软弱，金碧辉煌，反形嘈杂。欲求其工，反失其神，只图其表，已忘其实。民性多铺张而官衙式之住宅生焉，……

民心多龌龊，而便厕式之弄堂尚焉，……余则监狱式之围墙、戏馆式之官厅，道德之卑陋，知识之缺乏，暴露殆尽。故欲增进吾国在世界上之地位，当从事于艺术运动，生活改良，使中国之文化，得尽量发挥之机会，以贡献之于世界，始不放弃其生存之价值。”[19]

中国近代第一位留学美国的建筑师庄俊在1935年也曾针对“中国固有式”建筑的设计批评说：“凡建筑之合乎天时、地利、政治、社会、宗教、经济者，即是合理。……设在民主政体之下，而必建造封建式之衙署者，是不合政治也。”[20] 言下之意是建筑形式必须与社会的性质相适应。

1940年代，受到现代主义建筑思想和马克思主义社会史观的双重影响，[21] 建筑的社会观在中国也得到了进一步发展，并与科学观一起构成了对于以建筑文化观为基础的“古典复兴式”建筑的质疑。黎抡杰（笔名黎宁）这位中国近代建筑史上极其重要的现代主义建筑宣传家在其所著《国际新建筑运动论》一书中就说：“中国，具有四千余年的历史与辉煌的文化，在建筑方面自有其传统的珍贵与价值，然而站在现代之构造技术，与材料之使用上，则[中]国建筑距离时代太远，换句话说即不适合现代生活了。进步的唯物造型艺术理论家，如以式样作为社会意识形态的表现，那末中国建筑是代表中国四千余年封建文化与封建社会的上层机构。而不是代表今日进步的中国文化与社会。……中国新建筑运动以1936年起始，他[它]是世界新建筑运动的一环，是代表反抗数千年固有传统的封建的建筑技术，更否定了殖民地样式建筑的入侵而主张创造适合于机能性与目的性的新建筑。”[22]

黎还在《新建筑造型理论的基础》一书中探讨了社会对于建筑的影响，他说：“西洋文艺复兴期（Renaissance）的建筑，第一是宫殿之使用，现代古典歌剧场尚多采用，有厚重的感觉，及曲线纹装，这是上层阶级权力的表示。十九世纪资本主义之经济发展，金属势力要求巨大的建筑物，为生产关系建筑之大工厂、仓库，更为满足资本家之欲望，如剧场、酒店、别庄，等建筑之兴起，更加以现代学科（科学）发达所产生的材料与构架技术，凝成于社会相适应的建筑形态。”

他最后总结说，“由上的论述我们可认识：一、生产关系规定社会的组织及建筑的用途，二、生产关系决定建筑材料之生产与构造技术，三、上层社会机构与‘道德温度，作为上层社会的意识形态，决定该阶层之造型艺术表现与社会的情感。”[23] 显然，在黎抡杰看来，建筑是具有社会性的，即它总是与特定的社会阶层的物质及精神需要相联系的，社会的进步必然要对代表旧制度的建筑构成挑战。

事实上梁思成在1940年代后期访问美国后也开始关注建筑与社会的关系。他为清华大学营建系设计的学制和学程就充分体现了他将社会学的思考引入建筑学和建筑教育的努力。[24] 1950年代以后，他在著作中还多次指出建筑是特定社会和政治经济制度的反映。[25] 作为一位系统地受到过现代科学教育的建筑家，他也并非不知道中国传统建筑在使用功能上的落后、材料上的原始、施工质量的粗劣以及与现代功能要求和工程技术标准的巨大差距。但是，梁思成思想的矛盾性在于，出于保护和复兴中国建筑的理念，他必须论证中国传统建筑在现代社会继续存在的必要和意义。为此，他和妻子林徽因在1930年代提出了两个主要论点：第一，美术价值不因实用价值改变而改变；[26] 第二，中国建筑采用框架结构，其原理与“国际式”现代建筑一样，所以“正合乎今日建筑设计人所崇尚的途径”。[27] 1950年代，在当时政治环境的影响下，梁又根据毛泽东在“新民主主义论”一文中对中国新文化所提出的“民族的”、“科学的”和“大众的”三点要求，指出了中国建筑的人民性。正如他说：中国建筑的屋顶“不但是几千年来广大人民所喜闻乐见的，并且是我们民族所最骄傲的成就”。中国建筑的语汇（构件和要素）和文法（风格和手法）“是世世代代的劳动人民在长期建筑活动的实践中所积累的经验中提炼出来，……它是智慧的结晶，是劳动和创造成果的总结”。[28] 他还借助苏联专家的话来支持自己关于建筑的艺术性与民族性的主张，并回应由童寯所代表的从结构和材料的角度反对在现代建筑中采用民族形式的观点。他说：“穆欣同志批判了‘材料和结构决定建筑艺术’的错误理论。他指出：决定建筑艺术的是社会思想意识，材料结构对它只能起一定的影响，它只是完成目的的手段。使艺术服从材料结构就是削足适履，所以，‘钢筋水泥不能做民族形式的建筑’这种说法是不能成立的。有些同志认为木材可以加油漆，水泥是不应上油漆彩画的。穆欣同志幽默地笑着回答说：‘这是我们祖先的幸福，因为条件不好，倒能修建美好的建筑。今天都是建筑材料的罪过，使人不能美化它了！’”[29]

总之，梁试图通过对于中国建筑美术价值、结构原则和人民性的宣传唤起人们对于传统建筑的重视，并提高社会对于保护和复兴中国建筑的热情。而在北京城墙的保护论证中，梁除了肯定城墙的艺术价值之外，还试图通过将其改造为环城公园以赋予它在现代社会中的使用价值。不过，梁的这些论点在众多从科学观和社会观角度对于中国建筑的落后性、保守性和封建性的批判面前都显得捉襟见肘。而现实也没能让梁将他在新的社会和专业条件下所获得的有关建筑与社会关系的新认识付诸其中国建筑史新研究。

建筑的科学观和社会观是所谓"复古主义"的批判者和北京拆城论者的"理论"基础。例如1955年第2期《建筑学报》中署名"牛明"的文章《梁思成先生是如何歪曲建筑艺术和民族形式》就批评梁强调了建筑的艺术性却忽视了生活方式和使用要求对于建筑形式的影响。[30] 而梁在营造学社的年轻同事卢绳在肯定了梁1953年所发表的《古建序论》一文"能将决定一个时代建筑的社会经济条件与建筑本身联系起来"的做法之后，也站在与刘敦桢相似的立场批评说："可是既然明白这个道理，为什么在谈到关于新中国建筑的创作时，要把反映封建社会生活和封建制度的古代建筑法式的熟习，提到首要的地位呢？这显然对他自己所承认的建筑意义是相违背的。"[31] 主张拆除北京城墙和地标建筑的人们更是痛陈旧城和旧建筑是如何妨碍了现代的交通，如何迫使人民群众的游行队伍绕行，并让解放军的军旗在象征封建王朝的建筑门下"低头"等罪状，以此为理由最终将拆城计划付诸实施。[32] 更有甚者，1954年11月，苏联召开第二次全苏建筑工作者会议，苏共总书记赫鲁晓夫作了题为"论在建筑中广泛采用工业化方法，改善质量和降低造价"的报告。受其影响，中国建筑界掀起了一场反浪费的运动，矛头所指就是所谓的复古主义和装饰主义。[33] 除了工业化的技术要求之外，这场运动又为中国已有的建筑科学观加入了一个新的内涵，这就是经济上的合理性。

3. 建筑社会观与刘编《中国古代建筑史》

刘敦桢秉持建筑的社会观，不过因为他身在南方，所以除了批梁一文之外，没有再更多地卷入当时以北京为中心的建筑思想之争。但他从"唯物"，尤其是从社会发展的角度认识中国建筑发展的努力却清晰地反映在由他主编的《中国古代建筑史》一书中。这部书由当时的建筑工业部立项，其编辑委员会除了当时中国的大部分建筑史专家之外，还包括有部属建筑科学研究院的主管领导。编撰工作从1959年开始，"历时七载，前后修改八次"。[34] 该书因此堪称是一部体现了官方意识形态的"官修"历史。

理解《中国古代建筑史》编撰方式，需要对比刘敦桢所批评的梁思成著《中国建筑史》，二者的差异集中体现在体例、分期方式、各章首节，以及分类方式等四个方面。

3.1. 体例

梁著完成于抗日战争期间，也即梁在1946年底重访美国之前。该书的体例受到了由英国建筑史家弗莱彻尔父子（Banister Fletcher, 1833~1899 / 1866~1953）所著、并自其1896年初版以来便在西方建筑史教育中极具影响的《比较法建筑史》的影响。[35] 例如，弗氏对于每一个建筑体系的介绍都分为"影响"、"建筑特征"、"建筑实例"和"比较"四个部分。其中"影响"部分包括了地理、地质、气候、宗教、社会政治和历史等方面，而"比较"部分包括了建筑的平面、墙体、门窗、屋顶、柱、装饰等内容。这些内容与建筑风格密切相关，因而非常适合20世纪初期学院派历史主义教育和设计的需要。如英国当代建筑史家布鲁斯·阿尔索普（Bruce Allsopp）在其1970年出版的《建筑史研究》一书中曾评论《比较法建筑史》说，这本书更像一部辞典，它不是为了研究的（to be studied），而是为了学习的（to be learned），或应付建筑考试的。[36] 梁著也有相似的特点。如梁在绪论中讨论了中国建筑的特征和影响因素、分期，以及两部木结构法式著作——宋《营造法式》和清《工部做法则例》，而他对中国每一时期建筑的介绍都分为"大略"、"实物"、"特征"等节，并在"特征"节中分析型类和从阶基平坐、梁柱斗拱，到构架屋顶和门窗雕饰等种种细节。不难看出，与弗莱彻尔相似，梁最关心的也是建筑的结构原理、造型特点及其发展，并如何以最简明和直接的方式将这些知识介绍给读者，梁著的体例本身反映了梁保护并复兴中国建筑艺术传统的理想。[37]

刘编《中国古代建筑史》也设"绪论"一章。但其中三节分别介绍的是自然条件对中国古代建筑的影响、中国古代建筑发展的几个阶段，以及中国古代建筑的特点。尽管刘和梁一样也认为木构架是中国建筑的主要特点，但对于这一特点的形成原因，他却持与梁截然不同的"唯物"看法。相对于梁侧重的"环境思想"、"道德观念"、"礼仪风俗"等因素，刘在本章强调的是物质条件。

如梁认为中国建筑结构之所以以木材为主，除"古者中原为产木之区"这一表面原因之外，"更深究其故，实缘于不着意于原物长存之观念"。[38] 而刘则不谈观念因素的影响，只说古代黄河中游一带的气候"比现在温暖而湿润，生长着茂密的森林，木材就逐渐成为中国建筑自古以来所采用的主要材料"。[39]

3.2. 分期方式

在线性历史的写作中，分期方式往往体现了对历史发展特点的认识。日本建筑家伊东忠太（1867~1954）所著《支那建筑史》是第一部有关中国建筑历史发展过程的著作。[40] 出于对日本建筑之源的关注，[41] 他对中国建筑的考察强调了历史上中外文化交流的语境。他的书便以汉代和汉代以前为"前期"，之后为"后期"，因为在他看来，上古至汉是中国的"固有文化阶段"，按照19世纪欧洲人类学以工具为标准的时代划分方式，其中又分为石器时代、铜器时代、铜铁时代，以及其后的"汉艺术发达时代"；而汉以后为"各国艺术感化之时代"，其中又分为三国、晋、南北朝的"西域艺术摄取时代"，隋唐的"极盛时代"（隋唐），宋元的"衰颓时代"和明清的"复兴时代"。[42]

梁、刘对中国建筑史的分期都受到了伊东的影响，尤其是梁，他除了将元明清分为一个时期并增加了民国时期之外，几乎完全参照了《支那建筑史》的做法，这是因为伊东的分期对于他从造型风格的角度解释中国建筑的演变同样有效。刘编《中国古代建筑史》对汉代以后中国建筑的分期也与伊东著作相近。但刘对伊东的"前期"和梁的"上古时期"做了较大扩充，分章介绍了"原始社会时期的建筑遗迹"，"夏、商、西周、春秋时期的建筑"，并以战国时期作为第三章的开始。显然刘敦桢希望将中国建筑史的研究纳入马克思主义的社会发展史框架，而按照权威马克思主义历史学家郭沫若的观点，中国在夏、商、周和春秋时期是奴隶社会，从战国时期开始社会性质转变为封建。[43]

3.3. 各章首节

除以马克思主义的社会发展史作为中国建筑史分期的依据之外，刘的建筑社会观还突出地表现在《中国古代建筑史》的各章以"社会的变动和建筑概况"为题的第一节。如该书对宋、辽、金时期和明清时期建筑概况这样介绍：

"宋朝的手工业分工细密，科学技术和生产工具比以前进步，有些作坊的规模也扩大，并且多集中于城镇中，促进了城市的繁荣。……在这些社会条件下，市民生活也多样化起来，促进了民间建筑的多方面发展，同时在宫殿、寺庙等高级建筑的创作中成为主要的根源。……由于社会经济的发展及生产技术和工具的进步，推动了整个社会的前进。在建筑方面反映出来的，首先是都城布局打破了汉、唐以来的里坊制度。……工商业发展使得市民生活、城市面貌和政府机构都发生变化，从而城市的规划结构出现了若干新的措施。……由于手工业的发展，促进了建筑材料的多样化，提高了建筑技术的细致精巧的水平。这时建筑构件的标准化在唐代的基础上不断进展，各工种的操作方法和工料的估算都有了较严密的规定，并且出现了总结这些经验的《木经》和《营造法式》两部具有历史价值的建筑文献。"[44]

"由于经济繁荣，中小地主、商人、手工业作坊主的数量不断增加，因而明清时期地方建筑有了较大的发展。在经济发展的同时，大城市增多了，还出现了许多新的城镇。在城镇和乡村中，增加了很多书院、会馆、宗祠、祠庙、戏院、旅店、餐馆等公共性的建筑。……"[45]

如果说梁著各章的第一节是借助文献对各时期中国建筑活动的总体介绍，关注的问题是"有什么"，刘编的这一节则是对于各时期中国建筑发展因果关系的探讨，关注的问题是"为什么"，其中的"因"便是马克思主义社会发展史所强调的生产力和经济基础。

3.4. 分类方式

刘编《中国古代建筑史》与梁著《中国建筑史》最大的不同还在于两部著作对于建筑实例的分类方式。出于对于中国建筑结构的关注，梁著除对最后一章"清代实物"的介绍是分为宫殿、苑囿离宫及庭园、坛庙、陵墓、寺庙、砖石塔、住宅、桥梁、牌坊等类型之外，对于其他各代的实物基本都根据建筑的结构材料分为"木构"和"砖石（塔幢/建筑）"两类。而刘编则尽可能在每一章都按建筑的社会功能将实例分为宫室、住宅、陵墓、寺和塔等类进行讨论。

根据建筑的社会功能进行分类的叙述方式并非刘敦桢首创。例如中国古代的官方建筑管理便是按照城垣、宫殿、公廨、仓廒、营房和府第规定工程种类的。一般地方志也常常分类介绍地方的公署、坛庙、学校、桥梁、古迹和塚墓。不仅如此，从18世纪以来，随着城市建筑现代化的发展，建筑类型问题在西方建筑学中得到关注。以功能对建筑进行分类，于是也成为西方建筑教育的一个重要方法。如法国著名建筑家，古典主义的代表人物小勃隆台（Jacques-Francois Blondel，1705~1774）将建筑分为剧场、跳舞和节庆大厅、公园、公墓、学校、医院、太平间、旅馆、交易所、图书馆、工厂、喷泉、浴场、商场、市场、屠宰场、营房、市政厅、武库、航标站等等类型。[46]另一位法国著名建筑家，巴黎美术学院的建筑理论主讲人加代（Julien Guadet，1834~1908）在其名著《建筑的要素与理论》（Eléments et Théories de L'Architecture，1902年）也以居住建筑、教育建筑、政府建筑、法院建筑、监狱建筑、医院建筑等为类别分别介绍各自的构图特点。[47]所以并不奇怪，近代一些外国和中国建筑史家在介绍中国建筑时也是按功能分类，其中包括福格森的《印度及东方建筑史》、弗莱彻尔的《比较法建筑史》、伊东忠太的《支那建筑史》以及营造学社成员王璧文（璞子）的《中国建筑》和刘致平的《中国建筑类型及结构》。[48]显然按照建筑的社会功能分类有助于凸显建筑和人与社会的关联。但遗憾的是，在写作中上述学者并没有在分类的基础上继续将社会对于建筑的影响深入研究下去。更遗憾的是，他们都没有将分类与分期结合起来，动态地研究社会的发展在建筑上的具体反映，也就是建筑类型的变化。即使是伊东忠太，他对中国建筑的分期和分类都对刘敦桢不无影响，但由于他对中国建筑史的研究仅从上古截止至南北朝，他的书中有关建筑与社会发展关系的讨论也没有展开。

刘敦桢对中国建筑类型的关注在他加入营造学社初期所作的研究中就已显现，并与梁思成的关注焦点有所区别。梁的中国建筑史研究始于对宋《营造法式》的解读，为此他从一开始就关注中国建筑的大木作法式，以及由此造成的中国木构建筑的风格演变。他的《中国建筑史》以对两部"文法"著作的介绍为开篇，以建筑的材料为分类标准，因此强调的是中国建筑的设计原理。这一点与法国19世纪另一位重要建筑家维奥雷-勒-杜克（Eugène Emmanuel Viollet-le-Duc，1814~1879）的理解十分一致，因为在维氏看来，"艺术不在于这种或那种形式，而在于一种原则，——一种逻辑的方法。"（Art does not reside in this or that form, but in a principle,—a logical method.）[49]换言之，认识一种原理比认识由这种原理派生的造型更重要。而对于梁思成所追求的复兴中国建筑的目标来说，介绍中国传统建筑的法式也比介绍在现代社会已经失去功能价值的建筑类型更有意义。相对而言，刘敦桢对中国建筑的早期研究并无如此具体的目标。但也正因如此，他的研究范围比梁更广，不仅涉及到塔、桥、陵墓等多种类型，也涉及到宫室制度。[50]1950年代刘又完成《中国住宅概说》和《苏州古典园林》两部专著，它们是刘关于中国建筑类型研究的代表作。[51]

建筑的民族风格对应于建筑的国家或民族性，也即风格所代表的文化普遍性，而建筑类型对应的是建筑的特定功能，也即类型所具有的文化特殊性。对类型的研究使刘敦桢能够更好地结合文献材料，具体地揭示建筑的使用方式、社会、文化和经济等因素对建筑的影响，以及由此造成的文化体系内部的多样性与差异性。当代中国建筑史家傅熹年曾指出：刘的《大壮室笔记》"综合早期文献，研究两汉时期的宅第、官署、道路、陵寝、西汉长安城和未央宫的建筑特点及发展演进过程，并把它们和经史中反映出的古代社会情况、典章制度结合起来加以论证。"[52]这一点在刘编《中国古代建筑史》对唐朝住宅的介绍中更加明显，如刘说："由于经济发展，社会财力雄厚，统治阶级建造华美的宅第和园林，但根据不同的等级，自王公官吏以至庶人的住宅，门、厅的大小，间数、架数以及装饰、色彩等都有严格的规定，充分体现了中国封建社会严格的等级制度。"[53]可以说，对类型的关注使得刘在新中国成立后更容易认同马克思主义的历史唯物主义思想，进而将对建筑历史的研究与对经济和社会制度原因的探讨相结合。

将类型与分期结合还使得刘可以动态地看待中国建筑形制的发展。这一点除见于前引刘对宋东京城形态变化的讨论外，还清楚地表现在他对中国宫殿制度和佛教寺院空间格局变化的分析。如他在介绍东魏宫殿时说："宫城位于城的南北轴线上，大朝太极殿的左右虽建东西堂，但在这组宫殿的两侧又并列含元殿和凉风殿，而太极殿后面还有朱华门和常朝昭阳殿，可以看出东魏宫殿的布局除沿用曹魏洛阳宫殿的旧制以外，同时又附会了《礼记》所载的'三朝'布局思想。它对于隋唐两朝废止东西堂，完全采取'三朝'制度，起着承前启后的作用。"[54]

他在介绍北魏洛阳的永宁寺时说："据记载早期中国佛寺的

平面布局大致和印度的相同，以塔藏舍利（佛的遗骨），是教徒崇拜的对象，所以塔位于寺的中央，成为寺的主体。以后建佛殿供奉佛像，供信徒膜拜，于是塔与殿并重，而塔仍在佛殿之前。永宁寺正是这个时期佛寺布局的典型。可是东晋初期已出现双塔的形式，南北朝到唐数目渐多，供奉佛像的佛殿也逐渐成为寺院的主体，因而唐代佛寺在传统的两种布局方法以外，又有的在寺旁建塔，另成塔院，到宋又出现了将塔建于佛殿之后的方法。”[55]

正是由于刘敦桢认为建筑是特定社会条件的产物，所以他对中国古代建筑的评价也与梁思成不同。出于建筑的文化观，梁强调传统建筑作为民族文化的组成部分对于现代中国的价值。而出于建筑的社会观，刘则对产生于封建社会的传统建筑在总体上采取了批判的态度。他在《中国古代建筑史》的稿本中说：“一定的文化，是一定社会的政治与经济在意识形态上的反映。中国漫长的封建社会反映在建筑方面又是什么呢？……而所谓真正反映封建社会建筑的重要实物，都是为封建帝王、贵族、官僚、地主等统治阶级所服务的宫殿、苑囿、陵寝、城堡、邸宅、宗祠等等，以及用以麻痹人民的宗教建筑，如寺、观、塔、幢、石窟等。”

他还说：“由于社会的生产力始终停留在农业与手工业的不发达阶段，因此不能也不可能出现新型的建筑物，例如资本主义社会中的银行、商场、工厂、车站。……就是建筑内部，绝大多数也不必具有广大的空间和承载很大的活荷载，更不必考虑此空间内由于活荷载所引起的震动、倾斜、弯捩、破裂、崩溃等问题。所以中国古代建筑的结构与材料，除了少数例外，大体以木架为主、砖石为辅。而它的平面布局与外观式样，也就长期维持这一贯的独立系统。”[57]

很难想象，对于刘敦桢，这样的建筑传统还能够为一个新的时代和新的社会继续服务。而作为一名杰出的中国建筑史家，他在1950年代为什么没有像梁思成一样去大力宣传文物建筑保护也就不难理解。

4. 结语

建筑社会观对于现代中国建筑产生了多方面的影响。它不仅是“复古主义”的批判者和北京拆城论者的思想基础，也是批判所谓“资产阶级”的现代主义（1950年代又称“结构主义”）建筑的理论依据之一。[58]而新中国第一个十年最重要的建筑工程“十大建筑”在风格上的多样性，[59]也反映了在文化观、科学观和社会观彼此排他，纠缠不清的背景下，中国建筑莫衷一是的局面。

然而不可否认的是，作为一名建筑史家，刘敦桢从社会观出发，将中国建筑史的研究从梁思成所偏重的结构-形式和风格史转向了对于建筑发展的动力，也即中国建筑与中国自然、社会之间关系的探讨。他的两项重要的建筑类型研究——《中国住宅概说》和《苏州古典园林》——都促进了全国范围的对于这两类建筑的调查和研究。[60]它们更长远的影响是，通过揭示中国建筑的多样性，打破了建筑文化观下同一性的“中国建筑”概念，从而推动了地域建筑史的研究。

在其《建筑史研究》一书中，英国建筑史家阿尔索普从社会学的角度对以弗莱彻尔的著作为代表的建筑风格史叙述模式进行了批判。他说：“如果我们再把建筑是人造的环境（built environment）这一点作为前提，视其好坏来自人如何认同他所造，如何自我表现，如何以它为自豪，或出于崇尚权力抑或敬仰上帝等种种缘由，给予它某种特殊的品格，那么人们常说的‘建筑是社会的镜子’这句话就显然是真理。我们从镜子中所见并不见得是我们所青睐的。弗氏的书页中挑选的都是普遍获得认可和赞赏的建筑，用它们来建构建筑历史至少是误导的。”[61]

限于其历史条件，刘敦桢并没能将对于梁思成的批判引申为一种史学上的对于弗莱彻尔建筑史叙述的颠覆，但他在中国现代主义建筑思想以及马克思主义史学影响之下形成的建筑社会观和建筑史写作实践无疑顺应了20世纪世界建筑史学发展的大趋势。在刘之后，一批年轻的建筑史家继续了他的探索。如对建筑类型发展脉络的关注在1980年代由刘生前的助手潘谷西主编的《中国建筑史》教材中成为叙述框架。[62]潘还通过《曲阜孔庙建筑》一书探讨了孔庙的建筑形制在中国的发展。[63]刘的学生郭湖生则将类型演变研究的思想用于城市史研究，将学界对于中国古代城市制度的认识提升到一个新的高度。[64]由刘的哲嗣刘叙杰以及傅熹年、郭黛姮、潘谷西和孙大章等学者领衔主编，并在新世纪之初问世的五卷本《中国古代建筑史》在大大增加了新发现的史料和新的研究成果的同时，继续沿用了刘编《中国古代建筑史》的体例。1990年代以后社会学角度的中国建筑史研究更成为学科发展的一个重要趋势。[65]

刘敦桢从建筑的社会观的角度置疑了梁思成的建筑文化观，

并通过编著《中国古代建筑史》，极大地推动了中国建筑史研究向深度与广度的发展。然而，在今天总结和反思梁刘的史学分歧与20世纪中期中国两种建筑观的冲突的时候，我们还必须注意到，刘敦桢并没有对如何实现梁思成"为什么研究中国建筑"一文所提出的"保护"与"复兴"两个目标作出自己的回答。这两个目标也并没有因为意识形态的批判而失去其意义，相反，它们在如今正在急速迈向现代化和全球化的中国变得更加令人关注。

注 释：

[1] 参见傅熹年："一代宗师，垂范后学——学习《梁思成文集》的体会"、"博大精深，高山仰止——学习《刘敦桢文集》的体会"，《傅熹年建筑史论文集》（北京：文物出版社，1998年），437～439页，440～442页。另外，夏南悉（Nancy Shatzman Steinhardt）还指出，在梁的学术著作中仅仅有一处提到日本建筑，而在刘同期的著作中则有很多处。考虑到日本木构建筑对于研究8世纪中国建筑的极其重要性，对于梁这位接受过超级教育和极其细致的学者来说，这种对日本建筑的无视，只能被理解为是出于政治的和个人的考虑。见 Nancy Shatzman Steinhardt, "The Tang Architectural Icon and the Politics of Chinese Architectural History," Art Bulletin, vol. 86, no. 2, June, 2004, pp. 228～254。

[2] 刘敦桢："批判梁思成先生的唯心主义建筑思想"，《建筑学报》，1955年第1期，69～79页。

[3] 梁思成："为什么研究中国建筑"，《中国营造学社汇刊》，第7卷第1期，1944年10月。《梁思成全集（三）》（北京：中国建筑工业出版社，2001年），377～380页。

[4] 详见赖德霖："梁思成、林徽因中国建筑史写作表徵"，《二十一世纪》，第64期，2001年4月；"设计一座理想的中国风格的现代建筑——梁思成中国建筑史叙述与南京国立中央博物院辽宋风格设计再思"，《艺术史研究》，第5卷，2003年，见赖德霖《中国近代建筑史研究》（北京：清华大学出版社，2007年），313～330页、331～362页。值得注意的是，沃尔夫林通过形式分析，论证了巴洛克艺术与文艺复兴艺术一样，体现了各自特定时期社会的艺术意志，而不是文艺复兴艺术的衰退表现，从而批判了西方美术史自温克尔曼（Johann J. Winckelmann）以来将艺术比拟生物体的线性发展观。而梁思成虽然受到了沃氏形式分析的训影响，但在历史写作上延续了温氏的叙述模式，并以结构理性主义为标准勾画了中国建筑从原始至豪劲，再至醇和和羁直的发展脉络。

[5] 夏铸九："营造学社-梁思成建筑史论述构造之理性分析"，《台湾社会研究季刊》，第3卷第1期，1990年，6～48页。

[6] 德国哲学家和美学家黑格尔（1770～1831）的《美学》可以说是19世纪有关建筑艺术讨论的一部代表著作。

[7] David Watkin, The Rise of Architectural History (London: The Architectural Press, 1980), pp.4～5.

[8] 如柯林斯所指出，英国哥特复兴建筑的主要提倡者普金（Augustus Welby Nothmore Pugin）曾认为，这种建筑体现了英国的基督教精神；出于民族主义的诉求，他将这种风格用于英国的议会大厦（House of Parliament, 1835）建筑的设计，是"哥特民族主义"（Gothic nationalism）的表现。见 Peter Collins, Changing Ideals in Modern Architecture, 1750～1950 (Montreal & Kingston: McGill-Queen' s University Press, 2nd. ed., 1998), pp.100～102. 他所认为的另外四个方面的思想来源是浪漫主义、理性主义、教会神学、以及社会改良。

[9] 详见赖德霖："'科学性'与'民族性'——近代中国的建筑价值观"，《建筑师》，第62、63期，1995年2月、4月；赖德霖《中国近代建筑史研究》，189-203页。

[10]朱启钤："中国营造学社缘起"，《中国营造学社汇刊》，第1卷第1期，1930年7月，1～6页。朱的表述呼应了日本近代杰出的建筑家伊东忠太的看法。1930年6月18日伊东在访问营造学社时曾说："凡传一国之文化于后世者，文献与遗物，而文献易散佚，亦往往有误传、有伪作。遗物亦然，第视文献之抽象，则较具体而可信。至于建筑，更无散佚伪作之虞，又为综合其时各种美术工艺之具体大作。故文化之征，此最重要。"见"伊东忠太博士讲演支那建筑之研究"，《中国营造学社汇刊》，第1卷第2期，1930年12月，1～11页。

[11] 详见赖德霖："梁思成、林徽因中国建筑史写作表徵"，《二十一世纪》，第64期，2001年4月；赖德霖《中国近代建筑史研究》（北京：清华大学出版社，2007年），313-330页。另外，李士桥也指出，梁思成中国建筑史写作的一个重要企图就是在全球和历史发展的语境中为将中国建筑寻找一席之地。Shiqiao Li, "Writing a Modern Chinese Architectural History: Liang Sicheng and Liang Qichao," Journal of Architectural Education, Sep. 2002, pp. 35～45.

[12] 详见胡海涛《建国初期对唯心主义的四次批判》（南昌：百花洲文艺出版社，2006年）。这四次批判包括对电影《武训传》的批判，对胡适思想的批判，对梁漱溟"文化保守主义"的批判，和对胡风文艺思想的批判。

[13] 蒋大椿总结了新民主主义革命时期中国马克思主义史学八点基本理论主张，其中包括"认为物质资料生产方式是历史的基础，是划分社会形态的标志（具体理解则有所异），从生产力与生产关系的矛盾运动中探索政治的思想的历史，用社会存在说明社会意识"，见蒋大椿："八十年来的中国马克思主义史学（一）"，《历史教学》，2000年第6期，5～10页。

[14] 该节最后没有在《中国古代建筑史》中发表。作为刘的遗稿，最初发表在《古建园林技术》2007年第4期，9～10页。有关该文的写作过程，见王世仁："关于刘敦桢遗稿'中国封建制度对古代建筑的影响'的说明和认识"，《古建园林技术》，2007年第4期，8页。

[15] 详见赖德霖："'科学性'与'民族性'——近代中国的建筑价值观"，《建筑师》，第62、63期，1995年2月、4月；赖德霖《中国近代建筑史研究》，229～236页

[16] 林克明："国际新建筑会议十周年纪念感言"，《新建筑》（战时刊），1942年5月（根据笔记整理，无页码）。

[17] 童寯："中国建筑的特点"，《战国策》，1941年第8期；《童寯文集（一）》（北京：中国建筑工业出版社，2000年），109～111页。

[18] 童寯："我国公共建筑外观的检讨"，《（内政专刊）公共工程专刊》（第1集），1946年。《童寯文集（一）》（北京：中国建筑工业出

版社，2000 年)，118 ~ 121 页。童寯反对将新的结构用古代式样作为表现与法国考古学家、建筑历史学家和工程师、巴黎国立土木学校 (École Nationale des Ponts et Chaussées) 教授舒瓦西的思想一脉相承。舒氏将建筑结构而不是风格视为建筑的本质，他曾说："新的结构是逻辑学在艺术上的成功。一座建筑成为一个经过筹划的整体，其中每一个结构构件的造型不取决于传统的范式，而仅仅取决于其功能。"(转引自 Hanno-Walter Kruft, A History of Architectural Theory from Vitruvius to the Present, p. 289) 据 G. 赖特 (Gwendolyn Wright)，宾夕法尼亚大学美术学院最具影响力的建筑教授克瑞 (Paul Philippe Cret, 1876 ~ 1945) 对舒氏的思想十分推崇。(Gwendolyn Wright, "History for Architects," in Gwendolyn Wright and Janet Parks, eds., The History of History in American School of Architecture, 1865 ~ 1975, New York: The Temple Hoyne Buell Center for the Study of American Architecture, 1990, p. 23 ~ 25)

[19] "沪华海公司工程师宴客并论建筑"，《申报》，1924 年 2 月 17 日。

[20] 庄俊："建筑之式样"，《中国建筑》，第 3 卷第 5 期，1935 年 11 月 (根据笔记整理，无页码)。

[21] 1930 年代后期至 1940 年代，中国马克思主义的史学代表著作有：何干之《中国社会性质问题论战》(1936)、《中国社会史的论战》(1937)，翦伯赞《历史哲学教程》(1938 年 8 月)，毛泽东等《中国革命与中国共产党》(1939 年)，华岗《社会发展史纲》(1940 年)，邓初民《中国社会史教程》(1940 年)，许立群《中国史话》(1942 年)。见蒋大椿："八十年来的中国马克思主义史学 (一)"，《历史教学》，2000 年第 6 期，5 ~ 10 页。

[22] 黎宁《国际新建筑运动论》(重庆：中国新建筑社：1943 年) (根据笔记整理，无页码)。

[23] 黎宁《新建筑造型理论的基础》(重庆：中国新建筑社：1943 年) (根据笔记整理，无页码)。

[24] 详见赖德霖："学科的外来移植——中国近代建筑人才的出现和建筑教育的发展"，《艺术史研究》，第 7 卷，2005 年；赖德霖《中国近代建筑史研究》，173 ~ 179 页。

[25] 参见梁思成："古建序论——在考古工作人员训练班讲演记录"，《梁思成全集 (五)》，156 页；"建筑艺术中社会主义现实主义和民族遗产的学习与运用的问题——在中国建筑学会成立大会上的专题发言摘要"，《梁思成全集 (五)》，186 ~ 187 页。

[26] 林徽因在"论中国建筑之几个特征"(《中国营造学社汇刊》，第 3 卷第 1 期，1932 年 3 月，163 ~ 179 页) 一文中说："已往建筑因人类生活状态时刻推移，致实用方面发生问题以后，仍然保留着它的纯粹美术的价值，是个不可否认的事实。和埃及的金字塔，希腊的巴瑟农庙(Parthenon) 一样，北京的坛、庙、宫殿，是会永远继续着享受荣誉的，虽然它们本来实际的功用已经完全失掉。"

[27] 梁思成："建筑设计参考图集序"，《建筑设计参考图集 (一)》(北平：中国营造学社，1935 年)。这一观点在他和林徽因合写的"祖国的建筑传统与当前的建设问题"(《新观察》，1952 年 16 期，《梁思成全集 (五)》，136 ~ 142 页) 继续坚持。

[28] 梁思成："中国建筑的特征"，《建筑学报》，1954 年第 1 期，36 ~ 39 页；《梁思成全集 (五)》，179 ~ 184 页。

[29] 梁思成："苏联专家帮助我们端正了建筑设计的思想"，《人民日报》，1952 年 12 月 22 日，《梁思成全集 (五)》，150 页。

[30] 牛明："梁思成先生是如何歪曲建筑艺术和民族形式"，《建筑学报》，1955 年第 2 期，1 ~ 8 页。从文章开头所说"解放以前，我曾在长时期中向梁思成先生学习中国建筑，和共同从事于中国建筑的研究工作"，以及文中第 4 页的注释"[剑川门窗] 我在 1940 年去 [云南] 剑川时还在制造"，可知作者牛明是梁在中国营造学社的年轻同事。

[31] 卢绳："对于形式主义复古主义建筑理论的几点批评"，《建筑学报》，1955 年第 3 期，13 ~ 23 页。

[32] 详见王军《城记》(北京：三联书店，2003 年)，163 ~ 190 页。

[33] 详见邹德侬《中国现代建筑史》(天津：天津科学技术出版社，2001 年)，198 ~ 204 页。

[34] "说明"，刘敦桢 (主编)《中国古代建筑史》(北京：中国建筑工业出版社，1980 年)。

[35] 弗莱彻尔 (Banister Fletcher)，A History of Architecture on the Comparative Method (1st ed.) (London: B. T. Batsford Ltd, 1896) 第五版 (1905) 对中国建筑的介绍内容包括：I. Influences (i. Geographical, ii. Geological, iii. Climate, iv. Religion, v. Social and political, vi. Historical); 2. Architectural Character; 3. Examples (Temples and Monasteries, Pagodas, The Pailoos, Bridges, Tombs, Houses, Tea Houses, Engineering Works, Cities); 4. Comparatives (a. Plans, b. Walls, c. Openings, d. Roofs, e. Columns, f. Mouldings, g. Ornament).

[36] Bruce Allsopp, The Study of Architectural History (New York: Praeger Publishers, Inc., 1970), p. 67

[37] 梁思成在"为什么研究中国建筑"一文的结尾说："研究实物的主要目的则是分析及比较冷静的探讨其工程艺术的价值，与历代作风手法的演变。知己知彼，温故知新，已有科学技术的建筑师增加了本国的学识及趣味，他们的创造力量自然会在不自觉中雄厚起来。这便是研究中国建筑的最大意义。"

[38] 梁思成《中国建筑史》，《梁思成全集 (四)》(北京：中国建筑工业出版社，2001 年)，14 页。

[39] 刘敦桢 (主编)《中国古代建筑史》，1 页。

[40] 该书日文版原名为《支那建筑史》，1925 年出版；1937 年陈清泉译为中文并作增补，改名《中国建筑史》，由 (上海) 商务印书馆出版。见徐苏斌《日本对中国城市与建筑的研究》(北京：中国水利水电出版社，1999 年)，54 ~ 57 页。

[41] 徐苏斌《日本对中国城市与建筑的研究》，43 页；"日本伊东忠太博士讲演"，《中国营造学社汇刊》，第 1 卷第 2 期，1930 年 12 月，1 ~ 11 页。

[42] 伊东忠太 (著)，陈清泉 (译补)《中国建筑史》(上海：商务印书馆，1937 年)，38 页。

[43] 刘敦桢 (主编)《中国古代建筑史》，407 页。1950 年代，在中国历史的分期问题上，另一种颇具影响的主张是范文澜提出的"西周封建说"。

[44] 刘敦桢 (主编)《中国古代建筑史》，163 ~ 64 页。

[45] 刘敦桢 (主编)《中国古代建筑史》，278 页。

[46] Paul Rabinow, French Modern: Norms and Forms of Social Environment (Cambridge, MA: The MIT Press, 1989), p. 48.

[47] 参见Thomas E. O' Donnell, "The Rick Manuscript Translations, II: Guadet' s 'Elements and Theory of Architecture," Volume II, Pencil Points, vol. 8, no.3, pp. 157 ~ 161.

[48] 如福格森《印度及东方建筑史》的中国建筑一章就分为天坛、佛教寺庙、塔、坟墓、牌楼和居住建筑。(James Fergusson, History of Indian and Eastern Architecture , New York: Dodd, Mead & Company, 1891) 弗莱彻尔的《比较法建筑史》对中国建筑的介绍也分为庙宇、塔、牌楼、桥、陵墓、住宅、茶室、工程和城市。伊东忠太的《支那建筑史》更明确将中国建筑分为"宗教建筑"和"非宗教建筑"两类,前者包括佛、道、儒、祠、回、陵墓,后者包括城堡、宫殿楼阁、住宅商店、公共建筑、牌楼关门、碑碣和桥。1943年营造学社成员王璧文(璞子)出版的《中国建筑》一书分为绪论、都邑计划(城垣)、宫殿、苑囿与园林、坛庙、陵墓、衙署、寺观(塔)、第宅、桥梁、牌楼、碑碣等12章。1956年另一位中国建筑史家刘致平在其所著《中国建筑类型及结构》也试图以功能分类,他说:"我国地大物博,历史悠久,文化遗产内容非常丰富,所以历代所建的建筑物也是形形色色多种多样,如城市、住宅、宫殿、陵墓、佛、道、回、文、武庙、祠、坛、馆、书院……等各种形式。"(刘致平:"原序",《中国建筑类型及结构》,北京:中国建筑工业出版社,1987年,21页)

[49] Viollet-Le-Duc, Discourses on Architecture (Paris: 1860; Boston: 1875), vol.2, p.57, 转引自 Paul Rabinow, French Modern: Norms and Forms of Social Environment (Cambridge, MA: The MIT Press, 1989), p. 71.

[50] 刘早期对不同类型中国建筑的研究有:"石轴柱桥述要"(《中国营造学社汇刊》5卷1期,1934年3月,32 ~ 54页),"《抚郡文昌桥志》之介绍"(《中国营造学社汇刊》5卷1期,1934年3月,93 ~ 97页),"中国之廊桥"(《刘敦桢文集(三)》,448 ~ 455页),"明长陵"(《中国营造学社汇刊》4卷2期,1933年6月,42 ~ 59页),"易县清西陵"(《中国营造学社汇刊》5卷3期,1935年3月,68 ~ 109页);"六朝时期之东西堂"(《刘敦桢文集(三),456 ~ 463页)。

[51] 刘敦桢《中国住宅概说》(北京:中国建筑工业出版社,1957年);《苏州古典园林》(北京:中国建筑工业出版社,1979年)。

[52] 傅熹年:"博大精深、高山仰止——学习《刘敦桢文集》的体会",《傅熹年建筑史论文集》(北京:文物出版社,1998年),440 ~ 442页。

[53] 刘敦桢(主编)《中国古代建筑史》,105页。

[54] 刘敦桢(主编)《中国古代建筑史》,78页。

[55] 刘敦桢(主编)《中国古代建筑史》,83页。

[56] 刘敦桢《中国古代建筑史》,《刘敦桢文集(四)》(北京:中国建筑工业出版社,1992年),235页。

[57] 刘敦桢《中国古代建筑史》,《刘敦桢文集(四)》(北京:中国建筑工业出版社,1992年),235页。

[58] 有关文章包括林凡:"人民要求建筑师展开批评和自我批评",《人民日报》,1954年3月26日;戴念慈:"从华揽洪的建筑理论和儿童医院设计谈到对'现代建筑'的看法",《建筑学报》,1957年第10期,65 ~ 73页。

[59] 详见邹德侬《中国现代建筑史》(天津:天津科学技术出版社,2001年),230 ~ 240页。

[60] 刘叙杰:"刘敦桢",杨永生、王莉慧编《建筑史解码人》(北京:中国建筑工业出版社,2006年),8 ~ 15页。

[61] Bruce Allsopp, The Study of Architectural History (New York: Praeger Publishers, Inc., 1970), p. 83.

[62] 潘谷西主编《中国建筑史》(第1-5版)(北京:中国建筑工业出版社,1982 ~ 2005年)。

[63] 潘谷西《曲阜孔庙建筑》(北京:中国建筑工业出版社,1994年)。其他关于中国古代建筑形制的研究还包括萧默:"五凤楼名实考——兼谈宫阙形制的历史演变",《故宫博物院院刊》,1984年第1期;于振生:"北京王府建筑",贺邺钜等著《建筑历史研究》(北京:中国建筑工业出版社,1992年);杨慎初《中国书院文化与建筑》(武汉:湖北教育出版社,2002年),等。

[64] 郭湖生《中华古都:中国古代城市史论文集》(台北:空间出版社,1997年)。

[65] 参见陈薇:"天籁疑难辨,历史谁可分——90年代中国建筑史研究谈",《建筑师》,第69期,1996年4月,79 ~ 82页。

作者简介:

赖德霖,男,清华大学建筑历史与理论博士,芝加哥大学艺术史博士,路易维尔大学助教授。

(原载《中国建筑60年(1949 ~ 2009):历史理论研究》)

"围"与"穿"
——南京明城墙保护与相关城市交通发展的探讨

文／陈薇　杨俊

摘　要：南京明城墙是全国重点文物保护单位，而它所围合的南京主城又是快速发展的城市。城市发展必然带来城内交通与城外交通的关联，因此南京明城墙的"围"与交通的"穿"所构成的矛盾，遂成为影响城墙历史信息完整性传承和真实性表达的突出问题。文章以南京城墙与交通发展的历史演变为背景，以当今问题为对象，以与此相关的保护宪章为切入点进行探讨，旨在促进以南京为代表的古代城墙保护与城市交通的协调发展。

关键词：南京明城墙 城墙保护 城门 交通发展

南京明城墙是1988年1月由国务院公布的第三批全国重点文物保护单位，属于古建筑及历史纪念建筑物，包括城墙和外郭（郭墙）。城墙总长35.267km，目前保存较完好的有 25.091km，遗迹（地面有4-5m以下高度）、遗址（地面无城墙）共10.176km。外郭总长60km，目前城墙走势尚存有42km。明代南京城墙围合范围乃南京老城，或称主城，外郭含括范围则基本和现南京城区相吻合，这在全国历史文化名城中尤其在历史古都中实属难得。它一方面说明南京明城墙有着保护的良好前提和平台，另一方面又蕴含着保护的复杂性。因为南京既是历史古都，又是江苏省会，现代生活的内容和速度必然带来城内交通与城外交通的关联，因此南京明城墙的"围"与交通的"穿"所构成的矛盾，就成为影响城墙历史信息完整性传承和真实性表达的突出问题。而历史上关于"穿"与"围"所遗留的问题，及由于观念认识的差异和缺憾带来的目前保护问题的纠结，则更加难解。其突出的问题就是为"穿"而在"围"的城墙上进行"门"（门洞、门道、通道）的设立。本文希冀以南京城墙与交通发展的历史演变为背景、以当今问题为研究对象、以与此相关的保护宪章为切入点进行探讨，旨在促进以南京为代表的古代城墙保护与城市交通的协调发展。

1. 新中国成立前南京城墙的"围"与"穿"

1.1 明初蜿蜒城墙上开拓十三门，为呼应交通

明初朱元璋在南京定都后，经过一段发展后诏谕国策："生齿日繁，守备日固，田野日辟，商贾日通。"即既要加强防守，又要广通贸易。因此，一方面在城墙建设上，于历代基础上增建、加高原有城墙，并新建城墙，形成不规则的蜿蜒城墙；另一方面，配合都城建设辟建48条街道，改建城门以及增设瓮城共计13处，建成了以南京为中心对外辐射的全国驿道网，纵横条陈、坦平宽阔，开辟了新的历史篇章。通过城门，市内大街也与向外辐射的主要大道相联。由于南京明代城门选址讲究，于通达难守处则设坚固的瓮城多重，如聚宝门和通济门[1]，从而较好地实现了坚固城防与便利交通并举的策略。

1.2 明末清初闭门封路仅存八门，是权宜之计

明代的十三门到清代有一定的变化，除了明末先后封闭的仪凤、钟阜和金川3座城门外，清初神策门、清凉门亦闭，为八门。顺治十六年（公元1659年）复开仪凤、神策两门，但由于正阳与朝阳两座城门为清代驻城通道，一般百姓不得出入，故实为八门供居民进出。这种封闭了大致由西而北的城门考虑，一方面由于明成祖迁都北京后南京对外城市交通需求减少，尤其北边地极僻静、人迹罕至[2]；另一方面则完全出于防御的需要，西侧临江，北边荒凉，难以把守。

1.3 清末至民国初城门增至十二，欲引路入城

1895年，两江总督张之洞开筑贯通南京城区南北的主干道"江宁马路"。1909年，开通贯穿全城的"宁省铁路"，复开金川门，引铁路入城，标志着南京近代交通的开始，也开创了明以来南京城墙与城市交通的新节点。此时城墙上先后开筑的草场门、海陵门、丰润门等也都与城防无关，主要满足城市交通发展的需求。尽管在20世纪的抗日战争和解放战争中，城墙重新肩负起保城卫国的功能，但是，总体来说，新中国成立前南京城墙防御功能正在逐步退化，"围"与"穿"的矛盾开始。

2. 新中国成立后南京城墙的"围"与"穿"

2.1 20 世纪 50 年代中期对南京城墙有计划拆除

1949 年在战火下幸存的南京城墙已破败不堪，上世纪50 年代中期进行有计划拆除。一是1954年，受到当时经济条件等方面的限制，在城墙年久失修、多处地段出现坍塌险情，同时基建急需用砖的情况下，南京市政府开始有计划地拆除城墙；二是1958年，全国"大跃进"掀起"拆城大潮"，南京多处城门被拆除。其围合界面多处被打破，虽然"穿"的问题解决，但城墙保护岌岌可危。

2.2 1960~1970年代对南京城墙行掏墙防空

上世纪60~70年代中期，南京城墙多处因防空需要被掏作防空洞，如现中山门以北地段等仍存在防空洞及高处城墙上开设的透气风口。防空洞由于建造时也采用了现代建筑结构加固，目前没有发现因防空洞带来城墙坍塌问题，但客观上由于防空洞的建造，改变了城墙原有的结构方式，特别是包山墙段的城墙下部山体的构造方式改变了，形成隐患。而且当时为了方便行走，也在城墙上开了一些小门。

2.3 改革开放后破墙开路发展成增长趋势

虽然上世纪70年代末南京城墙已注重考古发掘和保护，1982年7月5日经南京市人大常委会第十次会议审议通过，同年 7月29日南京市人民政府公布施行《南京市文物古迹保护管理办法》，其中"第13 条"为南京明城墙制定；1982年7月16日公布施行《南京市人民政府关于保护城墙的通告》；1982年8月2日公布施行《南京市人民政府关于保护城墙的通知》。

但是，由于城市快速发展，破墙开洞已成增长趋势。这其中，有1990年新开的集庆通道，由东南大学潘谷西教授谨慎设计，坚持后开的通道不叫门，形式上也明确区分古今的差异，力保了城市交通与城墙保护的协调。但也有本世纪以来诸如察哈尔路西延、紫竹林路、芦席营路、鸣羊街实施或计划开墙破洞，结果于2007年因遭质疑而停工"深思"的实例。但总体来说，南京破墙开洞是慎重的，一些行而又止的"彷徨"实质体现出历史城市在保护和发展中的困惑。

3. 关于南京城墙"围"与"穿"的反思

区分南京城墙"围"与"穿"在解放前后的两个大段，原因有二：

第一，两大时段的发展特征和动因存有差异。

自明代南京城墙形成基本格局后，在解放前的漫长发展阶段，主要以"围"为主的城墙，是作为防御的一种主动态势存在的，"穿"为被动式；而解放后则以突破式的思路为主，"穿"为进行时，"围"是被动和静态的。这既反映出历史城市在不同社会制度下发生的根本变化，也反映出城墙在解放后演变为文物或遗产的特质。

第二，两大时段理解城墙的性质、态度、做法不一样。

我国关于文物保护的意识和相应保护手段开始较晚，1961年才有文物保护管理相关规定出台。解放前，保护的意识更是单薄，南京城墙在民国时的改变，基本上没有将它作为文物进行思考。解放后，虽然受政治、经济等的影响，虽然对南京城墙的保护并不力，但将它作为文物的意识已逐渐形成。特别是改革开放后，已有了相应的保护法律法规。

但是总体来说，体现在城墙上"围"与"穿"的矛盾，特别是从近二三十年城市高度发展以来形成的情形来看，还是不同领域沟通认识不同造成的，也是保护与发展在特定时期产生矛盾的必然反映。

同时，随着遗产保护意识的逐渐加强，关于和城墙相关的历史信息的完整性传承和真实性表达也日益成为保护的重点，包括近代的遗存、历史上穿城形成的门洞、环境等。这些复杂性都使得我们必须将南京城墙放在城市及其发展的平台上进行探讨（表1），同时必须将其遗产保护的属性放在首位。

4. 解决南京城墙"围"与"穿"矛盾的探讨

"2005年的12月，国务院下发了《关于加强文化遗产保护的通知》，在这个通知里第一次在红头文件的题目上用了'文化遗产'，取代了我国使用了几十年的'文物'这个词，这个转换是具有深刻意义的。"国家文物局局长单霁翔在2007年3月21日的报告《文化遗产是资本而不是包袱》中提到，"文化遗产取代文物意味着保护范围在扩大。"进一步表明文化遗产在中国目前的重要意义和操作层面的意义。

另一方面，围绕文化遗产，特别是近年对世界文化遗产的相关宪章和标准的理解加深，也使得在历史城市层面如何保护好遗产有了方向性的导引。结合南京城墙的"围"与"穿"的问题，我们的规划、见解及建议如下：

4.1 从整体的观念入手，认识南京诸城门和相关道路的关系和价值。

首先，是对南京城门和通道进行价值评估，同时由于南京明城墙 2006年已被国家文物局评审纳入世界遗产候选名单，所以要参照世界遗产的真实性、完整性和延续性的要求开展，从而依此对城门(通道)在价值上分出等级。

表1　民国以来新开道路(铁路)穿越城墙处现状评估

分类		道路	相关城门或城门遗址	评估
道路直接通过城门	城市主干道	中山北路	挹江门	城墙的历史保护与城市交通发展得到良好的结合
		中山东路—中山门大街	中山门	
		集庆路—"集庆门"大街	"集庆门"（通道）	
	城市支路	玄武门路	玄武门	景观和抵达性较好，道路尺度与城门尺度相宜，一定程度上保留了城门的历史信息，同时也为城市景观增添了层次
		鸡鸣寺路	解放门	
道路跨越城墙，城门闲置一侧	清凉门大街—清凉门桥—广州路		清凉门	为历史城墙保护与城市交通协调发展提供了新方法，门成为路侧景观
道路位于城门城墙遗址之上	明代遗址	建宁路	仪凤门和钟阜门遗址	遗址的覆盖、历史信息的流失、历史可读性的断裂，都是这些道路在修建过程中带来的问题
		定淮门大街—模范西路	定淮门遗址	
		水西门大街—升州路	三山门遗址	
		龙蟠中路	通济门遗址	
		御道街	正阳门遗址	
		龙蟠路	太平门遗址	
		金川门外铁路北街	金川门遗址	
	清代遗址	草场门大街—北京西路	草场门遗址	城墙历史信息有一定保留，但真实性受到损害
		钟阜路	小北门遗址	
	民国以后	汉中门大街—汉中路	汉中门遗址	
		江宁路—晨光路	雨花门遗址	
		中华路—雨花路	中华东、西门	
		新民路	新民门遗址	
		长乐路	武定门	
		中央北路—中央路	中央门遗址	
道路通过缺口穿越城墙	城市主干道	后标营路—锦湖路 光华东街—紫金路 察哈尔路西延	—	城墙真实性、完整性、延续性都受到破坏
	城市支路	广东路 富贵巷	—	

其次，对南京和诸城门（通道）联系的道路进行价值评估，尤其重点考察南京在都城建设时期形成的重要的、对南京格局有重要影响的道路，如中华路、御道街、中山大道（中山北路、中山路、中山东路、陵园路）等。在此基础上，形成最具重要价值的城门（包括遗址）和重要道路的相关联系。依此类推，可以得到城门和道路作为遗产的一张网络等级图，在"围"和"穿"的节点上，形成解决问题的判断基础。

4.2 在这个判断基础的平台上，为解决由于城市不断发展带来的交通与城墙的"围"与"穿"的矛盾，我们基本建立这样的原则：

对于重要历史道路和保护较好的城门节点形成的道路网，建议严格保护，基本不作为城市交通发展的线路，虽然其中有些道路在历史上是宽阔的主要道路；反之，今天或将来可以拓展或延伸的道路，从历史上不重要的、价值等级最低的开始选择。这种成逆反的关系也可以依此类推，即遗产价值比较低的道路以及在相应城墙节点上已不存遗迹的路线，可以作为道路发展的参考。

4.3 在具体做法上，解决南京城墙和道路"围"与"穿"的关系，有几种方式值得借鉴。

第一，"富贵山"平交隧道模式

富贵山是南京紫金山的龙头，也是自然山体比较靠近历史城市的部分，在明代，富贵山是明宫殿轴线出城北延的终点，形成背倚之势，也成为后来明清北京宫殿背靠镇山的形制先河，因此对富贵山的山峰和轮廓线的保护非常重要。而南京历史城市和北部区域的联系又十分必要，因此富贵山隧道形成道路和富贵山脚的平交通道模式。由于富贵山有足够的高度，所以这种模式既解决了交通，同时不破坏原来城墙遗址的构造，也没有影响山体及轮廓线。而南京城墙的一大特点就是因地制宜而形成许多段骑山、架山的筑城方式，如果在"穿"的选择上，选择在骑山和架山的一些地段，在有足够的山体高度保证下，采用"富贵山"通道模式，便既能在保护城墙不破坏基础、不涉及墙体的结构和外观的情形下，有效解决道路的发展问题。

第二，隧道下穿模式

在解决穿越城墙时，这是一种常见的思路和模式。问题主要有两方面：一是要充分保证城墙基础不受影响，二是"入地"和"出地"要有足够的坡道长度，所以在选择路线时要精心、慎重，同时施工方案要充分论证，以保证城墙安全不受到影响。南京的"通济门"隧道应该属于这种类型，只是通济门比较特殊，隧道入口选择也应更加考究。通济门在古代为交通要道，《南京都察院志》称为"冲要"，通济门还是南京当时最大的内瓮城，为交通要道，可惜上世纪50年代被拆除，地面无存。2002年，随着建设需求，被动考古进行过遗址勘探，发现有1-5层条石不等的城墙西垣基础，残长25.8m，以及城墙的土芯、包砖等。这些历史真实信息在后来进行通济门下穿隧道建设时，没有保留和标识出来，以至于现在世人无从知晓，甚为遗憾。但下穿式隧道对于南京历史文化名城的城墙保护十分必要，在解决"围"与"穿"的关系时，是我们编制《全国重点文物保护单位南京明城墙保护规划》时倡导的一种方式。

第三，局部环路模式

南京城墙比较特殊，因地制宜建设，从而形成平面和高度上的不规则形态。比较突出表现在：自西而北依山而建，筑墙有包山墙、架山墙、骑山墙及于平地高耸的城墙结合的多种形式；而自东而南由于地势平缓又水系充沛，所以顺势而建，且多用石砌。这样的情形不同于平原城市的城墙相对独立的状态，南京城墙与地形和地势有着密不可分的关系，这也增加了在道路组织中的难度。尤其在内侧，形成环路几乎没有必要，也不可行。目前上述两种方式比较适用于城北，而于城南比较适宜形成局部内环路或内外平行路以成局部外环路，以便进行引导和疏解，在有效利用历史形成的门和通道的同时、在不另行增加门道的情形下，解决"围"与"穿"的问题。同时，在城墙边开辟道路，并与绿化隔离带结合，能够有利于维护城墙的环境和本体保护，在这次保护规划中，我们还对环路车行道路等级规定为不得高于支路，对通行的车辆进行控制（以小汽车为主），以减少由于振动给城墙带来的隐患，现在部分实行地段效果较好。

此外，南京外郭郭墙长期以来在俗称"土城头"的土墙体上作为交通道路使用，客观上虽然留下了墙体的走势，但距离其作为遗产保护的目标还有相当的距离，同时，随着南京地铁的发展，在更大范围的"围"与"穿"的问题将凸显出来。本论文围绕南京城墙的探讨还仅是一个方面，希望在投石问路的同时，将期望更严格地在法律层面对此进行相关规定。南京正在实践着。

注 释：

[1]“聚宝门，建有内瓮城三座，设有瓮洞（今人称藏兵洞）二十七个，门垣共四道。”通济门“建有内瓮城三座，内设瓮洞若干，门垣共四道。”

[2]“鸡鸣寺之阴，近台城一带，有胥家大塘，蓄水冬夏不涸，环塘有田近百亩……地极僻静，人迹罕至。”“查神策门口，大路仅宽三尺有奇，街之西即系低洼处。由神策门而西为钟阜、金川诸门，久经闭塞，城外沿城一带都是荒地……”

参考文献：

1.《明史》卷二百二十二，列传第一百十。

2. 南京市公路管理处，南京古代道路史［M］，南京：江苏科学技术出版社，1989。

3. 杨新华，南京明城墙［M］，南京：南京大学出版社，2006。

4.（清）甘熙，白下琐言［M］，南京：南京出版社，2007。

5. 单霁翔，文化遗产是资本而不是包袱 [C]，[2007-03-21]，www.sach.gov.cn/tabid/310/infoID/8571/Default.aspx.

6. 单霁翔，从“功能城市”走向“文化城市”［M /OL]，天津：天津大学出版社，2007［2009-04-07]，http://www.sach.gov.cn/tabid/310/infoID/8576/Default.aspx.

7. 中国世界文化遗产预备名单重设目录（全文），[2006-12-15]，www.sach.gov.cn/tabid/294/InfoID/5910/Default.aspx.

作者简介：

陈薇，女，东南大学建筑学院教授、博士生导师。

（原载《建筑学报》2009 年 09 期）

中国传统建筑工艺技术的保护与传承

文／钟行明

摘　要：在建筑遗产保护中存在着忽视传统建筑工艺技术的问题，而传统建筑工艺技术在整个建筑遗产保护体系中占有重要的地位。该文从建筑遗产保护的角度分析了中国传统建筑工艺技术的重要作用，并探讨了关于其保护与传承的有效途径。

关键词：传统建筑工艺技术 保护 传承 建筑遗产

1. 问题的提出

我国古建筑在世界建筑体系中独树一帜，遗留下来的古建筑是我们宝贵的精神文化遗产，其保护越来越受到社会各界的重视。建筑遗产保护是一项复杂的工程，需要多学科、多角度、多层次地进行研究，是一个渐进的、不断探索和完善的过程。随着保护实践工作的深入开展，人们对建筑遗产保护的理论研究也在不断加深。进入新世纪以来，我国面临着更大规模的城市改造建设和社会主义新农村建设，这使得建筑遗产的保护更加迫切，更加复杂化。建筑遗产保护在思想认识及理论知识和实践方面都需要有所突破。

目前，建筑遗产保护方面的研究更多的是关注建筑物本身的形制、布局特点、审美特征、建筑文化（这里指狭义的精神层面的文化）等方面，这些研究固然是重要的，但在这种趋势的影响下，研究者忽略了一个很重要的问题，那就是对中国传统建筑工艺技术的保护。在传统建筑遗产保护工作中往往只重视对建筑物本身的保护，采取的方法也只局限在测绘、图纸分析、按图纸施工等层面，却忽视了对其最初建造过程中传统工艺的保护。

对传统建筑工艺技术方面的研究大多停留在微观层面，或者说是一种纯技术的层面，而很少有人从建筑遗产保护的高度来看待这一问题。基于此，本文探讨了在整个建筑遗产保护系统工程中，我国传统建筑工艺技术占有的重要地位，并从建筑遗产保护的角度来研究其保护与传承。

2. 传统建筑工艺技术被“轻视”的原因剖析

2.1 历史原因

（1）“重人文轻技术”的传统价值观念的影响

古人主张“道”、“器”分离，重“道”而轻“器”，反映在建筑学上，就是重视建筑所体现的等级制度、风俗习惯、审美情趣等精神层面，而忽视技术层面。在相关古代名建筑的史料中，多数是诗词歌赋、轶闻趣事，而很少有对建筑构造及技术层面的记载。这种重人文而轻技术的思想观念直接导致了传统建筑工艺技术长期处于冷隅。

（2）匠人社会地位低下

受到孔孟文化的影响，我国古代形成了“学而优则仕”的人才录用制度和“万般皆下品，唯有读书高”的社会价值观，从而使得从事营造工作的匠人的社会地位很低，同时社会对他们的关注也较少。在我们看到的史料，尤其是正史中，关于工匠的记载很少。社会地位的低下，使得从事该行业的人及其所掌握的工艺技术得不到社会的重视。

2.2 现实原因

（1）建筑遗产保护“重实体形态和思想文化”而轻传统建筑工艺技术

我国对建筑遗产的保护经历了由最初的向西方学习到结合本国国情探索适合我国建筑遗产保护的过程。对建筑遗产保护的认识也不断地加深，从对建筑单体的点的保护发展到对整个建筑群、历史地段、历史文化名城的保护，从对建筑遗产本身的保护发展到对整个建筑周围自然环境、历史环境和人文环境的保护。但在建筑遗产保护的过程中也存在着一定问题，如建筑遗产保护着重建筑实体形态、思想文化的保护，而忽视对传统建筑工艺技术的认识和保护；对建筑遗产所反映的历史价值、艺术价值和情感价值的关注和保护相对较多，而对建筑遗产的科学价值的研究和保护做的却不够。这突出反映在对传统建筑工艺技术的认识还没有达到一个高度，没有认清传统建筑工艺技术对我国建筑遗产保护的重要作用。这种认识上的误区导致了研究和保护上的不足，致使我国许多传统建筑工艺技术已经失传或濒临失传。

（2）新材料、新工艺技术的出现使传统建筑工艺技术退出主流建筑舞台

近代以来，中国不断地学习西方新的建筑工艺和技术，采用新的建筑材料，在19世纪末20世纪初，中国就开始使用砖石钢骨混凝土混合结构。随着我国改革开放，建筑业也迎来了自己的春天，在向西方建筑学习的同时，结合本国国情进行了积

极的探索，在运用先进的建筑工艺技术、新建筑材料、新结构等方面取得了很大的进步。由于以木构为主体的传统建筑在建筑空间、建筑跨度以及建筑寿命等方面的局限，使得木结构建筑只是在很小的范围内存在，主要是一些景观建筑和偏僻地区的民居。这就导致了建筑界及整个社会对木结构建筑关注较少，传统建筑工艺技术退出主流建筑舞台，不再受到重视。

3. 传统建筑工艺技术在我国建筑遗产保护体系中占有重要的地位

3.1 传统建筑工艺技术是我国建筑遗产保护体系的重要组成部分

建筑遗产保护是一项系统工程，这一工程包括建筑物本身，其所反映的历史价值、艺术价值、科学价值和情感价值，相关的法律法规、财政保障机制、开发利用机制、传统建筑工艺技术等。建筑遗产的最大价值是其自身的存在，古建筑的价值在很大程度上取决于其留存的程度，而这种留存度在很大程度上取决于其建造工艺与技术。传统建筑工艺技术是建筑物存在的重要技术基础，只有把建筑本身保护好，使其能益寿延年，其所包含的价值才能更好地体现出来，可以说传统建筑工艺技术是中国建筑遗产延年益寿的"良药"。同时传统建筑工艺技术中既有技术成分，又有艺术成分，是联系建筑遗产的历史价值、艺术价值和科学价值的重要纽带，是整个建筑遗产保护体系的基础和重要组成部分。

3.2 传统建筑工艺技术是古建筑修缮活动的支撑

（1）古建筑修缮是古建筑保护过程中的经常性活动。中国古建筑以木材为主，这就决定了建筑的寿命不可能太长，需要经常性的维修，古人已清楚地认识到这一点。在《大清会典 · 内务府》卷94中有这样的规定："宫殿内岁修工程，均限保固三年。新建工程，并拆修大木重新盖造者，保固十年。挑换椽望，揭瓦头停者，保固五年。新筑地基，成砌石砖墙垣者，保固十年。不动地基，照依旧式成筑者，保固五年。"建国五十多年来，北京的古建筑已经大修过两轮。一般的古建筑二三十年就要大修一次，如滕王阁修过29次，故宫这样的宫殿建筑50年左右也要大修一次，一般保护性维修则应经常进行。"进行经常性的保护修缮，是适合中国古建筑的修缮规律和修缮方法，是从古到今都在严格遵循的唯一正确的原则。"

（2）传统建筑工艺技术是贯彻建筑遗产修缮原则的重要保证。文物法规定的古建筑修缮根本原则是"不改变原状"。要做到"不改变原状"，就需要在修缮的过程中尽量使用传统材料，采用传统建筑工艺和传统技术。罗哲文先生认为，古建筑修缮过程中为保存其原有价值而必须坚持"四保存"原则，其中重要的一条就是要"保存原来的工艺技术"，要真正达到保存古建筑的原状，除了保存其形制、结构材料之外，还需要保存原来的工艺技术。

3.3 传统建筑工艺技术是构建有中国特色建筑遗产保护体系的基础

西方建筑遗产保护起步较早，有许多成功经验值得我们学习。但西方古建筑与我国古建筑有许多不同之处，西方古建筑的主要材料是石料，而我国古建筑主要的建筑材料是木材，这是两者重要的区别之一。材料上的差异决定了它在技术、构造做法、损毁规律以及保护维修手段等方面与西方古典建筑存在着相异之处。我国的建筑遗产保护必须结合自身的特点，建立有中国特色的建筑遗产保护体系。在长期的建筑实践中，中国的工匠积累了丰富的建筑技术和工艺，在材料的合理选用、结构方式确定、构件加工操作、节点及细部处理、施工安装等方面都有完整的方法和技艺。在建筑遗产保护的各个环节都会涉及这些传统建筑工艺技术，它是构建有中国特色建筑遗产保护体系的基础。

3.4 古建筑复原与重建的技术支持

由于木构建筑自身的损毁规律和外力破坏，致使大部分建筑都已损毁，留存至今的古建筑数量相对于历史上曾存在的数量来说，可谓九牛一毛。多年来，我国建筑遗产保护一直贯彻"保护为主，抢救第一"的原则，对古建筑的复原与重建采取十分谨慎的态度。近年来，我国对一些古建筑的复原和重建进行了积极的探索和实践。如西安唐大明宫麟德殿遗址复原整修了前部台基，杭州西湖雷峰塔的重建，南京静海寺的复建和正在进行的金陵大报恩寺塔的重建等。

对古建筑进行复原重建的重要原则是尽量保持其本来面目，使其再现昔日的风采，而要做到这一点，除了进行全面而详尽的考证之外，非常关键的一点就是使用传统的材料和传统建筑工艺技术，犹如写文章，传统材料好比是素材，而传统建筑工艺技术则是写作的文法，要做好古建筑复原与重建这篇"文章"，传统建筑工艺技术是技术支持，是关键。

4. 探索传统建筑工艺技术保护与传承的有效途径

《曲阜宣言》中对传统建筑工艺技术的保护与传承的重要性达成了共识，指出："使用和恢复传统材料及其加工行业、加工技术，坚持长期培养专业的文物古建筑保护修缮队伍，坚持对传统工艺、传统技术的传承与保护，是搞好文物古建保护修缮的先决条件。"这就要求我们必须切实有效地保护和传承我国传统建筑工艺技术。

4.1 设立专门的研究机构，成立民间保护团体

目前对传统建筑工艺技术的研究还处于初级阶段，是一个需要进一步拓展的领域。我国传统工艺技术散布于民间，为民间艺人所掌握，而艺人的文化水平普遍不高，他们大部分是通过"言传身教"的途径获得的，且出于种种原因，他们都不愿意外露。这为传统建筑工艺技术的研究、保护和传承带来了困难。为此，应自上而下地设立专门组织和研究机构，搭建研究人员和民间艺人的交流平台，对传统的建筑工艺技术进行全面的整理，摸清家底，了解目前我国现存的传统建筑工艺技术的现状，这是进行传统建筑工艺技术的基础和前提。

仅仅依靠专门的研究机构对传统建筑工艺技术进行保护是远远不够的。"囿于计划经济思维，政府习惯于将自己凌驾于各种行为主体之上，对于保护也不例外。现实中历史街区的保护往往只落得政府的一厢情愿，只有从上而下多推动，缺少自下而上多反馈，保护工作的停滞不前也就不足为怪了。诚然，政府是保护的组织协调者，但广大民众更应成为保护事业的主体。"同样的，传统建筑工艺技术的保护与传承的主体也应是广大民众，也要自下而上地充分发动民间的保护力量，成立民间保护团体，发动全社会的力量进行传统建筑工艺技术的保护与传承。

4.2 保护掌握传统建筑工艺技术的匠人

中国古代匠人师徒传授的口头传授方式决定了匠人在整个传统建筑工艺技术传承中的主导地位，匠师的作用至关重要，他们是活的教科书。由于传统建筑工艺技术中很大一部分必须在实践中学习，故而至今传统建筑工艺技术仍以"师传徒继"为主要的传授方式。因此要想保护和传承中国传统建筑工艺技术，必须首先保护好这些匠人，这样才抓住了问题的关键和根本。

目前在各地还有相当数量的传统建筑匠师，他们出生于社会剧烈变革之前的20世纪早期，虽积累了丰富的传统建筑施工和材料生产的经验，但都已风烛残年，传统工艺和材料生产的技术正随着这些老匠师的相继去世而日渐衰亡。据《东方早报》2005年6月6日版报道，故宫修缮中最大的难题不是资金的缺乏，而是"找不到会修的工匠"。我国传统建筑工艺面临一种"青黄不接"的尴尬境界，对这些匠人的保护的紧迫性并不亚于对熊猫、丹顶鹤等濒危物种的保护。因此，当前的迫切任务是采取一系列切实可行的措施，改善他们的生存状况，保护好这些老匠人，以保住传统建筑工艺技术的蓝本，对其所掌握的传统建筑工艺技术进行抢救性的保护。

4.3 重构传统建筑工艺技术传承体系，加强人才培养

我国传统建筑工艺技术的操作性很强，传统的"师传徒继"不失为一种好的传承方式，但是这种传承方式存在着很大的局限性，若单靠这一种方式，则很难使传统建筑工艺技术健康地发展下去，随着社会的发展和价值观念等方面的变化，甚至会出现中断或失传的危险。我们要重构传统建筑工艺技术的传承体系，打破"一条腿走路"的局面。

传统建筑工艺技术传承体系的重构是一项复杂的工程，它应该是一个由多种相互补充、相互协调、相互促进的传承方式组成的有机整体，并具有根据社会的发展和外部环境的变化进行调节的能力。构建该体系的初步设想：(1) 采用传统的"师传徒继"的传承方式。这种方式历经几千年至今仍占有一席之地，这充分说明了它具有很强的生命力，是一种很好的传承方式，我们需要继承与发展。(2) 充分利用现代科学技术成果。信息技术的发展为我们开辟了新的道路，可以充分利用这些技术，实现传统建筑工艺技术的全息化。如可录制传统建筑工艺技术的制

作过程，还可用动画的形式对传统建筑工艺技术的详细制作过程进行分解，展示制作要诀。而且随着科技的进步，必然会有更多的可采用的新技术，这是传统建筑工艺技术传承体系中非常重要的组成部分。(3) 学校教育。在高校和职业学校中开设相关课程，培养专门人才，提高理论研究水平和实际操作能力。(4) 开发一些参与性项目，寓学于乐，提高大众对传统建筑工艺技术的认知度。比如，可与旅游活动相结合，把传统工艺技术作为一项旅游活动项目进行开发。如韩国农村的草屋顶每年都要进行更换，当地就把这一传统工艺开发成一种旅游活动项目，在当地人的指导下由游客完成，达到了很好的效果。

4.4 完善相关法律体系，提供充足资金来源为使我国的传统建筑工艺技术能够健康发展。

除了对其本身要加倍重视以外，还要建立相应的健全保障体系，为其"保驾护航"。在这些保障体系中最重要的是法律和资金保障体系。

(1) 健全法律法规保障体系。目前我国有关建筑遗产保护的国家级专门法律只有《文物保护法》，其中并没有明确提出保护传统建筑工艺技术的条款，这就要求国家相关部门要根据传统建筑工艺技术的特征，制定有针对性的法律法规，使传统建筑工艺技术保护有法可依，依法制止破坏传统建筑工艺技术的行为。

(2) 拓宽融资渠道，争取多方位、多层次的资金来源。首先，政府应加大对传统建筑工艺技术的资金投入和支持力度。从理论上讲，对传统建筑工艺技术的保护是一项非盈利性的公益事业，它是保护中国传统文化的一个重要组成部分。为此，中央及各级地方政府应该把传统建筑工艺技术传承纳入到整个财政预算中，力争能专款专用，为其保护提供强有力的资金保障。但是传统建筑工艺技术的保护是一项长期的任务，所需资本额较大，仅仅依靠财政拨款是不够的。因此，应该拓宽融资渠道，争取多方位、多层次的资金来源，如设立"传统建筑工艺技术保护基金"，或者可以将传统建筑工艺作为生产技术，开发各种传统手工艺品，获得物质上的收益。

参考文献：

1. 王磊、赵辰，"石匠村"的意义——窦村的石工传统与南京传统建筑地方性的关系，东南文化，2005 (3)：57 ~ 60 页。

2. 张松，历史城市保护学导论——文化遗产和历史环境保护的一种整体性方法，上海：上海科学技术出版社，2001。

3. 马炳坚，谈谈文物建筑的保护修缮，古建园林技术，2002 (4)：58 ~ 64 页。

4. 罗哲文，古建维修和新材料新技术的应用，中国文物科学研究，2006 (3)：55 ~ 59 页。

5. 李浈，中国传统建筑形制与工艺，上海：同济大学出版社，2006。

6. 韦亚平，进退维谷的困惑——对当前城市历史文化遗产保护之观感，规划师，2000 (4)：118 ~ 119 页。

7. 李新建、朱光亚，中国建筑遗产保护对策，新建筑，2003 (4)：38 ~ 40 页。

8. 喻学才，中国建筑遗产保护传统的研究，华中建筑，2008 (2)：26 ~ 30 页。

作者简介：
钟行明，男，东南大学建筑学院博士研究生。

(原载《华中建筑》2009 年 03 期)

遗产价值的多样性及其当代保护实践的批判性思考

文／卢永毅

摘　要：关于遗产价值的多样性和矛盾性问题，西方学者已经提供了一系列颇有影响的理论研究成果。本文尝试以吸收李格尔、萧依和梅森这三位不同时代学者的相关理论，结合对当前我们关于遗产价值的认识特征与形成环境的分析，对上海近年来历史建筑保护的种种实践状况展开批判性的思考。

关键词：遗产保护　多种价值　西方理论　上海实践

建筑遗产的保护实践常常依赖许多客观条件。因为暂时缺乏资金而无力修复一座有纪念意义的古建筑，或者因为一个重大市政工程而不得不花费很多人力物力迁移历史建筑从而导致原有环境荡然无存，等等，已经不是什么陌生的现象了。然而在绝大多数情况下，遗产保护的核心还是取决于人的主观因素，其中首要的就是价值判断问题，因为对一处遗址或一座历史建筑，其价值的诠释与认同实际上决定了保护实践所有的行动方向。

历史建筑因其自身的历史和艺术价值而被列入保护遗产名列，这是世界范围内普遍遵循的、最基本的遗产保护原则和实践经验。而且，在一些国家和地区，尤其在我们当代中国，一处历史建筑从对它的发现、其意义与特征的叙述、在保护制度中的身份确立一直到建筑物的保护性修复与再利用的设计方案，基本都是国家或地方的管理部门和专家学者主宰的事情。因此，尤其是在遗产的类型偏重于纪念性建筑或建筑艺术精品的时代，对于谁来诠释遗产价值似乎是件不言而喻的事情。然而今天，大部分的遗产保护实践已经扩展到更广泛的建成环境，包括历史街区的普通建筑以及各种使用状况下的历史建筑类型，并显然已是一项与遗产所处地区的城市建设、经济发展、文化战略以及日常生活都无法割裂的事物，在这样的状况中，如何诠释遗产的价值，以形成保护观念与决策的共识并引导保护实践，就变得异常复杂了。

看来，如何面对不断变化的现实来重新审视遗产价值的讨论框架，还是推动保护实践进程的首要问题，也是核心问题。对此，西方学者已经做出了多种努力，形成相当深刻的理论阐述，并清晰地呈现出了他们延续百年的遗产价值说的学术发展脉络。[1] 本文试图以吸收西方学者的相关理论思想为基础，结合国内的、尤其是上海近年来历史建筑保护的实践状况，呈现当前我们关于遗产价值的认识特征与内在矛盾，并也尝试对我身处的这个城市的建筑遗产保护实践展开批判性的思考。

1. 李格尔：文物价值的多样性与矛盾性

一旦展开任何一座历史建筑的价值讨论就会发现，这个任务的复杂性不仅在于建筑包含的价值类型多种多样，需要一一梳理和陈述，更主要的是这些价值之间总是处于既相互依存、又相互矛盾的关系之中，而正是这种矛盾性常常使得历史保护的实践颇为困难。19世纪西方在历史建筑修复理论上的著名争论，其实质正是缘于历史建筑多种价值所带来的内在矛盾性。[2]

早在一个世纪前，奥地利艺术理论家李格尔(Alois Riegl)在其著名论文《对文物的现代崇拜：其特征与起源》中就已做出了极为精辟的相关论述。李格尔的开创性贡献在于，他第一次为我们认识现代人如何建构文物的多重价值以及这些价值之间是如何发生矛盾的，给出了极其全面而透彻的分析，尤其是他对文物提供给现代人的现今价值(present-day value)的讨论，为以后一个多世纪里人类历史保护的种种探索与思考准备了极为坚实的理论武器。[3]

李格尔当时关于文物的历史价值(historical value)如何日益为年代价值(age value)占上风的分析已颇具当代洞察。年代价值来自附着于历史建筑上的岁月痕迹，它与历史价值相关，但李格尔却明确预见到："如果19世纪是历史价值的世纪，那么20世纪似乎是年代价值的世纪"，因为"19世纪被正确地称为历史的世纪……所追求的目标是获取有关最详尽的历史事实的知识"，而"在20世纪，我们特别欣赏纯自然的变化与毁灭的周流往复"，随着文物崇拜愈来愈强调主观体验，年代价值已是形成"我们这个时代"相应审美原则的基础。因此，一方面，一座新建房屋如果灰泥破损、墙壁被烟熏黑，可能让人生厌，但反过来，如果要在沧桑古朴的历史建筑上添加新修理的痕迹，也同样可能让人感觉不快。李格尔进而认为，与种种其他价值相比，年代价值有着"超出艺术作品所有其他理想价值的优点"，因此也超越了教育与艺术理解的差异，因为即使"头脑最简单的农民也能区分一座古老的钟楼与一座新建的钟楼"。但显然，"年代价值的这种优点，与历史价值尖锐地对立"，因为后者是建立在科学与知识的基础上的。当然，事情还是没有那么对立，完全脱离了历史价值的科学基础，年代价值是不能成立的，而历史建筑因自然衰败而无法辨认，那么其年代价值也就不复存在了；更现实的情形是，如果这座历史建筑有显然的使用价值，那么，保护其年代价值的一些愿望可能就会做出让步；

比方说，即使我们欣赏这座老宅，但若成为自己的家，就不会那么容忍太多的沧桑印迹了。[4]

这就引出李格尔关于历史建筑新物价值(newness-value)与年代价值之间的矛盾的讨论，同样颇具当代特征。他认为这两种价值之间存在着真正的冲突，十分尖锐。新物价值体现在一件作品的完整性以及呈现一种艺术风格的纯粹性，它与年代价值之间的矛盾在19世纪并不凸现，因为那时的文物保护实践"主要是基于新物价值与历史价值完美结合的传统观念：旨在去除自然衰败的所有痕迹，修复所有残片，取得统一完整的外观"，以勒·丢克(Viollet-le-Duc)的风格性修复最具代表性，并且当时这样的保护主张也深为大众接受。而到了19世纪末20世纪初，由于对年代价值的兴趣日益浮现，矛盾也随之而来，因为对于年代价值的崇拜者来说，恢复文物的原初性、保持其风格的统一性并不那么重要，而追求新物价值的风格性修复会消除文物上的年代痕迹，其本质"是破坏文物的行径"。有这样一个例子：当时有人试图拆除一座哥特风格的教堂内历史上改建而成的巴洛克式唱诗班席，主张恢复其哥特式样，却遭到年代价值崇拜者的极力反对。

不过，李格尔的分析又深入到更加复杂的状况之中：对于一座仍可使用的公寓建筑，强调其年代价值就必须保持其持续的可用性，因为将其空置甚至任其破败就无法体现这种价值，这样，保持使用价值(use value)是与保持新物价值具有一致性的。更有一些历史建筑，强调其"绝对而持久的卓越性"胜过一切，就如我们的故宫太和殿，"再现康乾盛世的景象"要比留存岁月痕迹受欢迎得多，新物价值无疑地占据上风。在西方，教会文物的处境尤为独特，在19世纪，宗教艺术与世俗艺术的分裂不断加深，对于宗教领域，"年代价值与新物价值之间的矛盾，起初似乎是不可调和的"，因为教会，图像和圣徒故事都"与神的超度相联系"，如果这些制品因为得体而配得上这种神性的最高礼遇，那就会被教会认可，而对它们的要求是"形状与色彩的绝对完整性"。然而，这种情形随着时代也在改变，李格尔已经注意到了，处理城区的和乡村的宗教文物需区别对待：在城区，"人们已开始考虑到有教养的教区居民的情感，他们对年代价值最为敏感"，而"新物价值的最顽固的提倡者是乡村牧师，他们承认素质低下的民众对艺术的欣赏是初级的"，因而，他主张"眼下的任务就是要使乡村牧师不去过高地估计新物价值"。但他最后又赞同："因为文物的使用价值必须得到维护，所以年代价值的支持者们必须认识到教会在某种程度上对新物价值的要求。"

虽然李格尔时代的遗产保护领域远远没有我们这个时代那么广泛，但文中揭示的许多现象和矛盾直到今天看起来都毫不陌生，许多分析甚至对于今天依然是相当有力的。在笔者看来，李格尔理论学说的意义不仅是展开了价值多样的缜密分析，更是为当代实践做出了这样的洞察：文物的价值构成及诠释方式并不是一成不变的，当文物保护关系到不同立场和背景的人们时，关系到不同现实情形的需要、或不同时代的语境中，文物保护的途径是各不相同的。

2. 萧依：当代"文物的创造"及其批判性思考

当然，20世纪下半叶以来人类遗产保护的发展进程和态势对李格尔来说的确是无法预料的。当代法国著名学者弗朗索瓦·萧依(Françoise Chaoy)在其精辟的论著《文物的创造》中，以更加广阔的视野呈现了遗产保护的观念与实践在这个日益信息化、全球化、和大众化时代的种种特征，使我们清楚地看到了当今遗产价值的探讨对象和认识范畴比起一个世纪前有了怎样的扩展和变化。

萧依极其准确地揭示了引起当代遗产价值认识与保护途径转变的两个重要原因：遗产认定的新的制度形式以及遗产保护作为文化产业(cultural industry)的显著趋势。她直截了当地指出，以1972年联合国教科文组织在巴黎通过的《保护世界文化与自然遗产公约》为标志性起点的"普世的文化遗产"(universal cultural heritage)概念的形成，对于以往从一个地区或国家范围确定的遗产对象和价值认识方式会带来实质性的变化。《公约》为保护"具有突出的普遍价值的文化与自然遗产"，建立了在国际社会基础上的、"一个根据现代科学方法制定的永久性的有效制度"，这就是一整套复杂的《世界遗产名录》(the world heritage list)的标准。这个制度一方面实践着对遗产所在国"不具备充足的经济、科学和技术力量"困境下的人类重大遗产的保护工作，[5]如古埃及阿布辛贝勒石窟的拯救，在另一方面，世界遗产的认定不可避免带有西方价值全球化的痕迹，因此对西方之外的一些世界遗产地历史价值的认识与诠释并非总是准确的，尤其是一些具有独特宗教历史的城市，但对于一个国家来说，申报世界遗产就是为国家遗产争取国际声誉，因而也往往不去追究评定标准的准确性了。[6]

从1975年到上世纪末，加入这个《公约》缔约国的队伍从21个增加到100多个，世界遗产制度显然在实现《公约》确立的国际社会"通过提供集体性援助来参与"保护具有突出价值的遗产的重大目标，由此也不难想象，这种制度对于带动一个国家和地区的遗产保护意识和行动的直接作用。但萧依要强调的是，这种日益普遍的、将越来越广泛多样的遗产放入"遗产的诺亚方舟"的动力更来自遗产保护作为一个国家或城市文化产业重要组成的明显趋势，法国政府在推动遗产保护与文化发展战略的联合上堪称典范。因此，保护遗产的努力不再是面对具有"知识与鉴赏力"的少数人的事情，而是要争取最广泛的遗产观众，与"悠闲社会的发展"(development of the leisure society)日益相关。现在，遗产具有了双重属性，既是认识历史、传达知识的载体，但同时也是文化产品(cultural products)；"文化工程"(cultural engineering)推动的历史保护实践一方面使遗产的知识和精神方面的价值得以呈现，另一方面也与经济价值(economic value)紧密联系在了一起。[7] 上世纪80年代巴黎奥赛博物馆的建设就已经实践了政府指向的作为"具有产业和商业目的的公共机构"(public institution with an industrial and commercial purpose)的目标，之后的成功运作不言而喻。

法国将遗产保护与再利用的实践过程称作"价值呈现"或"价值再现"(法语为miseenvaluer，英语被译成valorization)，其中的含义正是指当代人向历史遗产投射的各种价值。萧依认为，这个关键词最恰当地反映在了遗产保护的当代实践是怎样使这些"文化产品"获得越来越多的"礼遇"的，而这些"礼遇"又是如何很有可能使一部分的遗产价值变异或丢失的。[8]

保护与修复(conservation and restoration)：一方面当代关于保存遗产原真性的认识不再像19世纪那么针锋相对，相关的科学修复方法也已经远胜于那个时代，但另一方面，随意的破坏性修复甚至无中生有的重建在"价值呈现"的过程中仍然比比皆是。如，当加拿大老魁北克中心被列入世界遗产后，就出现了一项强调民族性和旅游发展的庞大计划，结果是，一组古老建筑在缺乏足够科学依据的状况下就被拆除替换成带有法国18世纪建筑风貌的"历史建筑"了。

闪亮登场(staging)：历史建筑抹去尘埃，现代化的照明使其划破夜空，熠熠闪光，这已是众多文化旅游城市的熟悉景观。建筑遗产的"价值呈现"彰显城市荣耀，为大众旅游文化广泛欢迎，但往往为此而过于强调历史建筑新物价值、甚至破坏历史价值的可能是不难想象的；再有，对于一座颇有历史的教堂建筑，泛光照明是否与其宗教诠释相融也是需要谨慎的。

生气勃勃(animation)：为大众的文化遗产宣传已经有了多种手段，围绕一处历史古迹或保护建筑必有各种标识，甚至是精心设定的介绍说明。更能使遗产向现代人绽放生机与热情的途径是，让遗产演绎成从音乐会到时装秀的各种事件与文化活动的场所。遗产通过与当代生活的联合而实现"价值再现"，但琳琅满目的宣传图片是否削弱了观者对遗产对象的直接阅读？当遗产为文化生活搭建了舞台，遗产本身的价值意义是否还被关注？需要作出审视。

现代化(modernization)：实现遗产使用价值的普遍举措是以明显可识别的现代物质材料构筑到历史建筑之中，大玻璃与老墙壁的结合已经成为建筑师们惯用的技巧，但这无论如何都是对一座历史建筑历史完整性的强烈干预。

价格换算(conversion into cash)：当代遗产带来经济价值是一个不可回避的事实。一座有保护身份的历史建筑可以有机会以更昂贵的价格出租，它也可以因为自身的历史和艺术价值衍生出多样纪念品或相关品牌。因此也需审视，这种文化包装在何种程度上利于遗产的"价值呈现"，又在何种程度上在冒失真的危险。

可达性(delivery)：众多遗产在各种利益的驱使下不断考虑如何增强其可达性，于是，便捷的公路、临近的旅馆以及足够的停车场的需求显而易见，但对于构成遗产价值意义的环境的破坏也不言而喻。就以法国为例，笔者新近了解，正在实施的凡尔赛宫入口广场的修复，选择从原先19世纪留存的布局(路易14骑马像居中)恢复到路易14时代格局的原因，一方面是呈现其太阳王时代这座宫殿"绝对而持久的卓越性"，但其中潜藏的部分原因是考虑如何更合理地组织面对大量游客的入口空间。

我们还记得李格尔提及"乡村牧师"与"有教养的郊区居民"之间对于教堂修复的意见分歧。李格尔时代种种价值间的矛盾在我们的时代仍无所不在，而萧依让我们看到了，这些矛盾在当代是如何变得更加复杂的。或许有人认为，李格尔的价值讨论带有明显的学者文化的优越感，而萧依的剖析仍然坚守着这种知识和智性的传统，却与欢迎大众文化的态度格格不入。但关键是，这些理论家让我们看清了，不管喜欢与否，当代遗产保护无可回避地要在这样复杂的现实框架中来思考，来决策。耐人寻味的是，萧依尖锐地批评道，包括法国在内的多个国家和地区，当代遗产保护是"一场不平等、也毫无定数的争斗"，而这场争斗中个人意志相当强大，"来自一位市长、一位建筑师、一位城市规划专家或是遗产管理者的决定依然可以左右一件文物或一个历史城市的命运"。[9]

3. 对一座城市建筑遗产保护实践的考察

西方学者的相关理论阐述和实践分析，显然可以成为审视国内遗产保护状况的一面镜子。因此，以笔者的观点，急于强调东西方的差异，急于寻找解决实际问题的出路，而不对这些西方成果有足够认真的解读，是颇为可惜的。关键是，我们既要避免教条式的搬用，也应努力超越一种泛泛而谈的联系，而必须从对自身现实状况的深切关注中去消化他们的思想，形成自己的视野，以获得全面而深刻的批判性认识。

萧依将当代遗产保护实践的复杂状况描述为"毫无定数的争斗"未必夸张，而且更重要的是，她直白地表明了，审视遗产保护实践的复杂性和矛盾性，实际就是在理清以价值导向的遗产是在什么时代，由谁定义，如何定义，并是为谁保护的。我们不妨以这样的视角，再来审视上海这座城市的建筑遗产在当代保护历程与现实特征。

3.1 城市历史的多样叙述

历史价值的认识无论如何是遗产保护的起点，历史价值显然来自遗产自身的历史，更确切地说，它形成于我们关于历史的叙述方式。就全国来看，上海从来都不是文物重镇，但近十年来地方层面的遗产保护制度建设却在全国领先。回顾半个多世纪以来变化历程，正是来自这座城市历史的多样叙述，产生了其建筑遗产对象认识和价值诠释的时代性和多样性，也直接影响了遗产保护的方方面面。

学者萧依指出，李格尔的价值说中未曾涉及的民族国家价值(national value)，对于遗产认识在某些阶段的主导性作用是不容忽视的，法国就是最好的例子。由此反观类似的情形是怎样决定着上海近代建筑作为城市遗产的价值认识过程的，这里折射出的是新中国独特的政治环境。在相当时期内，具有国家制度文物身份的上海近代建筑保护名录，几乎就是一个与此城市相关的中国近代革命史的缩影；而另外大量的近代建筑则是黑暗的"半殖民、半封建时代"的见证，若要纳入体现民族辉煌历史的文化遗产是不可思议的。从好八连进驻南京路的一刻起，曾经关联近代上海都市生活的一切物质存在都是危险的诱惑，是腐朽的。时至1991年之前，包括外滩汇丰银行在内的大量历史建筑都不是遗产对象，对此，近代建筑因为年代太近而不被列入遗产的理由固然存在，却并不充分，因为革命活动的记忆也留在了从里弄到花园洋房的多种近代建筑类型中，如中共一大会址或名人故居。更有些讽刺意味的是，旧上海绝大部分品质上乘的建筑都在新中国转换成了与地方政府相关的办公机构或接待场所，最为讲究的前汇丰银行大厦，在1997年前一直是上海市政府的所在地。显然，对于这些建筑，在历史价值被全然否定的同时，其使用价值却无声地获得了极高的认同。

改革开放以后，这座城市的近代历史逐渐开始了另一种叙述方式：无论是始于学者们的上海史研究，还是以各种方式越来越普及于大众的历史认识，美国作家墨菲早在30年代称颂的上海——"进入现代中国的一把钥匙"(a key to modern China)很快成为历史叙事的主线。于是，上海近代建筑不仅是"文明嬗变"的记忆，而且更与对海派文化的解读密不可分。[10]数量不断增长的近代建筑因其呈现着"一种复合的多元文化"而纷纷进入地方遗产的保护行列。有意思的是，这种最早来自部分地方学者和城市建设管理者的保护热情逐步被国家层面的文物保护系统认同，有"万国建筑博览会"之称的外滩建筑群在90年代末被正式列入国家文物行列。精心组织的夜间照明使这组透着强烈西方建筑风格特征的外滩大楼群再次成为堂皇的城市面孔。如今，一幢接一幢已经置换的大楼正在不断迎接数量日增的各种世界著名品牌的入驻，部分高级餐厅订餐热线的主用语已是英语。显而易见，外滩历史建筑的"价值呈现"已将其曾为繁华国际都市的历史叙事与重塑当代上海国际化形象的目标令人鼓舞地联接了起来，而且，这些半个多世纪前的建筑与浦江对岸的摩天楼共同向世人呈现的，已不仅是上海和世界的距离正在缩短，也意味着中国与世界的距离正在拉近。

不过，数年前当有学者提议外滩建筑群可考虑申报列入世界遗产名录时，我们还是听到了网上爱国主义者愤怒的声音。但随着外滩半岛酒店的建成，随着"外滩源"中心的原英国领馆建筑很快修缮并转换成接待世博会城市贵宾的高级餐厅，外滩成为昔日繁华故事的续篇似乎是无疑的事实，而这些遗产背后隐藏的使用价值和经济价值是如何以强大的力量推动着这些保护实践的，也是不争的事实。也正因如此，我们更要清楚地注意到，保护遗产的历史叙事是如何可能地将真实的历史"剪辑"的：处于黄浦江与苏州河口的"外滩源"有其自身的历史，这群建筑所记载的更多是与基督教活动相关的历史，其标志性建筑是建于1886年的教堂新天安堂，这座曾在新中国被用作灯具厂多年的教堂，等待着随"外滩源"计划的推进而获"价值再现"，但几年里却既遭"意外"火灾又遇"保护"拆除的经历，由此可以看出，对于外滩地区的历史建筑，旧上海商业冒险家的传奇经历在如今显然要比新教传播的历史受青睐得多。

3.2 历史价值与浪漫诠释

可以想象，当上海近代历史及其都市生活的叙述变得立体起来之后，近代花园洋房和公寓等建筑的遗产价值是如何日益得到关注的。在越来越多数量的这些"高品质住宅"被列入保护建筑名录时，我们也可以比较清晰地考察这些建筑遗产价值认识与"价值再现"的现实状况与特征所在。

对绝大多数近代花园住宅，总是两个方面最可能使它成为保护遗产队伍中的成员：一是与其半个多世纪相伴的各种名人与事件，看如今，除了革命人物，从历史上的各路政要，各派作家，电影明星，直到黑社会头目，他们与这些建筑的历史缘分，无论是多年的还是短暂的，显然都有助于丰厚这些住宅的历史价值；另一方面是，近代上海的花园住宅着实呈现了这个城市西化历程中最多样的建筑风格，因此，有可能印证"万国建筑博览会"整体认识的各种建筑风格，也都又丰富了这些住宅建筑的历史价值。近年来，对于这些"高品质住宅"的保护性修缮及其"价值再现"的实践成绩是显然的，这对持续一个城市人文历史的意义更是无可质疑的。而笔者关注的是，一种将遗产建筑历史价值引向浪漫主义诠释的现象及其带来的实践状况。

对一座建筑人文历史信息的了解基本来自历史学家，一座名人故居的历史大多以人物与事件的叙事呈现，却并不是以历史建筑的空间方式展开。于是，当一座"老洋房"因潜在的使用价值与经济价值驱动而要实现"价值重现"时，历史价值的浪漫诠释也许是最为"机智"的途径，因为一方面名人名宅效应有望升级，而另一方面，通过空间改造所获的使用价值又以争取尽可能少的历史约束向最大经济价值靠近。似乎是，只要故事动人，人物传奇，历史保护还要在乎考古式的精确吗？随着上海西区越来越多的名人旧宅改造为餐厅、酒吧或会所，我们更多看到的是人文历史是如何在都市夜生活中被"消费"的，这种"价值重现"究竟使历史价值获得了怎样的尊重是需重新审视的。

同时我们也习惯于，一座花园洋房能与"万国建筑博览会"中的风格目录对应，如果它能在英国式、法国式、西班牙式等风格定位中加上"典型"或"正宗"一词，似乎就越能获得历史与艺术价值的加分。这种历史价值的浪漫诠释很容易带来对近代上海建筑艺术特征的误读，因为19世纪末20世纪初的西方原本就是一个折衷主义、新老交替的时代，而对于大多数上海建筑来说，解读西方风格在此如何变异、如何混杂，与认识哪些西方风格被移植是同等重要的，否则，风格的浪漫诠释将会引导一种缺乏科学性的历史知识积累，进而在保护实践中就会破坏历史建筑的原真性。

可以看看历史价值浪漫诠释的极端例子。一个是上海老城厢的保护实践。老城厢是城市的起源，建筑与街道记载着传统上海的市井生活，其历史价值无人质疑。然而，作为历史保护区的老城厢已经越来越成为一个抽象的标签，因为城内旧区改造与开发已经蚕食了绝大部分历史建筑和真实生活，而对"重点保护"的豫园城隍庙地区，原来的历史建筑和商业生活被最大限度地替换成了仿古建筑，它们将历史做出了戏剧性的演绎，以新物价值、使用价值和经济价值的绝对主导，为节日和旅游构筑了只为愉悦来访者的"中国城"(China Town)，却已对老城厢的社会生态与历史价值造成了整体性的破坏。时至今日，要寻觅历史遗存去定义历史上老城厢中心区建筑的性格特征和商业生活格局已经是极其困难的事情。而另一个浪漫主义诠释的极端例子，就是十年前上海郊区的"一城九镇"计划。[11] 这个计划是"万国建筑博览会"这一城市历史价值最具想象力的演绎，而事实上，这些新城的舞台般景象事实上是对妥善保存这个城市历史价值最有威胁性的。

3.3 闪亮登场或灰飞烟灭

在上海的遗产保护实践中，没有哪一种历史建筑能像石库门里弄那样，其历史的叙述有如此多的差异，其呈现的价值冲突又是如此复杂，如此令人困扰。

淮海路附近的“新天地”，这组原本最普通的里弄住宅，已经获得了如学者萧依所列的所有当代遗产保护可获的“礼遇”，它开始就是闪亮登场的；多年来的节日庆典和时尚活动使它成为上海城中心最有活力的场所；它的历史建筑中纳入了可识别的、也是最现代化的生活空间；它的保护利用已经成功实现了“价格换算”；为接近它而建造的停车设施恐怕也是上海历史建筑中最完备的一个。也许，大多数人会认为“新天地保护石库门是失败样本”颇有道理，[12] 但无论我们是否接受，它的确已经成为当代谈论城市遗产保护实践的最有影响的实践案例之一。由此要引出的思考是，为什么在同一个城市空间中，同样历史、同样建筑形态和空间格局的建筑，这边获如此“厚爱”，而还有无数里弄街坊却又如此无情地被铲平清除，绝无丝毫痕迹可觅？由于里弄已经不是个体的历史建筑，而是构成这个城市底色的基本生活空间，一切的回应都似难以简述。

有人说里弄只需要保护几个样本就可，而另一些人却为一片接一片里弄消失而痛心。那么，里弄的价值究竟如何解说？由谁解说？里弄又为谁保护？这些看似初级的问题其实是根本的。最初呼吁保护里弄的声音来自建筑领域，地方建筑史的研究直接为这种居住建筑的历史价值作了定义：“弄堂，构成了近代上海城市最重要的建筑特色；构成了千万普通上海人最常见的生活空间，构成了近代上海地方文化的最重要的组成部分。”[13] 只是问题在于，这种以建筑学立场对其历史与艺术价值的总结性陈述往往会使多数人模糊了新式里弄、花园里弄和那些极其拥挤、没有卫生设备的石库门里弄之间的极大差异，因而要从在石库门里生活了几十年的居民那里获得同样积极的价值认同显然是不易的。因此，也许作家笔下的里弄描述更接近真实，也更显严酷：“上海的弄堂来了，发酵的人世间，肮脏，嚣骚，望之黝黑而蠕动，森然无尽头，这里那里的小便池，斑驳的墙上贴满性病特效药的广告，垃圾箱满了，垃圾倒在两旁，阴沟泛着秽泡，群蝇乱飞，洼处积水映见弄顶的狭长青天，又是晾出无数的内衣外衫，一楼一群密密层层……”[14] 时至今日，在城市领导者的眼中，石库门里弄的存在依然是一个怀旧而时尚的“新天地”和百个影响城市容貌的旧弄堂。对于他们，里弄即便是展现城市特征的遗产，它也不宜成为城市形象的代表。他们总是倾向于用最可能的方式吸引开发商尽快改造这些里弄，或至少在近期也要粉上涂料、描上红砖墙缝，以现其新物价值。很明显，政府部门、开发商甚至更多的人仍坚定地认为，对于石库门里弄历史价值与其使用价值和经济价值有着不可调和的冲突。

迄今为止，对石库门里弄的消失最痛心的，是部分来访的西方人，而且在他们的价值讨论中，我们听到最多的声音不是美学的或象征的，而是城市的巨变和居民生活空间的选择权问题；部分地方建筑与城市保护专家仍然是里弄建筑最坚定的保护者，虽人数依然极其有限，但随着媒体对于讨论城市特色、城市文化热情的日益增长，专家保护的声音有越来越多的机会向外传播。在笔者看来，由于遗产保护已经被推上了关注居民权益和建设城市国际形象的高地，它必然对政府部门的保护意识有所激发。近两年，步高里成为首个政府保护并改善作为城市遗产的里弄建筑的实践案例，管理部门倾注资金增建现代卫生设备，使其逐步迈向历史价值和使用价值的和谐共赢。可以看到，几乎不承担修复费用的居民们第一次看到了里弄生活的另一种远景，也第一次开始认同专家和保护部门对里弄的价值评价。但步高里首先实施的是外墙粉刷和云石灯箱代替原来简朴入口标志的“修复”计划，作为样板，年代价值和新物价值的矛盾是尤其难以调和的。更值得思考的是，步高里以放弃经济价值的作用实现遗产保护与“价值再现”，这是否可以推广到普遍的里弄保护实践中是值得怀疑的。这正好与也是政府主导的另一个保护样板项目——建业里的保护改造形成鲜明对照：建业里以最昂贵的动迁费搬走了所有居民，为了保证开发商将建筑转变为高级公寓酒店的使用价值和经济价值，建筑的年代价值、进而也是建筑的原真性最终做出了彻底的让步，即：实施方案是将大片东里全部拆除重建，满足建设地下三层车库的需要。因而，专家在这个项目上所谓的“落地重建”是否也是“保护原真性的一种策略”的学术争论，的确在很大程度上是被用来掩盖建筑历史价值和使用价值、经济价值之间不可调和的矛盾了。

近年来，一个叫田子坊的里弄向所有相关者提供了一种全然不同的里弄遗产保护实践：它由艺术家和房地产商开始，推动基层政府的支持，最后带动了居民的保护热情，使得这组从未列入保护的里弄成为一个活力日增的文化休闲场所，迈出了"价值重现"的独特途径。与苏州河畔的工业遗产相仿，田子坊形成了普通遗产保护的新起点：它颠覆了专家发现、政府列名的历史建筑保护程序，并以使用价值和经济价值引导了对其历史、艺术和社会价值的认同。而且，与"新天地"全然不同的是，田子坊的日常生活在这个"价值再现"的过程中依然留存，而居民本身是经济价值的得益者。在田子坊日渐获得国际声誉时，政府开始主动投入资金改善设施，鼓励这个片区在即将到来的世博会上成为更加名副其实的城市亮点。只是为这个保护实践应该怎样重建管理模式以进一步改善环境，它究竟是日常生活空间还是旅游空间，我们又如何面对其中仍然存在的价值冲突，如居民间的矛盾，使用与历史建筑的矛盾，年代价值与新物价值的矛盾，等等，无论是政府部门还是保护专家，都还无法提供恰当的答案。

4. 基于价值中心的保护实践及批判性思考

李格尔完全无法想象我们这个城市当今遗产保护的复杂状况，但他的价值学说又总是引导我们能够回归到一切遗产保护实践的原点，去透彻地分析遗产价值构成及其相互作用这一根本问题。萧依的研究以不断拓展遗产价值的类型认识和对现实中影响保护实践的各种社会、政治、经济和文化的广泛洞察，帮助我们在当代如此复杂环境中再次建立认识遗产价值的途径，寻找分析其矛盾与冲突的更为立体的视角。

从我们自己的城市里可以清楚地看到，在遗产保护已从纪念物逐步扩展到关联生活各个方面的历史建筑后，在越来越多的利益相关者介入遗产保护实践后，遗产保护工作总是不断越出我们过去的经验范畴，超越我们过去的认识与视野，并向着既有的保护制度提出挑战，包括依然举足轻重的保护专家制度。因此，作为参与地方遗产保护工作的一员，笔者最后希望仍然围绕价值问题，对身处不断变化的遗产保护进程中的专家角色与作用做一反思。

20世纪的遗产认识的确验证了李格尔的预言：更加诉诸于情感和知觉，而不是关于对象的科学知识。在笔者看来，在遗产保护正从学者文化走向大众文化的趋势中，保持对遗产历史价值的珍视仍是保护工作者的基本任务。保护工作者首先要做的，就是对遗产对象最认真客观的调查与研究，建立其历史、艺术等所有方面的知识认识。但这个看似不言而喻的事情在当代现实中已并非简单。首先是，我们已不断发现，对于完成任何一个具体对象历史价值认识的知识准备总是显得不够，究其主要原因，是对于一个地方遗产的深度历史研究远远缺乏，就上海而言，大部分遗产对象的认定停留在浅层的人文历史和风格特征的描述上，而引入到缜密的历史逻辑之中展开解读的却为数有限；除此之外，虽然说几乎所有保护项目客观上都不会让我们有足够时间展开历史和现状的个案研究，但科学方法的缺乏不能不说又是个根本原因；而更加挑战的是，既然对公众来说年代价值超越了教育与艺术理解的差异而诉诸于所有的人，即使没有准确的历史知识也无妨碍大众对一个遗产对象的热情，甚至即使用心研究也并非真正有领导耐心倾听你的研究成果，那么我们是否会对繁琐甚至艰苦的现场调查和档案挖掘工作的意义产生怀疑呢？更需警惕的是，当一个保护的项目从一开始就参与到了为商业开发或为城市添彩的宏大计划中，或者是作为学者急于要将自己的"历史发现"推广给公众时，历史的叙事方式是否会为迎合这些需要而对历史研究的严肃性做出让步呢？要看到，将遗产命名，包装，继而送呈领导或推向大众，已是一个在当代遗产保护中颇为奏效的策略。

无论是批评"新天地"，还是赞美"田子坊"，这些实践的确让专家们暂离了往日的优越感，而去思考更为广阔的实践工作框架。显然是，里弄的价值讨论已经超出了我们以往建筑学和"城市风貌"的认识范畴，扩展到了地方史、城市史、社会学和经济学等多种领域，因此，需要超越"里弄风情"、"历史风貌"的描述，超越"虽处斗室但有'推出窗去——是诗'"的弄堂亭子间文化的诗意讨论，建立一种多学科合作框架下的遗产状况调查和诠释，才能为里弄遗产的保护实践提供坚实有据的价值评判和实践基础，其中像《霓虹灯外》这样的研究成果，无疑是形成这种坚实基础的可贵资源。[15]

美国年轻的历史保护学者梅森(Randall Mason)吸取《巴拉宪章》的精髓，形成了价值中心的历史保护理论(values-centered preservation)。[16] 对我们相关主题的最后一个要点来说，这个理论最凸现的意义在于，它视历史保护实践为一个聚合了多种资源的领域，并且应该始终是紧密地融合在社会发展的进程之中的，历史保护根本上应该视为一种文化现象。而且，价值中心的历史保护既是理论学说，又是方法论，它引导我们从精英文化的保护模式中走出，以建构一个直面现实的、连接着所有利益相关者价值诠释的遗产保护实践，因此物质环境的梳理和社会记忆的整理(managing the built environment and social memory)将是保护专家最根本的任务。的确，在这么多年关于里弄住宅保护的争论中，我们似乎从来没有很好地倾听过里弄居民的声音，所以说，当建业里的居民穿过"决不让老实人吃亏"的动迁横幅搬离这里后，我们还该先从修复技术的争论中退回来，去反思一下，里弄的任何价值对他们来说现在又意味着什么呢？

注 释：

[1] 本文涉及的奥地利艺术理论家李格尔 (Alois Riegl)、法国著名学者萧依 (Francoise Choay) 和美国学者梅森 (Ran-dall Mason) 三位学者的价值学说最有代表性地反映了这个发展脉络。

[2] 即拉斯金 (John Ruskin) 和维奥莱·勒·丢克的争论，详见拙文《历史保护与原真性的困惑》，《同济大学学报（社会科学版）》，2006 年第 6 期。

[3] 李格尔的著名论文《对纪念物的现代崇拜：其特点与起源》(The Modern Cult of the Historic Monument，1903)。

[4] 见李格尔：《对纪念物的现代崇拜：其特点与起源》中关于年代价值的讨论，陈平著：《李格尔与艺术科学》，中国美术学院出版社，2002 年，第 324 ~ 325、328 ~ 332 页。

[5] 张松编：《城市文化遗产保护国际宪章与国内法规选编》，同济大学出版社，2007 年，第 55、56 页。

[6] Franoise Chaoy: The Invention of the Historic Monument, translated by LaurenM.O' Connell, Cambridge University Press, 2001, pp.139 ~ 141.

[7] [8] Franoise Chaoy: The Invention of the Historic Monument, translated by LaurenM.O' Connell, pp.142 ~ 143, 144 ~ 148.

[9] Franoise Chaoy: The Invention of the Historic Monument, translated by LaurenM.O' Connell, pp.144.

[10] 罗小未：《上海建筑风格与上海文化》，《上海建筑指南》，上海人民美术出版社，1996 年。

[11] 以欧洲各国为郊区每一个新建卫星城命名，并以每国传统建筑风格设计城市，以示上海的国际性。如安亭德国小镇，浦江意大利小镇，松江泰晤士小镇，罗店北欧小镇，等。

[12] 《"返老还童"造出假老上海——阮仪三昨批评新天地保护石库门是失败样本》，《新民晚报》，2008 年 8 月 23 日。

[13] 罗小未、伍江主编:《上海弄堂》，上海人民美术出版社，1997 年，第 8 页。

[14] 木心：《上海赋》（一），《上海味道》，杨斌华编，时代文艺出版社，2002 年，第 59-60 页。

[15] 卢汉超：《霓虹灯外——20 世纪初日常生活中的》，段炼、吴敏、子羽译，上海古籍出版社，2004 年。

[16] Randall Mason: Theoretical and Practical Arguments for values-centered preservation, CRM: The Journal of HeritageStewardship, http：//crmjournal.cr.nps.gov/97.About.cfm.

参考文献：

1. 陈平，李格尔与艺术科学 [M]，杭州：中国美术学院出版社，2002。

2. 卢永毅，历史保护与原真性的困惑 [J]，同济大学学报（社会科学版），2006(5)。

3. 张松编，城市文化遗产保护国际宪章与国内法规选编 [G]，上海：同济大学出版社，2007。

4. 罗小未，上海建筑风格与上海文化 [M]// 罗小未，上海建筑指南，上海：上海人民美术出版社，1996。

5.Franoise Chaoy: The Invention of the Historic. Monument[M]. translated by LaurenM.O' Connell. Cambridge University Press, 2001.

[4] [5] 倪鹏飞主编，中国城市竞争力报告 NO.3. 集群：中国经济的龙脉 [M]，北京：社会科学文献出版社，2005：257，115。

6. 经济合作与发展组织 (OECD) 创新集群：国家创新体系的推动力 [M]，北京：科学技术文献出版社，2004：195-197。

7. 刘彬、陈圻、王志华，产业集群的识别研究——以江苏省为例 [J]，科学学研究，2007，25(1)：85-88。

8. 赵群毅、谢从朴，都市区生产者服务业企业区位因子分析——以北京为例 [J]，经济地理，2008，28(1)：38-43。

9. 上海市经济委员会，2007 上海服务业发展报告 [M]，上海：上海科学技术文献出版社，2007：53-54。

10. 冯之浚、于丽英，知识密集型服务创新与现代服务外包 [J]，科学学研究，2007，(6)：1025-1031。

11. 李文秀、谭力文，服务业集聚的二维评价模型及实证研究——以美国服务业为例 [J]，中国工业经济，2008，(4)：55-63。

12. 吴洁、任荃，申城设 54 家科技创业服务站 [N]. 文汇报，2008-05-29。

作者简介：

卢永毅，女，同济大学建筑与城市规划学院建筑系教授，博士生导师。

（原载《同济大学学报（社会科学版）》2009 年 05 期）

历史建筑修复的“真实性”批判

文／常青

摘　要：文章以批判的历史意识和保护价值观，对历史建筑保存和修复在观念背景和操作策略上的演进作了深度探讨；对修复中辩证看待历史“真实性”提出了个人见解；并对历史建筑废墟复原和重建的必要性和可能性作了理论和实践上的分析和澄清。

关键词：历史建筑 真实性 修复 废墟 重建

引子

笔者在《建筑遗产的生存策略》一书的开篇中就认为，“历史建筑”是一个模糊的大概念，如果用来泛指历史上留下来的建筑，也就失去了学术研究和实际运用的意义。因为一提“历史建筑”，就牵扯到“保护”。然而人类怎么可能，又有什么必要非得不分青红皂白地保护所有的“历史建筑”呢？那么现代意义上的保护是何初衷？西方启蒙时期以来的考古学、博物馆学、艺术史理论和遗产保护的思想、制度、法规等都围绕着一个主题，就是对具有历史价值的人类遗存物进行科学的保护。而所谓的“历史价值”主要就体现在：第一，可以保留对逝去事件的记忆(memory)；第二，可以保存人类造物的标本(sample)；第三，可以作为象征性纪念物表达某种场所的精神(symbolism)。因此，本文所谈的“历史建筑”，就是指具有历史记忆价值、标本研究价值和文化象征价值的狭义“历史建筑”，而且不单单指建筑物，其内涵也可延伸到历史街廓甚至历史城市。

历史建筑保护的首要问题，是体现上述价值的基本前提是否存在，也就是保护对象是否具有历史的“真实性”(authenticity)。然而何为历史的“真实性”，历来存在着不同的解读和诠释，也是本文讨论的一个重点。假设历史“真实性”的前提能够确定，那么对岁月痕迹和天灾人祸造成的现状应该如何处置，便是紧随其后，争议更大的难题，即历史建筑能否修复？怎样修复？是现状维护还是原状复原，并且，价值判定和保护操作的落实，不仅仅囿于专家领域和专业范围，也不是一种可以独立存在的事体，从某种意义上可以说，历史建筑保护是关联到政治、经济和文化走向的社会性工程事件。

从国际发展趋势看，历史建筑保护已经成了21世纪人类可持续发展的重要议程之一，无论从物质资源还是从文化资产上看，均是如此。然而令人遗憾的是，在保存文化遗产已成为人类社会的普世价值观的今天，仍然有不少地方为了房地产开发的需要或其他短视的利益诉求，不惜毁弃保存下来的珍贵历史建筑遗产，且有不少都是在社会不知情中被“秘裁”掉的。对此，欧洲的一些重要修复工程介绍是向公众开放的，修复示意图就广告在工地外，为的就是将其作为公共资源付诸社会监督。但历史建筑同时也是物质资产，所有者和使用者首先考虑的是自己的切身利益，这再正常不过。当保护损害到他们的权益时，就谈不上赞成保护了，常常宁愿自己的房子不要沾到保护的边。而保护政策和补偿措施又使遗产的所有者或使用者处于弱势和利益受损的地位，他们实际上往往以此作为物质价值筹码来维护自己的权益，而非像我们这些非利益攸关者一样，为社会和历史的责任感而奔走呼号，不时会被讥为“站着说话不腰疼”。反观西方，已经走过了历史建筑保护的初级阶段，保护已是生活方式的组成部分，无论对城市，还是对城市人而言，历史与我同在，同时也是城市多样性的体现，这种理念早已深入人心。也就是说，包括普通百姓在内的社会各阶层，已不仅仅把建筑遗产看作物质层面的空间，而且也看成是他们的精神家园。不断改进的保护法规也维护了建筑遗产所有者的权益。由此想到了我们这个社会目下最欠缺的，就是保护观念的普及和保护法律法规的健全。

在此方面，上海总体上还是走在国内前列的，在旧城改造中针对历史风貌区和历史建筑的现状和价值制定了相应的保护法规和分类保存及修复导则，公认最重要的历史建筑大都比较完好地保存了下来。但还有不少价值较高，尚不具备受保护身份的历史建筑处境不妙，或在争议中被拆除，或以为拆除重建就可以追回历史价值。从全国范围看，问题或许更为严峻。

因此，到底保护什么？如何保护，也即历史建筑的价值“真实性”和保存修复过程中如何确保历史“真实性”等问题，有必要在此作广泛的讨论。

1. 修复的“真实性”

历史建筑和古董类文物不一样，后者多半可以保持“原真”，而前者是建造物和使用空间，既往的修葺变动是常有的事，不可能全都维持原状，但“真实性”(authenticity)却是必须面对的，因为这是历史建筑的根本价值所在。问题是怎样看待“真实性”，今天的修复怎样把握时空尺度，恢复到初建，还是历史上某个时期，这很复杂，一言难尽。首先必须明确，“真实”不等于“原真”，并非特指“原初”，而是建筑在不同时期演变中"真实"的叠加，我们若追求"原真"，就把这个意义延伸了、形而上了，结果给自己出了难题，因为就大多数历史建筑而言，严格意义上的"原真"其实是不存在的。中国传统上把宫殿坛庙和典章器物均视作文物，但古人并不看重建筑本身的长存(如杜牧"六朝文物草连空，天澹云闲今古同"的感叹就可说明之)；而是本着循环往复的观念，采取"朽者新之"、"废者兴之"、"残者成之"的修复态度，不但移梁换柱习以为常，就是拆改重建也在所不惜。事实上，中国古代建筑意匠真正重的是"法式"的存续，而非"原样"的永续。比如北京故宫的一些重要建筑，明永乐和清康乾就有不少的变化，从清末到当代也有过数次修缮和局部的改动。假如再次修缮，要修到什么时空状态呢，是现状维修呢？还是恢复到某时期的原状？这是有很大争议的。比较地看，这一争议根源于西方的启蒙时代，以"风格"进行艺术史分期，使"复活"(或"复兴")某一历史时期的艺术风格有了学理和形态学上的依据，同时也引发了18～19世纪对古迹过度修复的热潮，以致混淆了"古迹存活"(survival)的"修复"与"古式复活"(revival)的"重塑"之间的界限，即修复、复原与新建、重建被混同了。如在法国大革命以后的一段时期和英国的维多利亚时期，把中世纪留下来的大量建筑遗产(以教堂为主)作了改头换面、根据不足的形态改变和风格美化，抹去了建筑中许多真实的历史信息，造成了"破坏性修复"的后果，招致了比隆(Lord Byron)和拉斯金(John Ruskin)等价值原真论者的严厉批评和彻底否定，由此也催生了后来欧洲各国的现代古迹保护法。直到20世纪60年代，主张保护中的历史真实性和修复后新旧可识别性的《威尼斯宪章》，作为一部国际纲领性文献，也与之有着直接的思想脉络关系。值得注意的是，这种追求风格复原的观念和作为在20世纪的中国也有重演，如五台山南禅寺大殿、福州华林寺大殿、上海真如寺大殿等等，外观和内部经过历代的变化，已无法确知原初特定的样子，为了"再现"原初风格，当代就按唐式、五代和元式进行了重修重改，结果既不"原"也不"真"，好在内部构架的一些基本形制特征仍存在，故还不能算作完全重塑的"假古董"。

往事无可追，今世犹可鉴。看来历史建筑的"真实性"，其实是启蒙现代性以来，在两种价值理性的冲突中最终产生的。一种是改变现状的历史风格复原，一种是维持现状的历史信息保存，二者孰是孰非在价值判断上似乎早有定论，但在实际操作中却难以以偏概全。这是因为，历史建筑的"真实性"本身就属于历史范畴，存在着变化中的复杂与矛盾，我们要避免重复前人在保护理念和操作上的失当，就必须正视历史建筑演进中的这种复杂与矛盾，辩证看待和处置历史留给我们的"真实性"。

那么到底怎样保存和修复才算比较恰当，对于敏感而又不得不做的修复，即使18～19世纪欧洲古迹修复运动的始作俑者勒・杜克(Viollet-le-Duc)和斯科特(George Gilbert Scott)等风云人物也都认为，对古迹和古代艺术的过度修复无异于对其的摧毁。而只做拉斯金式的绝对保存并摈弃修复，对多数持续使用的历史建筑和一些有特殊复原意义的历史废墟来说也是形而上的清谈。相较而言，19世纪中叶英国弗里曼(Edward Augustus Freeman)提出的将"保守修复"(conservative)原则与"折中修复"(eclectic)策略相结合，似乎是一种比较明智的选择。但到了20世纪30年代，体现"保守修复"原则的"最小干预"，似乎已成了欧洲对"修复"定义模糊而又十分严苛的"基本教义"。实际上，对历史建筑保存与修复这样复杂与矛盾的问题，只能根据对象区别对待，起码"真实"是各个时期变化的叠加，对这些叠加要根据其价值进行具体分析，以充分的断代修复理由和历史资料作支撑，方能做出合宜的取舍判断和选择。

笔者的亲身感受，来自数年前主持上海外滩9号轮船招商总局大楼修复和再生工程的经历，这一修复工程是恢复一座百年建筑的原貌并改善其内部使用空间。这座建筑在修复前已历尽沧桑，坡屋顶被拆掉，外廊被封死，美丽的红砖墙被水泥砂浆覆盖，完全看不出历史原状了，但有历史图像和实测资料为依据，做比较逼近历史真实的保存和修复设计既是必要的，也是可能的。本工程设计最终选择了严格按历史原状恢复外廊、红砖墙、坡屋顶和山花。有人提出，现状也是一种真实，没必要完整修复，但毕竟是在上海的外滩，维持现状的意义远不及恢复原貌来的大，现状的"真实"和历史的"真实"孰轻孰重是不言而喻的。

2. 历史真实与生活现实

对于复原，应区别对待，如西安的唐朝西市工程，不能称"复原西市"，从历史真实性来说，根本没有可能，因为唐朝西市留到今天影儿也没有，也没多少文字和图像资料可资参考。但借助原来的地望做唐风名义下的文化商业开发，并实事求是地说明项目的性质，就无可厚非，也与本文话题无关。绍兴重建了部分已逝的水乡景观区，拿了联合国奖，很有成就。应当说，历史上风土形态的两大类，昔日的水乡空间形态，如水系、老街、空间尺度、肌理等；和水乡生活形态，如原住民及其乡风民俗等，至少是部分延续下来的，那么对老房子进行复旧重建未必不可，在本话题的语境之内。但如果以上历史风土形态皆无存，只是借地望打造复旧观光景区，就是另一回事，没必要当成保护与再生案例在这里讨论。绍兴的例子属于哪一类可以研究，但起码从保护与再生的语境出发，对于历史风土街区，关键不在于房子是不是原物，而在于历史风土形态是否在一定程度上还存在。杭州的胡雪岩故居是整体修缮加部分复原，如果是名人故居就应尽量真实反映历史，主要看故居主体格局和历史信息在修缮后是否保持，如果复原推断所占的比例不大，就不能否认它的成绩。实际上，只要动手修，就是干预了，就会有所改变，我们强调“最小干预原则”，但也坦承历史是不可能百分之百真实复原的，把好这个“度”才是问题的关键。至于修复前后的识别性，即《威尼斯宪章》关于修复痕迹的保留原则，是否适合中国传统木构建筑的实际情况，这一点存在很大争议，在此不展开讨论。再如周庄，是个保存修复和旅游开发的案例，许多景点都是后来重修的，只能说是大部分真实，但整个村落基本格局还在，其保存和开发的目的很明确，就是打造风土观光产品，生活形态也改变不小。对真实性要辩证地看，重要的是把其复杂性和矛盾性解释出来，这类例子涉及现实生活的延续，整体上属于风土聚落空间，不同于单个重点保护的历史建筑，主要强调建筑本身的历史真实性。因此必须首先解决历史真实性和生活现实性的复杂与矛盾问题，不这样，这类对象的保护往往就成了空谈或官样文章。

3. 应不应在废墟上重建？

历史上的建筑废墟，要慎重对待整体的复原——重建。古代已毁的重要遗址，基本不可能有确切的资料依据进行复原性重建，只能做些复原研究。近现代毁掉的历史建筑，能不能在原址上复原性重建，需要研究，不能一概而论，如经过必要性和可能性的充分论证，有翔实的史料、图像和实测资料，又与保护法规不冲突，应是可以考虑的。事实上，欧洲两次世界大战中被摧毁的历史纪念物有许多都得到了复原或重建，近来欧洲该专业领域还在探讨一些重要废墟的重建问题(heritage reconstruction)。但只有在对象特殊，确有把握时方可考虑施行，因为重建一座历史建筑并不难，而要恢复建筑上所承载的历史信息和由时间、事件所积累起来的历史价值就难乎其难了。笔者认为对有特殊意义的废墟应坚决反对复原性重建。比如圆明园遗址，就是个有特殊意义的历史废墟，是国耻纪念地，即便有充分图像和史料根据，也不应搞原址复原性重建。而不在原址上的“重建”更和复原无关。浙江横店要“重建圆明园”，这和北京圆明园有什么关系？不过是很常见的炒作事件而已。至于媒体，根本没必要把影视城里搭个历史实景这档事儿拉到保护语境中当由头，因为偷换了概念，而且会引起社会有关方面不必要的激烈反应。北京某报记者就此要作采访，我回避了，但请其转告横店“重建圆明园”方面，第一不能叫“重建”，因为横店没有被授权“异地重建”有法律身份的历史景观；第二，横店如果真的要100%“复原”圆明园，小心赔钱，因为圆明园景观只有一部分具商业观光价值，何况珠海已经有一个了，人家叫“圆明新园”，是旅游观光项目，也没冠名权争议。

总之，对于废墟的复原性重建一定要具体问题具体分析，反对新建筑仿古或废墟上胡乱复原，就鄙视任何情况下的复原性重建，把两者混为一谈是形而上学的。实际上有时候不复原、不重建行吗？第二次世界大战后，伦敦、柏林等欧洲城市的历史建筑大都被炸毁了，不重建怎么恢复城市精神底蕴的载体嘛。特别是一些历史建筑要恢复内部空间和使用功能时，更不可能维持废墟状态。

4. 如何在重建中保留废墟？

复原性重建除了其他外在的价值和意义，其本身内在的价值和前提，是尽可能多地保存尚未丢失的历史信息，刚刚发生的上海新天安堂拆除重建事件，虽是此类工程的一个特例，但在保护观念和认知上的偏差，却有一定普遍性。对上海的大都会历史和外滩源历史景观而言，这座建筑拥有近代精美的清水砖墙和砖作雕饰，虽历百年，满目疮痍，塔楼尖顶缺失，内部严重破坏，特别是2007年的火灾又将上部屋架焚毁，俨然已成废墟。但对外观起决定作用的墙体尚保存完整，一旦拆散夷平，原址原貌的时空价值和历史信息在复原性重建中便会大打折扣，最后采取的拆除重建方式是十分令人遗憾的，这同传统木构架的“落架大修”并不是一回事。虽然设计和施工方事前事后考虑了补救措施，如保存部分砖、木构件并分类编号，对墙面拱券脱模留底等，但对这种砖饰墙面作为重要历史特征之一，且原物还在，又确定为保护对象的历史建筑，拆除重建方式却是一种应避免的、具破坏性的不当处里方式。因为"落架大修"是指对中国传统木构架的落地维修，本来这种结构就是装配式的，拆开来还可组装上。但对那些具有精美形体和肌理变化的历史建筑墙体，特别是带装饰的清水砖墙，由于是以特定时代的砖材、砖饰和砖工工艺筑就，加上历史岁月留下的痕迹，一旦拆除，很难再原汁原味地复原，也无法弥补随时间积累起来的历史信息及其价值的缺失。这就如同先把古董瓷器打碎，再粘合起来或制作个复制品一般道理。

除了大家熟悉的澳门"大三巴"巴洛克教堂墙面的原址保存，这里不妨再举几个欧洲废墟重建的例子。

第一个例子是柏林议会大厦废墟部分的创造性重建。这座建筑中央的重建部分与周边的保存部分在材料和结构上反差强烈，反倒体现了新旧区分的可识别原则。中央的废墟重建为一个体现当代生态技术的屋顶平台和玻璃穹窿；周边则完全突出保存和修复的理念，甚至连"二战"炮火痕迹，特别是攻克柏林留下的记忆，如弹孔、苏联红军的题字等都作为历史信息保留着。

第二个例子是上海姐妹城市汉堡的易北音乐厅，在历史上一座著名的仓储建筑上建造，为了在新建筑出现的同时，留住历史地标的一段记忆，施工时硬是以钢架支撑住原建筑仅40余年历史的红砖墙，使之保存下来。

第三个例子是瑞士卢塞恩的卡佩尔廊桥，建于1333年，是欧洲现存最古的木构廊桥，1993年遭大火焚烧，灾后照原样重建，但将过火后的残存桥体结构予以保留，连构件焦黑的表面也未作去除，为的是让原物部分与新补加部分清楚区分，并将火灾本身作为事件记忆下来。

此外，我们在西藏日喀则复原重建"文革"时期破坏的桑珠孜宗堡("小布达拉")时，也遇到相似情况。这座历史上宏伟气势仅次于拉萨布达拉宫的建筑，上部堡楼被完全捣毁，但下部的堡台墙体大部还以废墟形式存在，本来被要求拆除重建，以免原址原样保存所需的费时费工费钱，但这样做，时空价值和历史信息将随之丢失，所以我们在当时坚决否定了对堡台废墟的拆除重建方案，确定将其原址原物地完整保留在复原重建的宗堡形体之中，并使二者间识别性明确。

一句话，历史上的损毁破坏虽无可追，但今日的拆除重建却不可为，这应是废墟上复原性重建的基本原则。同时这也说明，历史建筑保护工程是高难度、高风险的工程类型，涉及到价值观、方法论和技术水准等不同层面，需要业内同仁共同切磋探讨来改进和提升。

5. 关于"非复原性"重建

有时候，为了文化和商业上的需要，在个别不具特殊历史价值的废墟上做"非复原性"的重建也并非绝对禁地，合情、合理、合法是前提。雷峰夕照是历史景观意象，历史上那座已毁的塔几乎难以复原，因为图像、文字资料稀少，复原依据不足。但重建一座仿古形式的塔，有景观补偿价值；用新塔做地宫博物馆，有保护地宫原物价值。现在做的这个仿古塔型，见仁见智，据说香火旺盛，老百姓喜欢。常州天宁寺塔是佛教文化开发项目，属于非复原性的仿古新建筑，和历史建筑保护无关。这一类"非复原性"重建项目应该放在保护语境之外去讨论。

参考文献：

1. Paul Spencer Byard, The Architeeture of Additions: Design and Regulation [M], NewYork: W.W.Norton & ComPany, 1998.

2. James Marston, Fiteh Hisroric Preservation: Curatorial Management of the Built World [M].University Press of Virginia，1990.

3. Jane Faweett (ed.), The Future of the Past: Attitudes to Conservation, 1147-1974 [M]. London: Thames and Hudson Ltd.1976.

4. Tschudi Madsen StePhan, Restoration and Anti-restoration: A Study in English Restoration Philosophy[M]. Universjtetsforlaget, 1976.

5. 常青，历史环境的再生之道——历史意识与设计探索 [M]，北京：中国建筑工业出版社，2009。

6. 常青，建筑遗产的基本属性与处置方式 [J]，时代建筑 2008(2)(副刊)。

7. 常青，建筑遗产的生存策略——保护与利用设计实验 [M]，上海：同济大学出版社，2003。

作者简介：
常青，男，教授，同济大学建筑系系主任。

（原载《时代建筑》2009 年 03 期）

现代建筑形式语言的五个基本范型

文／赵冬　朱亦民

摘　要：本文对构成现代建筑的五种范型及其相关的社会、技术和经济的意义进行了概括性的分析总结。五种范型是：构成的形态；多米诺结构；纪念性物体与纪念性；帕拉第奥主义与现成品和拼贴。

关键词：范型 现代建筑 形式

现代主义建筑是20世纪影响最广泛的建筑运动，其基本价值观和艺术语言构成今天人类建造环境设计的基础。迄今为止，各种当代建筑思潮无不是对现代主义建筑或修正、或扬弃、或针锋相对的反应。在可以预见的未来，现代主义的形式语言仍将是建筑学专业的基本参照系和出发点。本文试图对现代主义建筑中形式语言的基本范型进行概括性的总结。

众所周知，18世纪中叶的启蒙运动和19世纪初完成的工业革命，导致了欧洲文明和社会生活全面的革命性的变化。古典艺术语言和原则不仅无法应对和处理层出不穷的新事物和现象，而且其存在的社会根基和价值基础也被颠覆。现代主义作为一种包括了建筑、绘画、雕刻和文学、音乐等各艺术领域的全方位的变革，正是建立在试图认识和驾驭这种复杂局面并重新获得艺术语言的现实基础和合法性的努力之上[1]。基于这样的认识，本文虽然主要对现代主义的形式语言进行讨论，但对于现代主义的理解并不仅仅局限于一种风格，而是现代化进程中的与经济、政治和社会条件密切相关的意识形态。因此，本文讨论的对象包括了所有具有现代意识或在现代意识的基础上运用各种形式的建筑活动和建筑师的作品[2]。而对其艺术语言进行归纳和分析，也就是在历史的框架中透视现代主义与社会、文化和技术诸方面的关系。

从形式语言的角度看，构成现代主义建筑的形式基本要素或范型可以归纳为以下五种：1）构成的形态；2）多米诺结构；3）纪念性物体；4）帕拉第奥主义；5）现成品与拼贴。其中前两种是建筑范型调整和适应新技术条件下的现代生产逻辑和体系的结果。第3和第4种范型显现了现代建筑与古典传统之间以相互矛盾和否定的形式达成的连续性与内在联系。最后一种，反映了现代主义试图同化和吸收资本主义工业文明带来的混乱和变化的努力以及现代主义先锋派对艺术与社会之间关系的重新认识。

1. 构成的形态（Compositional Form）

以非对称的形态取代古典建筑的静态、对称的构图是现代建筑艺术语言形成的标志，也是现代设计的基石。构成的形态是其中最具开创意义和基础性的语言，这种语言发端于荷兰风格派。

在讨论构成的形式以及现代主义形式语言中的非对称性这个基本特征的时候，必须指出它和19世纪之后西方文明总体发展状态的关联。启蒙运动的科学理性、对宗教蒙昧的颠覆以及工业革命所导致的新的生产关系与上层建筑之间的对立、冲突，社会与文化之间的日益分裂瓦解了西方传统文明的整体性和稳定性，形成一个处于不断变化中的世界，使人和社会之间处于持续的紧张和对立之中。现代主义艺术语言中的非对称性正是对这种现实状况的反应和把握。与这种变化相对应，在艺术领域从19世纪末到20世纪最初的10年发生了一个价值重心的转移，即从尊崇和师法自然的浪漫主义和强调主观世界创造性的个人主义转向追求科学理性及社会与个人、技术文明与文化创造之间的平衡，具体地表现为从印象派向后期印象派、表现主义和未来主义的转变。风格派是这一转变中最具决定性和创新意义的一步[3]。

风格派绘画的基本语言建立在超越个人化的主观想象和对自然形式的模仿，塑造一种新的具有普遍意义的意识和绘画形式的信念上[4]。最具代表性的风格派创始人之一蒙德里安的抽象绘画采用原色和几何图形，排除掉客观世界和对具体事物的表现。这种纯粹抽象的绘画形式拒绝了所有与历史相关联的符号和自然形态的再现，成为自我参考和自足的系统。这一点与资本主义工业文明和生产体系的理性是一致的。

蒙德里安和杜伊斯堡（Doesburg）的充满了动感的抽象画，其图像特征直接表达了现代社会的整体性的丧失和非稳定性。当它转换为三维的空间语言的时候就成为一种动态的无中心的空间体系，造成流动和空透的效果。这是与古典艺术经验彻底的决裂（风格派的建筑设计常常不能用传统的透视图来表现，而只能用轴测图）。现代建筑理论的主要作者基迪恩在他的《空间·时间与建筑》一书中把现代建筑空间的基本特征总结为"穿透性"（Interpenetration），这一点集中地表现在风格派的建筑空间中。

从风格派建筑形成的历史看还必须指出赖特的关键性的影响。赖特的作品在1910年前后被介绍到欧洲，并对风格派的建筑师产生了影响。在赖特的受新艺术运动影响的独立式住宅设计中，有一种属于现代的非对称和流动的空间特征。在他所设计的罗比住宅中集中体现了这一点。这个住宅的外观虽然呈现出某种程度的对称性，但在体量的组合上却表现出了动态和灵活性。如果把附加的装饰去掉，罗比住宅的平面与风格派建筑在基本类型上是一致的。

风格派的设计思想和赖特的建筑实践留给现代建筑的另一份遗产，体现在密斯的作品当中。密斯在一次大战后由古典主义转向现代主义，他所设计的砖住宅和卢森堡与李卜克内西纪念碑无疑采用了风格派的构成的设计语言。他在1928年设计的巴塞罗那博览会德国馆，被认为是体现了现代主义空间观念的经典。

塔夫里在《建筑与乌托邦》一书中认为风格派的目标是用形式和秩序来控制技术所导致的混乱，用打破整体性的造型，回到基本元素的方式从机器文明所造成的贫乏中发掘新的精神和丰富性[5]。构成的形态作为其形式语言和核心在艺术上抓住了现代社会的普遍状态和心理，即现代技术所带来的变化、生存的不稳定感和消除了传统场所确定性之后的无场所感，通过一种解构性的手法获得了艺术形式合法性，成为现代建筑中的基本范型。直到今天我们仍然能在当代建筑师的设计中看到它的原则和形式的运用。

2. 多米诺结构 (Dom-Ino Frame)

多米诺结构是一种柱板（暗梁）承重体系，柯布西耶在1914年首先明确提出了这一概念。这种三维立体的形态是对现代技术和材料下的新形式语言的总结和对钢筋混凝土结构所形成空间形态的高度概括。它构成了迄今为止在建筑设计中最广泛运用的基本单元。

多米诺结构在空间概念上与构成的形态完全不同，甚至是相反的。因为有规律的重复性的柱的排列限定了重复性的内部空间，形成一种均质性。而在构成的形态中，在空间形态上出现了一种分裂的、异质性的甚至可能是迷宫般幽闭恐怖的效果。为了打破这种均质性，柯布西耶的做法是引入自由流动的墙体，运用内部的墙体干扰结构性空间的重复性，由此形成了他所总结的新建筑形式五个要点中的自由平面。在伽太基别墅中他还试图用错层的方法打破空间的单调性和均质柱网结构的导地位。

多米诺结构在理论上可以容纳任何功能。由于其均质性它完全顺应现代工业的标准化和大批量制造的原则，它体现了理性对自然的征服和生产对人的控制，因而迄今为止建筑师仍然一方面利用这种体系设计建造各种类型的建筑和空间，另一方面又与这种空间范型进行斗争。在可以预见的未来它仍然是建筑师的基本工具。

3. 纪念性物体 (Monument) 与纪念 (Monumentality)

纪念性物体和纪念性在建筑学中是一个硬币的两个面。纪念性问题是一个纯粹西方文化的现象[6]。在西方古典艺术的语境中，纪念性所代表的是崇高（Sublime）。与这个概念相对立的是美（Beauty）或与哥特艺术相关的"画境"（Picturesque）[7]。此外在西方文明中，纪念性带有强烈的地域和宗教色彩。对于地中海和天主教文化来说，纪念性的正当性是不言而喻的。对于英国经验主义和北欧新教文化而言这是一个很可怀疑的东西，并且对它有道德上天然的排斥。

现代主义与古典艺术的矛盾纠结最为突出地表现在纪念性和纪念性物体的问题上。纪念性天然地是一个古典的属性。纪念性物体是静态孤立的，是超越经验的、自洽的[8]。现代主义建筑的核心价值建立在经验主义原则的功能主义和哥特建筑的结构理性主义基础上，看上去和纪念性是对立的。但正如柯林斯在《现代建筑设计思想的演变》中所指出的，现代主义对建筑的美学定义恰恰来自于古典概念的重新发现[9]。在现代建筑早期的探索中，先锋派建筑师利用纪念性物体所具有的"不可企及"的美学特质来表达他们的乌托邦想象。在1940年代欧洲和美国的现代建筑运动中，曾有过一段提倡新纪念性物体的时期，把纪念性和民主价值及社区建设联系起来[10]。纪念性主题在现代建筑中从未完全消失。

纪念性在一个较宽泛的意义上可以理解为日常生活中的仪式性。从这个角度不难理解，在从古典向现代的转变中纪念性成了一个需要克服的困难。在具体的建筑实践中早期现代主义建筑师不同程度地碰到这个难题。路斯通过把建筑活动分为与艺术有关的纪念性物体（宫殿、陵墓）以及与功能和日常生活经验相关的住宅这样两种类型来解决这一矛盾。在建筑实践中按照弗兰普顿的说法，他陷入到一个困境，"即怎么把盎格鲁-撒克逊方案的室内设计中自由自在的舒适与古典形式的严格性结合起来"。[11]路斯的方法是建筑的外立面采用简单的型体表现一种统一性，内部根据功能的不同采取不同的空间形式和尺寸。

另一位现代建筑师赖特，在他的职业生涯的早期也摇摆于对称构图的纪念性和满足使用的多样性和变化的形式之间。赖特所采用的方法是在建筑的正面采用对称形式，其他几个面则主要根据功能布局需要设计成非对称的。

纪念性物体并不一定与尺寸大小有关，它含有孤立于周边环境和其他事物、寄托思绪的意味，因此一些小的物体或者日常生活中的用品都可看作纪念性物体。在阿尔多 · 罗西的建筑设计中，纪念性物体充当着非常重要的角色，在罗西看来它是城市生活中最重要的意义的载体。[12]

现代建筑中最为奇怪而充满矛盾的纪念性物体也许就是19世纪诞生于美国的摩天楼了。它具有所有纪念性物体的视觉特征，但从内在逻辑上却是最为反纪念性的。它是经验主义的、反理性的：摩天楼唯一的意义就在于它内部可以发生各种各样的事件，可以容纳无限多样的功能。摩天楼建立在现代科学发明的基础之上，是技术和商业投机结合的产物，它完全是现代城市文明的产物，却又是反城市的。这是现代主义建筑中最有效率但也是对现代文明最具破坏性的一个类型。

4. 帕拉第奥主义 (Palladianism)

帕拉第奥主义是古典主义建筑的一个艺术成就上的高峰[13]。和纪念性问题一样，帕拉第奥主义与现代主义与之间也呈现出相互克服而又具有某种内在关联的矛盾状态。由于帕拉第奥在建筑学中的地位和对建筑知识体系广泛深刻的影响，那些对现代主义建筑语言的形成起到关键作用的建筑师几乎都处在他的影响之下。赖特（经由沙利文）、路斯（经由沙利文、辛克尔）、阿尔托（经由阿斯普兰德）、密斯（经由辛克尔）、柯布西耶（经由佩雷）的设计语言都与帕拉第奥主义有着密不可分的关联。像纪念性主题一样，帕拉第奥主义也以各种现代的姿态和方式呈现在现代建筑的进程中。柯布西耶的别墅系列的帕拉第奥柱网体系是一个著名的例子[14]。而密斯在40年代之后的作品被认为是现代版本的帕拉第奥主义[15]。

现代主义对古典艺术语言的革命未必不是一场一方面针对哥特式装饰和结构形式，另一方面针对帕拉第奥古典主义的革命。占据现代主义的空间概念核心的空透性，所要推毁的正是帕拉第奥构图中的静态孤立的空间体系。因此我们不难发现当现代主义受到批判和冲击的时候，建筑师们重新拾起来的武器之一就是帕拉第奥主义。

5. 现成品 (Ready-made) 和拼贴 (Collage)

现成品首先出现在当代艺术领域中。立体派画家勃拉克和毕加索在1912年左右使用了拼贴的手段把现成的物品用到绘画作品里。在绘画和雕刻艺术中，现成品在现代艺术中具有两方面的意义，在艺术范畴内它产生了一种任何其他手段都无法相比的破坏性的效果，这种破坏性或者错用的效果否定了古典绘画中的主观性，也就是艺术家不再是一个形式赋予者和控制一切的角色，艺术品也不再具有唯一性和独创性；其次，艺术家通过现成品的运用，以一种反讽的手段同化和吸收现代技术文明所带来的冲击。

在现代主义先锋派中，达达主义是现成品和拼贴的主要倡导和实践者。杜尚的现成品艺术以一种极端的方式，不仅否定传统绘画和艺术中的主观性，而且否定了绘画的传统定义。德国艺术家施维特斯（Kurt Schwitters）在绘画上采用了实物拼贴，创造出更有体量感的现成品绘画。他把这种拼贴称作Merz，意指商业社会中的残余物[16]。他还利用生活中废弃不用的东西搭建成立体形式和空间，取名为Merzbau。按照塔夫里的说法，达达艺术家以一种有悖于常理的荒谬的方式实现与现实的交流，凸显出规划和控制现代机器文明的混乱和彻底碎片化的状态的必要性[17]。

在建筑学中，讨论现成品的问题具有特殊的困难。在建筑领域里似乎并不存在现成品这个问题，因为建筑并不是严格意义上的再现型的艺术。建筑具有表达的功能，但与绘画相比，建筑自身既是表达的手段也是被表现的对象。如果一定要在一个很直接的意义上使用现成品一词，那么每个建筑物都可以是某一种"现成品"。但是另一方面，我们必须认识到现代建筑不仅在形式上，而且在与形式问题相关联的观念和方法上也受到现代艺术的深刻影响。拼贴和现成品是最大限度影响了现代建筑的精神气质和走向的艺术概念和方法。

现成品和拼贴的概念，以两种不同的方式在建筑设计和城市理论两个层面上对现代建筑的进程产生了决定性的影响。在二战后，英国艺术家继承了达达和超现实主义运动中反讽的姿态。他们反对已经成为经典的现代主义中排斥现实世界的抽象艺术，采取相反的"接受现实"（As Found）的态度[18]。这种承认并用模棱两可和反讽的手段对待资本主义现代文明施加在大众头上的粗俗现实的艺术主张，被称作通俗艺术或波普艺术（Pop Art）。它是反精英，反偶像和反学院派的。在1960年代较为激进的年轻一代建筑师普遍用波普艺术的观念反对现代主义建筑僵化的功能主义教条和官僚体制化的建筑语言。这种倾向表现在从英国的阿基格拉姆（Archigram）到意大利的超级工作室（Superstudio）和建筑视窗（Archizoom）等激进组织的纲领中。不仅如此，1960年代的激进运动对整个西方当代文明持有批判和怀疑的态度。超级工作室和建筑视窗小组采用拼贴和现成品的表现形式表达对现代主义乌托邦和启蒙运动的理性主义的质疑，探索建筑学在现代消费社会中的困境和内在矛盾。这种态度和价值取向形成了从城市和文化角度观察和透析建筑问题的当代视野和现代条件下的城市理论。

属于波普运动的偏于中间立场的建筑师，则借助于波普艺术的观念对于资本主义市场和消费体系所创造的城市空间进行整理和重新阐释。其中的代表人物是美国建筑师文丘里。文丘里站在波普艺术的立场上为美国的商业文化及其城市景观进行辩护，承认并片断化地模仿现实存在，发展出一套反现代主义乌托邦的通俗建筑。上述这两种情形构成1960和1970年代建筑学讨论中的重要组成部分和共同的认知和情感，其影响一直延续到今天[19]。在这个方向上的建筑实践中创造出最直接的形象拼贴作品的是美国建筑师弗兰克 · 盖里。他在洛杉矶自宅改造和神户鱼餐厅等作品中实现了一系列图像化的建筑。

另一方面，现成品艺术中理性的一面，在建筑设计上影响了密斯这样的现代主义建筑师。密斯在战后美国的实践中发展了一套表现工业化体系的抽象形式语言。他直接把工字钢用作建筑的外立面装饰，形成了一种彻底静默的空无一物的效果[20]。在这个方向上，在关于城市的观念中产生了柯林 · 罗的《拼贴城市》这样的反现代主义乌托邦的折衷主义的理论。另外值得注意的是，德国建筑师昂格尔斯在1970年代形成了一种城市空间拼贴的设计方法。他放弃了现代主义的功能主义和整体理论，把城市看作历史残留物形成的片断化的记忆和空间系统。昂格尔斯的理论含有一种否定性的态度，承认并揭示出资本主义现代化进程对城市的文化社会整体性的侵蚀与破坏，以及城市日益成为一种时间进程中的聚集物而非有机体的事实。

注 释：

[1] 按哈贝马斯在《现代和后现代建筑》一文中的观点，现代主义应对的三个方面的挑战分别是新的建筑类型、新的结构和材料以及要求一种新的规划原则。Jurgen Habermas，Modern and Postmodern Architecture，Architecture Theory Since 1968，The MIT Press 2000，412.

[2] 本文论述的对象也包括了持与现代主义相反立场的建筑思想和人物，比如波普艺术以及美国建筑师文丘里。这是因为二十年代之后即便是反对现代主义的建筑思潮也是从现代主义所奠定的土壤中产生出来的，是现代性的发展过程的一部分。

[3] 风格派和同时期其他先锋运动一样是对立体主义的艺术创新做出的反应。风格派主动接受机器文明及其所带来的新的社会条件。"在荷兰和俄国先锋派中，机器的逻辑成为艺术和建筑的模型，思想可以不依赖于传统工艺创造出形式，并意味着绘画、建筑和数学理性的新的综合。艺术和建筑被认为是非个人化的不依赖于个人'口味'的客观事物。"Alan Colquhoun，Modern Architecture, Oxford University Press 2002, 109.

[4] 风格派第一宣言（1918），参见 Kenneth Frampton，《现代建筑——一部批判的历史》，原山等译，中国建筑工业出版社 1988 年第一版，第 168 页。

[5] Manfredo Tafuri, Architecture and Utopia, The MIT Press, 1999, 95.

[6] 在一个宽泛的意义上，西方建筑的艺术和心理基础建立在超历史的纪念性（monumentality）和反纪念性（anti-monumentality）这样一对对立统一的矛盾之上。纪念性和反纪念性在西方建筑中的重要性类似中国艺术中的虚和实的概念。

[7] 彼得 · 柯林斯（Peter Colins）对崇高、画境和美的概念在建筑领域中的发展作出了较为详细的描述。见彼得 · 柯林斯《现代建筑设计思想的演变 1750-1950》，英若聪译，中国建筑工业出版社 1987 年第一版，第 33 页"画境的影响"。

[8] 1944 年路易 · 康在他的论文《纪念性物体》中对这个概念作了如下定义：一种结构中的内在精神品质，传递了其永恒性的感觉，并且是不能附加的或被改变的。Joan Ockman, Architecture Culture 1943-1968, Rizzoli International Publications, 2007, 48.

[9] 彼得 · 柯林斯，《现代建筑设计思想的演变 1750-1950》，中国建筑工业出版社 1987 年第一版，第 7 页。

[10] Alan Colquhoun，Modern Architecture, Oxford University Press 2002, 212.

[11] 肯尼思 · 弗兰普顿，《现代建筑——一部批判的历史》，原山等译，中国建筑工业出版社 1988 年第一版，第 104 页。

[12] 纪念性物体在罗西的理论中占据核心地位，这也是他反对现代主义功能主义理论的立足点，他在《城市建筑学》中指出："纪念物是用建筑原则来表达集合意愿的标记，是首要元素，即城市变迁中的固定元素。"

见《城市建筑学》，黄士均译，中国建筑工业出版社 2006 年第一版，第 24 页。

[13] 对帕拉第奥主义的定义主要来自于帕拉第奥所创造的晚期文艺复兴古典主义建筑风格，大致可表述为对古希腊和古罗马建筑形式的复兴，建立在数学原则基础上的理性主义，以及建筑外部简单、统一的形态特征和内部丰富的装饰之间的对比。

[14] Colin Rowe, The Mathematics of the Ideal Villa and Other Essays, The MIT Press 1999.

[15] Colin Rowe, Neo-'Classicism' and Modern Architecture I, The Mathematics of the Ideal Villa and Other Essays, The MIT Press 1999, 120.

[16] Merz 来自于德语商业一词 Commerz.

[17] Manfredo Tafuri, Architecture and Utopia, The MIT Press, 1999, 92-93.

[18] As Found 是英国建筑师 Alison 和 Peter Smithon 夫妇在上世纪 50 年代所用的一个术语，用来指从日常生活和普通的事物和材料中发掘不同寻常的质量，这个概念代表了当时英国波普艺术和粗野主义建筑的价值观。

[19] 以库哈斯为代表的“新现代主义”的核心精神来自于此。

[20] 塔夫里在《建筑与乌托邦》中指出密斯在一战后与柏林达达艺术家 Kurt Schwitters 及 Hans Richter 的交往。塔夫里认为密斯同时受到达达主义和荷兰风格派的影响。见 Architecture and Utopia (The MIT Press, 1999) 第 148 页注释。

作者简介：
赵冬，男，广东工程职业技术学院建筑工程系讲师；
朱亦民，男，华南理工大学建筑系副教授。
（原载《世界建筑》2009 年 06 期）

对建构学的思考
—— 在技艺的呈现与缺席之间

文／卡雷斯·瓦洪拉特　邓敬

摘　要：该文论述了建构学的基本框架和核心内容，即重力及其相关的物理学、建造材料的结构以及将材料装配在一起的方式，同时探讨了建构与形式构图的关系，并分析引用了多个路易·康作品案例。

关键词：建构学 建造 建构要素 重力 材料 结构 路易·康

即使没有人喜欢长时间地沉思"我们如何建造"，至少人们应该很清楚这个命题是重要的。建造影响着我们。我们对物理性的建造行为和空间状态的敏感性——就像人们对数学概念和对音乐的敏感性一样——是独特的，并且不能通过从其他艺术领域的借用或转译来获得，当然这种敏感性也不会在所有人那里都能成为根本的、有意识的和得以完善地发展出来的敏感性。建筑物的重要性还在于它展示出我们做事的方式。我们所建造的是我们的意识、我们的思维反映的直接性和力度的见证，也是一种全面性的见证——我们建造的一切都成为我们所描绘和配置的空间的意义的一部分。否则的话，我们就会仅仅满足于"表现性"(representing)的空间，尽管表现性艺术是一门博大的艺术，但我们知道它并不包含建筑最本质的东西。表现是试探性的。绘画就是一种表现。我们可以将我们的绘画按三维陈列来表现空间，但一阵风就可以将这些绘画刮走。因此有某种十分重要的东西存在于我们的理解中，即表现是一种试验；而我们则叹服于建筑物的"最终结果"之中。

因此我们必须说建得好是重要的。我们必须去理解建构学的各种原理。我们所做的一切是要使我们所建造的对象如自然那样永恒持久吗？也许，但作为一种催动艺术作品诞生和驱动艺术作品进化的生成力量，建造的伟大技艺可以具有一种更广大的影响力和真正根本的重要性。如果非要在我们创作方式中给"建构的"和"形式的"下一个理性的区别，我们可以将建构的角色看作是某些其他形式成分的一部分。将建构的特性赋予一种高度的表现主义的方式或是使之静静地受制于其他力量，这种特定问题应该由总体的创作策略来界定。但也正是在这个更伟大的计划中，建构学拥有着其最高的使命。

构造学依赖于物质世界的几个非常基本的方面。第一个当然是重力和与之相伴的物理学。重力会影响我们的建造对象及其下部地面。另一个是我们所掌握或制造的材料的结构。第三是我们将这些材料放置在一起的方式。我们怎样做或为什么这样做将会影响限定空间的表面的表现方式。

我记得圣·安吉罗城堡(Castel Sant' Angelo)的一个景象。它那巨大、沉重、圆柱型的墙体的表面被嵌入的拱券镶边。相邻的拱券通常落脚在同一点上，而这些落点依次坐落在下一个拱券的顶部。我曾觉得疑惑的是，建筑的这种整体构造是否在揭示那种荷载向下传递至地面的线性网络，而在地面上找到结构支撑的点状固定位置要比构筑结构支撑的水平线更容易一些？这个建筑是否真的以此种方式来建造？这样做是否为了避免经常发生的不规则沉降造成的对有规律的水平排列的破坏？当墙体越修越高时，这是否是一种对沉降的控制性更强的方法，因此任何地基的位移也不会造成远不可原谅的几何变形？

重力迫使我们将荷载向下放，或是先将其向上提然后再向下放。我们对重力的理解以及对它怎样对艺术产生影响的认识在本世纪(20世纪——译者注)很少有改变。在《现代艺术的基础》(Foundation of Modern Art)一书中，埃米迪·奥占方(Amedee Ozenfant)展示了一些放射线虫的图画。放射线虫是一种细小的海洋微生物，生活在深海处，深水水压已使得其自身重力变得微不足道。放射线虫主要的生物特性是其独特的骨骼结构形式，似乎经过特别的演化来抵抗内部的受力和外部的多变的、动态的力量。放射线虫尽管富于启发性，却并没有告诉我们任何关于单向重力的东西。

如果说现代工程学从放射线虫的几何形体中得到了灵感的话，它却错在将其当做一个直接的模型。例如，空间网架体系并不代表着问题的解决，即如何将荷载向地面传送，或是如何先传向支撑后再传向地面。任何由无限重复的支柱或是由相同尺寸的支柱组群所组成的结构都不能体现出在结构体中传递的、针对重力而持续产生变化的受力的轨迹。只有在多向度的、外部的、动态的受力下，那种三维空间结构才是合理的。例如，在美国航空航天总署NASA或法国航天组织Ariane的太空计划中的那些结构形式就呈现出一种本质的合理性。而在地球上，重力的单向拉力会对材料特性及其受力极限产生一种数学化的定量的限定。这些限定依次确定出材料的量度矩阵，并以极限的概念形成界限的概念。于是，重力打破了无限性。我们现在用对位法列出以下两方面，一方面是等量增值、零重力、绝对无限的概念，另一方面是重力，持续增长的受力和界限的概念。这样，重力是被限定了的空间的说法便不再显得勉强。重力使我们从这里走向那里。关于重力，没有什么东西是完全终端开放的。

法国的工程师罗伯特·勒·瑞科雷（Robert Le Ricoleis）曾给20世纪的许多建筑师带来启发。在办公室里他常放着一副人的骨架和一张放大了很多倍的胫骨照片。照片中显示骨头不仅是中空的，而且是一个拥有大量孔隙的、完全再细划分成的空间网架。根据这种构造特点，胫骨既可以承担向下传递的荷载，又可承受曲膝、跑动和踢球时产生的侧向和旋转的力量，并始终在结构上维持十分轻巧的特点。

可是在我们的艺术中，我们却大多用以下两种方式来处理重力荷载：要么立一根柱、一片墙或其他；要么在跨度的中间设一根或数根梁、一根过梁、一个拱或一块板。柱子被做得足够粗以承受轴向的荷载，然后还需加宽，以防止受力后的弯曲变形，或者被处理成桁架，多少有点像骨骼的内部结构。将这些要素组合在一起，便产生了一些形式，如柱头，拱心石，锥顶饰，以及支承板等。这些要素，在很大程度上，取决于我们的意识，即当我们利用这些要素去描绘一个垂直的面，并将该理想的垂直面向下传时，我们最终获得了一种合适的量度。我们打破了无限性：重量和材料性能迫使我们进行更新一层的划分。今天，当我们看到埃菲尔（Eiffel）的高架水渠时，我们会感到疑惑，自世纪之交以来还能有什么东西像这样的结构一样富于戏剧性并拓展了我们对重力的理解。

无论我们建造什么，无论建筑与我们的城市组成的相关性如何，建筑对其所矗立的地面的改变后果是很少能加以挽回的。我经常想，如果有一场超自然的飓风卷走如华盛顿特区等城市的地面上所有2英尺以上的东西，我们将获得一个非常特别的对城市基层结构（substructure）的读解——一个城市的工程技术作品。这种坚固的城市支撑框架会让我们像对待考古发掘一样去理解我们文明生活的网络结构。

在他的《城市的建筑》（L'ARchitettura Della Citta）一书出版之前，阿多·罗西（Aldo Rossi）曾任晚期厄内斯托·罗杰斯（Ernesto Rogers）的助手，后来成为CASABELLA杂志的编辑。如果回头去读那些过去的期号，我们会看到无论杂志还是罗西的著作都充满了插图，有些是写实的，有些是虚构的，它们似乎都在表达一种建筑的考古学。

我们有必要回想一下在岩土实验室所作的基本实验：将一根被固定在一大块平板基础上的柱子，放在一桶沙的表面上，然后将水注入沙中。尽管水仅仅填充了沙粒间的空隙，柱子却变得越来越不稳固，直至最终倒下。这里的含义已很清楚：任何建筑的存在都离不开土壤的作用，这是一种永不消失的持久性。这里存在着一种上部发生什么与下部发生什么之间的不可避免性，一种关系的固定性。人们不可能忽视区分开上部与下部的那个平面的极端的重要性。对建筑的构造学来说那个平面是很基本的。如果我们要在一片开阔地上修建一个平坦的面，我们必须仔细考虑排水系统，考虑斜坡的几何学。我们修建台地，精心铺装表面。这便是我们真正拥有这块土地的开端。

接着要认识的是，由于土壤本身呈颗粒状的属性，它通常都不是那种能轻易可以形成稳固支撑的材料。只有基础修筑在岩石层上的情况属于例外。一个线性的支撑体最好是由多个支撑点组合而成，而只有这样支撑体才可以以同等方式均匀承受荷载。结论是，我们需非常谨慎才能假定出一根稳定的水平线来解决荷载问题。

某日康与结构工程师奥古斯特·克门丹特（August Komendant）探讨在地震区建造砖石拱的问题。克门丹特解释了为何地震时从地下向上抬升的力与通常状况下的拱的承受力是相等的，这是由于在地震中，土地会以与建筑物相等的重力值反作用回去，只不过方向是向上的。"那么"，康问道，"如果我将一个反向的拱放在正向拱的下面，这是不是个好的解决办法？""对，没错。"克门丹特回答。想想康已在地震区外建造了多少双向拱（或者洞）！后来，康在莱昂纳多·达芬·奇的一本笔记中发现了对地震状况的相同的拱的解决方式的图解，他感到极大的快慰。

经常有人会提出这样的问题，是否还有另外对我们的建造具有重大意义的材料，从而能像木、石、砖、钢铁和玻璃一样应被列入基本的材料清单中。我们很快会想到混凝土，想到佩瑞特（Perret）、勒·柯布西埃、还有更接近现代美国灵魂的人物——路易·康。我们似乎也不会忘记首批混凝土浇灌实验是由那些从事石膏浇灌的人们进行的。是浇灌技术和新材料固有的可塑性，而非混合配料所拥有的更坚固的优点，支配着佩瑞特和柯布的兴趣。而路易·康以其深邃的哲学的头脑，看到了混凝土所拥有的现代人赖以创造新材料的潜力。他深信在混凝土复杂的凝结硬化过程中，其合成和转化中的化学现象肯定与形成自然材料的诸多自然现象之间存在着某种平行关系。而在混凝土工程中同时发展的一些分析方法却较少引起康的兴趣。这可能是因为这些技术所暗示的是一种并不触及事物本性的创造力，而更像是在计算方程式与形体之间强力归纳出的一种严格的相关性——常常体现为一个方程式。发展中的技术所要求的力学分析的特定性，并不是康的本性所热衷的。

康的理查德大楼和萨克研究院在展示混凝土工程的本性和范围上可能比其他任何一位20世纪建筑师的一对作品都更伟大，主要是因为它们展示出混凝土是如何制作的，而不是因为它们在建筑建造中对材料性能的表现。混凝土——现在人们常常是指钢筋混凝土——是一种复合材料。混凝土将起强力作用的钢筋掩埋起来，也掩盖了一个事实：即钢筋混凝土可以作为一种各向同性的材料(isotropic material)，其性能既有可能被配筋设计所肯定也有可能被否定。当我们做出钢筋笼的几何形状以强调受力的线性轨迹时，我们实际上就已将混凝土的性能等同于其他各向同性的材料如木、轧制钢；或是等同于其他一些挤压而成的材料，那些材料通过其长向纤维或其形状来承受沿x、y、z三个轴向中的某一方向的荷载。

由于混凝土盖住了配筋，有必要用某种X光机来揭示表层下的真实情况。当然，技术图纸会标示出配筋，但通常的、即使是很投入的观察者也只是阅读形式。是形式促成了艺术。奇迹必须是形式的奇迹。

那些将混凝土当做一种建筑材料来研究而不去研究混凝土工程技术的发展史的人可能会感到迷惑。自萨克实验室的设计工作以来，我一直深深感到那些精彩的墙体的建造方式对当代对混凝土的认识所产生的影响，大于过去 30 年中的任何其他建筑。康在萨克已将墙建得更加伟大。这些墙的伟大之处来自于它们向我们呈现出康如何建造的那些方式，正如康一直非常喜欢说的——它们“曾经言说，正在言说，并将永远言说”(told, tell, and will forever tell) 它们的建造方式。

墙是极其普通的要素，承担着非常基本的工作。墙没有结构的复杂性；其原则性的工作就是抵抗翻转力。当承载楼板或屋顶时，墙通常承担的只是简单的荷载。模板与螺钉头在墙面上所产生的印迹只是对墙体性能或是混凝土特性的某种有限的表达。在萨克，与那些更精密复杂的结构部分相比，特别是与利用后张拉技术建造的Veerandal桁架和箱形截面梁相比，对墙的认识显得较为容易一些。如果将建筑的抗震设计再加进来的话，本来就复杂的结构会变得更加错综难解。

多年以来，康对分解基本的受力并赋予其最简单的结构形式越来越感兴趣：柱、拱、穹窿中的压力；后张拉梁、下拉索或是悬吊链中的张力等等。金贝尔美术馆 (Kimbell Museum) 顶部穹窿末端的封闭梁就是一个相关案例。在设计工作中的某个时刻，康找不到他所期望的外形。使康非常后悔甚至恼怒的是，穹顶末端拱形梁的厚度（它们不是拱）在中间处比在支柱端处要大。克门丹特，这个工程的结构工程师，曾研究绘制了六种可能的梁的侧轮廓线，但全都是逐渐收窄的形式。康所期望的是一个忽略受力分析特定性的具有均匀厚度的侧轮廓，而这期望要么是没被传达给克门丹特，要么是他根本就不想听。离工程要求的期限越来越近了，克门丹特气急败坏地拒绝解决第七种梁的侧轮廓方案，而康只好听之任之。今天那第七种侧轮廓看起来非常精彩，这仅仅因为一旦康将描图纸蒙在某个形式设计上加以描画，他的手和他对线条和比例的感觉可以将最世俗的东西变得熠熠生辉。可是现在的拱形梁的外形并没有确切地表达出康在那些圆形穹面中所追求的基本元素性的轮廓线的美。

我不知道从何时“技术”这个词 (technology) 开始被广泛地使用，但我假设是在二战以后。技术对于建筑学的重要性一直体现得非常有限，就我看来主要出于两个原因。其一是我们对于建筑所运用的材料的性能的认识在当时并没有显著的变化，其二应用于工业服务和建筑以外领域的材料开发已遥遥领先。因此，所有新材料开发带来的进步所给予我们的要比我们本可以得到的少得多。当然，与通常的科学中的技术进步相比，建筑学中的新技术发展只是一种很有限的成就。

影响我们艺术的一个技术创新是我们所用的建造材料的尺寸扩大了，比如玻璃尺寸或轧制钢的尺寸等。这种发展已给我们的尺度感带来了变化，因为尺寸的改变影响到我们文化习俗中对良好的度量的感受。构造元素尺寸的增加也使我们对建筑构件组合的感知愈来越遥远和模糊，而人们过去常常能通过建筑构件组合很容易地解读材料的性能。埃菲尔 (Eiffel) 美丽的高架引水槽中很大的一部分可以在今天用一个轧制的工字钢梁就修起来了。这简直是艺术的灾难。一场阻止我们学习的灾难，一场无论从材料配置上还是使用上仅仅变大却未变好的灾难。

新型的生产设备和工具实际上意味着一种对我们过去的关于工艺的观念的爆破性的发展。伴随着自动化和电脑系统的引入，制造业的非同寻常的革命至少在美国还尚未触及到建筑工业。今天非凡的技术已具备能力影响我们塑造事物的方式，但这种变化还没有触及我们。不伴随着全方位的文化变革，很少能有新技术真正改变建筑的形象。随着19世纪下半叶的碳化钢的出现，哥特式结构的演化和现代构造的发展便是相关的案例。这种变革需要一种融合，需要一种必然存在的形式和建构创造性的合一。

我们所有人都对那种层次的创新怀有巨大的热情和期待，但却只能对具有那种合一性作品的稀少而感到悲哀。奥古斯特·佩瑞特（Auguste Perret）的作品中就充溢着那种动力。距我们更近的，康的理查德和萨克是一个例子——如果继续发展的话——本可以达到实现那种秩序的层次。但是现在看起来，其建筑中存在的官僚系统的复杂性似乎已使该进程脱离了轨道。我觉得恐怕事实会证明混凝土材料本身并不那么简单。正是康的非凡的力度和深远的意图，激励出其他参与者的冒险意识。有些建造者比其他任何人都更热衷于建筑，他们觉得他们可以在建筑艺术中培育出一种进步。他们相信他们探索的建造的新方式将会到来。曾有段时间存在着一种对建筑构造创新的普遍的信念，而现在这种信念似乎已经被搁置下来了。

在20世纪我们有佩瑞特，有康，分别站在现代主义的开端和结尾。我不相信现代者们会被追求构造完美化的欲望所驱动。虽然受新的工业化和制造技术的影响，他们所感知的更多的是从旧现实主义转向一种新现实主义的整体的转化，他们在寻找新艺术的内容。一种深层的现实主义意识植根于像塞尚（Cezanne）这样的人的作品中（奥占方曾很漂亮地说道，塞尚已经决定抛弃物体的表象）。但对现代者们来说，生成的内在冲动源于一种新的空间概念，边界意识的解体以及对那些关于物质现实的陈旧意识的超越的渴望。现代者们对玻璃和纤细钢材感兴趣，是因为它们是能使构造“非物质化”(dematerialize)的理想材料。构成主义者甚至像雕塑家们那样进行建造，分解和释放空间。在立体主义，至上主义者，莫利-纳吉（Moholy-Nagy）和其他人之前，空间总是被理解为约束性的边界。他们的作品并不表达建构学的意图，也许只有密斯一人除外，只是他的贡献要来得晚些。

真正伟大的现代主义者是那些早期先辈们。在其1952年版的《现代艺术的基础》（Foundation of Modern Art）的序言中，奥占方以令人惊讶和粗野的方式将早期现代主义者们复杂的冲动极力地归纳和简化。他将他们的主体思想概括为对科学家们工作的反应：“在一批最热心的科学家培育下，原子时代悄悄地于1942年12月2日在芝加哥大学诞生……新视野中的世界已成了少数高级专家、物理学家和宇航员们的领地。”在现代物理学空间的探索中，空间和结构近乎一套在智力中存在的网络系统，这在今天对于那些建筑的常规物理本性——即我们必须用物质材料和艺术来建造的观念——仍是一种最强有力的挑战。

在巨大的圣·安吉罗城堡的圆柱型墙体中，砖石的网络似乎将压力捆绑在墙体上，并向下引导直到地下深处。在我看来，似乎此墙就是为了产生每个人都可能想到的第一个优雅的裂缝而制造的。人们知道，如果裂缝出现，大家都可以预测出它的蔓延方向。因此，我们可以接受这种说法：即将物体表面网络化可以有效地控制裂缝。

我们很清楚有少量材料以其自身的特性几乎可以实现大部分我们想要建造的东西。我们一直可以全部用木头、石材或砖来进行建造。也有另外一些材料不适合承担所有的建造任务。一个房间不是一个钢桶。钢是用来承接线性荷载的；其他每一项任务都应该由另外一种材料承担。钢框架构造要求进一步使用甲板和护板，在这里人们通常采用熟悉材料时的感受到的那种舒适感已开始淡化。但是大家仍然都很清楚，我们是在用很有限的一组材料建造，我们采用混合体系。

新材料通常都带有很狭窄的特定性，并且常常解决不好它们与现有通常材料系统之间的关系。在块体结构、砖石结构与另一组从点荷载、框架和填充板概念发展出的结构体系之间划下分界点，人们沿着两个方向可以想象列出所有的构造材料清单。结果我们会发现，我们一直认为对建筑的表面问题的考虑能同时适用于两种体系。于是饰面装修被通用起来。它们遮盖了结构。不考虑框架结构的概念(在这里墙已变成了挂板)的建筑表面材料的运用存在着血统的问题。

当然，将表象从物质中剥离的做法已有很长的历史了，这是一种非常戏剧化的历史。甚至“color”这个词从前就含有“隐藏”或

"掩饰"的概念，只是这含义已消失在历史中了。在马孔坦塔别墅(Villa Malcontenta)中，帕拉迪奥(Palladio)以漂亮的分层抹灰来模仿石材。最外层的抹灰是一种含有大量大理石粉的混合灰泥。它的透明效果如此之强，以至使爬上东墙面的有着美丽色调的野生薰衣草花的阴影好像深深地渗入了材料的内部。在此没有石材反而迫使帕拉迪奥创造出一种表面材料的新属性。

维特鲁威(Vitruvius)谈到过要将墙的表面从毛石填砌物中分离开。用坚固耐久的材料来填充满整个墙的厚度是一种极大的浪费。我们知道，一种材料在墙中间与在墙表面时所行使的功能是不同的。这便允许我们开始将"表面"当作一种合理的概念，但这并不是免除我们去寻找一种能与墙有机地整合为一体的材料的责任，例如陶土烧制的瓦表面。这里的论题之一是材料的化学成分的兼容性。石灰华石和混凝土是可兼容的材料，萨克工程的"大屋"(Big House)的墙体本来准备采用的就是石灰华石和混凝土。现代构造拥有卓越的框架概念，其性能可使建筑物构造摆脱单纯承担荷载的任务，从而将在垂直表面上对建造构件和诸多层次进行结构构成(既从比喻意义又从字面意义上)的责任留给了我们。它们将会一直是这样的表面，我们的眼睛可以从中寻找材料和结构的特性以及我们所建空间的性格。

语言具有时代性。可能是由于我们领域中学院批评的文雅修辞，使我们似乎在最近才得到"材料性"(materiality)这个词。在我们的学校里，我们现在已开始用这个词作为一个创造出来的线索来标示一种立场。当然，当"引用"、"暗喻"、"符号"和一些关于建筑的象征性的言论主宰了评论界时，经常会有人引进"材料性"一词作为一种召唤，召唤我们回归到节制和那些已被遗忘的美德上——"我们怎样建造？""我们怎样构成建造对象的结构？""我们使用什么材料？"似乎建构学的使命，或者说建筑学科的使命，将要成为我们的建筑的放纵文化所必需的解毒剂。

我相信我们遭遇到了一对两极分化的观念的左右夹攻，而两者确实都拥有一些至少是真理的表象。一个认为技术所赋予我们的都是幼稚的东西，充满了工业化的适宜之计，缺乏真正的科学和哲学的实质内容；另一个则认为建筑并不需要这么多的对技术的精心推敲，柱、梁再加多一点的东西就是所有我们所需要的，就像这世界是扁平的一样。

如果我们将"材料性"孤立为某个成分，甚至孤立为某个原则来服从，我们同样也将"如何构图"——恐怕过去一直都作为"材料性"的对立面——孤立开了。我们可以争辩说如要构图，我们并不需要任何秩序以及材料和结构带给建筑的建造元素的内容。圭马德旅馆(Hotel Guimard)就是一个全然、纯粹的构图。其房间的内部空间现实和序列都隐含在深深的外墙内，就像被放在盒子里的礼品。不管盒子即外墙本身怎样，整个旅馆都是个不成功的设计。

在另一个极端里，我们受到了滥用结构和系统的表现主义的伤害——我们已目睹了太多的粗野主义或"高技派"。这种"构图"和"材料性"的两极化，也可以通过对奥托·瓦格纳(Otto Wagner)——精致的构图大师——设计的埃姆·斯滕霍夫教堂(Church Am Steinhof)的两张照片的比较中看到。这两张照片——一张记录了构造过程，另一张描绘的是完工后的建筑——揭示了一种极端的材料增生状态。该建筑引进了几乎所有的材料类别，包括金属(浇铸和轧制的)，铝材和铅制螺钉，手工锻制的配件，石材，黏性材料，瓦，实心砖石，包面和锚固的木材，众多种类的玻璃等。这种过度确实是对当时那些已不算很早的现代美学的"神学家"们的一种坦率的挑衅，而后者提倡的是朴素与真实性。

不管修辞的努力体现在两种观念的哪一方，如果我们承认我们已全部或甚至仅仅部分地退回到无节制的状态，无论风格的差异怎样的微妙，都是可悲的——可悲性在于良好的建造对于我们对这个学科的栽培是必要的。当我们以一个严谨的材料表和多组的材料集合来研究过去的结构时，或者来研究那些深入到技术类型中，不管出于何种原因建造的建筑师们的作品时，我们所获得的清晰性不单是在于其对于秩序和一致性的理解，而是在于其理解了这些类型同时也代表着一些明显的构图性的力量。最重要的是，我们不可能在缺乏某种意识的情况下建造——即我们的建造方式是构图策略中的一个活跃的组成部分。通过这种策略，我们试图达到理想，或者实现那个关于边界性、序列性、以及描绘性的空间构想。然而，不管构造作为技艺已赠予了我们多少礼物，我们的艺术总是存在于构造技艺的呈现与缺席之间。

作者简介：
卡雷斯·瓦洪拉特，男，普林斯顿大学建筑学院讲师；
邓敬，西南交通大学建筑学院副教授，景观工程博士。
(原载《时代建筑》2009年05期)

数字建构[1]

文／徐卫国

摘　要：通过实例阐述了切实可行的建筑数控建造过程，展示了非线性建筑形体的可实施性。正因为数字建筑设计及建造的可实施性，越来越多的学者及建筑师对这一新的建筑道路表达出积极肯定的看法。

关键词：数字建构 数控建造 看法 作品

"数字建构"，具有明确的两层含义：使用数字技术在电脑中生成建筑形体，以及借助于数控设备进行建筑构件的生产及建筑的建造。前者的关键词是"生成"，而后者的关键词是"建造"，两者均离不开数字技术。这两层含义也可用"非物质性和物质性"来阐述，在计算机中生成设计属于数字技术的非物质性使用，而在实际中构件的生产及建筑的建造则是数字技术的物质性使用。

1. 数字生产工具的使用

从迄今为止发现的原始人类聚居地遗址来看，无论是法国靠近尼斯的泰拉阿马塔的旧石器时代遗址，德国北部的阿伦斯堡－荷尔斯泰因的旧石器时代人类冬季及夏季住地遗址[2]，还是中国北京周口店"北京人"遗址，这些遗址的形状都是不带棱角的向心性形状，考古学家推断这些遗址的上部形体也几乎都是不规则的连续形状，这种形状是原始人类以"火"为中心的生活行为要求的结果；同时它也最本能地反映了人类对居所的最理想形态的企求。但是，从人类发展历史来看，生产力的发展水平远远低于人类对理想居所形态的不断发展的要求，居所的形状只能屈从于生产力水平的限制，通常被建成在相应技术条件下可能的形状，比如，屋顶做成僵硬的坡顶，或者为了排水而做成带缓坡的平顶，墙体做成垂直并带有转角的围护墙。实际上，人类从本能上试图避开这些生硬形式带来的侵犯性，比如中国风水理念就讲究避开屋脊或横梁而睡，室内避免出现墙体阳角等，这是因为人类长期面对这些突兀的形状，身体及心理健康会受到严重损害。

人类无时不在寻求与生活行为及环境条件相适应的理想居所形态，就像原始人类居所那样。今天信息技术的发展不仅可以为居所找到符合人类动态活动规律并同时满足环境条件要求的理想形体，并且，可以实现这些理想形体。显而易见这些理想形体的特点是由错综复杂的人类动态活动行为所决定的，同时受制于多种环境因素的限制，因而，它们必然也是复杂的、不规则的。

建筑历史上也曾有过建筑师设计类似形体的建筑，如西班牙建筑师安东尼·高迪为了表现贵族所需要的荣耀，从恩斯特·海克尔关于自然界动植物形态方面的论述中找到生物形本态作为建筑的形体[3]；高迪的追随者如日本建筑师村野藤吾所设计的表现人性美感的柔软曲面形体建筑；再如美国建筑师布鲁斯·高夫追求变形几何学及雕塑性的连续外观和内部空间的有机建筑形象[4]；高夫的学生如巴特·普林斯以动物有机形体为原型创作的建筑作品等。[5]这些作品都具有连续的形体外观及内部空间、不规则而流动的复杂造型。然而，这些形体的建造过程步履艰难。高迪当时亲临施工现场凭借直觉指挥工人施工，村野则制作足尺模型让工人模仿实物模型施工。这些建筑无论设计还是施工都没有准确性可言，更像做一件手工艺品，处处带有即时的人工痕迹。

但是，数字化的生产工具给这类形体的建造带来了便利而且精准的途径。计算机数控机床是一种被建筑行业所使用的工具，它以计算机程序集合指令，并以指令的方式规定加工过程的各种操作和运动参数，可以对金属、木材、工程塑料、泡沫聚苯等天然或人工合成材料进行切割、打磨、铣削等加工，并最终加工出各种形体的建筑构件；数控机床是一种去除成型的加工设备，即从毛坯中除掉多余的部分，留下需要的造型。与此相反，另一种数控加工技术"快速原型技术"以添加成型的方式工作，即通过逐步连接原材料颗粒或层板等，或通过流体在指定位置凝固定型，逐层生成造型的断面切片，叠合而成所需要的形体，如熔融沉积制模法，立体印刷成型法，选域激光烧结法，三维打印法等。比如贝洛克·科什涅维斯发明的外形工艺技术就是运用上述原理以混凝土材料进行叠层加工。这些数控技术由于通过计算机软件操控加工设备，可将同样通过软件进行的设计与加工联成一体，在不同条件下可处理不同问题，满足不同的需要，从而可以生产非标准的个性产品，这样，就使得复杂的不规则建筑形体的制造成为可能。

2. 数字建造的先例

弗兰克·盖里富有诗意的雕塑般的建筑虽然归属于一种后现代的传统，与当今先锋建筑师借助计算机技术生成的建筑形体的思想基础完全不同，但是盖里建筑流动的曲面外形的实施却为不规则形体建筑的建造探索了道路。他的曲面形体主要借助于数控加工途径来实现，以德国杜塞尔多夫新昭豪夫综合大楼为例，可看出盖里建筑数控加工的一般方法。[6]2.8万m^2的B幢取了裙摆舞动的外立面形式，为了实现这一曲面造型，先在计算机内将三维模型沿每层等距离截取四个剖面，将墙体分成了355块，制成混凝土大板，然后，运至现场装配。其施工工序可归纳为：1)用数控铣床切割、打磨聚苯乙烯制成墙体大板模板；2)在模板中放置捆扎钢筋并浇注混凝土成型；3)运至现场拼装；4)根据设计厚度，贴上保温材料；5)安装厚度为0.4mm的不锈钢表皮完成立面装饰。作为数字化建造的最早尝试，该项目实现了许多创造性的曲面建造方法，解决了混凝土曲面体的制造、现场空间定位等技术难题。

音效房屋是荷兰建筑师NOX 设计的一个音乐装置，可举行非正式集会、午餐、时尚休闲等活动。装置的形体来自于地形形状及人体运动，设计中将人的手、肢体及身体运动的轨迹用纸带记录下来，形成纸模型，然后，将其放入地形中便得到这个形体，进而让纸模型数字化，得到三维计算机模型。[7]在设计方法上与盖里的设计途径没有什么不同，但它的建造途径是先在计算机模型上找到结构肋骨系统，并通过计算决定肋骨尺寸，然后，在肋骨上蒙上金属织网；肋骨及织网均采用了不锈钢材料。肋骨的加工方法是把组成结构系统的全部肋骨先从模型中分形出来，并排布在21块矩形不锈钢板上(规格6m×2m×0.01m)，用数控机床进行切割，并进行编号，运到现场拼装；为了施工方便，设计者做了一个模型及一个写明做法的小册子，让施工队参照册子及模型施工。

霍夫多尔普汽车站位于荷兰阿姆斯特丹以南15km的霍夫多尔普新城，由荷兰建筑师Nio设计，用地为一块被马路包围的岛形地段，车站建筑形如一块巨石，其形态来自往来乘客的流线和视线分析，并通过计算机软件生成，建筑长50m、宽10m、高5m。这一建筑的建造直接由数控机床加工建筑部件并现场拼装而成。其建造流程可分为：1)在计算机上将建筑整体分成大约5m×2m×2m 的若干组件块；2)将组件块三维模型与操控机床的软件对接，输入到控制机床的计算机；3)在工厂由一台五轴数控机床加工组件，使用材料为高强聚苯乙烯；4)聚苯乙烯组件表皮涂刷聚酯涂层作保护层；5)将组件运输到现场进行组装成型。这一建筑是目前世界上最大的合成材料建筑，其建造方法展示了运用数控加工途径进行非线性体加工的可能性及巨大潜力。

英国建筑联盟建筑学院的DRL亭子是另一个数字设计与数控加工相结合的范例。最初由阿尔温·黄及单普赛设计亭子由使用数字及模拟分析工具的严格过程所决定，原来准备使用13mm厚的预应力纤维混凝土层板平肋作为它的主结构构件，但在风荷载试验中失败了，不得不做相应的修改，最后，用数控机床直接切割结构肋而建成。

英国建筑联盟建筑学院通过教学、研究及设计实践，着重探讨在设计中如何遵从结构多样性及性能多变性的自然系统，包括与环境相适应的形态找形方法，与数控制造相关的材料系统的行为特征研究，以及在几何或拓扑定义下，材料构造的数字参数模型建立及其足尺模型的制作工作。比如以一片叶子作为研究对象，通过观察可以发现叶子的整体由五个突出的瓣状物组成，每个瓣状物都是通过中心叶脉来组织的，并又可分成4个更小的分支，这些分支之间的空间被分成更小的组，每一组又有自己不规则的图案；接着将上述观察到的形体组织结构用几何学的方法将其进行描述(角度、分支数目、长度等)，这样便得到一个叶片的几何图解；按照这一图解，使用石膏、绷带、钢丝、塑料结等材料制作实物模型，并对模型的物理特性、受力状况进行分析，在此基础上建立数字模型，并探讨作为实际项目中不规则形体结构的可行性。[8]这一研究探索了以生物结构为原型，图解生物组织结构，通过足尺模型分析受力特征，写出结构形态数字参数模型，并用作非线性体结构系统的设计途径。

在2006年9月北京"涌现"建筑展中，美国西海岸展亭由艾琳娜设计。这一展亭是用动态起伏的波纹制造的垂直花园，波纹沿着建筑的周边分叉或汇合，钻石型结构相组合的反光表面如同立体花边，营造出一种动态屏蔽与过滤的效果。展亭的钻石型结构、立体花边、动态波纹均由数控机床加工而成。2008年"数字建构"建筑展中艾琳娜进一步展示了相似加工技术的例子，如洛杉矶的装置，以及中国贵州一幢高层塔楼的设计。

英国Ocean D的 2006 年"涌现"建筑展展亭为一扭动的蛇形体，设计者以纳米晶体结构为参照，将蛇形体分解成不同尺寸的若干十六面体单元，并试图通过数控机床加工单元体，现场粘接单元体，组成蛇形展亭。

上述数控建造的实践以及数控建造途径的研究，充分展示了借助数字化生产工具实现复杂的不规则建筑形体的可能性。从上述实例我们同样也看到，要实现这类非线性的形体，需要选用合适的材料，采取合理的结构系统，选择可行的构件制造途径以及精确的施工过程。事实上，这类非线性建筑的实现依赖于一个崭新的数字化设计、生产、施工产业链的诞生，从形体的生成开始，到形体最终建成，每一环节均离不开数字技术。

3. 对数字建构的看法

数字建筑设计始于上世纪90年代中期，最早在美国哥伦比亚大学开设教学课程，接着英国建筑联盟建筑学院、美国麻省理工学院、澳大利亚皇家墨尔本理工学院也开设相关设计课程或建立研究机构，随着这些学校教师的流动及学生毕业走向新的单位，数字设计在美国及世界各地建筑院校逐步普及，并在一些世界著名的建筑事务所及青年建筑师事务所得到运用。经过十多年的发展，数字建筑设计与建造已经成为建筑界及社会所关注的一条新的建筑道路。

英国建筑联盟建筑学院院长布莱特·斯蒂尔认为，21世纪初，建筑师面临着比一个世纪前更广泛的技术变化形式，我们这个时代新的通信技术、数字媒体、软件和设计系统的激增，正在对建筑学的学习和建筑项目设计方式产生深远影响，使得建筑学学习和项目设计越来越多地采用分布式、跨学科和协作方式进行。建筑学院如何面对这一现实、如何调整自己并进行相应转变，必将成为这个时代重大的课题之一。

美国哥伦比亚大学建筑规划与保护研究生院院长马克·威格利认为，哥大的数字建筑设计及研究已经逐步从对形式创新的探索转向对材料、伦理、经济、历史、文化和政治的探索。关于建造、细部、编程、组装、调整、适应性和分布的新技术方法，已经显现出在全球化背景下对建筑师和建筑角色的重新定位。涌现出来的新的一代设计师以1∶1的足尺比例进行建造和思考。在探索建筑的极限方面，他们是我们的未来。

瑞士苏黎世联邦理工大学建筑学院(ETH)格拉马兹奥和科赫勒坚信数字范式将不可避免地对建筑学作出重新定义。数字革命最激进的结果之一便是计算机控制的制造机器。建筑无法归结为概念的、几何的或数学现象。在数字制造中，建筑物构件的生产直接受设计信息控制，这种数据与材料、设计与建筑的无缝链接化解了数字与物理现实外观的不协调，并允许产生对建筑学新的建设性理解。ETH 创设了足尺寸原型和非标准建筑构件数字制造研究实验室，选择了标准工业机器人，它所具有的高度灵活性，无论在其控制软件和物理性能方面，都允许用程序控制其运动并设计出它所选择操作的真实的建筑工具。

美国哈佛大学设计研究生院(GSD)马丁·贝奇霍德认为当今快速发展的世界及其面临的全新、不可预知的挑战，已经为建筑学及相关学科展现了前所未有的机遇。GSD 的技术研究涵盖多个领域，如纳米材料、智能材料和智能系统，以及可持续性、设计运算、数控制造、建构自动化等。宽大的 GSD 原型实验室长期以来已经应用数控机械、快速原型机，最近又增添了几种工业机器人以进行材料处理、研磨和水注式切割。上述系统允许对创新的材料处理和系统操控进行实验，旨在应对当今复杂的设计挑战，并设计出可靠的解决方案。

美国麻省理工学院计算小组特里·金山谈到，他们的工作重点是那些面向现实且具有直接应用价值的应用程序。在数字模型和可视化方面的工作旨在寻求为复杂设计理念、历史再现以及建成和未建成的空间拓展表达语言。针对快速建立原型和计算机辅助设计及制造技术的研究则追求通过对设计理念的数字和实体模型的链接扩大设计的可能性。信息技术方面的研究致力于探讨计算机应用对城市和更大空间结构的影响及其蕴涵的社会和文化含义。对未来工作环境的研究，不仅强调虚拟与实体空间形式的涌现，也强调通过引入新技术而引发的行为改变。

美国普林斯顿大学建筑学院斯坦·艾伦认为，数字技术已无处不在，仅仅令数字设计自身清晰已远远不够，重要的不是数字设计软件所推动的新形式，而是数字技术所激发的新形式的建筑实践。形式发明确立了其自身的地位，与之相伴的是"效能"、"组织"和"程序"方面的问题。新的实施策略超越了建筑界传统的建筑师/甲方/施工方的关系，使建筑实践更具有战略性。务实、创新、亲身实践，正是上述优越的数字设计专业方法构成了美国普林斯顿大学建筑学院设计教学的基础。

注 释：

[1] 2008 年 10 月 24 日～29 日，在北京 798 艺术区时态空间举办了"数字建构——国际青年建筑师及学生作品展"，该展览展出了来自世界各地的 57 个极具潜力的建筑师事务所的作品及 26 所世界一流的建筑学院的学生作品。这次展览由清华大学建筑学院主办，并作为第三届中国建筑艺术

双年展的一部分，策展人为徐卫国和尼尔林奇。展览期间的 10 月 25 日~26 日在清华建筑学院举办了“2008 全国建筑院系建筑数字技术教学研讨会暨国际数字建筑设计学术研讨会”。本文是对展览及会议主题“数字建构”的阐述。

[2] L. 贝纳沃罗，世界城市史 [M]，薛钟灵、余靖芝等译，北京：科学出版社，2000:10-11。

[3] 胡安 · 爱罗德 · 西罗特，高迪 [M]，巴塞罗那：triangle postals，2004.

[4] GA33，布鲁斯 · 高夫 [J]，东京：A.D.A EDITATokyo Co., Ltd. 1975.

[5] 渊上正幸，世界建筑师的思想和作品 [M]，覃力、黄衍顺等译，北京：中国建筑工业出版社，2000：174。

[6] 彼得 · 卡楚尔，数字现实：泡状物专家 (第一个建成项目)[M]，巴塞尔，波士顿：伯克豪瑟 · 沃拉格，2001。

[7] a+u, 结构及材料 [J]，东京：a+u Publishing Co., Ltd. 2005(01):76,98。

[8] 麦克 · 卫斯托克，进化设计及数字建造 // 涌现设计网新闻 1 号，2006.1。

作者简介：

徐卫国，男，清华大学建筑学院教授，国家一级注册建筑师。

(原载《建筑学报》2009 年 01 期)

展出之于建筑

——兼谈中国建筑展出的转向

文／王家浩

摘　要：将建筑展出置于建筑学、建筑物、建筑师、艺术、市场、传媒等相互交织的场域中，并引发一些潜在的命题，以此论述了“展出之于建筑”的特殊性。兼而考察了近十年来在中国建筑展出的整体状况中出现的部分现象，以及建筑展出的意图、方法和意义的转向。

关键词：建筑展出 中国 展出机制 建筑物 中介 现场

1. 建筑展出与“现一写”

2003年我与同仁在共同负责编辑《时代建筑》“实验与先锋”的专题时，建议加入“建筑展出”和“建筑教育”两部分的内容。如果说我们可以简化地将建筑教育视为将来时态中可能性的有待发生，那么建筑展出就是一个正在进行时中的场所——以连接处于完成状态的实践作品与理论研究的梳理。因此，对于更关乎内容与历史之间联系的“实验”或“先锋”这样一些话题的讨论而言，我们“理所当然”地应该考察一下中国建筑展出的发展状况。

但是当时建筑展出屈指可数[1]，即使加上一些以建筑/城市为主题的艺术展，最终收录于专题的一份“当代中国实验性建筑展实录”[2]中的，也勉强只有10个[3]展出。

几年后，媒体业及艺术市场的逐渐转暖和火爆，都对建筑起到了推动作用。不论其间的建筑展出产生了哪些方面的转变，建筑和艺术机制相结合的活动之丰富，在中国已成为一个不争的事实。尽管很多人仍然对这一事实的意义和价值存有疑虑，但已不会再为建筑作品——甚至是建筑师集群的实践项目[4]——以一种展出的名义出现，而感到困惑了。

那么，建筑展出究竟还是不是所谓的实验性的场所，或仍然具有我之前所期盼的“理所当然”的实验意义上的考察价值？这里暂且待论。至少如果我们依照当代艺术圈目前流行的方式，打出一套成功话语的“组合拳”——从“预祝展出成功”、“注定成功的展出”、“不可能有不成功的展出”直到“展出就是成功”[5]，就会发现后来的建筑展出中的大部分，可以非常轻松地从进行时变成现在完成时——甚至在未完成时，就已经完成了。

尽管建筑展出有其特殊性，但是当被放置于中国目前并不完善的建筑批评的框架内，它跟中国建筑的整体状况确有类似之处，即建筑展出也正陷入于一种“历史现一写”的危机[6]。

2. 建筑展出的现实

如果现在再将展出当时就宣告了中国建筑已经可以与当代艺术产生某种结合的“前言”，放回中国当代文化在社会整体境遇中所经历的“正文”，并与当代艺术展在中国被接受的曲折性以及与建筑专业向深度发展的缓慢态势相比，那么在我看来，展出主办方的差别——从半官方的机构，私人名义的资助，到官方结合商业——构成了另一种连续性[7]。它意味着建筑/城市的话题经此安全渡过的三级跳，得以更为快速地呈现于公众视野。事实上建筑/城市不仅正在源源不断地向中国当代艺术输出创作主题，而且在此之前建筑/城市的展出也早已帮助过当代艺术以一种更为“安全”的方式进入过中国美术馆这样的公共机构[8]。

2003年之后中国的建筑展出，不仅更加的公众化、商业化和国际化，而且还得到了强大的官方支持[9]，这种转变除了建筑/城市有更为直接的可与之结合的相关性，以及近年来官方意识形态自我调适的大背景之外，很可能还有一个会被忽视的原因，即在中国，人们会普遍地认为建筑/城市的展出，较之当代艺术展，对意识形态的批判相对更弱。但是如果我们并不强调对作品“客观结构的本质”进行的研究，而是更突出其“可被解读和接受的阐释范畴”[10]，也许得出的结论恰恰相反。

事实上，我们确乎可以从之前的一些建筑展出中，找到参与者面对中国现实问题的勇气[11]的，而目前阶段出现的建筑展，似乎更多地只是将展出作为一种现实的补偿机制，转移了对现实中未发生改变的权力运作机制批判的声音[12]，并没有因为它同样具有的公共性，而试图与现实的公共领域做进一步深入的对接。

中国的艺术展需要建筑师的参与来加强其学科组成的多样性，世界建筑展也需要中国建筑师来填充和完善其全球化的版图，这些似乎都在为我们勾勒一幅跨学科、跨国界、跨权限、跨理念的多元化结合的美妙前景。

但有待讨论的与建筑/城市相关的专业议题倒像是一种暂行的策略，在开辟了一条如何滑过公众视野，并伴送着所谓的实验建筑更快地转向实践生产的路途之后，留给我们的依然是有针对性的批评视野一次次的缺席的空白之地。

从这一点而言，原本有望比迟缓的现实更有可能去承载那些正在进行中的创作和批判的建筑展出场所，正在丧失其强有力的解读和接受的阐释范畴，转而面向公众的影响力，由此建筑展已出人意料地成为我们此刻应当反思和批判的对象[13]。

3、建筑与展出机制

展出这一机制，并非艺术所特有——这里我们不做过多的历史检视——而展出所带来的传播作用与效应，也不需要刻意的避讳。只是在中国的建筑展出凸现其大众传播意义上的价值之前，中国建筑师群体对"展出之于建筑"的认知还是比较犹豫和模糊的——这或多或少与中国的建设热潮远比艺术市场热的提前到来，以及建筑区别于艺术的社会化生产方式有关——尽管严格地说，建筑展的发展与这些并无太大的关系。

但我们还是有必要在论述建筑展和艺术展有可能存在的差别时，先在建筑师所面对的建筑物与建筑学之间做一个分隔[14]。如果说具体的建筑物不同于建筑学科之处，在于它是以一系列的活动构建起的物质生产，那么建筑物也就必然应以特定的地点和针对性的问题为前提，而一切与此物质生产有关的条件都将作为驱动力，以集聚的方式，施加给将要实现的建筑物。因此建筑物较之建筑学科的生产与人的使用需求和地点分布有着更为直接的关联。

但当我们通常在讨论建筑作品时共同持有或更愿意去采信的依据，却更多地指向了那些建筑物最为光鲜的状态，即建成的那一刻。正像我们在越专业的建筑杂志上却越会看到大量的那些没有人出现，或人的出现至多是个尺度提示的照片。这种经验的不断累积在建筑师的心目中构建了一个关于建筑物的制高点，从而无意识地闭合于有意识的对现场的再现中。事实上，建筑物只有在越过这个"制高点"为人们使用之后，建筑师事先承诺的所谓的有效性和可能性才会逐渐地浮现出来，并得以接受检验。

我们将这些现象联系起来大体可以认为，建筑物相较于其他可移动的并可直接停驻于展场的艺术产品的区别在于，我们固然可以对一个具体的建筑物做一次罗兰·巴特式的作品到文本的转化，然而建筑物并非完全依赖于或者说可以指向一个更为宽泛的语境。最重要的是，建筑物更应当回到其自身所处的境遇中，如此才能被视为一次检验循环的终结。

无论建筑在物与学科之间的滑动，是否由此而构成一个既是本地化的、又是全球化的持续开放的文本，我们应该看到，其中的建筑物并非是一种可以有效地放置于展示机制中的审视对象。

如果说在展出中对建筑物的展示，都必然是一种对建筑物的再现的话，那么它就必然需要借助"中介"。但是，我们依然能够发现另外一个事实，那就是随着时代的发展和推进，建筑师从直接面对物本身，到借助模型、图纸及至电脑动画等等，原本一系列活动所需要借助的中间环节正在不断地增加，这导致了建筑师对建筑物"空间"距离上的拉远——再加上社会运作中组成人员和合作团队的增加等等因素，建筑师抵达建筑物的"时间"周期也在延迟……由此，位于这样一种"似非而是"关系中的建筑展的意图、方法与意义又在何处呢？

4. 建筑展出与中介

如何界定何谓实验建筑，曾经纠缠出几个当时看起来算是比较专业的问题。比如实验建筑是否为实际项目？是否为建成项目[15]如果展出仅仅是停留在图纸、模型等简单的展示方式上，而人们却要有意地去作出这些指认，现在来看，并无太大的意义。

当前媒体传播的内容越来越广泛，随之而来的对现场真实度的辨识能力越来越低，建筑师们应当意识到，试图完成建筑物却因过程中断而生成的"未建成作品"，在转换其自身的存在方式之后，能够比以前更容易地进入到建筑学的知识体系。它不仅可以作为一个研究的对象或者只是一个注脚，甚至有可能发挥出比一个建筑物更大的作用[16]。尽管，这里的"未建成"和我们能见到的建筑物都以面向现实的、具体的情境为目的。

但是，或许与当代艺术和文化整体机制的发展、进化与蜕变有关，当建筑学知识体系越趋向于成熟，也就越可能出现直接针对这一知识体系生产的"未建成"作品[17]。这一"直接生产"有别于现代主义时期以及之前的乌托邦计划，它将终止于中介物，也就是说，再现成为了直接的实践。

此外，原先一些并不包含在建筑物和建筑学知识体系的交换循环中的研究内容，通过并不算太精确的图表的演绎方式，也得以强化和显现。过程、后台等等从一种方法论的突破，逐渐成为知识体系传播循环中的重要组成元素[18]。

由上述状况产生的另一个现象尤其值得注意：原本更多的基于本地化建造的建筑物，其表达的手段也全面地向传播体系偏移。因此，在当前的建筑学科知识体系与建筑物的生产之间，已经形成了一条潜在的、现实的界限，并且制造着建筑师身份的内部割裂。尽管这些重大的改变很有可能危及到建筑物的生产方式和本地化的基石，但在我们还未及厘清其中哪些属于有效的方法更新，而哪些仅仅是过度的再现之前，它确实已经打开了作为展出的建筑的更为宽广的可能性。

如果建筑展出归根结底将变成一场中介的表演，那么建筑师也应当更加直接地针对这个中介的"现场"进行创作。这并不是一种机械的以中介为终结的论调，因为关于何谓实验建筑的讨论，并不只在于中介是否面向建筑物的制高点，或中介的再生产是否由制高点演变而来——甚至也不是中介物的简单的自我生产——而是因为"现场"，已不再仅仅是建筑师所熟悉的空间意义上的现场。

5. 建筑展出的现场

如果建筑展出曾经只被认为是一种向公众发布讯息的渠道，因此仅仅以简单的图纸和照片等等手段就可以轻松地建立起一个现场——这在十年前也许还能够让人们理解——那么在传播变得日益快速且广泛的当下，人们能够了解到建筑作品的途径越来越多样，而从中可以接受到的信息量也越来越大，即由媒介构成的第二现场远超过第一现场之后，一个建筑展出还在重复使用以往的手段，就只能说其作用更多的是为了获取一种将"观看"作为机制，而不是将"观看"作为现场的认可。

在大部分情况下，这一策展人与参展者共同建立的现场[19]——作为一个建筑师发布作品的平台——更多地倒是成就了策展人的言说。当然前提是，人们居然还要为这样的展出找一个策展人！

在衡量中国具体的建筑实践时，人们通常已经习惯于把原本从流动情境中发展出来的历史改造为客观的、静态的证据[20]。同样，这种在建筑物的生产过程中曾经出现过的相似的幻象，又被带入了阅读中国目前的建筑展出的方法中。

将一些分散的现场影像汇聚与并置，当然是有一定意义的。但是如果现场并没有提供一次强有力的针对展出对象的再生产，那么其中就有可能存在着很多"隐匿的连线"——一个由观众所理解的意义的注入，并与作者意图建立连接的半明半暗的场所。这也正是梅洛庞蒂所谓的"意义"冲突的所在。

从上述建筑师所要面对的建筑学与建筑物生产互相远离的状况能够推导出来的结果是，甚至连现有的建筑学都有可能无法承担关于例如构建过程的复杂性、特定地点与针对语境、制高点后的持续检验等等的讨论。那在建筑展出中，这些讨论是否还能得以重新展开？

如果展出需要成为现场自身，即中介物的表演，那么只有在策展人试图宣告的大现场真正地得以延迟为参展者的小现场时，展出的对象才可能与观众共同构成一个通过再现进行意义对话的场所。由此，展出不仅仅是所谓实验建筑的展示窗口，还应该是一个正在进行中的实验观念再生产的实践现场。

而展厅"小现场"的一个理想状态应当类似于博尔赫斯的"沙之书"[21]隐喻—— 一个不断被展开、无止尽的意义增殖。它并非一次以计划的片段进入展厅并"凝结"为现场作品的过程——即小现场对大现场的投射——而是通过观看，将现场的作品转化为并不止步于观看的计划。

人们有可能就此巩固已有的概念，哪怕看到一些突破了原有经验的产物，也总是能够让它回归于重新调整的检验标准；而同时人们又可以反思已有的概念边界，哪怕看到一些符合了原有经验的产物，也总是能够获得一些新的可能性。换而言之，尽管现场是一种在策展人和参展人之间、作品与观众之间所要达成的默契，但是在一个特定的情境中，更应当主动地试图去制造出这些分歧，并能够在之后的批评中显现这些分歧之所以成为必然的原由。

关于展出这个话题看似具体，但如果我们不从一个个的展出，尤其是关于展出中的作品的评述中抽身而出，去考察中国建筑展出的这十年以来的整体状况，恐怕还不能真正地了解"展出之于建筑"的特殊性。

所以我们几乎必然地需要将展出的机制、意图、方法与意义，置于建筑学、建筑物、建筑师、艺术、市场、传媒等相互交织的场域中，以此引发出一些潜在的命题。但是由于文章篇幅所限，我们只能将部分命题浓缩在几节点到即止的分段讨论中，尽管通过注解提及的案例可以使一些论述更为易懂，仍无法避免本文的某些部分显得过于生涩。也许在今后的其他文章中，还可以将此次涉及的和未及提到的例如展出中的跨界、跨文化交流，话语权与大众传播等诸多问题，进行更为细致的探讨。

注 释：

[1] 在尤伦斯画廊回顾“85 新潮”的历史资料展示以及 2008 年《时代建筑》第 1 期的论坛中，王明贤提到 1986 年组织的“中国当代建筑文化沙龙”，并指出它是“中国建筑与当代艺术的第一次互动”，但同时也说这“主要是在理论界”，而“在建筑设计方面和艺术界的互动并没有太多值得称道的成果”；1996 年在广州举行的“实验与对话”，第一次明确地提出了实验建筑的说法。1999 年的“中国青年建筑师实验建筑展”算得上是“中国实验建筑师”这样一个身份在文化领域中的第一次亮相。

[2] 详见《时代建筑》2003 年第 5 期“实验与先锋”。

[3] 这份实录中并不包括之前建筑师个人零零星星参加的艺术展出。如果加上这些个人活动，那么中国建筑师参加国内展出的经历至少可以追溯到 1997 年前后。详见《时代建筑》2008 年第 1 期《重写，或现场——中国建筑与当代艺术结合的十年》。

[4] 国际上以建筑实物作为展品的展览迄今为止并不多，代表性案例有 1927 年的德国斯图加特住宅展和 1990 年的日本福冈 NE×US WOORLO 等，“中国国际建筑艺术实践展”2005 年春在南京的浦口佛手湖畔开工。其机制与上述德国和日本的两个展出之异同，有待另述。

[5] 在传媒于艺术市场成熟前，常见的现象是艺术家在展出开幕的“庆功宴”上，以“成功了’相互致词庆贺。

[6] 关于“历史现一写”的危机我已在另一篇文章中展开过一些讨论。“今天的现场和重写已经颇具‘夫妻相’了，他们即时即刻地结合成为‘现一写’。与现场同步发生的重写，指向的要么是刺激消费，要么是争取被纳入历史版图——特别是‘西方全球文化版图与策略的中国章节’”。“现场永远无法避免被重写。因为——重写是使边界不断可见的一种方式。”详见《时代建筑》2008 年第 1 期《重写，或现场——中国建筑与当代艺术结合的十年》。

[7] 2001 年 7 月的“十字路口”城市公共环境艺术方案展开幕后，策展人之一的王明贤曾撰文评论：“它与 1999 年的‘中国青年建筑师实验建筑展’和 2001 年 4 月的‘梁思成纪念展’构成了中国当代艺术史上 3 个连续的节点。”

[8] 此处指的是在 1999 年的“中国青年建筑师实验建筑展”和 2001 年 4 月的“梁思成纪念展”期间，当艺术家的作品想要进入中国美术馆时，遇到的两种不同的遭遇。

[9] 时隔一两年后，2004 年在北京举办了首届“中国国际建筑艺术双年展”，名义上的主办方为建设部中国建筑文化中心和文化部中国艺术科技研究所；2005 年在深圳举办了深圳城市、建筑双年展，主办机构为深圳市人民政府。

[10]“客观结构的本质”和“可被解读和接受的阐释范畴”这两个意义的区分来自于詹姆逊《政治无意识》的作者序言，用于指对文本进行历史分析的不同面向。

[11] 例如在 1999 年的“中国青年建筑师实验建筑展”针对现实的商业化和保守化的倾向，提出了建筑的实验性，而在 2001 年的“十字路口”城市公共环境艺术方案展中也有人在展出后评论：“难度在于怎样进入，如何与政府合作，要让展出成为一次实质性的深层次合作，而不是简单地做标志牌子。”我也曾经评论过：“也许随着这一场‘写实主义的城市戏剧’在模拟现场——即指此次展出一的落幕，这个问题也许会逐渐被人们遗忘。”

[12] 由于齐集了所谓的中国明星建筑师的作品，青浦实践之后，中国建筑评论中对此次创作的现实条件基本上都是持欢欣鼓舞的态度。但是，超额的国家资本的投入，甚至是浪费（有些建筑至今未使用，并与当地民众生活功能相隔离），并不能遮蔽其与中国到处出现的政府形象工程相似的权力运作机制。

[13] 但是在这一点上我并不认为得出类似于“艺术家们比建筑、规划和文化批评界更为敏锐、犀利、果敢”这样的观点是毫无疑问的，实际上这个问题与不同的社会身份，比如艺术家与建筑师，各自的工作途径和显现场域的不同有很大的关联。

[14] 本节以下观点部分摘自我在 2008 年第三届广州三年展的流动论坛第七站上的发言稿《建筑师的内弧与建筑学的物证》。

[15] 1999 年在“中国青年建筑师实验建筑展”的策展与布展过程中所引起的风波，就关乎这几个命题。

[16] 矶崎新的《反建筑史》比较明确地提出了“未建成”这个概念的意义，并提供了他各个年代的一系列的未建成作品，并宣称这些未建成作品恰恰确保了其不会在媒介传播中衰减自身的意义（即它——不同于建筑物——可以顺畅地通过媒体完全传递到观者面前）。五十岚太郎在该书的前言中对未建成作品的界定大体是，针对现实项目的却没有被选择实施的方案。他继续说道：一个建筑师可以凭借此类未建成作品的影像及图纸，进入建筑史。而之后的库哈斯则进一步地认为：“通过未建，不建的项目，改变了‘我们’的思想框架。”

[17] 这种针对知识体系生产的“未建成”作品，可能出于观念或技术原因，也可能出于反面乌托邦（Oystopla）等原因，例如情境主义的，archizoom 的和部分的 archigram 的作品。甚至生产这些作品的中介物也不再局限于原来建筑物生产流程中的那些通用的手段，比如伊姆斯夫妇通过录像进行的生产。

[18] 近年来随着库哈斯（OMA&AMO）文献的大量传播，图表自身原本应当蕴含的对建筑转换上的意义，或被图表技术性更新的“愈演愈烈”所扭曲。

[19] 当策展人的意图在展出中尤为凸显时，这些共同的“现场”可能带来的正面意义是，策展文本与艺术创作之间存在的共谋与斗争关系恰恰成为当代艺术所迸发出的意义的破解密码，当然也成为观看有别于其他展出活动的当代艺术展时的乐趣所在。

[20] 例如，在把中国国家大剧院的建造与法国卢浮宫改造这两个都曾引起巨大争议的政府工程放到一起讨论时，我们本应该关注到社会舆论和争议的处理方式上的差异，关注到在建筑生产中如何体现公共权利的问题，但是通常在中国的建筑评论中，关于这两个方案，更多的仅仅是将后者的存在作为前者可行性的有利证据之一。

[21] 那个《圣经》推销员还是低声说：“不可能？但事实如此。这本书的页码是无穷尽的。没有首页，也没有末页。我不明白为什么要用这种荒诞的编码办法，也许是想说明一个无穷大的系列允许任何数项的出现。”随后，他像是自言自语地说：“如果空间是无限的，我们就处在空间的任何一点；如果时间是无限的，我们就处在时间的任何一点。”——摘自博尔赫斯《沙之书》。

作者简介：

王家浩，男，建筑师、艺术家，加号实验室（+LAB）设计主持。

（原载《新建筑》2009 年 01 期）

从建筑师的创新成就看集合住宅的发展与演变

文／周静敏　薛思雯　张璐　徐伟伦

摘要：通过对集合住宅不同历史时期20余个经典作品的分析，阐明了建筑师设计的方法与特色，进而可以看到他们对集合住宅百年发展演变过程的影响。

关键词：建筑师 创新 集合住宅 演变

1. 早期的萌芽与摸索

集合住宅的诞生虽然始于20 世纪，但最早对大规模住宅建设的摸索可以追溯到18 世纪。建于英格兰古城巴斯(Bath) 的半椭圆形住宅——皇家新月楼(Royal Crescent)就是其中之一。它由建筑师伍德(John Wood) 构思，其子小伍德完成并完善了这一创世之作。

皇家新月楼为巴洛克风格，其外形以优雅的曲线沿等高线旱半椭圆形向南开放，同时与宽阔的绿色草坪协调呼应，共同创造出如诗如画的空间秩序，体现了当时英国中产阶层的艺术品位及注重景观设计的特征。

与此同时，在苏格兰爱丁堡建设的新城住宅也同样引人注目，那些乔治时代风格的联排住宅至今仍受人们的欢迎。

在伦敦，联排住宅(Terrace house)成为一种时尚。这些长长排列的住宅的立面以帕拉第奥比例为基准精心设计，高5层，背后带有一个小庭院。各住户的开间较窄，进深则较大。为了采光的需要，建筑后退于路面。这此住宅上下水道齐备，道路铺装整齐。

这个时期的联排住宅在设计及构成手法上并没有多大的突破，基本上只是将原来水平力向上的各个房间沿垂直力向堆积而成。况且其开发建设并非面向庶民阶层，这在概念上和20世纪的集合住宅有着明显的区别，但作为萌芽时期的探索及它在城市构成中所起到的作用是不可忽视的。

随着19世纪产业革命的兴起，人口迅速向大城市集中，解决大量工人的居住问题成为开发庶民住宅的出发点。当时的住宅大多数由投机商所建，面积很小，设备不齐，换气、卫生条件很差，更重要的是根本没有公用空间。因而这一时期的排屋亦难称之为集合住宅，而其出现的意义在于它导致了住宅改良运动的兴起，加快了住宅法的制定和集合住宅的早日诞生。

2. 新艺术运动与构造表现

20 世纪前夜的1899年，巴黎也加入了住宅高层化的行列。以设计巴黎地铁入口而闻名的新艺术运动建筑师姬玛赫(Hector Guimard) 完成了他早期的代表作品——比朗热住宅(Castle Beranger) 。

该建筑为中产阶级居住的36户住宅。平面上导入了中庭，立面上强调垂直方向的构成。其外墙变化丰富，粗糙的、平滑的、陶器的、玻璃的、铁的，各色各样的贴面被运用得出神入化。在这一设计中，姬玛赫意在体现石、砖、铁、陶器混杂而成的粗犷力量。在建筑的上部建有充满浪漫情调的屋顶和阳台，它们与外墙一起形成完美的装饰体系。

这座体现了新艺术运动风格、具有都市风情的住宅无疑成为新的城市集合住宅建筑令人振奋的开端。

1903年，同在巴黎，贝瑞(A. Perret)设计建成了钢筋混凝土结构的7层弗兰克林住宅(Rue Franklin)。不同于比朗热住宅迥异的各户平面构成，它的各层平面大体相同，且将居室设在可以远望塞纳河的一侧。立面上从2层开始向内凹进，具有较大的开口部。它同样强调垂直，梁柱之间埋有带花纹的陶器贴面的精致装饰，在一定程度上起到了强调构造柱的作用，使建筑在整体上看起来更加挺拔。

贝瑞的这幢住宅集中体现了现代建筑的诸要素，如屋顶花园、钢筋混凝土、崭新的平面、采光楼梯间，最重要的是首次在住宅中使用了电梯，使构造表现与新艺术运动相结合并在住宅中得以充分体现。

之后，进而将这种结合表现得淋漓尽致的当数1910年在巴塞罗那建成的米拉公寓(Casa Milla)。它是高迪 (Antonio Gaudi)的代表作之一。

这座住宅围绕两个光庭形成，位于十字街路的一角，石壁外墙如波浪重叠，呈有机形状。支撑构造体的钢架隐形于这些波涛般石块的背后。通向街路的光庭较暗，内设入口大厅、楼梯及电梯间。施有涂装的光庭四壁与天井连为一体，创造出从海底向天空升腾的美妙意境。

各单元的平面均不相同，在布局上显示了钢结构的自由可塑性；可以调节的换气管、室内可折可动的隔断也消弭了这座有机形状建筑所带来的功能上的不便。

米拉公寓并未停留在表面的装饰上，它兼有改变生活空间的影响力，是具有真正意义的集合住宅。

3. 阿姆斯特丹派与鹿特丹派

在荷兰，随着1902年住宅法规的颁布，前所未有的大规模集合住宅开发成为可能。而使住宅法的理念和意义得到明确体现的最初实践是克拉克(Michel de Klerk)于1913~1919 年建成的作品，该住宅取名为"自己的家"(Eigen Haard)。

"自己的家"位于低收入劳动者聚居的阿姆斯特丹中央车站的西北部地区，它围绕该地区的中心绿地而建。住房宽敞明亮，并在都市空间中导入了公共领域。这一体现了住宅法的尝试宣告了以往那些为单纯追求利润而建设的令人窒息的贫民区的投机行为的结束。

如此大规模的建设在当时是史无前例的。如何使设计在大体量中不失人情味是克拉克最为关心的问题。他尝试将巨大的块状立面在保持统一的前提下以楼梯间为重复单位分割，在每个分节中运用荷兰特有的砖或纵或横变幻排列，创造出了独特的不可思议的意象，体现了与构造合理主义的对抗及对浪漫主义表现的执著追求。这种分割形式成为后来被称为"阿姆斯特丹派"建筑表现手法的原形。

完成"自己的家"之后，克拉克运用同样的手法在阿姆斯特丹的南部地区设计建造了"船舰住宅"(De Dageraad)。该住宅的每个住栋可容纳6户，各栋垂直的烟囱和塔式的屋顶设计较为夸张、醒目，使各个住栋看起来形如独户住宅，而户户相连形成的景象宛如船舰般气魄宏大[1]。这一作品被认为具有追求建筑主观性的表现主义倾向。

克拉克在集合住宅中的设计表现手法可谓独树一帜。但在平面设计上的改良及总体居住环境的规划设计上尚无法与鹿特丹派的建筑师奥特(J. J. P. Oud)比肩。

奥特是一次世界大战后的现代建筑运动扩大发展过程中与柯布西埃(Le Corbusier)、格罗庇乌斯(Walter Gropius)、密斯(Mies Van Der Rohe)并驾齐驱的最受注目的荷兰建筑师。在1923年建造的马汀纳斯住宅(Oud-Mathenesse)中，奥特借用了传统的荷兰乡村构成模式。整个小区为向心型，外墙上首次使用了白色石膏涂装，除街角的店铺之外，各住户以统一的形式设计。

这一"白房子"的街区形式突破了阿姆斯特丹派徘徊于外观造型设计上的局限性，创建了平面、外观、外部环境一体化的新的集合住宅模式。

4. 劳动者至尊

在20世纪20年代，欧洲各国开始重视集合住宅的建设，特别是奥地利的社会民主党更以建造劳动者的住宅王国作为其政纲之一。"为劳动者建设什么样的住宅？"成为奥地利建筑师共同关心、探讨的课题。在这样的社会背景之下，由维也纳当局建设，瓦格纳的弟子——社会主义者卡尔恩(Karl Ehn)担任设计的马克思住宅城(Karl Marx-hof)诞生了。

住宅城长达1km，可容纳近1400户的建筑沿街向内围合成巨大的庭院。各户均拥有阳台和凹廊。院内有幼儿园、公共洗衣房、图书馆、诊疗所、事务所等公共设施。近15.5hm^2的占地中，只有23%作为建筑用地，其余均为绿化及道路，形成了"森林住区"。整个小区虽然朴素，但很舒适，体现出很高的水准。小区的沿街外观庄严雄伟，建筑尺度、材料质感及"城门"上的雕刻均展现出纪念建筑的特征。这个住宅城的设计理念不仅浸透着现代意识，同时也融会了中世纪和文艺复兴建筑的韵律。

马克思住宅城被认为是两次大战之间规模最大、意义最深远的集合住宅。它象征着劳动阶级的自信，展现了与上流阶层相对抗的一种新文化形态。

5. 国际式住宅

1927年，德意志制造联盟在南部的工业城斯图加特举办了该联盟的首次建筑展。建筑展中的33个住宅从设计到竣工仅用了7个半月的时间。

在密斯的主持下，柯布西埃、格罗庇乌斯、奥特、夏隆(Hans Sharoun)等来自欧洲各国的16位著名建筑师从未来住宅的视点出发，对住宅建筑的平面布局、空间效果、新结构与材料的运用等进行了一系列的尝试，创造了统一的"国际式住宅"。

这些白色的立方体建筑物彻底地决裂于传统建筑，完全以全新的面貌出现在地形复杂的山坡之上。从独户型住宅到4层的多层住宅，每个作品都反映着所处时代的建筑技术，体现着崭新的建筑思想和现代造型原理。这个被后人称为"现代建筑样板小区"的建筑群使合理的、美学的、考虑生产过程的现代建筑理念在集合住宅中首次得以体现。

国际式住宅的影响遍及了整个世界。迅速将其发扬光大的是1929年格罗庇乌斯、夏隆等6位建筑师设计的柏林西门子城大居住区(Siemensstadt Housing)。它由8个住宅单体建筑组成，处于森林绿树之中，因而具有宽阔的绿化地[2]。在统一基本布局和类型的前提下，建筑师们没有拘泥于"白色现代派"国际式的表现，而是创造出更具鲜明个性的新颖立面。

该住区最具特色的是采用了新的布局原则，为使主要的起居室能最大限度地摄取阳光，所有住宅沿东西向平行排列。住宅房间明亮、花园宽大、卫浴设施现代，其舒适程度远远超过同时期的那些简易公寓。其明快的建筑外观展现出经典的现代主义风格，对20世纪的建筑方式产生了深远的影响，并很快成为英国、日本等国家在住宅小区开发初期争先效仿的样板。

6. 柯布西埃的影响

正值现代集合住宅运动蓬勃展开之时，二次大战爆发，集合住宅的发展随之陷入低谷。经过多年的沉寂之后，1952年，凝聚柯布西埃25年研究成果的作品——马赛公寓(United′ Habitation)终于建成，它使现代集合住宅又重现辉煌。

马赛公寓坐落于法国马塞市郊3.5hm^{2}的绿色公园之中，处于既可望山又可观海的绝好场址。粗大的混凝土柱将雕刻般的建筑体从地面托起，338个住户、商店街、幼儿园、学校、办公室、体育馆等都被包容在这一板状的巨大建筑之中[3]。

在设计上，马赛公寓不仅完美地体现了现代建筑五项原则的原理，而且实现了将集合住宅街区立体化、社区化的构想。这一充满创意的经典之作，使集合住宅的发展进入了一个新的阶段。

9年之后，柯布西埃的忠实追随者、瑞士的建筑师小组Atelier 5 成功地设计了伯尔尼郊外的海伦住宅(Siedlung Halen)。与马赛公寓相同，海伦住宅也导入了多样的生活空间，如商店、游泳池、运动场、餐厅、加油站等。它基于将马赛公寓的单元从空中横置到森林中的构想，81个住户被巧妙地以台阶式排列配置，街路拾级而上，形成一个多层次的、立体的村落。

海伦住宅这种将立体生活街区与传统村落相结合的形态使集合住宅的社区化更进一步得到推广。

7. 百花齐放的多元化时代

二次大战后住房的供不应求导致了许多国家在上世纪五六十年代误入不顾质量而盲目开发的歧途。从70年代后期开始，经过失败后的反思，日益成熟的集合住宅迎来百花齐放的多元化时代。

伦敦的巴比康小区(Barbican Estate) 及纽卡斯尔的柏克小区(BykerRedevelopment)是跨越"失败时期"的杰出作品。前者在大城市的战争废墟上建造了一个公共设施向社会开放的城中之城；后者则是城市再建中第一个住民参与的伟大实践，朴素的材料、繁茂的绿化以及环绕小区的红色城墙，无处不充满怡人的自然、祥和之感[4]。

在巴黎近郊，来自巴塞罗那的"建筑鬼才"波菲尔(Ricardo Bofill)建造了一个"平民宫殿" (Les Espaces d′ Abraxas)。该住宅区可容纳550户居民，由名为"剧场"、"凯旋门"、"宫殿"的三个住栋组成[5]。

"剧场"呈弧形，为古希腊风格，在弯曲的立面上，三折面的玻璃窗映射出与之相对的"凯旋门"的影像，创造出如梦如幻的空间。"宫殿"的走廊是儿童喜爱的玩耍空间，变幻莫测的光影演绎出一个神秘的世界。住区内的绿化、环境、眺望视点设计亦独具匠心，从很大程度上缓解了住宅城的封闭感。

与此同时，波菲尔的旧日协作者亚诺斯基(Manolo Nunez-Yanowsky)在同一地区建起了一座名为"毕加索角斗场"(LesArenes de Picasso)的住宅城(550户)。与波菲尔同样，亚诺斯基也运用古典语言来表现这座庶民之城的庄重与威严。他借用"角斗场"的布局，将建筑围绕着一个八角形绿色广场配置。2个巨大的圆盘建筑形如蜂巢，隔"场"相望，与气势宏伟的柱廊浑然一体，形成壮丽的外观。

无论是波菲尔的"宫殿"，还是亚诺斯基"角斗场"都毫无疑问地反映了上世纪80年代以古典语汇来塑造集合住宅庄严形象的一种倾向。

在荷兰，鹿特丹的树状住宅(Pole Dwellings)显示了对建筑新理念与新技术应用的又一探索。建筑师波洛(Piet Blom)早在20世纪70年代即构想建设以柱子为构造主体的"三维体"住宅。建设于1984年的该住宅是其设想的大胆实践[6]。

树状住宅的地面部分完全向公众开放，倾斜的立方体住宅单元以枝桠形相连排列，高架于粗大的混凝土柱之上。通往住户的楼梯间设于柱内，柱的上端之间以玻璃走廊相连，形成空中通路。住宅的内部空间丰富多变。笔直而狭窄的楼梯、或伸或张的斜墙、不同方位的采光均为都市人提供了在日常生活中寻找新奇创意的空间。

展现集合住宅多元化的另一秀逸之作是奥地利维也纳的汉德瓦萨住宅(Hundertwasser Haus)。

画家汉德瓦萨的设计使人如处一个超现实的画的世界。这个从外观到室内充满弧线的、色彩斑斓的住宅创造了一种亦梦亦真的境象，成为维也纳一道亮丽的风景线。

由于居民对它的钟爱，初建伊始围绕其结构及功能合理性的争论之战日渐平息。这种充满奇思妙想的、超现实的住宅设计被市民接受的事实亦折射出现代都市人的居住价值观的更新及多样化。

成就这一百花齐放局面的背景不仅在于经济的稳定复苏及新建筑技术的飞速进步，更主要的是得益于各个国家所采取的一系列集合住宅建设的推进政策和运动。

跻身于集合住宅运动前列的德国从上世纪20年代起所举办的多次国际建筑展不仅为来自世界各地的优秀建筑师创造了难得的实践机会，更使现代集合住宅的设计得以起步于较高的水准和具有国际性。1987 年的柏林国际建筑展IBA(Internationale Bauausstellung Berlin)云集了国际50余位一流建筑师和德国国内100余个设计组的作品，如同现代建筑的万国博览会[7]。其中对集合住宅新理念的探索更是没有任何一个时代、任何一个城市可出其右。

同在1987年，荷兰的行政首都海牙市为了纪念第20万个住宅单元的诞生，举办了集合住宅展(The Hagues Social Housing Festival)，欧洲的许多著名建筑师参与了这一活动。日本从上世纪80年代起，在著名建筑师矶崎新(Arata Isozaki)的组织下也举办了多次国际性集合住宅设计展。美国西海岸旧金山(San Francisco)的滨水区的重建、伦敦南码头多克兰地区(London Dockland)的再开发、法国巴黎的大改造计划以及荷兰的阿姆斯特丹、鹿特丹的城市再构筑等都是以本国建筑师为主的集合住宅推进运动。

8. 绿色可持续发展

20世纪80年代开始，全球城市化加速带来的能源、环境等一系列的问题引起世界各国广泛的重视。在体现可持续发展的新兴城市改造运动中，无论是欧洲的紧凑型城市(Compact City)，还是美国的新城市主义(New Urbanism)，以及英国的城市村庄(Urban Village)等理念，都在住宅建设中得到倡导和贯彻。

伦敦的格林威治千禧村庄(Greenwich Millennium Village)为这一时期的经典之作。它含666户，分4期建设[8]。瑞典的图瓦特建筑事务所(Erskine Tovatt)主持了总体规划，并设计了1期的186套商品房、47套经济适用房。英国的麦修斯建筑事务所(Proctor Matthews Architects)担当了2期的商品房和经济适用房的设计(86户)。

在千禧村庄，为了取得减缓风速、充分获取太阳能的效果，住宅造型被组合得错落有致；绿色走廊鼓励人们步行和骑车；小尺度的街道和半公共景观内庭创造了静谧舒适的生活环境。工厂预制的建造技术节省了大量的人力和能源；抗老化性能良好、利于维护保养的标准建材，如混凝土铺砖、鹅卵石、木百叶、玻璃阳台栏板和赤陶贴面等被广泛使用。与此同时，具有创新的多方合作形式保证了最新的研发成果在设计中得到充分的运用。

这一方案在设计、建造和可持续发展方面富有创新精神，开创了居住区建设立足于节能减排、走建筑产业化之路，整合多方资源协调合作的新方式，成果令人鼓舞。

集合住宅仅拥有100多年的历史，在建筑历史中仍是非常年轻的一员。由于规范法令、经济实力以及设计条件等多方面因素的制约，在集合住宅的设计中，建筑师在新结构、新材料、照明、能源利用等最先进技术上未能得心应手、创举非凡，但他们在建筑设计方法上的创新尝试及成就仍是功不可没。集合住宅立足于建设平民社区和致力于创造自然、人、文化相融的居住环境的追求，使其充满生命力。人们聚集而居所衍生出的令人震撼的感动是诸如宗教、政治、商业建筑所不能及的。如果说人们对舒适居住环境的追求是永恒的，那么对建筑师不断创新的期待也将是永无止境的。

注 释：

[1] Kenneth Frampton. Modern Architecture1851-1945[M]. New York：Rizzoli, 1983.

[2] H.Scharoun. Housing Group, Berlin, Siemensstadt [J]. Architecture d' Aujour d' hui, 1962(104): 36-39.

[3] Seymour Howard. Living with Le Corbusier: United' Habitation, Marseille [J]. Progressive Architecture, 1970(11): 90-95.

[4] Ralph Erskine. Byker redevelopment, Newcastle-upon-Tyne [J]. Bauen & Wohnen,1977 (1): 17-32.

[5] Deborah Dietsch. Precast classicism: the work of Ricardo Bofill and the Taller de Arquitectura in France [J]. Architectural Record, 1986(1):130-141.

[6] Masaki Yashiro. Special issue, Collective housing in Holland: traditions and trends/part2 [J]. Process: architecture, 1993(112):148-149.

[7] Paulhans Peters and others. Special issue, IBA Berlin[J]. Baumeister, 1989(12):13-64.

[8] Kyung-Bae Kim. Towards sustainable neighborhood design: a sustainability evaluation framework and a case study of the Greenwich Millennium Village project [J]. Journal of architectural & planning research, 2005(3) autumn:181-203.

作者简介：

周静敏，女，同济大学建筑与城市规划学院教授，日本国立千叶大学建筑学博士，英国约克大学·林肯郡大学博士后。

薛思雯、张璐、徐伟伦，同济大学建筑与城市规划学院学士。

（原载《建筑学报》2009 年 08 期）

探寻“家”的踪迹

文／王晓华

摘　要：本论文从社会学、人类地理学、建筑学等视野出发，审视中国人“家”的意识构成及流变，从中探寻文明模式的转变对人与自然、人与人、心与物关系影响的内在机制，从而达到反思当下以消费文化为主题的商品经济社会对传统“家”的固有价值的冲击和人被居住环境边缘化之目的。

关键词：天地之家 生命之根 内在价值 消费文化

《说文解字》讲：“家，居也，从宀。豭声省。”从字的结构看，家由“宀”和“豕”组成，从象形字的表面意象来判断屋子与猪构成了家的大体内涵。中国人最初的家意识应该形成于父系氏族社会社会的晚期，猪作为私有财产的象征，说明具备一定的生活物资是立家之本。虽然从文字考古学的角度来审视家的概念，存在着许多争议。而对“家”的进一步理解还可以从理解“宅”的概念入手。“宅”《说文解字》【译文】曰：“宅，寄托身躯的地方。”人丁兴旺与财物充实是中国宗族制社会家庭的固有观念，所以家突出了“室”的价值指向。故“室”《说文解字》【释名】曰：“实，也，人物满其中也。”《黄帝宅经》云：“宅者，人之本。人以宅为安，若安，即家代昌吉，若不安，即门族衰微。”由此可见宅是人存在的根本，“安”是“宅”存在的最大意义。然而“安”【六书故】曰：“室家之内，女所安也。”屋子里有了女人又成为宅得以安定的决定因素。所以，在中国传统居住风俗中，夫妻和谐被比喻为一对正规正距，严丝合缝，开启闭合毫无杂音的门扇。《黄帝宅经》又云：“夫宅者，乃是阴阳之枢纽，人伦之轨模。”家在此已被明确界定为是由一对夫妻繁衍生命，发育而成的家族的血缘系统，成为社会存在的最基本单位。但是，人以群而居并形成聚落，我国自西周开始以五家为邻，二十五家为党，五党为州，五洲为乡的社会建制，所以家可以是相邻、聚落或是更广泛一些的家乡。从社会学、人类地理学、建筑学等视野来审视，家的内涵远远大于这些。

《中庸》曰：“仁者，人也，亲亲为大。”儒家以爱有远近级差的亲缘意识奠定了中国人以族亲为基础的伦理情怀。中国人传统上固定一地，自给自足的小农经济生活模式与“亲亲为大”的族亲观念相契合，凝结成中国人对家的情节观念，从而使爱家成为一种天性，为人之基本道德。我国自古采取分堂立户的家族结构，树状发育成为家族发展的基本模式。所以，家是生命之根，叶落归根成为人们生命终结的理想结局，是生命圆满的基本表征。在古代中国政府对囚犯处罚的办法中有一项被认为是非常残酷的条例，就是发配犯人到异地服兵役或做苦工，其主要动机就是让罪犯遭受远离生命故地和隔断亲情的折磨，距离远近要视其所犯罪行的严重程度。家族中对于大逆不道，严重违反伦理道德之徒则以死后不许入祖坟表示最严厉的惩处。同样道理，在中国传统的丧葬风俗里，客死他乡被看做生命旅途中所遭遇的极大不幸，民间也就有了送死者魂归故里的行当——赶魂，其原型就是成全死者落叶归根，死后与族人团聚。所以，对中国人来说家意味着死、活都须履行“亲亲为大”的天理人伦。

安家是项建筑工程活动，从选址、营造到落成在中国传统的居住风俗中被认为是一系列神圣的事情，其主要术语为“经营”或“营造”。《周书》中记载了周公“既得卜，则经营”占卜，营造洛城的事件。在我国古代天文学里，有一星宿专门主持修建房屋等业务，而民间有专门从事此项业务的人被称为风水师或堪舆家。《庄子·达生》云：“天地者，万物之父母也。”中国人自古以来的天人皆为自然之物，将人与天地确立为父母与子女亲缘关系的宇宙观念，实质是将敬畏和崇拜自然的意识落实成为一种伦理道德。由于坚信人性即天性，天性即人性，人与天地交感呼应，同气异吸的宇宙生命存有模式，中国人将自身生命本体深深地扎根于自然宇宙之中。所以，道家主张以效天法地，道法自然的理念来指导人类从事一切物质和精神活动，儒家又观天地之道，立仁义道德之人性，开启了“天人合一”人居环境的精神境界。此外，天道通人道，人道通天道的宇宙观念也构成了中国传统的家族结构、宅的空间构成模式以及如何促进人与天地相扶相生的人居环境的价值体系。

家的营造过程，无法避免地成为一种改变原生地貌、物质构成关系的人工改造自然的行为，免不了对天地父母的打扰和伤害。故此，中国人传统上将破土动工的举动视为对大地之母极大的不恭，必先举行庄重的奠基仪式，求得天地的宽恕而获得精神上的安慰，心安则居之安矣。《太平经》云：“夫人命乃在天地，欲安者，乃当先安其天地，然后可得长安也。”实现安居的先决条件，首先是求得与自然场地的亲和成为中国人数千年来对安居的基本信仰。所以，从破土动工时的奠基起，立柱、上梁、安装大门到乔迁之举等风俗仪式，无一不是求得人与场所环境和谐共处，各得安宁的目的。《易传·彖》云：“乾道变化，各正性命，保合太和乃利贞。”道家诉求抱朴归真，尊重生命万物各安性命，各显其性的人文意识形成了中国独具特色的人与万物同根一体，同居同游于“和合”意境的人居环境。人与万物情通神和，共生相融，营造生机饱满之氛围，彰显宇宙化生之精神，历来是中国人普遍信奉的人居环境之本。此外，儒家由来以山水比德，寄情自然的人生姿态，营造出能够明目安神，修身养性，彰显处世人格的宅院景观意蕴。

中国传统之家是一种儒、道互补的有关人与自然、建筑物之间相互观照的功能体系。《黄帝宅经》云：“宅以形势为身体，以泉水为血脉，以土地为皮肉，以草木为毛发，以舍屋为衣服，以门户为冠带。”故此，宅是家的内在价值的有形体现，是人的精神内涵物质外化的结果。《荀子·王制》云：“水火有气而无生，草木有生而无知，禽兽有知而无义，人有气有生有知亦有义，故最为天下贵也。”宅形作为人与天地万物契合的场所中心统摄着周边自然环境中的山山、水水、一草一木。中国传统的宅形观念是人与建筑、自然环境相互涵摄，人性、天性、物性均得以舒展而又统一于人性的有机整体。宅形是脱胎于大地母亲的生命机体，有着天然的气质和神韵，与自然环境血脉相连，神灵相通，形同于天生地造。所以，家既是人的精神意念能够延伸得到的场所，又是对场所中任何一点相关元素的统合。那么，传统意义的家可能是一座大山、一条小河、一棵古老的大树，一口水井，或者是村口朝天怒吼的石雕辟邪，甚至是聚落里散发出的一种气息。所以，传统之家是从人的肉体到灵魂能够得以安抚，与生活息息相关的环境氛围。

如果说中国传统之家是将由物件构成的生活空间整体地看作一个有机的生命体，那么能够传达人生意义的细部就构成了一种阐述天地之道、人间伦理的语言体系。传统之家从空间转换到方位秩序都肩负着教化人伦礼制的社会功能，家的氛围即是祖先的祝福，也是祖先希望子孙有一番作为的忠告或训导。自古以来，中国人一生最大的愿望就是以宅的资产形式留给子孙，作为一种自身存在价值能够延续的途径、一种精神理念突破有限生命的超越力量、一种与后人保持意念相通的有效媒体。所以，传统之家可能是祖先创立家业而奋斗终生的感人故事，也可能是祖祖辈辈在宅子里生活而遗留下来的习俗和品性；传统之家可能是象征家庭和睦、五世同堂，雕有“五福捧寿”图案的砖雕影壁，也可能是保佑子孙茁壮成长，出入平安的石雕抱鼓石。家是对生命最大的关怀，家的氛围可能是窗户上贴着的象征人丁兴旺的生命之树——火红的剪纸，也可能是系在炕头石狮子上的，与母亲胎息相通的五彩绳。那么，那些肩负着家族后继有望，香火不断的顽童则可能是一只只嘻闹葡萄的木雕松鼠。总之，中国人的传统之家充溢着不尽的关爱、不尽的祝福和对子孙后代的希望。

中国传统住宅的营造是以工匠及随带的学徒为技术骨干，亲朋好友互帮互助，按照主家意愿营造的过程，可以说人人皆为建筑师的参与过程。一方面，宅子的落成凝结着邻里乡亲的友情和善意；另一方面，宅形是主家世俗人格和社会身份的表征。一座住宅的落成倾注了主家终生的心血和最大的心愿，为此可以不辞辛苦，劳作一世，穷尽一生之积累，甚至是一两代人尽忠的事业。所以，创家立业是传统中国人生命范畴重要的组成部分。这种动力来自于人们对生活的执著、对人生价值一丝不苟的忠诚和对美好愿望锲而不舍的追求，更来自于积善成德，殷福子孙的伦理信念。正如《黄帝宅经》所云：“人因宅而立，宅因人得存，人宅相扶，感通天地”。不管在繁华的街市，还是在与世隔绝的偏僻山村，传统的中国人数千年如一日用生命筑家，忠贞不渝，代代相传，对家的情节成为世界人文历史上独特的一道风景线。

从家形成的初衷看，家是人类结束戴逵《杂义》里所描述的“披榛而游，遇穴而处，男无定居，女无常止”的游猎生活，开始驯化和饲养野生动物的定居生活的产物。在生产技术落后，完全依靠天地吃饭的时代，人们对自然现象的种种威力产生了无限敬畏的心理。所以，能够养育生命万物，祖祖辈辈生生死死于一处的自然环境则会在人们的情感世界里产生最深刻的归宿感。所以，家的原始意识应该是“天地之家”。在人类文明初期，自然条件决定了人们谋生的基本方法并积淀成为相应的风俗习惯，可以说家的基本情怀首先应该属于人们淳朴的“水土之情”，俗话说一方水土养一方人正是出此根源。自然环境的生态因素不但影响了人们的精神状态，而且人们长期适应一处生存环境的生理机能也会养成一定程度的惯性反应并固化为一种地理性人类特征。从家的发展历史看，家的内涵和情感状态随着谋生方式、生活理念、家庭组织结构的改变而变迁。然而，当人类利用科技手段揭开大自然一个个秘密的同时也打破了人类在文明初期敬畏大自然的诗情画意，人与自然和谐相处，营造人居环境的审美境界，颠覆了人与自然传统的伦理道德和家在人生意义中的价值支撑。特别是现代工业文明以消费文化为主题的经济全球一体化浪潮，使中国几千年来形成的家与人之间的固有价值体系惨遭崩塌。

科学技术的发展伴随着人类改造自然能力的迅猛增强，大自然不再是人们敬畏的万物之母，而是像现代工业文明之父培根所说的那样，通过科技刑具进行严刑逼供以满足人类穷奢极欲的被征服对象。以消费文化为内在机制的经济社会将商品推向统治人们一切现实行为目的上帝宝座，从根本上改变了人们以往的生活方式和人生理念，人际关系更多地以经济利益为纽带。通讯和信息技术全球化普及给个人生活带来了高度自治，与个人生活密切相关的人和事很少再是以往与自己朝夕相处的家庭成员，而是不断从陌生走向陌生的利益上的合作伙伴。当代社会四海为家的经济活动和名利追求的氛围，不断地制造着更多的异乡之人。全球化经济发展的模式给个体人生价值的实现提供了充分的自由度，人们不再固定于某一处一成不变的自然环境和社会关系，像游猎者一样去自由寻找自我发展的理想空间，使社会和家庭逐渐走向非中心化，家可能成为一种定向旅馆。在中国，经济关系操纵了血缘关系，家庭权力投向了真正具备经济实力的人手里，适应商品经济大社会运行需要的人际关系取代了传统家庭的血缘秩序，封闭的家庭意识早已被冲撞得支离破碎。

全球性消费文化的发展机制使人们迫不得已去接受社会强加给自己的生活模式并尽心竭力地去适应它。时下，有关家的内在价值除了附带经济条款的由法律形式确认的夫妻关系外，被大众认同的家的轮廓日趋模糊，这些东西与社会其它内容一起被毫无表情地卷进高速运转着的商品社会经济机制的搅拌机里。于是，家的内涵和外延依据人们的经济状况、生活方式和社会地位自行理解或调节。故此，当下之家是人们随手捡起的传统家庭被粉碎之后的价值碎片。在中国农村，人们不再将自己的一生禁锢于面对黄土背朝天的传统命运，异乡寻梦、城里淘金成为每一个乡下年轻人走向致富道路的必然选择。对他们来说，家是由妇女、儿童和老人（雅号：三八六一九九部队）看守着的“营盘”、是千里之外由现代化通信设备传输着的亲人间的牵挂和问候、是一笔笔寄往老家的来之不易的劳务费。由于长时期与亲人生活在相差悬殊的生活氛围，思想意识、人生态度日渐成为与家人沟通的严重障碍。因此，单纯以经济方式维持的夫妻感情、父子骨肉之亲情愈加脆弱，家庭不稳定已经成为当下中国农村不容忽视的社会现象。

消费主义文化发展的内在动机是将消费的观念渗透到人们日常生活的一切行为和精神活动的每一个角落，挖掘一切社会潜在的消费能力，使生产商品的机器不停地高速运转，消费与生产相互达到推波助澜的疯狂状态。在消费主义文化符号体系的操作下使人们远离理智控制，拥有的欲望成为一种人生境界。在以消费主义为主题的社会里，生活是商家灌满各色诱惑的香肠。在城市，人因宅而得以安身，宅因人而得以存在的传统理念早已不复存在，家的概念是蕴藏巨大商机的利益源泉。于是，你的家也许是紧压红线的“广场”，或者是不见草木的“花园”。在经济利益制动的社会里，市场化的住宅是国家拉动社会经济的主要动力。因此，楼盘是开发商如何分解风险，抬高单位面积商业利润的计谋和手段；工程是施工方如何面对价格飘忽不定的材料市场、难堪的三角债以及尖锐的农民工讨薪问题；工钱是农民工全家人一年的期盼或竣工后能够给包工头打通的电话；项目是设计单位如何给开发商灌入超大剂量的新奇理念，能够接到业务时的迁就和不厌其烦的图纸修改；物业是如何在合理与合法之间的巧立名目，业主与物业公司之间永远是扯不断，理还乱的争辩。那么，在消费文化的社会氛围里，住宅对于真诚期望有个美满之家的人来说，可能成为在时尚广告诱惑下的“聊斋”，永远也无法拿到房产证的违章建筑，一个让人最累的话题。

作者简介：
王晓华，中央美术学院建筑学院 07 级博士研究生。

由亚及奥看发展与思考

文／马国馨

摘 要：作者分别从规模和内容、规划方针和筹办理念、体育事业法制及体制的改革和发展、融资和建设方式等四个方面，叙述了从亚运会到奥运会18年中，中国体育事业的发展概况及取得的成就，并提出了目前仍需认真思考一些问题。

关键词：亚运会 奥运会 发展 思考

国际建协体育与休闲建筑工作组年会及国际体育论坛在中国召开，这已经是第三次了。此前第一次是北京举办第十一届亚运会之后的1990年11月6日，第二次是在1999年6月26日国际建协在北京召开第20届大会的同时，这一次是北京成功举办了第29届夏季奥运会之后，各国建筑师一起来探讨体育建筑的现状和未来，参加会议有我们熟悉的老朋友，也有许多新朋友，首先对所有与会的客人表示热烈的欢迎。

从1990年北京举办第十一届亚运会到今天，过去了整整18年，这是中国改革开放30年中的后18年，亚运会、奥运会是这18年两端的两个节点，而18年展现了一个改革开放发展变化的过程。在18年中世界发生了巨大的变化，中国和北京也发生了巨大的变化，许多在座的朋友陆续来过北京，可以亲身感受到在城市面貌、场馆建设和举办赛事方面的变化。

1. 规模和内容

18年来我们经历了从首次举办地区性的运动会到首次举办世界性的运动会。1990年的北京亚运会是中国1974年重返亚运会后第一次举办大规模的地区运动会，当时设置了27个比赛项目，有37个国家和地区的6578名运动员参加，为此我们新建和扩建了33个比赛场馆，其中32个在北京（新建16个，改扩建16个），训练场馆46个，筹办的时间为6年。

而今年的奥运会，是中国在1984年重返夏季奥运会后，第一次举办最高级别的全球盛会，我们在7年的筹办过程中，为28个比赛项目设置了37个比赛场馆，其中31个在北京（新建12个，改扩建11个，临时设施8个），训练场馆56个，最后有204个国家的地区的11526名运动员参加。

从主会场的规模和内容上也可以看出前后的巨大变化。亚运会时主会场国家奥林匹克体育中心占地66ha，总建筑面积12.5hm^2，该区比赛设施的总座位数3.4万座。这次奥运会的奥林匹克中心区315ha，北部森林公园680ha，仅主要比赛设施的总建筑面积就将近50hm^2，如果加上奥运村、会展中心、数字大厦及原中心区广场，总建筑面积180hm^{2}以上，设施的总坐席数18万座以上。

除此以外，新闻报道和电视转播的比较更为明显，通讯信息技术有了极大的飞跃亚运会是地区性运动会，中外采访记者近4000名，为电视转播出动30台转播车，有14个卫星网络，提供国际信号950小时，亚洲各国有20亿观众收看了转播。而这次奥运会共有中外26298名注册记者和5980名非注册记者前来报道，电视报道动用了60辆转播车，19个卫星地面站，制作了5000小时的公共信号，全球累计有400亿人次收看了转播，有20亿观众收看了开幕式。由于提供了互联网宽带服务，北京奥运官方网站的访问量最高达1.83亿。

从服务于运动会志愿者的数目也可以看出。亚运会时的义务服务总队动员志愿者20万人，而奥运会动员志愿者170万人，其中包括赛会志愿者10万人，城市志愿者40万人（550个服务站点），啦啦队员20万人，社会志愿者100万人。其中北京以外的志愿者当时需求2400人，但报名就有30万人，充分显示了中国和北京人民对于这一赛事的关心、热情和奉献精神。

2. 规划建设方针和筹办理念

北京亚运会和奥运会在建设方针上有相近之处，也有一些不同的地方。亚运会时的建设方针考虑把亚运会和奥运会有机地结合起来；把现有设施的利用、改造与新建结合起来；把比赛和平时使用结合起来；在规划布局上采取分散为主，适当集中，全市大体均衡分布，形成多级的大中小相结合的设施布局。而奥运会的建设方针是：奥运建设与城市建设相结合；集中与分散相结合，以集中为主；改扩建与新建临时建筑相结合；赛时使用与赛后运营相结合。

需要指出的是在场馆布局上亚运会时是分散为主，适当集中，均衡分布，这主要是考虑亚运会的规模有限，当时的交通状况下，矛盾并不突出，从城区体育设施的均衡上，需要在东城、西城、海淀、朝阳、石景山、丰台等区形成可以为居民和社区服务的设施。因此除奥体中心4个比赛设施相对集中外，其他比赛设施较分散。奥运会的举办在综合研究了历届奥运会的经验教训基础上，结合北京市设施分布的现状，交通运营状况，决定以集中为主，这样在奥林匹克中心区集中了50%以上的比赛设施和为奥运会服务的设施，保证了奥运会期间的顺利运营和安保。这是在建设布局上的重要区别。另外在场馆和基础设施的布局上，奥运会更加重视和城市建设的紧密结合。即以奥林匹克中心区为例，在最初选地时也曾根据北京市总体发展方向，在市区东南方向进行过方案选比，但最后仍决定了北中轴地区。因为早在亚运会时，就已考虑了奥运会时发展余地，决定申办2000年奥运会时，也在这里有所规划，但这次考虑规模和需求，选择了北面更为宽裕及有发展潜力的用地。另外将奥运中心区置于北部中轴线上，把北京老城已有7.8km的历史中轴线向北进一步延伸，仅奥运中心区和森林公园就有6km长，强调了历史文化名城北京在城市空间的组织和整体结构特征，以及在新时期的继承和发扬，保护了旧城风貌。同时奥林匹克公园所在的地区，在城市总体规划中为多功能公共活动中，通过奥运场馆的整套设施的建设，提高了城市服务设施的水准，形成了延伸中轴线上的高潮，同时保证了新建设施和已有历史资源的衔接。在场馆规划上采用"一个中心，三个区域"的布局，充分考虑城市现状及市民需求。如场馆建设在大学中，亚运会时只建了两个，而奥运会时原考虑三个，后来增加到6个，为节约投资的临时设施也由最初计划的4处增加到8处。

在基础设施的建设上，亚运会和奥运会的建设量更是相差巨大。亚运会时建设了体育中心和运动员村周围20km长的五路五桥，另外还有全长65km的15条道路，7座大型立交，6座铁路公路公交，6座大型环岛，12座公路跨线桥，33座地下通道和过街天桥，还有疏浚。河流和污水处理厂等。而奥运会在亚运会及此后历年城市建设的基础上，又进行了大规模的集中建设，在投入1800亿元资金后建设了142个项目，其中900亿元用来打造四通八达的交通网络，1450亿元用于环境治理，300亿元用于信息化建设，150亿元用于煤气、热力、上下水、供电等设施的建设和改造。就以北京的道路和地铁为例，自1969年10月开通第一条地铁后，亚运会举办时运行线路只有42km，此后建设严重滞后，到1997年仅增加1.8km。1999年以后建设加快了进度，2003年时运行里程达到114km，在奥运举办前几年，投资建设力度更大，有11条线路在同时进行施工，目前北京已有8条线路，全长200km，设站123个。而道路建设上新建的改建城市道路318km，其中快速路54.1km，干路86.7km，中心区路网加密96km。

在总体指导思想上，北京奥运会以"新北京、新奥运"为主题，突出"绿色奥运、科技奥运、人文奥运"的理念，这是在继承了历届奥运会成功经验的基础上，结合中国国情，对于奥林匹克精神的继承、深化和发扬。1994年挪威的利勒哈默尔冬奥会上首次提出了"绿色奥运"，1999年国际奥委会发布《奥林匹克运动21世纪议程》，把环境和体育、文化并列，全力推动全球可持续发展和环境保护事业。国际建协体育工作组在1998年东京会议上格伦特·约翰先生主题发言的题目就是"环境和可持续发展"。北京三大理念的提出，"以人为本"是核心，强调人和自然和谐、人与社会和谐、人类世界和谐，推动奥林匹克运动沿着和谐发展的道路前进。有关三大理念的具体总结在其他报告中都会涉及，这里不再评述。

3. 法制、组织、理论和实践

从亚运会到奥运会的18年中，还体现了中国体育事业上法制、体制的改革和发展。

从组织机构和法制建设上，1993年5月国家体委发布《关于深化体育改革的意见》，1994年开始建立全国运动项目管理中心，使项目协会实体化，同年4月，国家体委成立体育彩票中心。在1995年6月和7月《全民健身计划纲要》和《奥运争光计划纲要及实施方案》颁布，在整合全国体育资源，重视体育科研，提高训练的科学化程度以及开展全民健身活动，增强人民体质上发挥了重要作用。6月发布《体育产业发展纲要》，1995年8月颁布了《中华人民共和国体育法》，标志中国体育更加注重各类体育协调发展和体育的法制化，1997年1月国家体委下发《关于加强体育法制建设的决定》，1998年3月国家体委改组为国家体育总局。

2001年北京获得第29届奥运会主办权以后，中共中央和国务院在2007年7月发布了《关于进一步加强和改进新时期体育工作的意见》，北京市政府在2001年7月发布《北京市奥林匹克知识产权保护规定》。2002年7月北京市政府和奥组委制定了《北京奥运行动计划》，并在此基础上陆续制定了包括科技奥运建设、人文奥运行动、文化环境建设、交通建设和管理、数字奥运建设、体育、奥运志愿者行动、安保、生态环境保护、能源建设和结构调整、奥运场馆建设等专项规划，保证奥运会的筹办现有宏观，战略性的指导文件，又有具体的工作目标，任务和措施。此外，2003年8月还发布《公共文化体育设施条例》，2005年6月发布《反兴奋剂条例》等等，表明法制建设的逐渐完善。

与此同时，在体育设施的建设和实践中，中国除了举办全运会、城运会、民运会、农运会、大运会以外，同时陆续举办了许多国际性大型或单项比赛，丰富了我们在设施设计、管理、赛事运营方面的经验，如世界大学生运动会、世界杯女子足球赛、东亚运动会、世界中学生运动会、网球公开赛和大师杯赛、亚洲杯足球赛、亚洲冬运会，以及像自行车、拳击、球类等单项世界性比赛。1993年中国北京第一次申办2000年奥运会，为我们第二次申办积累了宝贵的经验。奥运会前从2007年起举办了一系列的测试赛，使全部奥运设施经受了实战的考验，保证了正式比赛时的精彩效果。亚运会时只有3项世界纪录被打破，而奥运会有38项世界纪录被打破。

此外这些成果还有赖于18年来在体育设施建设、设计、科研方面的积累。随着国内外一些重要赛事的举办，不仅各省会城市陆续兴建了一些符合国际标准的重要设施，如体育场、体育馆和游泳馆，而且非省会城市，甚至一些中等城市包括企业、学校也修建了许多设施。每8年一次的普查中，1996年全国第四次体育场地普查时，全国有各类体育场地61.6万个，到2004年第五次普查时，场地的数目达到85万个，比8年前增加了38%。

为了规范场馆的建设标准，提高场馆的建设质量，还进行了大量技术标准和技术支援的基础工作。在亚运会时，国家体委就成立了体育设施标准化的工作机构，在历年工作中，陆续形成了体育设施建设用地指标，体育设施建设标准，体育场馆地使用要求和检验方法，体育场馆设备技术要求和检验方法四大系列标准。2003年10月由北京市建筑设计研究院主持编写的《体育建筑设计规范》发布执行，2003年8月由清华大学等9家单位联合完成的《绿色奥运建筑评估体系》问世，围绕奥运举办进行了一系列的研究并拿出了评估报告。在体育建筑专著和工具书方面《建筑设计资料集》《体育设施建设指南》《体育建筑设计手册》等工具书，哈尔滨工业大学的《现代体育馆建筑设计》《大跨建筑结构构思与结构造型》北京市建筑设计研究院的《奥林匹克和体育建筑》《安全奥运论》《体育建筑论稿》等一系列专著，在学术期刊上大量有关体育建筑的论文，各大学建筑系科研究生的体育专题为内容的硕士博士论文，都从各个角度促进了体育建筑设计和科研的深入和创新。

18年来在设计市场上也更加开放。中国和外国建筑师在体育建筑设计上的交流、竞争也更加广泛深入，新的设计理念、新结构、新材料、新工艺大量引进，促进了规划设计水准的提高。亚运会举办期间，虽然也曾和一些国外建筑事务所进行过接触和交流，但由于各种原因并未成为现实，亚运会的体育和附属设施除自行车场由山西省设计院设计外，其他全部由北京市和中央的设计单位承担完成。随着2001年我国加入世界贸易组织，设计市场更加开放。2001年的广州全运会，采用国外设计的奥林匹克体育场和广州市体育馆吸引了人们的注意力，国外建筑师对于中国各地体育建筑设计投标和设计竞赛的兴趣也越来越大，2002年3月北京奥林匹克公园和五棵松文化体育中心的国际设计竞赛中，在报名的177家国内外设计单位中，境外设计机构占了70%，最后分别提交了55和34个方案。在这次北京奥运场馆的设计投标中，国家体育场有13家中外设计机构提出了方案，国家游泳中心有十家中外机构提出了方案。在最后北京的25个新建场馆中，包括"鸟巢"、"水立方"等四项设施是由中外建筑师合作完成，有18个项目由中央和其他省市设计单位设计，只有三个项目由北京市单位设计，设计市场的开放推进和拉动了设计、施工水准的提高，培养锻炼了一大批人才。

4. 融资和建设方式

1990年亚运会时，我们的经济实力还很有限，资金上有比较大的缺口。当时财政预算核准为25.1亿元（其中工程建设费21.85亿元）其中国家财政拨款8.5亿元，开办费1.97亿元，贷款2.2亿元，集资预计6亿元，其余部分由北京市、区财政补齐。当时的国务院领导在回答记者提问时说："完成亚运会工程的经费还有些困难……中国已经宣布举行亚运会，在国际上承担了义务，中国有再大的困难，也要实现我们承诺的诺言。"经过改革开放，经济多年的快速增长，到举办奥运会时，我们的经济状况已经有了很大的改善，实力大为增强。本届奥运会城市重点基础设施共完成投资2800亿元，完成了城市交通、能源基础设施、水资源、城市建设方面的建设，如加上环境保护和其他非重点建设的投资，可能要超过这个数字。而北京场馆建设的总投资控制在130亿元以内。其中51%来自中央政府的地方政府的投资，其余来自社会的融资，包括港澳台同胞、海外侨胞的捐赠（最后有105个国家35万人捐赠9.4亿元）。

在奥运会场馆建设上，也吸收各国和国内经验，打破传统模式，探索市场化的运作方式。在北京市所负责的项目中，首先通过招标方式确定项目法人，然后由项目法人成立项目公司负责项目的设计、投融资、建设和运营，这样通过公开、公正、公平的竞争环境，给各类非政府投资主体提供了发展机会。而政府发挥组织引导作用，通过专项政策加以支持。这样政府投资可以减少，风险可以减轻。如国家体育场采取PPP融资方式，市政府提供58%的资金，委托北京市国资公司作为出资代表注入项目公司，中信集团和中信国安岳强投资27.3%，北京城建集团出资12.6%，美国全州集团出资2.1%，公司可获得30年的特许经营权。国家体育馆和五棵松篮球馆等采取BOT融资模式，如国家体育馆和奥运村打包成一个整体项目，作为特殊经营许可，无须政府出资。这种项目法人责任制有利于推行建设的运营一体化管理，保证这些场馆的运行，综合管理和赛后利用。

在政府投资的奥运项目中也在北京市首次试行了代建制。即经过公开招投标，确定该项目的代建单位，由具有项目综合管理职能的专业代建单位代理使用单位组织和管理项目的建设，一方面明确了政府投资主管部门，代建单位和使用单位三方，并通过契约合同明确各方的责权利，这样建立了政府投资项目的约束机制。实现管理队伍专业化，建设过程规范化，便于控制工期和成本，提高了管理水平和投资效益。另外也通过实施工程总承包，引入社会化、专业化的施工服务。通过一系列项目实践，使一批具有竞争实力的企业的综合实力和管理水平有了较大的飞跃和提高，为参与国际市场的竞争积累了经验。

5. 结语

18年是一个不算短也不算长的时间，但亚运会和奥运会的一系列对比还是使人们看到了改革开放以后的中国和北京在体育设施建设和大型赛事举办上的步伐。国际奥委会在对申办2008年城市初选时，曾对北京客观地进行过评价，认为北京的优势在于：已经拟定的有关奥运村和环境保护的计划"非常好"；安全概念"明确，统一"，有成功举办亚运会的经验。北京的劣势是："交通太过拥挤"；基础设施将面临"非常严峻的挑战"；电信系统同其他申办城市相比处于劣势；有些场馆的建设需要到2007年才能完工；现有的设施"可能需要大规模地改进才能达到举办奥运会的要求"；举办某些特定项目的世界锦标赛的经验有限。但8~9月份奥运会和残奥会在全国人民的支持和努力下，得以成功举办，给我们留下了丰厚的物质遗产和精神遗产。随着后奥运时代的来临，面对这些遗产，认真总结其中的经验和教训，使之成为奥林匹克运动和中国人民的宝贵财富是更为重要的工作，这次学术会议是一个极好的机会，我们可以认真听取国内外同行的意见。有些问题也还需要进行认真的思考：

在奥运会上我们获得了金牌总数第一，但我们还不是真正的体育强国，我们体育人口的数量，体育设施按人口平均数量和水准，与发达国家相比都还有很大差距，在大众体育、学校体育等方面都需要有更大的提高。

在大型国际和国内的体育赛事的筹备和举办上，如何考虑到"中国仍然是一个发展中的大国，目前仍处于发展阶段"，在适度展示自己的前提下，使赛事的筹备和举办更加理性、科学，务实而"不讲排场"，需要探讨新的模式并取得进一步的共识。

在体育设施的建设上，如何控制大型、高标准设施的数量，尤其是一些利用率较低或对节能不利的设施，而更多注重为大众健身娱乐的中小型场馆或练习设施。在设施的设计上，如何防止一味追求标志性，一味追求形式而造成超豪华、高档化、忽视功能使用的倾向。

大型场馆的赛后利用和持续发展，是各国都面临的棘手问题，许多专家也对北京奥运会的大型设施赛后使用表示担忧。在赛前各有关方面也做了周密而细致的考虑，但还需要经受今后实践的考验。在设施的长期运营和管理上，我们还需要积累经验，使之成为充满活力的遗产。

如何巩固和发展在奥运会期间所取得的科技成果、环保成果和精神文明成果，并使其进一步保持、推广而惠及全民也是我们面临的新挑战。

总之科学发展观的提出为中国的社会发展、经济建设、包括体育设施的建设指明了方向并提出了更高的要求。在认真总结从亚运会到奥运会我们所走过的道路，全面、理性地总结北京奥运会的得失，将使我国体育事业的发展提高到一个新的水平。报告中不妥之处还望批评指正，谢谢。

作者简介：
马国馨，男，中国工程院院士，北京市建筑设计研究院总建筑师。
（原载《南方建筑》2009年02期）

海外掠影

P 316

瑞典城市可持续发展的经验
—— 以Bo01"明日之城"住宅示范区为例

文／于萍

摘　要：欧洲是世界上最早完成工业化的地区，也是率先提出可持续发展理念的地区。具体到环保和可持续发展理念在住区的实施上，以瑞典马尔默市Bo01住宅示范区为例，依靠环境规划为龙头，积极地探索从节能、节水、节材、节地和环保等方面综合统筹设计，在整个住宅小区的建造过程中并不追求特别先进的技术和产品，而是把重点放在对成熟、实用的住宅技术与产品的集成，并取得了明显成效（2001年获欧盟的"推广可再生能源奖"）。当前，我国正在大力发展"和谐社会"，建设"节能省地环保型住宅"，瑞典的成功经验对我们具有较强的借鉴作用。

关键词：系统的环境规划 节能 节水 节材 节地 环保

1. Bo01住宅示范区的概况

2001年在瑞典马尔默市举办了一次面向可持续发展的住宅展览，同期启动了一个住宅示范区项目，名为Bo01明日之城住宅示范区（以下简称Bo01）。该住宅示范区采取边建设边展示的方式，第一期已于2005年秋季全部竣工。

1.1 住宅示范区的目标

（1）通过Bo01住宅示范区，引发社会各界关于"21世纪应该住什么样的房子"和"我们的生活方式该何去何从"的辩论；

（2）通过在土地规划与利用、新型技术和产品体系的推广、生态保护措施等方面进行积极的探索，力争在营造宜居环境、旧城改造、城市化进程与可持续发展相结合方面做出突破。

1.2 住宅示范区的内容

通过Bo01住宅示范区，将马尔默市西部废弃的工业码头区翻新改造成为占地约30hm^2，可容纳1000户居民的住宅综合区。

1.3 Bo01住宅示范区的建造背景

面向可持续发展住宅展览的举办和Bo01住宅示范区的建立，并非出于偶然，而是由马尔默市当时的社会经济背景决定的：

（1）近年来，马尔默市正处于经济转型期—由传统的、已衰败的造船业和纺织业，向新型的、高科技的信息产业与生物技术方向转化；尤其是哥本哈根和马尔默之间跨海大桥的开通，为马尔默逐渐上升为区域经济中心提供了历史机遇。如何在后工业时期塑造一个文化与环境可持续发展的城市形象，成为了马尔默市发展的战略目标。为此，该市还制定了环境可持续发展的目标（1998-2002）。

至2005年，CO2排放减少25%。

至2010年，60%能源消耗（交通除外）必须来自可再生能源或垃圾发电。

在城市化的进程中，保护本地区生物的多样性。

（2）欧洲议会发起了一个关于推动可再生能源应用的运动，准备在欧洲选择100个社区推广"可再生能源"。马尔默被选作其中的示范区，也是第一个示范区。

在瑞典政府的大力支持下，并经多方努力终于促成了这个迄今为止欧洲最大规模的住宅示范区，这可以说是一个面临世纪挑战的城市抓住机遇图发展的成功案例。

2. Bo01住宅示范区的技术措施及效果

结合国内正在开展的大力发展"节能省地环保型住宅"的工作重点，着重在技术措施及效果层面进行了归类，并按照"四节一环保"的顺序介绍如下：

2.1 节能

减少能源特别是化石能源的消耗，促进可再生能源的生产供应，提高能源使用效率，一直是西方发达国家所致力研究的课题。具体到Bo01项目，其最重要的成果之一，就是实现了Bo01小区1000多户住宅单元100%依靠可再生能源，并已达到自给自足。

2.1.1 能源供应上，100%利用当地的可再生能源，包括风能、太阳能、地热能、生物能等

（1）风能：依靠风力发电——主要来自于距小区以北3公里处的一个2MW风力发电站（2001年7月建成，是瑞典最大的风力发电站，年生产能力估计可达630万kWh），能够满足Bo01小区所有住户的家庭用电，热泵及小区电力机车的用电；

（2）太阳能：用于发电和供热。在Bo01小区一栋楼顶安有约120m^{2}的太阳能光伏电池系统，年发电量估计为1.2万kWh，可满足5户住宅单元的年需电量。此外，还设有1 400m^{2}的太阳能板（其中1200m^{2}为平板，200m^{2}为真空板），分别安装在8个楼宇，年产热能约525MWh，相当于375kMh/m^{2}年），可

满足小区 15% 的供热需求。

(3) 地热资源：采用地源热泵技术，通过埋在地下土层的管线，把地下热量"取"出来，然后用少量电能使之升温，供室内暖气或提供生活热水等。据有关环保机构评估，地热泵能比电锅炉供热节省 2/3 的电能，比燃料锅炉节省 1/2 的能量，平均可节约用户 30% ~ 40% 的供热费用。在 Bo01 住宅示范区，利用地源热泵技术，将地下 90m 井中约 15℃的水，通过热交换器，分别可达到 67℃用于冬季供热（1.2MW ~ 3.15MW 的热泵可年产 4000MWh 以上的热能）和 5℃用于夏季制冷（2.4MW 的热泵可年产 3000MWh）。另外，这些房子大多安装了温度传感器。它可以使供暖系统随时感知室内外的温度变化，自动调整锅炉或热泵的供热效率，避免浪费能源。以上措施可满足 Bo01 住宅示范区 85% 的供热需求。

(4) 生物能：住宅区的生活垃圾和废弃物，通过马尔默市的市政处理站可以将生产的电力和热力回用于小区。由于此过程并不在当地完成，且能源生产的规模较小，故不作详述。

2.1.2 能源消耗上，瑞典地处北欧，冬季漫长寒冷，夏季短暂而凉爽，因此所有建筑物最主要的能源消耗就是取暖

建筑供暖占瑞典全国总能耗的 1/4，占建筑能耗的 87%。Bo01 住宅示范区能源的消耗主要集中在暖通空调和家庭用电方面，小部分用于驱动热泵、小区电瓶车的充电，以及其他公共设施的运转。Bo01 示范小区在降低能耗方面值得借鉴的经验包括：

(1) 限制能耗：Bo01 严格规定每户的能源使用 / 消耗（包括家庭用电、暖通空调）不能超过 105kWh/m^2 年（2000 年瑞典家庭平均能源使用 / 消耗水平为 175kWh/m^2 年），在满足使用需要和保障舒适度的同时，体现了节约能源的原则。

(2) 提高能效：Bo01 采取多种措施，如"质量宪章"（Quality Charter），要求从楼面设计、建材选择，以及户内电器的配套上都力求实现能源效率高、日常能耗少。如，普遍采用断桥式喷塑铝合金门窗、高效暖气片（配以可调式温控阀）、可调式通风系统、节能灯具、空心砖墙及复合墙体技术，部分楼宇安装有可热量回收的新风系统、加厚的复合外墙外保温墙板等。此外，小区广泛推广植被绿色屋顶，可以有助于保温、减少能耗而且环保。

(3) 充分利用 IT 信息技术，加速了可持续发展理念的普及和认知，使居住者不再仅仅是被动的参与者。Bo01 示范区项目自启动伊始，就在能源生产与消耗、用水、垃圾、交通等设备安装方面运用电子卡技术实行全过程的管理、控制和运行监测，形成的数据库不仅为小区管理提供了依据，更可贵的是为小区每个住户提供了以下的动态信息服务：

可以随时查询和比较每月所用水、电、暖的状况，并可将建议和意见进行反馈；

可以提供垃圾回收处理的反馈；

可以提供动态停车和公共交通时刻表；

可通过宽带网实现在家办公；

此外，通过以上小区开展的环境教育计划，使居住其中的居民有了更加环保的生活方式。

2.1.3 能源的供求平衡方面

Bo01做法是引入"大循环周期的概念"，即小区的电网、热网与市政电网、热网是串联的，保证了小区可再生能源在生产高峰时可将多余电量输给城市公共网而不浪费；反之，在低谷时可从公共电网获得补充。使得Bo01示范区在以年为周期的测评中，实现了小区能源的自给自足和供求平衡。此外，瑞典政府也采取一些经济措施鼓励可再生能源的生产和使用，如富余的可再生能源的售价可以高于市场价，居民使用时可以获得补贴等。

2.2 节水

瑞典国土因为冰川纪的原因，使得国内湖泊众多，淡水资源丰富，所以在水利用方面更注重污水排放对生态环境的影响。Bo01 住宅小区的做法包括：

(1) 给排水系统：Bo01 小区的给排水系统与市政管网相连。

(2) 雨水处理系统：主要针对瑞典南部多雨的特点，将雨水排放系统设计为——雨水首先经过屋顶绿化系统过滤处理（详见（五）环保之二植被屋顶），补充绿化系统水分，其余雨水经过路面两侧开放式排水道汇集，经简单过滤处理后最终排入大海。考察中未见到雨水被再加工回用的例子。

(3) 节水器具：住宅单元中普遍采用节水器具，例如两档、甚至三档的节水马桶，部分单元还安装了节水龙头。

2.3 节地

主要通过合理的规划和设计提高小区的土地利用率，同时增加小区的美学观赏性。

（1） 土地利用上，沿袭了瑞典传统的低密度、紧凑、私密、高效的用地原则。Bo01 规划以多层为主（3-6 层），容积率较本地区其他住宅小区高。在设计上，得益于 30 多位建筑设计师的共同参与，各个住宅楼从外观立面到平面构图，乃至装修装饰都精彩纷呈、各具特色，在体现多样性的同时，又很好地实现了和谐统一，并突出展示了以人为本的功能性原则。

（2） 高层塔楼（Turning Torso）。这栋超高层的综合公寓楼由西班牙著名设计师卡拉特拉瓦设计，位于整个住宅示范区的北面；远望是由 9 个立方体经过叠加后，又顺时针扭转而成。整个建筑分为 54 层，总高度约为 190m，居住总面积达 12 150m^2，可容纳 150 套居住与办公单元，该项目已于 2005 年秋季完工。

该建筑自设计方案出台之日起，就引发了广泛的争论。一方面它在节约用地方面无疑有积极的作用，另一方面它与周围的环境和传统是如此的不同，而且造价昂贵。孰是孰非，褒贬不一，它的建成不仅已成为Bo01住宅示范区中最有争议的一笔，也成为了马尔默市的一个新地标。

此外，还有充分利用地下停车场、鼓励自行车和公共汽车、在小区使用电瓶车等。

2.4 节材

（1） 主要通过合理的规划、设计和采用先进的住宅建造技术，达到节约建筑材料的目的。如，部分住宅楼采用钢结构体系。

（2） 在小区招投标阶段，就提前公布建材选用指南，明确列出对环境和人体健康有害的材料清单，要求所有工程承包单位必须遵循。

（3） 小区公共部分尽量应用使用寿命较长、可再生利用的材料（木材、石料等），并对未来可再用于铺设道路的底料加以考虑。

2.5 环保

保护生态多样性、减少环境污染一直是西方国家环境保护的重点，也是创建可持续发展城市的重要举措。Bo01的实践也不例外。

2.5.1 生物多样性保护

在Bo01项目启动伊始，先由当地的环保和科研机构对住宅示范区进行地毯式的物种搜索以及土质和水文测试，务求在项目开工之前，对那些曾在当地出现的物种进行妥善的移植和保护，并在项目后期进行景观设计时再移植回来。记得在一次参观时，当地导游就非常自豪地介绍Bo01是如何保护一种称作Filago Vulgaris的草花的。虽然，瑞方的行动显得有点小题大做，但这种后工业时代的环保意识还是很值得我们在当今快速工业化进程中加以借鉴的。

2.5.2 植被屋顶

在Bo01小区中穿行，碧绿色的屋顶很容易在空间转换时闯入你的眼帘，并构成该住宅示范区的一道风景。其主要的功能是调节降水，由于马尔默临近海洋，年降水较多，通过植被屋顶，可以大大将60%的年降水通过蒸发再参与到大气水循环，其余的水经过植被吸收后再进入雨水收集系统；此外这样还有利于屋面的保温隔热，如一般屋顶的温度在冬季和夏季分别达到-30℃和+30℃，但经过植被屋顶的调节，冬季和夏季的温度分别为-5℃和+25℃。

2.5.3 固体废弃物处理

（1）生活垃圾的处理：Bo01 的做法是按照 3R 原则，遵循分类、磨碎处理、再利用的程序。居民首先将生活垃圾分为食物类垃圾和其他类干燥垃圾，然后把分类后的垃圾通过小区内两个地下真空管道，连接到市政相应处理站，通常食物垃圾经过市政生物能反应器，可转化生成甲烷、CO_2 和有机肥；其他类干燥垃圾经焚化产生热能和电能。据测算垃圾发电可为住区每户居民提供每年 290kWh 的电量，足够满足每户全年的正常照明用电。

（2） 建筑垃圾的处理：Bo01 小区将建筑工地的垃圾细分为 17 类，大大提高了垃圾回收利用的效率。此外，很多开发单位采用工厂预制的方式生产住宅建筑的部品，减少了现场的建筑垃圾量。

2.5.4 污水处理

Bo01小区的污水通过市政管网并入市政污水处理系统。其中有两个厂房的功能值得一提：一个厂房负责将收集的污水进行发酵处理从而生产沼气（Biogas），经净化后可以达到天然气的品质；还有一个厂房的功能是对污水中磷等富营养化学物质进行回收再利用，制造肥料，以减少其对生态系统的破坏。

2.5.5 清洁能源

垃圾处理后的沼气发电可用于小区内电瓶车的充电。

3. Bo01住宅示范区所取得的成果

根据对Bo01住宅示范区在建设和使用过程中的跟踪评估，得出该住宅小区在可持续发展领域所取得的成果如下：

（1）Bo01 的能源供给实现了 100% 依靠当地可再生能源（风能、太阳能、地热等），并已达到自给自足，供需平衡。2001 年 Bo01 住宅示范小区从 800 多个项目中脱颖而出，被欧洲议会评为欧盟的“推广可再生能源奖”。

（2）据瑞典皇家工学院 2001 年通过对 3 栋实验楼和一栋参照楼（合乎瑞典现行标准）的对比实验表明，通过采用合理的规划设计理念、集成的技术和产品以及先进的施工工艺，对比参照楼、实验楼的能源需求减少 20% ～ 31%，人均对土地和基础设施的占用减少 45% ～ 59%，人均节水 10%，建材总需求量减少 10%，建材废弃物量减少 20%。

（3）通过成功地将废弃工业区改造为新型、优美的住宅区，使马尔默市向可持续发展城市的发展目标迈出了坚实的一步，也为欧洲其他国家树立了一个新型住宅区的样板。

4. 启示与思考

（1）可持续发展要抓住机遇，因地制宜地制定阶段性目标，依靠合理的规划、技术集成与产品创新来逐步实现。Bo01 住宅示范区就是紧紧地抓住历史的机遇，虽然在“四节一环保”领域都有涉及，但更注重根据瑞典和马尔默市的自身条件，在节能和环保方面进行突破，所以取得了预期的效果。尤其难得的是，尽管瑞典是一个环境优美，水资源、能源和木材资源都较为丰富的国家，但 Bo01 住宅示范区在“四节一环保”领域中所作的努力及其严谨的态度，更加反映出一个发达国家在世纪之交对于可持续发展的战略追求。

（2）在项目的组织协调方面，Bo01 住宅示范区项目的参与单位众多，包括欧盟、瑞典中央和地方政府（国家能源部、马尔默市市议会）、20 余家国营（如项目总承包商 Bo01AB、HSB 即是国企）和私营开发企业、诸多产品和技术供应商以及科研院所（隆德大学、皇家工学院等）。项目的顺利实施得益于强有力的生产组织、协调机制——以开发商为龙头和主导，以项目为平台，把住宅相关企业如规划设计、建筑、部品、材料、代理、工程监理等链接起来，在一个平台上完成住宅的产业化配套集成，形成了一个利益、责任、协作的共同体。通过产业链的链接，实现产业间、企业间有序配合的生产组织模式，最终形成了一个多赢的利益共同体。

（3）在项目的实施上，Bo01 住宅示范区还有两个重要的特点：一个是在整个住宅小区的建造过程中并未采用特别先进、高造价的技术和产品，而是把重点放在对现有、成熟适用的住宅技术与产品的集成。最有说服力的例子莫过于 Bo01 的能源供给实现了 100% 依靠当地可再生能源，其实只是把当地已经广泛应用的风能、太阳能、地源热泵等技术加以集成而实现，这也是 Bo01 住宅示范区获得欧盟的“推广可再生能源奖”的一个重要原因。

作者简介：
于萍，女，瑞典大使馆环境科技中心高级工程师。
（原载《世界建筑》2009 年 06 期）

美国风景园林发展历史及现状

文／彼得·沃克

摘 要：本文介绍了美国风景园林发展历史及现状，提出风景园林行业 应该从不同尺度，规模和科学，艺术角度来进行实践。

关键词：风景园林 美国 历史

从美国一开始有了风景园林行业，这个行业就一直没有很清晰地定位过，我的老师Hedio Sasaki曾经跟我说，从事这个行业，最坏的事情就是行业没有清晰的定位，但最好的事情也是它没有清晰的定位，这使得我们风景园林师跟建筑师不同，我们可以从不同尺度、规模和科学、艺术角度来进行实践。美国风景园林之父弗雷德里克·劳·奥姆斯特德（Frederick Law Olmsted，1822~1903）认为风景园林包含3个元素：第一个是农业，包括农业工程、园艺以及畜牧业；第二个是社会科学，包括社会改革，就像美国内战之后，生于维多利亚时代的人们所想象的社会改进；第三个是艺术，即视觉与美学方面的元素。

奥姆斯特德用"architecture"创造了"landscape architecture"这个词汇，但并不是说我们这个行业（风景园林）是建筑的附属品，而是强调这个行业的美术特征。在过去这些年里，我们发明了很多新词汇，但是奥姆斯特德提出的"landscape architecture"仍是最能坚定地反映行业本质。

在奥姆斯特德提出"landscape architecture"之前，人们从未将上述三个元素联合起来，也未曾想到它们是可以同步和谐发展的。这三个元素把农民、公共卫生专家、社会学专家、画家和雕塑家联合起来。我们可以想象，这一联合在当时并不容易。而这些活动刚好将奥姆斯特德的个人兴趣和经历串联起来。他曾经做过农民，也在美国南方当过报道社会新闻的记者，他还非常热爱艺术，尤其喜欢哈得逊河画派的风景画家。在这之后的120年，风景园林所包含的三个元素都取得巨大发展，但各自的发展速度不尽相同。从这几张图片——优山美地国家公园（Yosemite Valley National Park）、斯坦福大学总体规划图（Stanford University Master Plan）、福克纳农场豪宅（Faulkner Farm Residence）以及新泽西州拉德本城镇规划图(Radburn, N.J. Town Plan 4）我们可以看出，风景园林行业在发展之初，就进行了这些理智的实验性实践，它不仅催生了大量豪宅园林，而且推动了美国公园运动的发展，开启了国家公园与自然保护区的建设，同时也推动了城市美化运动的发展。而近期城市美化运动的重点则在于城市公共空间的建设。

奥姆斯特德在行业发展之初就展示了聪颖的天资直觉及睿智的文笔，随后，美国陆续成立了一系列的园林设计学校。在奥姆斯特德的儿子小奥姆斯特德的帮助下，哈佛大学于1909年成立了设计学院，在创办之初，学院只有建筑学和风景园林两个专业。而当时这两个专业都非常重视艺术，因为建筑师并不希望自己被称为工匠，而风景园林师并不希望自己被称为造园师。对艺术的过分强调，使得行业在20世纪20年代的发展出现了一些问题。

除了花园设计，当时的风景园林专业的毕业生在城市公园、保护区、国家公园、城市开放空间的设计以及区域开放空间研究、住宅分区布局上也表现得非常活跃。

在20世纪20年代后期，我们的行业第一次经历了痛苦的分裂。部分风景园林师朝着区域与城市规划方面的发展，将交通、土地使用的研究纳入他们的工作范围，与另一部分对豪宅和公园等设计感兴趣的风景园林师分离开来。伴随这一分裂，出现了人们对美学、社会改造、交通、经济学、研究、艺术与园艺的实用性以及私人与公共财产之间问题的种种争议。

1929年，城市与区域规划也作为一门学术学科，出现在哈佛大学。此时，景观与规划之间的争议越来越严重，且不可调和，导致了风景园林师只专注于花园和艺术，缺乏在大尺度城市环境氛围下所需要的经济分析手法和政治游说手段。而城市规划师则丧失了他们的美学、生命科学基础以及建筑、施工、植被的管理与养护知识等。规划师越来越倾向于通过抽象词汇来描绘自己的行业。

当美国遭遇经济大萧条时，所有私家花园的建设都停止，但这并非是风景园林行业发展史上最糟糕的遭遇。反而是这次行业分裂，对行业造成了最为严重摧残性的打击。

尽管风景园林行业在大萧条及二战之后得以复兴，但是规划师再也不会加入我们的行业了。他们往经济政策方面的研究发展，而造成大区域与城市尺度下，城市设计的真空。

在1950年，来自哈佛设计学院的建筑师和风景园林师们一起发明了一个新学科——城市设计。这一学科希望弥补规划方面的美学空缺，但它仍是一门独立于风景园林的学科。不幸的是，城市设计的概念并没有真正包含风景园林的内容，只是设计师对未来城市的展望。我相信如果城市规划能与风景园林中的艺术与科学进行有机结合，它将会成为一个更强大、更有用的专业。

在20世纪60年代，风景园林行业遭受了另一次巨大的分裂，这次分裂并不是城市规划和园林设计之间的矛盾，而是所谓的"自然"与开发之间的冲突。随着风景园林师对生态学的兴趣的提高，他们看到了再次进行区域和城市尺度设计的机会，不再局限于公园的设计以及公园体系的制定。人们描述这次分裂是"人工"或"城市"、"开发"与自然"生态"体系以及资源管理之间的冲突。这时候出现了两大派，一派是"好人"，即自然保护主义者和生态保护主义者；另一派是"坏人"，即建设者或者开发商。

在经历上述分裂的50年之后，这种谬论得到进一步的修复，学校也开始放弃有关"对"与"错"以及原罪的说法。而哈格先生的警告则让步于另一种关于建设与保护之间平衡发展的理念。生态技术与经济学、物理学、社会学、政治科学、工程学以及园艺学等一起发挥重要作用。生态科学现在成为了创造并保护宜居环境的一种非常重要的工具。

下面，我介绍几个在过去5年中曾获得美国风景园林师协会年度奖项的项目。

（1）多伦多的滨水设计项目，包括 10 ~ 15 个小项目。这是其中的士巴丹拿波浪形海岸平台 (Spadina Wavedeck)，是由荷兰 West 8 事务所设计的木栈道小节点。

（2）布法罗河道休闲带 (Buffalo Bayou Promenade)，这个项目由 SWA 设计，它曾经是一个排水沟，SWA 把这个排水沟改造成为公园，成为人们休闲娱乐的好去处。

（3）南加州阿塔米拉豪宅 (Altamira Ranch)，由 Marmol Radziner 合伙人事务所设计，周边的滨海环境非常美丽。

（4）纽约州百事公司总部 (PepsiCo WorldHeadquarters)。

（5）南加州橘郡大公园 (Orange County GreatPark)，这是一个空军基地改造项目，尺度非常大，当时在建设时候，开发商提供热气球，把人带到空中，让人们可以看到这个项目的全貌。

（6）北京奥林匹克森林公园。这是非常成功的设计，是中国很有代表性的设计。下周美国风景园林师协会将授予这个项目荣誉奖，我也会参加这个颁奖大会，祝贺这个项目获奖。作为这个奖项评审委员之一，我投了票，我感到非常荣幸。

（7）是我在十几年前为哈佛大学设计的唐纳喷泉 (Tanner Fountain)，2008 年获得了美国风景园林师协会的最高奖项。

（8）是俞孔坚教授的台州新城规划。三张图体现了三个不同的尺度，区域的尺度、河流的尺度、开发建设小区尺度，这几个尺度都控制得非常好。这是我们行业的特点，可以从大区域尺度做到小区建设的尺度，其他行业跟我们没有办法比。

（9）弗吉尼亚州大学幽谷设计 (The Dell at the University of Virginia)，也是最近的一个获奖项目，位于弗吉尼亚州。虽然很小，但是做得非常漂亮、非常美。这是纽约的一个老工业区改造，设计师把这个老工业区改造成一个非常美丽的城市公园，它的尺度可以跟纽约的中央公园相比较。这不光是要处理地形，而且要处理很多原来老工业区留下来的钢筋混凝土结构。设计师通过巧妙的设计，充分利用工业遗址的结构，赋予其生命力。

尽管这些项目的尺度各有大小，但它们是现代风景园林不可或缺的代表作。现在我们所做的很多项目，在奥姆斯特德那个时代是难以想象的。在现今社会里，城市和区域不可能只靠公共和私人这两个词来区分，因为公共和私人项目永远是共存的，所以现在设计师应同时参与公共和私人项目。我认为，风景园林行业，涉及尺度范围广泛，覆盖了国家、区域和特定项目，包含了公共及私人项目，将有助于引导我们城镇未来的发展。

所以，我们以后将会遇到什么问题？我认为如果我们对出于行业定义或者行业注册制度的需要，对行业发展的外围进行定义，那么这将会限制行业的发展。因为新兴的多样化观点将会减少或者消失，从而在一定程度上限制行业的发展范围。毫无疑问，随着科学技术的快速发展，这将会限制行业未来的发展。

然而，如果我们一致认为行业的"核心问题"才是我们对行业进行定义的基础，那么这将鼓励更多设计手法及技术的发展与运用，而"核心问题"也将紧随行业的发展而有所变化。

我们的行业正不断壮大，现在难以预计行业下一步的发展，但是我们可以看到，行业的发展将面临更多的机遇与挑战，远远超过几十年乃至100多年前的同行所能想象，所以我们要满怀希望，对行业的发展充满信心。

附注：

本译文根据 2009 年 9 月 12 日彼得·沃克先生在中国风景园林学会 2009 年会上所作报告整理而成，清华大学建筑学院景观学系胡洁副教授担任现场翻译，经彼得·沃克先生授权发表。

作者简介：

彼得·沃克，男，风景园林师，彼得·沃克合伙人风景园林事务所创始人。

（原载《风景园林》2009 年 05 期）

建筑艺术论文摘要

P 323

中国建筑六“拾年”

朱文一 陈瑾羲

中国建筑60年的发展取得了辉煌的成就。以建筑创作为线索、以10年为阶段，选取6个标志性事件，展示中国建筑六“拾年”的发展特征。

（原载《建筑学报》2009 年 10 期）

当代中国建筑的文化价值认同分析 (1978-2008)

章明 张姿

基于对现状的深层梳理，文章将当代中国建筑文化价值认同的分析与文化价值取向的三个层面——传统价值认同、地域价值认同、创新价值认同——相联系，以确认当代中国建筑文化的发展脉络与基本走向，并对正在发生深刻变革的中国当代建筑文化做出及时回应与批判性反思。

（原载《时代建筑》2009年03期）

塑造优化的城市空间，提升建筑品质

——上海城市与建筑 60 年历程反思

郑时龄

从三个方面回顾了60年来上海的城市发展过程：1.城市规划理念的发展和城市空间结构的变迁；2.上海建筑的探索之路和处于国际化转型过程中的上海建筑现状；3.上海历史文化风貌和历史建筑的保护。指出2010年上海世博会的举办将使上海在城市空间和建筑品质方面有所提高。

（原载《建筑学报》2009年10期）

从禁锢走向开放，从守故迈向创新

—— 中国建筑理论探索 60 年的脉络梳理

曾坚 罗湘蓉

梳理新中国成立60年以来建筑创作理论的发展脉络，回顾我国建筑创作思想从禁锢走向开放，从守故迈向创新的发展历程，并重点分析了近30年来建筑创作理论的发展状况。

（原载《建筑学报》2009年10期）

梁思成“建筑可译论”之前的中国实践

赖德霖

20世纪50年代梁思成针对中国风格建筑的设计提出了“建筑可译论”。他相信将西式建筑中的构图要素替换为相应的中式要素，就可以将建筑转变为中式风格。本文探寻19世纪以来，在梁思成理论表述之前中国就已经存在的“西译中”建筑实践。作者认为，这一研究将有助于揭示一个曾经同时被中国和西方建筑史视为边缘的领域及其对于两个学科所具有的同等重要性。它在对一种看似混杂的建筑现象进行解释的同时也将厘清若干中外建筑文化交流的线索。此外，它还试图引发人们对于“建筑可译性”在实践过程中的许多具体问题进行反思。这些问题包括：对应词汇的选择及其与社会文化和专业的语境的关系，翻译所导致的语义转变，以及强势文化和弱势文化的差别所导致的“非互换性”。更进一步，它还将质疑欧洲中心主义和现代主义史学中的“折衷主义”概念。

（原载《建筑师》2009年01期）

思想 · 方法 · 对话

——2008 苏州〝现象学与建筑研讨会〞评述

彭怒 张晓春

全面介绍了中国内地第一次举行的建筑现象学会议——2008苏州“现象学与建筑研讨会“的由起、组织和主要内容，从现象学和建筑 (学) 的关系，现象和建筑的反思，关于海德格尔《筑 · 居 · 思》(Dwelling, Building and Thought)的讨论，体验 · 记忆 · 空间 · 场所：建筑中的现象学思考等四个方面详细分析了会议论文的主要观点；回顾了现象学家和建筑师现场对话的交锋和回应；并在一系列国际建筑现象学会议和相关出版活动的背景中讨论了建筑现象学的意义。

（原载《建筑学报》2009年01期）

回归本源

——回顾早期岭南建筑学派的理论与实践

刘宇波

通过对20世纪五六十年代早期岭南建筑学派的教育、科研与创作进行回顾，分析这一阶段岭南建筑理论与创作的现代性、地域性、

技术理性、价值理性和理论自觉等特点，提出当代岭南建筑研究与创作应该回归本源的观点。

（原载《建筑学报》2009年10期）

密斯的建筑思想研究

王发堂

密斯建筑思想的逻辑原点是超验的形式。本文先阐述了密斯的建筑形式的原型和转换机制，指出密斯建筑形式原型是二维的方形，并由此形成他的建筑思想"少就是多"的方法论。其次从两个方面即"少就是多"和"上帝就在细节之中"阐述了密斯的建筑思想。然后论述了密斯建筑思想与后现代主义之间的相似性，指出了密斯的建筑思想上某些超前性。最后论文把密斯的建筑思想和柯布西耶的思想做了个简要的比较。

（原载《建筑师》2009年05期）

被遗忘的艺术史与困境中的建筑史

王贵祥

本文从欧美大学教育与研究中的艺术史学出发，对中国大学教育与研究中的建筑史学，中国建筑史研究，艺术史与建筑史的发展历史，建筑史学科及其与之相邻的美术史、历史建筑保护等的学科历史、现状，及各自所处的尴尬的境地，对中国建筑史学既有的成就与学科发展中的困境与误区，及未来的发展提出了一些见解。

（原载《建筑师》2009年01期）

建筑、艺术与技术

秦佑国

从词源学的角度讨论了建筑(architecture)、艺术(art)和技术(technology)的原意及其历史演变。艺术一词的原意是：人工之物、技艺与技巧，技术的原意是：系统化了的art和机械的或工业的arts。那种把技术和艺术对立起来，重艺术、轻技术，重建筑形式、轻建筑技术的倾向，实在是对艺术和技术的误读。技术包含科学和艺术两个层面。建筑实质上是一种技术，是按照科学的和艺术的原理与规则把物质的材料建造成房子(building)。所以建筑才解释为建造房屋的科学与艺术。在建筑、艺术和科学三者之间，技术是科学与艺术在建筑上结合的桥梁。

（原载《新建筑》2009年03期）

文化遗产展示的理念与方法初探

郭璇

从国际视角介绍了文化遗产展示的理念和工作内容，并结合中外文化遗产展示的案例，从保护与修复、环境景观设计、历史场所利用、文化传播等角度对古迹遗址展示的方法与手段进行了详细的剖析。

（原载《建筑学报》2009年09期）

文化遗产保护的观念与实践的思考

庄孔韶

作为文化遗产保护的内容，无论是物质文化还是非物质文化都携带着历史情感、国家和民族的象征与信仰等，需要多学科的知识系统来应对。文化遗产保护的观念有一个发展的历史过程，到20世纪时，文物保护的原则、目的和指导措施渐成系统。国家作为文物保护的主要承担者，应建立一个权威的、囊括科学家和人文社会学者的多学科专家组成的委员会，审查和批准文物保护工程计划；在民俗文化保护中，尊重弱势族群的参与权和受益权，把学院研究与项目实践结合，形成中国式的理论与行动框架，这是人类学的学科原则和目标。影视人类学不仅可以完成文化遗产的保存，而且还能"激活"文化遗产的当代意义，在当今文化遗产保护与传承工作中至关重要。

（原载《浙江大学学报（人文社会科学版）预印本》2009 年 04 期）

乡土建筑遗产易地保护模式

张靖 李晓峰

针对目前我国乡土建筑现状，提出将易地保护模式应用于部分历史文化价值较高、非迁建无以就地保护的乡土建筑遗产保护。探讨了易地保护模式的适用范围、优势与劣势及其合理性，并选取了几个具有代表性、规模较大的乡土建筑易地保护的案例进行分析，提出了一套易地保护模式的工作方法，旨在达到充分保护和利用乡土建筑的目的。

（原载《新建筑》2009年05期）

场景骤变中的建筑遗产

——2010上海世博会浦西工业建筑的保护与再生

张鹏

2010上海世博会作为一项“大事件”将对建筑遗产存在的城市场景和脉络产生重大影响。世博会成为一次工业建筑遗产保护的契机。文章从工业建筑遗产的潜能——价值解析出发，研讨了具有不同价值组成的工业建筑遗产在世博会中的保护与再生策略，并结合原江南造船厂和求新船厂的三个保护建筑实例，探讨了具体的保护与适应性再利用方法。文章最后还围绕世博工业建筑保护的可持续性以及公共政策的操作模式进行了讨论。

（原载《时代建筑》2009年04期）

建造教学的比较研究

姜涌 包杰

在建筑学教育中，“建筑学是什么”以及“建筑师是什么”的问题都将回归到建筑的本质——建造，即以满足功能需求的材料选择、组合、搭建的过程。建造是建筑学的物质基础和表达手段，也是学习建筑的基础和起点。以材料与质感、构法与工艺、节点与细部为切入点的建造观念是建筑教学新的立足点，促发学生从建筑的本体进行思考与创作。建造教学将设计课、技术课、实践课相结合，让学生通过建造学习建筑设计，作为建筑学的一种教学方式正受到国内外建筑院校的重视。文章从建造课程的开设方式、教学目标、教学程序等方面比较研究国内外的建造课程，并提倡在国内开展建造教学的系统研究和实践。

（原载《世界建筑》2009年03期）

灾后重建乡村建筑的生态化探索与实践

成辉 胡冗冗 刘加平 周伟

以四川彭州通济镇大坪村灾后民居建设为例，通过调研灾区民居情况，探讨生态民居建设的经验与不足，为其他地区生态民居建设提供借鉴，以期对生态民居的理论发展与实践操作做出有益补充。

（原载《建筑学报》2009年10期）

老建筑改造与再生研析

张煜 万薇薇

文章简述由于时代的变迁，人们需求的变化，所导致的老建筑改造与重生的各种不同的表现形式。

《原载《江苏建筑》2009年04期》

虚拟交往与社区虚拟重构

孙良 黄一如

随着信息技术的发展，虚拟交往已经成为人们日常生活中重要的组成部分。文章以徐州、北京两地社区调查研究为例，分析社区虚拟交往的现状、特征及其影响作用。信息技术拓展了社区交往的范围，增加了社区交往的方式，对社区活动、社区参与以及社区意识起到了重要的影响作用，并且已经成为左右社区发展的重要因素。信息技术的发展将重构社区和社区之中的人际交往，使人们可以在物质和数字共同构筑的世界里“诗意的栖居”。

（原载《时代建筑》2009年02期）

新世纪地产建筑文化的走向与趋势

布正伟

本文通过对新世纪地产建筑文化现状的分析，研究地产建筑文化的走向和趋势。

（原载《安家》2009年 Z1期）

传统复兴建筑与民族文化认同的建构

牛力

该文尝试从民族文化认同建构的角度研究近现代中国的传统复兴建筑，并通过文化霸权的概念分析这一建构过程。

（原载《华中建筑》2009年09期）

现代建筑细部演变规律与当代倾向

李冬冬

密斯曾说过，“上帝存在于细节之中”，综观建筑历史，建筑的细部问题一直伴随着建筑的发展历程。建筑细部与宏观的建筑形态一样，也是在功能(机能)、技术(材料)、文化(艺术)等若干个因素的影响下不断地演变。该文从细部的角度对现代建筑的演变历程进行初步的梳理，总结出现代建筑细部的演变规律与当代倾向，并且认为当代建筑细部的总趋势是更趋向于体现高技术和人文关怀的特征，表现出人性回归和个性渴望的时代精神，同时结合尊重历史文脉的设计观念。

（原载《华中建筑》2009年09期）

“哀”——当代日本主流建筑作品美学表现

周渤

文章介绍了日本众多传统美学中较为重要的一个方面——“哀”，并对当代日本主流建筑作品的特征进行了归纳，指出“轻盈”是它们共同的特质。在文章最后比较了这种“轻盈”美与“哀”性美之间的内在联系，得出结论。

（原载《江苏建筑》2009年04期）

“海派文化”特质下的上海建筑美学浅析

杨洋 张悦

对上海现存的历史建筑作介绍与分析。结合上海特殊的历史文化背景，看当今上海整个城市的建筑风格特点。以上海新天地的建筑风格特点为例，感受上海独特的海派文化和生活形态。新天地展示的是海派文化对异质文化宽容和开放的姿态，善于接受新鲜的文化因子，构成它多元化的特点。同时，新天地展示的是人们心中的都市生活的体验，在建筑这个载体之下，城市生活本身才是其核心，是上海人与这种建筑融合在一起的一种生活方式。

（原载《四川建筑》2009年03期）

比较阅读西方古典绘画和现代建筑的相似空间

张顼

通过定位、简化、还原、围合、分割、剖切、聚焦等图解方式，阅读西方古典绘画和现代建筑中两个相似的空间，讨论其相同的空间性质，并证明基于透视法的西方古典绘画以二维媒介传达的三维空间具有与建筑空间同样的空间深度。

（原载《新建筑》2009年04期）

从格式塔看电影建筑空间

吴其华 彭晋媛

试利用在格式塔心理学的原理，从其几个重要的属性出发，对电影建筑空间的审美进行分析，通过其实例和理论依据在心理学层次上的研究分析和比较，达到从视知觉的角度上探索其审美实质的目的。

（原载《安徽建筑》2009年02期）

论建筑作品范围的界定

李东

建筑作品是著作权保护客体中比较特殊的一个客体，研究建筑作品首先应当对建筑作品有一个清晰的界定，本文将结合国外对建筑作品的相关规定重点讨论建筑作品范围的界定并阐述界定的理由。

（原载《消费导刊》2009年20期）

知识设计中的人性化设计：场所理论

闵丙昊 王翔

讨论知识设计中的人性化设计，主要涉及人性化设计及关于场所、行为和意义的理论。

（原载《建筑学报》2009年07期）

建筑设计中的边界柔化

郭隽 关瑞明

建筑设计中的边界反映建筑实体与城市空间之间的一般特征，柔性边界是边界中的一种重要形式。从环境心理学的角度来看，柔性边界具有人性化的特点，对改善人居环境具有重要的现实意义。该文以建筑设计的经典理论为依据，分析柔性边界的概念、作用及其在建筑设计中的运用；通过对设计实例的评析，提出了刚性边界柔化的设计方法。

（原载《华中建筑》2009年02期）

膜构建筑设计概述

廖扬

膜构建筑是建筑设计与结构设计密切结合的产物，要求膜构建筑师了解膜结构技术并能运用到设计过程中。本文以此为出发点，介绍了膜构建筑的特征、基础知识，并详尽叙述了膜构建筑的设计过程及要点。

（原载《世界建筑》2009年10期）

关于生态建筑设计的几点思考

叶炯 张鸣 朱达莎

该文从建设领域实施可持续发展战略的角度阐述了生态建筑的设计原则：对自然环境的关心；对使用者的关心；增强使用者与自然环境的沟通；具有足够的弹性以包容未来科技的应用与发展；采用环保技术和材料等。该文还介绍了生态建筑的气候设计法和生物设计法，探讨了生态建筑结构选择的若干关键技术问题。

（原载《华中建筑》2009年06期）

临场体验和功能复合

——信息化背景下的当代博物馆设计的两种倾向

陈翔 朱培栋

从博物馆自身特点和时代背景出发，以大阪府立峡山池博物馆、金泽21世纪当代艺术博物馆和巴黎凯·布兰利博物馆为例，从中寻找线索，总结经验，提炼作为构建信息化背景下当代博物馆设计的要点——临场体验和功能复合。

（原载《建筑学报》2009年07期）

美国老年居住建筑的设计和发展趋势介绍

胡四晓

20世纪八九十年代后，老年居住建筑在美国得到快速的发展，老年居住环境多样化，建筑设计更加关注老年人个人的需要，提供适宜老年人安度晚年的居住环境。本文主要介绍美国老年居住建筑的设计及其发展趋势。

（原载《建筑学报》2009年08期）

主题语境下的上海世博会建筑类型解析

吴志强

近40个国家建独立的国家馆、18个企业建反映“城市，让生活更美好”主题的企业馆，上海世博会为建筑学的未来探索提供了历史上从未有过的参展方数量和可能性。文章将目前可以对外公布的在商谈和在建的上海世博会国家馆和企业馆的创作思路进行一次粗略的分析，以期对建筑规划同行们把握未来建筑实验方向有所启示，也对前阶段世博主题演绎落实到各国国家馆、企业馆的大量日常工作作一个阶段性的小结。

（原载《时代建筑》2009年04期）

由坂茂的“纸建筑”看低技术设计在建筑中的应用

刘莹

建筑中的低技术设计是基于采用低调的技术措施、简朴的建筑形式和合理的低造价开展简约而直接的设计，较好地体现了可持续发展性的环保要求。而日本建筑师坂茂的“纸建筑”中对于低技术的设计应用，更能体现出其便于拆装、容易操作、绿色环保、对环境可持续发展等优点。他最广为人知的特色，是对自然建材的运用，尤其大胆采用纸管材料，创作一系列“纸建筑”并不断地探索与实验，充分展现与自然环境融合的智慧。另外，相较于传统的低技术建造方式来说，“纸建筑”最大的优势莫过于它的可持续发展性。

（原载《装饰》2009年08期）

建筑表皮生态设计策略研究

张啸

本文以建筑表皮为切入点，着重论述了表皮生态设计策略：自然通风；自然采光；保温隔热；低能耗；集成立面；新技术应用；积极适应当地气候。通过理论和案例相结合方式，充分展现了当代建筑表皮生态设计理念及应用，以及生态建筑表皮主要特征和发展趋势，以期为建筑同行提供参考与借鉴。

（原载《中外建筑》2009年05期）

马里奥·博塔 (Mario Botta) 的建筑思想

——清华大学艺术博物馆解读

陈琦

瑞士建筑师马里奥·博塔是一位当代著名的建筑大师，他的建筑设计思想根植于“提契诺”的地域文化，同时又受到路易·康及卡洛·斯卡帕的影响。本文回顾了博塔的创作思想来源，归纳了他的作品所表现出的手法特征，并着重通过对清华大学艺术博物馆的分析来进一步诠释和解读马里奥·博塔的设计思想与设计理念。

（原载《建筑师》2009年01期）

建筑在博物馆品牌重建中的作用研究

——以纽约新当代艺术博物馆为例

张婷

重建品牌形象是当前老博物馆发展和更新的重要目标。2007年底，由著名建筑师妹岛和世设计的纽约新当代艺术博物馆开幕了，新博物馆取得了巨大的成功，获得了建筑和品牌的"双赢"。文章以此为例，分析了新馆建筑对提升参观体验和机构形象的重要作用，研究了建筑为博物馆争取社会关注和资金支持的方式，最终说明了建筑在博物馆品牌营销中的多重角色和重要意义。文章在结尾进一步提出，建筑师应该以开放的态度、专业的精神，批判性地展开合作并创造性地进行设计。

（原载《世界建筑》2009年07期）

2010年上海世博会主题馆建筑设计

曾群 邹子敬

文章简要介绍了中国2010年上海世博会主题馆设计的全面情况，包括主题馆功能概况，设计过程中以城市和传统作为构思源泉的设计理念，内外统一的整体设计方法以及以生态节能为特色的设计亮点。

（原载《时代建筑》2009年04期）

自然形态的叙事与几何

——宁波博物馆创作笔记

王澍

文章关注的是一种和我们日益疏远的观念与做法，即传统中国对自然事物与其形态的兴趣，涉及绘画、园林、器具与建筑营造等。这种兴趣的出发点并非自闭的分析理性，而在于一种确信，即自然的山川形态影响着人的生存状态与命运。由长期经验从自然中观照出的诸种图式，和这种先验的自然格局有可能最大限度的相符，并且是以某种特殊的方式被系统量化了的，但这种法则与量化，并不以失去面对自然事物的直观判断为代价。因此，相关的思维与做法不是限于论辩，而是一种面对自然的，关于图式与验证的叙事。或者说，与文学不同，这是关于营造活动本身的叙事。这种验证，不仅在于符合，也可以对自然根据"道理"进行调整修正，它必然涉及一种有意义的建造几何学，但显然不是西人欧几里德几何，毋宁说是一种自然形态的叙事与几何。

（原载《时代建筑》2009年03期）

"展示"还是"显现"？

阅读矶崎新设计的中央美术学院当代美术馆

范凌

如果展场不再是"展示"展品的被动容器，而是"艺术"显现/发生的环境，那么在当代语境下将如何打开阅读美术馆的线索？文章试图从这个角度对日本建筑师矶崎新设计的中央美术学院当代美术馆进行阅读。

（原载《时代建筑》2009年01期）

传统檐廊空间在当代竖向集合住宅中的适应性表达

——以"杭州九树公寓"为例

雷伟

当前城市化进程加快，建筑"走向空中"已是不可逆转的趋势。该文借用这一背景，探寻在解决人们对地面居住体验的追求与建筑现代化这一矛盾时，檐廊空间这一传统建筑空间能否作为解决该矛盾的有效途径之一而引入。同时通过对杭州九树公寓这一当代集合住宅实例的解读，表述传统檐廊空间在现代语境下的适应性表达。

（原载《华中建筑》2009年03期）

建筑表皮的材料认知与建构逻辑

——以慕尼黑的三栋新建筑为例

贺勇

以慕尼黑的三栋建筑为例，探讨了当下德国建筑表皮建造的方法与特点，并对中国的建筑实践与教育进行了反思。

（原载《建筑学报》2009年07期）

当代博物馆建筑与城市文化

项秉仁 吴云一

从当代博物馆建筑与城市的象征经济、博物馆文化作为组织城市空间的手段、博物馆与城市大众文化消费三个方面探讨了当代博物馆建筑在城市文化背景下的发展特点，以期为城市规划者和相关设计师提供借鉴与参考。

（原载《建筑学报》2009年02期）

城市文化建设与城市博物馆

张文彬 安来顺

本文探讨了城市博物馆作为城市传统文化的记忆者、新文化创造的发生器和多元文化群体的精神家园，对城市文化建设的重要意义；并从城市文化建设的定位、城市化对博物馆发展的影响、博物馆在城市文化建设中的角色三个方面，阐明了城市博物馆对于推动文化传承和文化创新的积极作用。

（原载《装饰》2009年03期）

国外可持续的城市社区探索及我国的实践

徐彤 徐向东

随着能源的消耗殆尽，生态环境的严重破坏，可持续发展问题是21世纪各国发展的新课题，文章主要阐述国外对城市可持续发展社区的探索及我国的实践活动，以期对我国社区设计以启示。

（原载《江苏建筑》2009年02期）

全球化下经济空间结构演化趋势的解析

郑文晖 宋小冬

全球化推动了全球经济空间的重构，经济空间趋向于更加不均衡的分布，并整合在紧密的城市区域之中。在全球产业分工与地域分工深化的背景下，不同经济活动形成了不同的区位模式，呈现出生产职能的分散与管理职能的集中等特点。通过“网络化连接”的“全球城市”极化带动的城市区域之间存在交错的分工联系，它们之间存在层级上的差别。跨国活动日益集中，并远离其他发展较慢的内陆地区。通过对上述趋势的分析与概括，探讨了区域研究与规划的方法论、具体方法、政府空间管理模式等在全球化背景下的创新。

（原载《城市规划学刊》2009年01期）

城市更新理念与中国城市现实

翟斌庆 伍美琴

改革开放加速了城市化，也暴露了中国城市急需更新以应付社会经济的转型。文章比较了中西方“城市更新”的概念，总结了西方城市更新的经验，认为城市更新机制以及城市管治体系变革，是保证城市更新的综合目标得以实现的根本途径。

（原载《城市规划学刊》2009年02期）

转变年代中的空间实践经验

黄瑞茂

历经了一段社会的转变过程，台湾的空间专业者有机会在多样的条件下，累积了许多替代想像的空间实践经验，这也是一段冒险的空间旅程。因此，我们必须关注这些经验，将这些经验放在都市转型的议题上，以建构新的都市研究。也就是说，真实城市的性质已经从“投机城市”进入到“竞争城市”，竞争力来自于对自己限制的理解与潜力的激发。

（原载《世界建筑》2009年05期）

美国历史街区保护的推动模式

李和平 王敏

通过四个典型历史街区保护历程的分析，归纳了美国历史街区保护的四种推动模式：城市规划主导、城市更新拉动、社区组织推动和保护基金带动，其经验对我国历史街区保护具有重要启示意义。

（原载《新建筑》2009年02期）

扩张城市的都市主义 连接对立系统的创新设计

布雷特·密里根 杰森·金 张钢

如今，城市扩张已严重影响了其所依赖的自然系统，为了更深刻的认识当前由全球性的城市扩张所带来的各种挑战有，重新定义自然系统与文化或城市系统之间的关系迫在眉睫。“城市过渡带：商业与文化的过渡空间”这一方案通过重新调整经济和生态系统，提出了一个发展新模式，既减轻了对矿物燃料的依赖，同时也易于形成更加本地化的再生过程。

（原载《风景园林》2009年02期）

城市设计思维的意义维度

刘生军 徐苏宁

该文结合符号学意义结构的表征关系来指涉城市设计思维的意义维度，旨在形成对城市设计的语形、语义和语用思维等思维范式的认知。论文提出，城市作为特定人群的聚居形态记忆着场所、领域感与文化地理学特征，任何以单纯的语形思维、语义思维进行意义分析都是片面的，现代城市设计必然深入到语用的维度，形成一种综合而全面的思维方式。

（原载《华中建筑》2009年10期）

透视城市空间
——从卡尔维诺和《看不见的城市》说起

李晓东 张烨

应当如何理解城市空间、城市问题的复杂性和综合性显然已经超越了仅仅将理论的视角回溯到专业范围内的经典。空间作为城市社会产物，体现城市历史和时代记忆，反映社会结构和特征，同时又是城市切身经历的结果。本文试图从一部充满想象的文学作品出发，针对城市认知、城市记忆、社会结构三个层面的问题，进而探讨城市空间的本质；同时反思我国当前城市发展的状态和出现的问题。

（原载《世界建筑》2009年03期）

“社会建筑”如何可能？
——城市公用设施环境影响的整体思考与建筑学干预

李海清 周忠 史永高 钱晓青

针对由城市公用设施环境影响引发的社会矛盾的基本类型与特点，运用政治哲学和文化哲学方法分析其制度成因，从绿色人居环境的理论高度对其加以整体思考，并以城市变电站建设为例，从制度设计、空间策略和建构方法三方面入手，提出基于“社会建筑”诉求的建筑学干预方法。

（原载《建筑学报》2009年09期）

从“大世界”到“新天地”
——消费文化下上海市休闲空间的变迁、特征及反思

周向频 吴伟勇

结合上海市休闲空间的发展变迁，探讨休闲空间与消费文化的关系。根据消费文化的理论及视角，定义休闲空间的概念，回顾上海从“大世界”到“新天地”百年来休闲空间的变迁历程，进而总结消费文化影响下的上海市休闲空间特征，反思现代休闲空间设计中存在的问题并提出相应对策。

（原载《城市规划学刊》2009年02期）

旧改中的上海建筑及其都市历史语境

常青

以上海上世纪晚期以来都市巨构化和高层化为背景，旧区改造为主线，结合里弄、外滩、旧工业区等典型案例，探讨历史空间的再生问题，分析旧改中商业价值与历史价值的矛盾与化解途径，并对上海建筑演进中的都市历史语境进行了讨论。

（原载《建筑学报》2009年10期）

习俗文化与公共空间
——英国卡迪夫城市公共生活空间与节日习俗场景的分析

刘恩芳

基于城市传统节日习俗文化的视角，通过选取英国卡迪夫城市节日公共生活的场景分析，提出城市习俗文化的表现是城市公共空间中的重要组成内容，传统习俗与当代城市生活相结合的表现，在今天的城市公共空间中仍起着积极的影响作用，并对城市公共空间活力的形成起到积极的促进作用。

（原载《建筑学报》2009年S1期）

大型铁路客站的城市角色

郑健

历经百年的铁路客站与城市的关系越来越紧密，在城市中承担的角色也越来越重要，是城市发展进程中不可或缺的促进因素。大型铁路客站作为带动城市人口和服务功能集聚的触媒，对城市发展的促进作用越来越大，也由此发展成为高效率、快节奏、以换乘为主导、带有综合服务性质的城市综合交通枢

纽，从“城市的大门”演变成为新的“都市中心”。文章阐述铁路客站城市角色的历史变迁，分析大型铁路客站对城市结构和功能的影响，提出了中国当代大型铁路客站基于城市角色的规划要点，对当代铁路客站的规划建设具有一定的指导意义。

（原载《时代建筑》2009年05期）

轨道交通站点区域的协同发展

卢济威 王腾 庄宇

轨道交通站点区域协同发展是城市可持续发展的重要策略和趋势，能推进地区机能高效运作、实现地区催化作用、促使公交优先的紧凑发展模式、形成和保持经济的可持续性。文章在研究协同发展的历史经验的同时，指出空间发展趋势并提出城市设计推进协同发展的优势和必要性。

（原载《时代建筑》2009年05期）

基于结构主义的徽州古村落演化与重构研究

——以西溪南古村落为例

黄盛 王伟武

从结构主义视角出发，分析研究西溪南古村落三个历史阶段的元素构成及结构模式，揭示古村落结构演化与重构的内在规律，为古村落的保护和发展提供科学借鉴。

（原载《建筑学报》2009年S1期）

东南亚传统民居特质及其现代发展与运用

全峰梅

东南亚是一个独特的地理、文化区域，文章在总结该区域传统民居天然的建筑材料、简明的构造特征、民族化的装饰艺术、生态的建筑技术等建筑特质的基础上，分析了现代社会、经济、文化条件下东南亚传统民居特质的现代发展与运用。指出当代建筑师们应当在运用现代建筑理念和手法的基础上，吸收当地传统建筑的建构智慧，创造出适合当地生活条件、符合现代生活需求和审美观念的新建筑形式来，这也是乡土建筑现代化与现代建筑地区化的永恒之道。

（原载《中外建筑》2009年09期）

关中民居生态解析

虞志淳 雷振林

陕西关中传统民居是典型的地域性可持续生存居住模式，蕴含着基于环境协调的生态智慧与文化内涵。文章从生土墙体、半坡屋顶、土炕、水窖和涝池等要素解析其生态技术与经验，研讨地方建筑材料、传统构造作法在现代技术条件下的更新与演进，进而探索关中新民居建筑的生态化措施与途径。

（原载《建筑学报》2009年S1期）

有精神意义的居住空间

——摩梭民居的建筑形态和居住文化

马青宇 柏云松 车震宇

该文探讨了滇西北高原摩梭人住居的建筑形态，从不同的角度展示其构成特征。通过个案实例，分析、解构摩梭人乡土建筑的内在构成因子(居住文化)和外在表现特征，从而全面深入地认识坝区摩梭人住居的建筑形态。

（原载《华中建筑》2009年03期）

地坑院的生与灭

——豫西陕县塬上地坑院民居现状调研与思考

郑东军 郝晓刚 王国梁

该文通过对豫西塬上地坑院民居的调研，对其现存状态和建筑、生态、文化等方面价值进行论述，指出地坑院的“生”与“灭”是该类生土建筑保护和发展中面对的现实问题，先保留、保存、保护这类独特的乡土建筑类型是目前最紧迫的任务。

（原载《华中建筑》2009年08期）

甘、青、川、滇藏区藏传佛教寺院分布及建筑群布局特征的变异与发展

柏景 陈珊 黄晓

在简要论述藏传佛教寺院建筑历史发展的基础上，就甘、青、川、滇藏区藏传佛教寺院的地区分布特征、寺院建筑群布局及其相对于西藏地区寺院的变异和发展做了初步探讨，对进一步研究本地区藏传佛教寺院建筑的外部空间特性、主体建筑平面型制特点等相关课题具有一定的基础性意义。

（原载《建筑学报》2009年S1期）

浙江省传统建筑木构架研究

张玉瑜

在剖析浙江地区现存传统建筑实例的基础之上，尝试建立浙江传统建筑木构架区系表，对照阐释当时刊行全国的《营造法式》所载官式作法与浙江地方营造语汇的关联，探讨浙江6个地区传统建筑的特征及其蕴含的文化内涵。

（原载《建筑学报》2009年03期）

解析侗族传统建筑

任娜 张一兵 鞠雅 王蕊

文章通过对侗族干栏式民居及鼓楼、风雨桥的现状分析，阐述了侗族独特的建筑形式及其传统村落的文化脉络。在此基础上，运用实物照片对该民族建筑进行图文展现，并使用时代建筑语言对干栏建筑进行解读，赋予干栏建筑以新的生命力，同时对侗族的建筑形式及其保护和可持续发展提出新见解。

（原载《江苏建筑》2009年01期）

古代建筑实践中木材的采运工艺

李浈

本文探讨了我国古代建筑实践中木材的砍伐、集材和运输情况，论述了伐木的时节和禁忌，以及伐木工具的使用及相关工艺，并对我国南北方的木材集材工艺流程进行了对比分析。

（原载《建筑师》2009年01期）

故宫太和殿藻井结构分析

周乾

太和殿作为宫殿建筑的代表，是我国现存古建筑中规模最大、建筑形制、装饰与陈设等级最高的皇家宫殿建筑。本文主要对故宫帮和殿的结构进行分析研究。

（原载《古建园林技术》2009年01期）

故宫太和殿维修工程施工纪实(2006-2008年)

王俪颖

本文主要记录了2006～2008年对故宫太和殿的维修工程施工过程，具有重要的实用价值和史料价值。

(原载《古建园林技术》2009年 03期)

宋代营造类工匠考

乔迅翔

宋代建筑取得较高技术成就，其中工匠是主要的创造者。该文通过文献研究，详细考证了宋代营造类工匠的身份、来源及地位，有利于今人全面了解和理解宋代官方建筑业。

（原载《华中建筑》2009年08期）

闽南传统宫庙建筑中的剪黏工艺研究

金立敏

剪黏工艺是中国南方特有的工艺形式，被广泛运用于闽南宫庙建筑的屋顶装饰上。通过对闽南大量地区的实地考察和深度访谈，本文将剪黏工艺从发展缘由到具体制作工序、装饰表现和剪黏名师、传承问题等做了梳理，希望剪黏工艺能够在地域性建筑文化的形成中彰显更为突出的作用。

（原载《雕塑》2009年02期）

藏族建筑色彩探源

丁昶 刘加平

从藏族建筑的地域环境条件入手，深入分析藏族建筑色彩审美观的形成以及在藏传佛教影响下的发展演化，追溯藏族建筑的色彩根源。

（原载《建筑学报》2009年03期）

山水城市景观设计的简约化表现
——以美国景观设计师彼得·沃克作品为例

张瀚元 刘松茯

目前国内景观设计越来越广泛地应用山水城市理论，而在城市中却没有足够的空间和条件塑造自然山水风景。基于此种现状，该文从利用现代景观设计手法塑造中国式山水风景出发，以美国景观设计师彼得·沃克的作品为例简要分析简约化手法的景观实践，以及山水城市思想对景观设计的影响，阐述了简约化手法如何运用到中国景观设计中及其对中国景观设计的借鉴意义。

（原载《华中建筑》2009年01期）

生态与景观视野下的杭州西溪湿地研究

王竹 张艳来 李勇祥

从生态和景观的视角入手，运用到网格分析和数理统计的方法，在定量解析西溪湿地景观空间格局基础上，提出建立恰当的生态保护格局——西溪湿地自然保护区的构想，同时建立了景观形态设计模型。

（原载《建筑学报》2009年S1期）

谈硬质环境和软质环境与城市雕塑的关系

刘虎 陈刚

中国近代的城市建设、环境布置设计一般是由建筑师独立完成的，他们往往对于雕塑作品的构思、构图和艺术处理缺少深入的理解，不容易从雕塑艺术作品的角度来考虑环境因素。城市雕塑作为总体环境有机构成的要素，它与所处的环境有着不可分割的联系。处理好雕塑形式和内容与它们所处环境的关系，是影响雕塑与环境结合的成败之关键。

（原载《雕塑》2009年02期）

中国传统景观意境的景观域研究

莫娜 张伶伶 刘大平

中国传统景观意境属于美学范畴，但意境的建构又与景观空间密不可分。根据其本身的这个特质，该文设定了景观域的概念：景观域是建构景观意境的介质。并由此衍生出景观域值等概念，试图以新的角度展开对中国传统景观意境的探究。从景观域的角度出发可以使景观意境的研究更加直观，使原本虚幻的意境概念更清晰。

（原载《华中建筑》2009年03期）

闽东古典园林发展史略

雷芳 朱永春

闽东地处江南与岭南之间，历史上的三次大规模人口迁徙和近代通商开埠，造就了闽东具有本土区域特点的园林文化及园林建筑。该文对闽东古典园林的发展脉络进行了梳理，阐述了其历代园林规模、类型及总体特征。

（原载《华中建筑》2009年07期）

上海清代晚期戏园研究

薛林平

清道光二十三年(1843年)后，上海开放为商埠，并很快发展成为国际性商业大城市。与之相应的是，各种戏曲剧种也纷纷涌入上海，在社会生活中发挥着极为重要的影响力。随着戏曲的发展，以商业赢利为目的的戏园逐渐兴起，成为上海清代晚期最为重要的演出场所。清代晚期的上海戏园达百余座，数量居全国之首，在中国剧场史上具有重要的意义。该文根据大量文献史料以及当时的写实性画报中的形象资料，分析了上海清代晚期戏园的历史沿革、空间特征、建筑形式、观演形式等。

（原载《华中建筑》2009年01期）

中国园林的造园叠山艺术

曹汛

本文根据曹汛教授在北京服装学院“科学·艺术·时尚”论坛上的讲座录音整理而成。主要讨论中国园林历史发展的三个阶段、张南垣的造园叠山艺术、中国园林在世界园林史上的地位和中国园林设计如何在传统的基础上创新等问题。

（原载《艺术设计研究》 2009年 03期）

建筑艺术图书书目

P 335

建筑中国 60 年（1949-2009）遗产卷

《建筑创作》杂志社 编

天津大学出版社2009年9月

【内容简介】

针对新中国60年建筑的《遗产卷》的确立有诸多考虑。首先是国家文物局单霁翔局长3本著作的启发：《城市化发展与文化遗产保护》（2006年6月版）、《从"功能城市"走向"文化城市"》（2007年6月版）、《从"文物保护"走向"文化遗产保护"》（2008年11月版）。他几次对我们强调要借全国第三次文物普查之机，整理新中国60年来尚未进入各级政府重点文物保护单位的建筑名录，这不仅对于全国文物普查有益，更对于推进建筑文化遗产保护有价值。此外，几年来北京、南京、天津、深圳、武汉、重庆等城市对文化遗产的"建设性破坏"个案都要求要强化城乡建设的文化遗产保护观念的普及与再教育。纵观新中国60年文化遗产建设的风风雨雨，虽屡有建树，但更屡见挫折。因此，本书的使命在于不仅要确立"建筑文化遗产"的理念，并梳理好60年文化遗产建筑在保护修复技术上的业绩与经验，也要指出若干教训与不足，借鉴国外成功做法，从而盘点出一份有参考价值的新中国建筑文化遗产保护名录。

【目录】

目录；序：建筑设计历甲子；建筑文化遗产文论选；中国建筑遗产的守望者；1949年以来优秀建筑作品举要；附录；编前编后：希望是"建筑中国60年"的全记录。

建筑中国 60 年（1949-2009）事件卷

《建筑创作》杂志社 编

天津大学出版社 2009 年 9 月

【内容简介】

《建筑创作》杂志已于2009年第1期始开辟"建筑中国六十年"专栏，其中用了5期全面盘点760年建筑的大事记。我们的宗旨是不找寻与建筑相关的最喜之事、最痛之事、最悲之事、最奇之事等，而是忠实记录并总结那些60年来最可引发建筑界动荡、最令建筑界思考、最可代表建筑界社会贡献及影响力的事件，并从中汲取到力量。因此，本书的目的不仅是对业内负责，也希望公众从中倾听到来自建筑界的声音，并从中发现新闻点、文化点及知识点。为此，作者对事件的选取原则，不仅仅是建筑本身，还涉及与建筑相关的城市、文化、经济、社会等方面，并按时间之轴展开富于历史感的"图景"描述，并附有事件及事件延拓的各类文章。

【目录】

目录；序：建筑设计历甲子；建筑事件的发展考量；中国建筑设计六十年大事图录；永恒记忆；补记；；编前编后：希望是"建筑中国60年"的全记录。

建筑中国 60 年（1949-2009）评论卷

《建筑创作》杂志社 编

天津大学出版社 2009 年 9 月

【内容简介】

本书是建筑中国六十年（评论卷1949～2009），书中具体收录了：《试析安氏国家大剧院方案的不同评价》、《上海建筑为何偏好"境外设计"》、《南京：越来越不像自己》、《如何理解地方特色》、《"适用、经济、美观"——全社会应当共守的建筑原则》等文章。

【目录】

序：建筑设计历甲子；建筑需要评论；评论文萃；编前编后；希望是"建筑中国60年"的全记录。

建筑中国 60 年（1949-2009）图书卷

《建筑创作》杂志社 编

天津大学出版社 2009 年 9 月

【内容简介】

从书本上学历史是一回事，从书本上读建筑历史则是另一回事。《图书卷》是一部讲说新中国60年建筑"图书史"的书，它并非如钟芳玲博士所著《书店风景》（中央编译出版社，2008年10月版）倡言的要定格住书店随时代而变的"风景"，而是要从审视丰厚的书页中，感悟到新中国60年建筑图书的发展历程。虽然每个时代都有自己的声音，但建筑图书所展示的作品及建筑学人的思想独白却可记录我们这个时代那不可磨灭的思想脉动。尽管我们的全部努力是求得用图书之窗展开建筑中国60年的作品、事件、人物、思潮等的记忆，但面对历史巨变，我们至多只能把握住一些"小书"或"小事"，书目也未必能全部囊括，但我们相信这本《图书卷》是"沧海一粟"，我们的努力是在彰显一种力量，即用建筑的阅读形成"抵抗遗忘本身就是一种道德的力量"。

【目录】

序：建筑设计历甲子；建筑图书发展综述；编辑学者眼中的60年图书编撰；建筑学人眼中的60年期刊回溯；建筑编辑名人名家；书评集萃；中国建筑图书奖；中国建筑出版机构辑要；优秀图书举要；编前编后：希望是"建筑中国60年"的全记录。

建筑中国 60 年（1949-2009）作品卷

《建筑创作》杂志社 编

天津大学出版社 2009 年 9 月

【内容简介】

20世纪90年代，曾担任城乡建设环境保护部部长的叶如棠先生，在为《当代中国建筑师》丛书写的前言中说："新中国揭开了中国建筑历史的新篇章。几代中国建筑师的地位日渐提高，新老接力，茁壮成长，在空前广阔的建筑舞台上，充分施展其才能，在纷繁似锦的学术百花园里争芳吐艳，为祖国的繁荣昌盛做出了应有的贡献，也极大地推进了中国建筑文化的发展，并使中国建筑开始走出国门，中国建筑师的成就也开始为世人所注视。"面对成绩，我们自然会意识到重温"万里长征的第一步"、"任重而道远"这些先辈教导的必要性。已走进世纪新一代的中国建筑师，要面对的不仅会有各种光环和诱惑，而且，还有许多至今尚未解决的难题，譬如，如何从建筑本体、建筑文化、建筑艺术、建筑方法和建筑归宿去深入探索建筑创作的真谛？如何从可持续发展的战略眼光和远大目标，认真地去善待环境和城市，让建筑能"叶落归根"，真正融于普世价值所需要的"朴素丽真实的文化"之中？当然，还有，我们如何才能在"恢复对中国建筑设计的主导权"的同时，还"能够以善于解决在资源匮乏的条件下创造高度发展的文明与文化的经验"，从而在真实意义上去走向世界？

《建筑中国六十年 · 作品卷》的出版，无论怎样去评价它的正面意义都不为过，它真实地记录了我们所走过的艰难而曲折的路程，并将给我们带来许多新的思考，在此我们衷心感谢著名建筑传媒机构BIAD《建筑创作》杂志社全体同仁为该书出版所付出的极有价值的辛勤劳动。本人受《建筑创作》杂志社之托写此序言，不当之处，恳望各位同行和各界读者不吝指教。

【目录】

序；建筑设计历甲子；前言；理念篇；建筑中国60年：建筑创作发展历程分析；作品篇；天安门广场建筑群；本土建筑；合作设计；参考文献；编前编后。

建筑中国 60 年（1949-2009）人物卷

《建筑创作》杂志社 编

天津大学出版社 2009 年 9 月

【内容简介】

用"代际"对建筑师进行群体性的命名与描述，似乎已成为当代建筑师研究的思维方式。纵观新中国60年的建筑师，无论是已过世的梁思成、刘敦桢，还是当代最活跃的中青年新秀，他们都留下求真、传道的魅力，通过对他们的介绍，不仅会有盛大"景观"的发现，更富于对深幽人眭的一种砥砺。盘点新中国60年建筑的人物大系，已感到不少前辈的名字不仅社会生疏，甚至连业内的青年建筑师也未曾听说过，因此，本书采取口述历史等表达方式，去挖掘并追溯团队在那段时光中留存的属于中国建筑的珍贵"故事"，还以历史的本来面目，并摆脱"集体创作"的束缚。本书的编撰执著而不盲从、质疑而不虚妄，坚持一种追根究底的胆识及勇气，意在发现几代建筑师充满历史逻辑感的创作轨迹。

【目录】

总序：建筑没计历甲子；第一篇：综述；第二篇：背影；第三篇：怀念；第四篇：共勉；附录：《建筑中国六十年 · 人物卷》人物姓名检索；编前编后：希望是"建筑中国60年"的全记录。

建筑中国 60 年（1949-2009）机构卷

《建筑创作》杂志社 编

天津大学出版社 2009 年 9 月

【内容简介】

机构学研究表明，设计单位是设计行业发展的根基。中国建筑设计60年，设计机构经历了事业型、事业单位企业化管理、事业改企业、建立现代企业制度等多个阶段。从发展模式上讲，国际通行的设计咨询模式，以美、欧为主的是国际大型工程公司、工程咨询设计公司、专业事务所。其中事务所是基础的、数量最大的、最普遍的设计单位组织形式。本书不仅综述了设计机构的演变史，还透析了工程设计机构的改制思路，进而给出有启发性的设计机构成功发展的数个丰富个案。

【目录】

序；建筑设计历甲子；建筑设计机构的变迁；设计市场的准入制度；国有设计院的体制改革；建筑事务所的发展；实践者的足迹。

中国建筑 60 年（1949-2009）：历史理论研究

朱剑飞主编

中国建筑工业出版社 2009 年 10 月

【内容简介】

在中华人民共和国建国60周年之际，仅以此书向我们伟大的祖国献礼。本书是一部中国现代建筑社会分析史，同时采用了建筑学内部的和社会政治学理论中的研究方法，深刻剖析了中国现代建筑史中不能回避的一些问题，主要围绕建筑设计、设计思想和设计主体等中心议题而展开，强调了实践主体所处的历史、政治和社会境遇，以及思想、设计和建筑产生背后诸如国家建设、意识形态、权力关系、知识构造、教育体系、职业化、制度化等问题，是建筑历史与社会政治研究相结合的成果。本书汇集了国内外众多著名学者的参与，形成了多向度的、开放的、专题化的关心社会理论问题的现代建筑史的写作方向。内容丰富，剖析深刻，适合中国现代建筑史研究者、建筑师、城市建设者、关心中国建筑1949-2009年建设历史的国内外大众读者阅读。

【目录】

导言；为民族国家而设计；作为意识形态的建筑风格；地缘政治版图的变迁；社会主义的现代主义；政治空间与形式语言；知识与制度化1：整体回顾；知识与制度化2：专题解剖；当代建筑1：作者、实验性与适用精神；当代建筑2：全球互动。

中国建筑 60 年（1949-2009）：历史纵览

邹德侬，王明贤，张向炜 著

中国建筑工业出版社 2009 年 10 月

【内容简介】

2009年是新中国成立60周年。60年来，伴随着我国政治、经济的变迁，我国的建筑呈现了巨大的变化。本书立足于社会历史背景，从建筑建造的背景、建筑特点、建筑技术以及社会意义等方面，通过实景照片、图纸和文字进行阐述和分析，向读者展示了中华人民共和国建国60年来建筑的巨大发展。

【目录】

第一章 1949-1959年经济建设高潮中对建筑现代性和纪念性的探索；第二章 建筑在国家发展低潮中的全局停滞和局部前进（1960-1978）；第三章 改革开放第一个十年：建筑自发的中国特色探索（1980-1989）；第四章 改革开放第二个十年：与国际接轨过程中的建筑大潮（1990-1999）；第五章 改革开放第三个十年：21世纪初建筑探新概览（2000-2009）。参考文献。附录 《中国现代建筑史》大事年表（1949-2009）。

建筑学术文库

现代思想中的建筑

李士桥 著

中国水利水电出版社 2009 年 01 月

【内容简介】

建筑既是思想的产物，也是创造思想的手段。本书集以"现代思想中的建筑"为焦点，从多文化、多空间的角度来讨论这个中心论题，关注现代化的多个领域在建筑中的体现。本书共分为三部分，包括了论述英国建筑与早期现代思想的关系，中国建筑与中国20世纪初期的现代化的牵连，以及建筑评论；涉及的思想领域主要集中在科学理性与建筑，民族国家与历史，品位与美德，以及理解培养"制作技艺"的重要性。

【目录】

前言；致谢；一、早期现代思想与建筑：1 克里斯托夫 · 雷恩与培根思想；2 道德感与设计；二、20世纪初中国建筑的现代化：3 重构中国营造传统：20世纪初期的《营造法式》；4 梁思成与梁启超：编写现代中国建筑史；5 20世纪初期的《营造法式》：国家、劳动和考据；6 中国近代建筑中的历史与现代性；三、建筑评论选：7 建筑学与理论；8 身体的重构与中国的现代化；9 建筑教育的几个中心论题；10 劳动、制作与高密度居住；11 与坂茂交谈；12 产品目录时代的建筑设计；13 儒家传统和中国建造技艺；14 人文主义的建筑教育；15 数量最大化的城市；16 净化城市；参考书目；索引。

建筑学术文库

解读建筑

赖德霖 著

中国水利水电出版社 2009 年 07 月

【内容简介】

本书系"建筑学术文库"之一。作者结合建筑史和美术史的研究方法，从"文本"和"文脉"，即建筑的形式语言及其演变，以及建筑生成的社会与文化背景两个方面对许多建筑和建筑问题进行了"解读"。内容涉及建筑学的诸多方面，例如，空间与礼仪，技术与艺术，形式与风格，继承与创新，建筑中的历史、历史中的建筑、读史与评史和写史与读史。作者希望能够通过历史来理解建筑，并通过建筑去理解历史。

【目录】

略

生态建筑学

刘先觉 著

中国建筑工业出版社 2009 年 05 月

【内容简介】

本书是国家自然科学基金项目的科研成果。生态建筑学作为当代一项热门课题，它是可持续发展宏观战略之一，书上系统地分析了研究生态建筑学的意义，生态建筑学的概念，生态建筑学的思想，生态建筑学的理论，生态建筑学的设计方法，当代城市生态建筑学理论，城市生态设计理论与实践，绿色建筑理论，生态建筑的室内环境设计理论，生态建筑的地域性与科学性，生态技术，以及生态建筑学的拓展——建筑仿生学。本书既有理论研究，也有实践总结，宏观与微观都给予了一定的关注，可以作为从事生态建筑研究与城市生态研究与实践工作的参考。

【目录】

前言。第1章 绪论：生态建筑学的新课题；第2章 生态建筑学的概论；第3章 生态建筑学的思想；第4章 生态建筑学的理论；第5章 生态建筑的设计方法；第6章 当代城市生态学理论；第7章 城市生态设计理论与实践；第8章 绿色建筑理论；第9章 生态建筑的室内环境设计理论；第10章 生态建筑的地域性与科学性；第11章 生态建筑技术；第12章 生态建筑学的拓展。附录A 生态决定因素；附录B 开放空间的分类；附录C 一个绿色建筑分级系统——能源与环境设计指导；附录D 无障碍建筑与室内环境设计事项一览。

现象学与建筑的对话

彭怒，支文军，戴春 著

同济大学出版社 2009 年 07 月

【内容简介】

在哲学中，尤其是西方哲学中，现象学所关注的场所精神（德国，海德格尔）和空间体验（法国，梅洛一庞蒂）都是和建筑空间有着直接关联的。所以，建筑学与哲学的相遇，首先在现象学上相遇是理所当然的了。

【目录】

序一；序二；现象学和建筑/建筑学的关系；现象和建筑的反思：超越作为学科的建筑学和现象学；关于海德格尔《筑 · 居 · 思》的讨论；体验 · 记忆 · 空间 · 场所：建筑中的现象学思考；现场对话；附录。

中国建筑美学

侯幼彬 著

中国建筑工业出版社 2009 年 08 月

【内容简介】

本书是研究中国传统建筑的经典著作，深受学术界的好评。被教育部推荐为建筑院校研究生用书。本书主要从四个方面展开论述：一是综论中国古代建筑的主体——木结构体系。概述中国古代建筑为何以木构架建筑为主干，分析其历史和发展推力。二是阐释中国建筑的构成形态和审美意匠。 在单体建筑层次，探讨了中国建筑的“基本型”，揭示了官式建筑区分“正式”与“杂式”的深刻意义。在建筑组群层次，阐述了庭院式而已的缘由、作用和潜能。将庭院单元从功能的构成特点和组群总体的构成机制，并对庭院式组群的空间特色和审美意匠做了较细致的论析。三是论述中国建筑所反映的理性精神。针对“理”的两种涵义所构成的两种不同性质的“理性”，分别阐述了中国建筑的“伦理”理性精神和“物理”理性精神。四是专论中国建筑一个重要的、独特美学问题——建筑意境。借鉴接受美学的理论，阐释了建筑意象和建筑意境的涵义。

【目录】

第一章 中国古代建筑的主体——木构架体系；第二章 单体建筑形态及其审美意匠；第三章 建筑组群形态及其审美意匠；第四章 “礼”——中国建筑的“伦理”理性；第五章 “因”——中国建筑的“物理”理性；第六章 建筑意境及其生成机制。余论：中国建筑的“硬”传统和“软”传统。

同济建筑讲坛——建筑理论的多维视野

卢永毅 主编

中国建筑工业出版社 2009 年 12 月

【内容简介】

这本文集来自同济大学建筑与城市规划学院为研究生开设的当代西方建筑理论课程，其中收入了西方著名建筑历史理论家在这个课堂里的精彩演讲，也汇集了国内外多位学者为这门课程带来的丰富内容，旨在开展对后现代时期一些重要建筑理论与建筑问题的深入学习与讨论。文集强调当代建筑理论的多维视野和多元思想，关注建筑理论的基本途径和思维方式，以此引发对中国建筑状况的批判性思考和学术思想的活跃交流。

【目录】

序；导言；建筑学的境界；建筑学的途径；建筑现象学；观念与设计；城市理论；历史与记忆；全球化与地方性；中国现代性思考。

历史建筑保护与再利用——新旧空间关联理论及模式研究

周卫 著

中国建筑工业出版社 2009 年 10 月

【内容简介】

本书以历史建筑保护和再利用过程中新旧空间之间关联理论和关联模式作为研究内容。全书包括绪论，多维视野下的历史建筑及其价值，历史建筑保护和再利用的历史与理念，历史建筑再利用及其新旧关联模式，新旧空间关联及其相关建筑理论研究，我国历史建筑保护与再利用问题研究等。

【目录】

第1章 绪论；第2章 多维视野下的历史建筑及其价值；第3章 历史建筑保护和再利用的历史与理念；第4章 历史建筑再利用及其新旧空间关联模式；第5章 新旧空间关联及其相关建筑理论研究；第6章 我国历史建筑保护与再利用问题研究。结论。后记。

名师论建筑史

王明贤 主编

中国建筑工业出版社 2009 年 11 月

【内容简介】

本书是各个中国建筑史研究知名学者多年研究成果的集锦与荟萃，选用的文章涵盖了古建历史概况、建筑考古学、建筑史考据学、古典园林、建筑史研究方法论等多个方面，描绘了建国以来建筑历史学学术研究的整体轮廓，具有普及和参考意义。文章选择深入浅出，适合各个学术层次的古建史爱好者品评。

【目录】

中国古代建筑概说；建筑考古学——建筑史学的基础；说话建筑史；中国建筑史学的困境；社会科学、人文科学、技术科学的结合；超乎形构之外；中国园林的意境构成；采绿；乡土建筑保护论纲；走进年代学；“井”的意义：中国传统建筑的平面构成原型及文化渊涵探析；“观”与“阙”的文化解读；古代建筑的设计技术及其比较；明清北京政治空间研究：寻找一个分析的、批判的建筑历史学。

林徽因建筑文萃

林徽因 著

北京理工大学出版社 2009 年 11 月

【内容简介】

书中主要是关于林徽因建筑学方面的文章和论述，包括对古代建筑的看法及评价，对居民生活住宅的设计与研究等。

【目录】

论中国建筑之几个特征；闲谈关于古代建筑的一点消息；《清式营造则例》第一章，绪论；《中国建筑史》第六章：宋·辽·金部分；现代住宅设计的参考；《中国营造学社汇刊》第七卷二期编辑后语；谈北京的几个文物建筑；我们的首都；和平礼物；关于《中国建筑彩画图案》的意见；《中国建筑彩画图案》序。

园林与建筑

童明，董豫赣，葛明 编

中国水利水电出版社 2009 年 04 月

【内容简介】

本书藉纪念童先生《江南园林志》之际，邀请建筑界人士对中国园林的研究和在当今设计环境中的价值和意义作了深入探讨。本书童明撰写“镜像与迷宫”以作为“与会”意向的整体说明，董豫赣撰写“与园林语”以作为“园林与建筑”活动的主题说明，以及葛明组织翻译的四篇与此次与会内容相关的译文。

【目录】

编者前言；第一段讨论：园林·影响·设计；造园与造人；园林十问；第二段讨论：；读《江南园林志》；园林的历史性；晚明江南造园的转变；与中国园林的重新认识；第三段讨论：中国园林的宇宙论背景；扩展领域中的雕塑；地图术的力量；反思、批判与创新；地形学前提；苏州园林与文化记忆；致谢。

中国传统剧场建筑

薛林平 著

中国建筑工业出版社 2009 年 05 月

【内容简介】

在世界古代剧场史中,中国传统戏场别具一格,在华夏古典建筑中也是一种很特殊的类型.中国传统戏曲以其时空虚拟的表演特征,在不设布景裸台上尽情表演,从而形成独特而卓越的戏剧艺术.传统戏场历史渊源,在各朝代和地域的形态各异,名称亦不相同,如勾阑、瓦舍、舞亭、看棚、乐棚、戏楼、戏园等等。本书选择的实例包括山西、河北、江苏、浙江、山东、河南、河北等全国各地的剧场建筑264座，文字、史料45万字，图片2500余幅，其中线图800余幅，照片1600余张。因此，这本书可谓系统、翔实介绍中国传统戏场建筑的首例。

【目录】

第一章 绪论；第二章 中国传统剧场的产生和发展；第三章 庙宇剧场；第四章 祠堂剧场；第五章 私宅剧场；第六章 会馆剧场；第七章 皇家剧场；第八章 清代戏园；第九章 特殊形式的剧场；第十章 中国传统庭院式剧场的空间分析；第十一章 中国传统戏台的形制和装饰。主要参考文献。后记。

中国现代剧场的演进——从大舞台到大剧院

卢向东 著

中国建筑工业出版社 2009 年 02 月

【内容简介】

中国现代剧场不仅是中国剧场发展史的重要组成部分，也是中国现代建筑史的重要部分。本书试图从政治、经济、社会、文化、中外文化交流、技术等多方面入手，探索推动我国现代剧场发展的动力，描绘我国现代剧场发展的历史轨迹，并尝试对我国现代剧场的发展历史进行分期，建立我国现代剧场发展的研究框架，论述了从19世纪末西方剧场传入我国开始，直至目前的我国现代剧场发展过程。根据不同阶段我国现代剧场发展的特征，将其分别划分为“移植时期”、“自立时期”、“新中国初期”、“低谷时期”、“改革开放初期”、

"大剧院时代"等六个主要时段，此外，另辟专章，研究了"延安时期"的演出场所，以便能够找寻新中国建立后由于与延安时期在政治上继承性而造成的影响我国现代剧场发展的因素。除了将剧场进行分期研究，本书还在最后两章论述了建筑声学、剧场设备技术对于我国现代剧场发展的影响，重视相关技术进步与剧场发展的互动关系。模仿西方剧场是我国现代剧场发展的主要方式，并且在学习西方剧场时，显示出了选择性。对于剧场现代化的追求是发展的一条主线，这一方面推动了我国剧场的发展，另一方面，由于对于现代化的理解偏差，也造成了目前剧场发展中的一些弊端。

【目录】

序。绪言。第1章 移植时期的早期西式剧场之研究（19世纪）；第2章 模仿时期的改良剧场之研究（20世纪初）；第3章 自立时期的剧场之研究（20世纪20～40年代）；第4章 延安时期的演出场所——特殊区的剧场；第5章 新中国初期的剧场之研究（20世纪50年代）；第6章 低谷时期的剧场研究之研究（20世纪60～70年代）；第7章 改革开放初期的剧场之研究（20世纪70年代末年代中）；第8章 大剧院时代的剧场之研究（20世纪90年代以来）；第9章 中国现代剧场的建筑声学设计发展；第10章 剧场设备技术的发展及对剧场的影响。结语。参考文献。附录A 我国现代剧场发展大事记。附录B 我国近年兴建数个大剧院的主要技术数据。后记。

诗意栖居——中国传统民居的文化解读（简装本）

赵新良 编著

中国建筑工业出版社 2009 年 08 月

【内容简介】

本书按照旅游鉴赏、遗产保护、开发利用、学术研究、启迪灵感的研究目的，创立传统民居地域文化分类法。综合考虑文化地理、民族民系和形态结构多重因素，按照地域主流文化地域主体民族（民系）建筑文化地域典型民居形态结构，把我国传统民居划分为7大类型：中原民居、江南民居、东北民居、山地民居、草原民居、绿洲民居、雪域民居。作者以现代阐释学和接受美学的视角研究我国传统民居建筑的物质文化、制度文化和意识文化的时空变化，探索华夏大地建筑理念与时俱进的轨迹，意在正确导引社会各界欣赏、保护、宣传中华民族优秀的传统文化、增进凝聚力、自信心和文化输出能力；呼吁城乡规划建设决策者、设计师、开发商总结、提炼和升华传统民居建筑系统的理论、科学的理念和精湛的技法，传承中华民族博大精深、历久弥臻的建筑意匠、设计手法和营造技艺，以激发现代建筑创作的灵感，以鲜明的民族语汇、独特的地域符号做好城乡规划设计、城乡人居环境建造、居民小区和村居营造，在全球化现代化进程中弘扬华夏文明。

【目录】

第一章 舒适宜人 和而不同；第二章 异彩纷呈 绚丽多姿；第三章 多元汇流 源远流长；第四章 民族语汇 地域符号；第五章 诗性思维 神韵华章；第六章 中国传统民居图说。参考文献。后记。

北京胡同四合院类型学研究

尼跃红 主编

中国建筑工业出版社 2009 年 08 月

【内容简介】

本书从理论到实践，对北京城市风貌保护，胡同与四合院更新改造如何保证原有肌体及文脉的控制与置换，提供了强有力的理论支持和范例，是近年来研究北京城市风貌及四合院胡同的学术力作，对北京市的城市原有风貌保护与发展有着重要的参考价值。全书分综述篇和实践篇。综述篇分为北京胡同四合院分类研究概述、北京胡同类型、北京四合院类型三个部分，主要从理论方面对北京胡同和四合院类型进行研究。实践篇借理论研究的成果，为北京胡同、四合院的发展与更新提出实用的建议和途径，并列举了若干国内外胡同、四合院改造与利用的实例。对北京胡同、四合院、包括国内很多城市旧街区的改造提供了颇有价值的参考。这本书由北京青年政治学院、北京服装学院、北京建工学院组织多名专家和学者用两年时间研究的成果，堪称资料翔实、文图并茂。

【目录】

综述篇——北京胡同四合院类型研究概述；胡同篇——北京胡同类型研究；四合院篇——北京四合院类型研究；实践篇——北京胡同四合院类型有机更新；后记。

晋商民居

朱向东，王崇恩，王金平 编著

中国建筑工业出版社 2009 年 03 月

【内容简介】

晋商在明清至民国初期500多年的历史中，不仅创造了中国商业金融领域的辉煌，而且创造了适合他们自身生存环境的聚落及其民居形态。山西省境内保存基本完整的晋商聚落，包括集镇或小城镇、村落等，大约有1000多处。《晋商民居》一书即是以这些晋商聚落中较有代表性的集镇（小城镇）、村落以及聚落民居为对象，通过对这些晋商聚落和民居建筑形态的分析，介绍分析了在商业运营或商贾意识环境影响下山西商人传统的生活住居模式。根据晋商聚落和民居的类型、特点，本书组织了四个部分的内容，即晋商民居概述、商业住居环境中的晋商民居、商贾意识环境中的晋商民居以及晋商民居的保护与再利用等。

【目录】

第1章 晋商民居概述；第2章 商业住居环境中的晋商民居；第3章 商贾意识环境中的晋商民居；第4章 晋商民居的保护与再利用——榆次常氏民居。主要参考文献。后记。

贵州民居

罗德启，谭晓东 编著

中国建筑工业出版社 2009 年 06 月

【内容简介】

贵州民居具有依山就势、高低参差，表现独特与环境结合的山地建筑形态。无论是黔中地区的岩石建筑，还是黔东南以及镇远苗乡古镇民居和靠山临水倚崖连洞的悬空建筑群落，这些建筑的个性与特质，都体现了对地域环境和文化特殊性的重视。贵州民居不仅表现贵州边远民族的精神和性格，而且从贵州民居本身，还能看出一个时期的文化背景与社会精神。本书以贵州山寨民居为主线，结合当地的自然地理环境和历史民族文化以及风土人情，通过文字叙述和大量图片，希望能以这些典型的内容和具体的实例向读者展示贵州山寨民居的地域特征和文化现象，并作为宣传贵州民居文化的一个窗口，有助于加深人们对贵州社会历史和山地民居文化的理解。本书通俗可读，文图并茂，它是向外界打开了解贵州地域文化的一个"厨窗"。

【目录】

前言。山寨纪行示意图。一、撩开贵州神秘的面纱；二、山寨形成与聚居环境的影响；三、山寨——民居生存的聚落；四、山寨建筑文化及外部空间特征；五、山寨纪行；六、民居寻踪；七、山寨住文化风景线。

福建民居

戴志坚 著

中国建筑工业出版社 2009 年 10 月

【内容简介】

本书从人类文化学角度即以中国东南民系的形成观念来重新诠释福建民居，从民系的角度来研究福建及其周边地区形成的"闽海系"所具有的传统建筑文化的特性，进而探索福建的社会形态、经济生活与民居产生的关系，风水观念对传统民居文化形成的影响，福建各地气候、地理环境对民居建筑的影响等，分析总结福建民居发展演化规律、民居聚落结构与形态以及各地区民居的空间居住模式。福建民居具有鲜明的地方风格和丰富的建筑文化内涵，呈现出多彩多姿的风貌。希望本书能够帮助读者较全面地了解福建民居的概貌，为延续福建建筑的文脉提供素材和基础。

【目录】

总序。前言。第一章 福建的历史与自然地理环境；第二章 福建民居的分类与建筑文化；第三章 福建社会形态与民居的类型；第四章 福建民居聚落与形态；第五章 闽南民居；第六章 莆仙民居；第七章 闽东民居；第八章 闽北民居；第九章 闽中民居；第十章 客家民居；第十一章 福建民居的装饰与文化。

新疆民居

陈震东 编著

中国建筑工业出版社 2009 年 12 月

【内容简介】

新疆，作为我国面积最大的省域，既有着多样的地貌和气候特点，更生活着众多的少数民族。新疆的民居因为各民族的差异以及各地区的实际建筑条件，也呈现出多样化的形态。本书作者几十年来一直致力于新疆民族的研究、考察和测量工作，对于新疆民居的历史沿革、建筑形态、布局特征、独特的民族性等都有深入的研究。本书结合大量的测绘的平立剖面图、实体照片，分析了新疆民居的独特特征，作者自己所做的新疆民居绘画也使本书独具特色。

【目录】

总序。前言。第一章 新疆民居的概貌及其对自然条件的适应性；第二章 新疆民居聚落的形成与自然环境、社会组织的适应性；第三章 新疆民居建筑构造与布局的多样性；第四章 新疆民居的民族性及其特色；第五章 新疆民居的独特性；第六章 新疆民居在历史沿革中的演变；第七章 从建筑到村镇，新疆新民居的展望。

华章凝彩——新建奥运场馆

清华大学建筑设计研究院 本卷主编

中国建筑工业出版社 2009 年 01 月

【内容简介】

“2008北京奥运建筑丛书”第七卷《华章凝彩——新建奥运场馆》以图文并茂的方式记录了北京射击馆、北京奥林匹克篮球馆、老山自行车馆、顺义奥林匹克水上公园、中国农业大学体育馆、北京大学体育馆、北京科技大学体育馆、北京工业大学体育馆、北京奥林匹克公园网球中心、青岛奥林匹克帆船中心、天津奥林匹克中心体育场、秦皇岛奥林匹克体育中心体育场等十二个新建场馆的建设历史、辉煌成就以及工程中的先进技术和经验，分别从项目总览、方案征集、建筑解读、技术设计、三大理念实施、残奥会利用和后奥运时代的思考等几方面进行了论述。本书为我国建筑设计、城市规划及建设行业的从业人员提供了值得参考的技术资料，同时为后人留下一份珍贵的奥运遗产。

【目录】

总序。本卷序。编者导言。第一篇 北京射击馆；第二篇 北京奥林匹克篮球馆；第三篇 老山自行车馆；第四篇 顺义奥林匹克水上公园；第五篇 中国农业大学体育馆；第六篇 北京大学体育馆；第七篇 北京科技大学体育馆；第八篇 北京工业大学体育馆；第九篇 北京奥林匹克公园网球中心；第十篇 青岛奥林匹克帆船中心；第十一篇 天津奥林匹克中心体育；第十二篇 秦皇岛奥林匹克体育中心体育场。后记。

诗意漫城——景观规划设计

北京清华城市规划设计研究院 本卷主编

中国建筑工业出版社 2009 年 01 月

【内容简介】

北京奥运景观规划设计全面地体现了当代景观规划设计理念，中国作为一个现代化国家，正为世界所瞩目，充分体现“绿色奥运、科技奥运、人文奥运”理念的奥运景观规划设计向全世界展示了中国的辉煌成就，展示了中华民族追求更快、更高、更强的精神面貌。“2008北京奥运建筑丛书”中《诗意漫城——景观规划设计》一卷，汇集了北京奥运工程相关景观规划设计的全部成果，记录了景观规划设计中的独特理念、先进技术、完美景观效果，是一部载入中国景观规划设计史册的丛书

【目录】

第一章 奥林匹克公园内重点场馆景观规划设计；第二章 其他重点场馆景观规划设计

历史环境的再生之道——历史意识与设计探索

常青 著

中国建筑工业出版社 2009 年 03 月

【内容简介】

本书以八个既各自独立又相互关联的篇章，从历史环境对象的性质、特征和具体的约束条件出发，以作者所主持和主创的典型设计方案（内含上海外滩轮船招商总局大楼复原、豫园老街改造、杭州来氏聚落再生、日喀则“小布达拉”重建等国内外获奖的知名项目）为例，结合理论分析方法和实践操作途径展开讨论，探讨了对历史建筑残存片段“完形”的处置方式和策略选择，充分体现了保护与再生的时代主题，国际视野、历史眼光、地方特色，以及设计人的独创性观点和手法。本书第一、二、三篇阐述了有关城市历史地标性建筑的保存修缮和复原重建；第四至五篇探讨了城乡结合部历史风土聚落的适应性保护与再生；第六、七、八篇涉及了历史环境的建设控制地段中，特别是拥有历史地望的环境中新建筑的形态选择与制约因素间的关系。书中所涉主题和相关成果先后获教育部科技进步奖、亚太建筑金奖、上海市优秀建筑创作奖、优秀勘察设计奖等。作为相关研究背景之一，作者同时也承担了主持国家科技部“十一·五”科技支撑计划重大课题之一“历史建筑可持续利用与适应性改造关键技术研究”的任务。本书所探讨的有关历史环境再生设计的理论与实践主题，对我国建筑师、城市规划师、城市设计师，各级城市管理者，相关专业在校师都具有很好的参考借鉴作用。

【目录】

第一章 修复与完形——上海外滩9号整饬设计；第二章 存遗与翻新——上海外滩源划船俱乐部整合设计；第三章 利废与活化——上海“东外滩”工业建筑遗产再生设计；第四章 废墟与再现——西藏日喀则“小布达拉”重建设计；第五章 古韵与新风——上海豫园地段街廓建筑改造设计；第六章 变异与同构——新疆龟兹博物馆意象设计；第七章 地志与聚落——杭州来氏聚落再生设计；第八章 仪式与节场——上海金泽古镇再生规划设计。参考文献。后记。

建筑创作中的节能设计

刘加平 著

中国建筑工业出版社 2009 年 03 月

【内容简介】

本书的建筑设计的过程为主线，系统介绍了建筑设计过程中的节能设计理论与方法。全书分为绪论和正文两大部分。正文有四章，前三章分别对场地设计、体形与空间设计、围护结构设计过程中的节能设计方法进行了介绍，第四章着重介绍了节能的构造设计。书中突出系统的概念、强调将节能设计贯穿到建筑设计的整个过程中去，通过对相关实例的介绍，使读者更容易理解。

【目录】

绪论。第一章 场地设计；第二章 体型与空间设计；第三章 围护结构设计；第四章 节能构造设计。附录A 我国部分城市最佳、适宜和不宜的建筑朝向；附录B；参考文献。

中国建筑实践

薛求理 著

中国建筑工业出版社 2009 年 03 月

【内容简介】

本书介绍了中国建筑业概况、建筑行政架构、土地获得和城市规划、设计实践、建筑师注册和建筑教育、建筑程序、招投标和建筑规范要点。同时也从另一个角度记录了中国建筑的演进发展。极具参考价值和欣赏价值，可供建筑设计师、城市规划师及管理者、高等院校相关专业的教师和学生等参考使用。

【目录】

序。第一章 中国城乡和发展概况；第二章 基本建设行政架构；第三章 基本建设程序与政府控制；第四章 土地获得和城市、社区规划；第五章 建筑设计业和公司资质；第六章 建筑师注册和建筑教育；第七章 设计和施工招投标；第八章 规划建筑规范要点。附件 全国一级注册建筑师资格考试大纲（2002年）。主要参考文献。基本建设过程中依据的法律法规。

建筑学术文库

当代建筑设计理论——有关意义的探索

沈克宁 著

中国水利水电出版社 2009 年 04 月

【内容简介】

本书以探索的方式，带着对建筑意义的疑问，自20世纪建筑运动的初期开始，以建筑流派为线索和脉络，并依据史实，从建筑自身和建筑师所要表达的意义两方面入手，做出了深入浅出的分析和探讨。本书的主要内容有8章，分别从机器建筑、城市和建筑乌托邦、后现代主义、类型学、新城市主义、洛杉矶的建筑实践、批判的地域主义和建筑现象学这些方面来论述文章的主题。加之前面的导言、后面的后记文献目录和图片资料索引，本书总共由12个部分组成。

【目录】

导言；一、机器建筑；二、城市和建筑乌托邦：理想城市和建筑；三、后现代主义：表情达意的建筑；四、类型学：类推的建筑；五，新城市主义；六、洛杉矶的建筑实践；七.批判的地域主义；八、现象学：知觉和体验的建筑；后记。

下一代基因建筑——大地建筑的变与不变

刘育东 著

中国建筑工业出版社 2009 年 04 月

【内容简介】

世界建筑史上的集体创作早在20世纪初就曾由密斯发起，之后类似的项目屡见不鲜，也包括我们熟悉的北京“长城脚下的公社”。本书主要介绍的是2007年5月筹划、10月开始设计、2008年6月第一阶段设计完成的台湾澳底大地建筑国际计划。这项计划由吕台年先生发起，知名建筑师刘育东担任总主持人，邀请十位知名国际级建筑师和十位知名台湾建筑师，在同一块土地上直接对话；依例，各作各的住宅设计、各想各的生活方式（又称“另类建筑论坛”，“活的展览馆”或“建筑PK赛”）。“下一代基因建筑”已经是受到国际肯定的建筑集体创作——世界五大建筑杂志之一的《A+U》，2008年6月整本是台湾Next-Gene专辑；“2008年威尼斯建筑双年展”也已通过审查，将邀请台湾Next-Gene为本届“大会正式特展”；伊东丰雄先生则称Next-Gene是“20世纪到21世纪住宅原理演变的新实验场”。

【目录】

序：21世纪的住宅实验场。台北的下一代基因。中国台湾的国际建筑博览会。前言：下一代基因二00八。对话 隈研吾 · 陈瑞宪：暧昧。回院。对话 MVRDV · 刘育东：观察者水墨狂幕草。对话 张永和 · 龚书章：三联画宅。磊落。对话 LAN+ · 姚仁喜：帕拉弟奥别墅/自然隐喻。禅简。对话 森俊子 · 曾成德：山灵别墅。敞地。对话 平田晃久 · 黄宏辉：建筑农场。卧龙。对话 Femando Menis · 杨家凯：金屋。山岚余韵。对话 徐惠林 · 邱文杰：山脊之屋。山丘上的精灵。对话 Julien De Smedt · 黄声远：回旋之声。季风之村。CRAFT · 简学义：贝霖/沐于甘霖的贝壳。染色体-H。附记：一天一国 · 五天五国。后记：走一条难走的建筑道路。

新仿生建筑：人造生命时代的新建筑领域

何炯德 编著

中国建筑工业出版社 2009 年 06 月

【内容简介】

“新仿生建筑”是关于当代建筑设计正浮现的议题，包含互动装置、编织构成与基因运算，展现出一种可以回应易变环境的新建筑领域。此书涵括多个案例，他们或根据环境变化而变形其物质主体，以创造崭新的组织机构；或展现成形过程如何被外界刺激影响，引导出不同的肌理；或利用关于基因与运算的知识，模拟生长成形，以及如何在环境影响下改变自身。

【目录】

序言；绪论；圈式空间——2012伦敦奥运会馆；单体——配置；移动结构；甲壳空间；互动体；暂生都市主义；变形环境；建筑中的L系统；“我听说”。

当代大学校园规划理论与设计实践

何镜堂 主编

中国建筑工业出版社 2009 年 08 月

【内容简介】

本书是当代大学校园规划理论与实践的分析研究与系统总结。由何镜堂院士带领的设计与研究团队，通过对大学校园规划与设计的长期深入研究和实践，在这一领域已形成较成熟的体系。

【目录】

第一章 大学校园发展历程；第二章 当代大学校园规划设计相关研究；第三章 当代大学校园功能分区与空间组合；第四章 当代大学校园交通体系规划；第五章 当代大学校园的景观体系规划。结语 当代大学校园规划与设计展望。国内外大学校园实例。后记。

大空间公共建筑生态设计

史立刚，刘德明 著

中国建筑工业出版社 2009 年 10 月

【内容简介】

大空间公共建筑自产生以来，占据了与其数量不成比例的资源配额，使得大空间公共建筑的生态化设计一直是建筑师不愿意碰触的雷区和死角。借着2008年北京奥运会所提倡的“绿色奥运”的东风，绿色理念必将带动整个大空间公共建筑的生态化转向，大空间公共建筑的生态化设计是其健康发展的必由之路。本书从理论和实践两方面互证的角度对大空间公共建筑进行研究，图文并茂，建构了其生态化设计的系统理论，对于我国大空间公共建筑的深入发展具有重大的指导意义。

【目录】

第1章 绪论；第2章 大空间公共建筑的生态使命；第3章 大空间公共建筑生态化设计的外部条件；第4章 大空间公共建筑生态化设计原则框架；第5章 大空间公共建筑生态化设计策略；第6章 大空间公共建筑生态化设计的美学宗旨。结语。参考文献。插图索引目录。后记。

数字营造：建筑设计 · 运算逻辑 · 认知理论

陈寿恒，李书谊 主编

中国建筑工业出版社 2009 年 10 月

【内容简介】

该书由美国麻省理工学院建筑学系Computation Group提供学术论文，由世界华人建筑师协会——数码建筑学术委员会负责中文翻译。麻省理工学院建筑数字化运算设计研究小组（MIT Computation Group）是当今世界建筑界引领建筑设计技术进步的重要研究机构之一。同时它又以学术的理论深度和严紧性，技术的原创性和多样性而著称。本书收集了14篇该研究所的研究论文。这些论文涵盖的范围非常广泛，从数字工具的开发应用到背后的逻辑思维模式到教学的各个方面都有代表性的描述和论证。本书三个章节的分类也体现了对建筑数字化运算设计理论、实践和教育三个方面的全面描述。本书概念新颖，课题全面，有理论深度。同时为了便于各个层面上不同的读者，在编写这本书的时候译者非常注意用词和表达方法，尽量通过浅显的语句结构和表达方式来讲解这些全新的概念。再者，本书为中英文对照版，为比较阅读提供方便。

【目录】

第一部分 实践；第二部分 理论；第三部分 教育。

2010 年上海世博会参展指南——建设与布展研究

周建峰，俞蕴洁

同济大学出版社 2009 年 10 月

【内容简介】

本书基于“2010年上海世博会参展指南——建设与布展研究”的研究报告而撰写。研究课题首先对官方参展者展馆模式进行研究，其展馆模式分为自建馆、租赁馆和联合馆三种模式，理清每一种展馆模式的建筑规模、工作和费用划分、时间要求等，并为各种展馆模式提供示例。其次，对展馆建筑、设施、装修和展览的设计进行研究，对自建馆模式展馆提出规划、建筑、结构和机电等设计要求，对租赁馆模式展馆、联合馆模式展览空间的装修布展提出限制条件，并明确组织者与官方参展者之间对设施分工和接口的要求。然后，对展馆模式建筑、装修和展览有关设计、审批和施工的建设程序性问题进行研究，提出自建馆模式建筑设计和批准、租赁馆模式建筑改动、展览设计和批准，以及对展馆模式建筑、装修和展览有关建设和拆除施工管理方面的要求。最后，对展馆模式建筑、装修和展览有关安全、健康和福利等建设标准和管理问题进行研究，提出展馆模式中有关防火、无障碍设施、无障碍服务、环境保护、食品卫生、公共卫生和医疗急救、安全和防范、消防和灾难控制等的建设标准和管理要求。

【目录】

前言；第1章 绪论；第2章 官方参展者展馆模式研究；第3章 官方参展者自建馆模式展馆设计研究；第4章 官方参展者租赁馆模式展馆装修和设施研究；第5章 官方参展者联合馆模式展览空间装修和设施研究；第6章 官方参展者自建馆模式建筑设计程序研究；第7章 官方参展者自建馆建筑设计批准程序研究；第8章 官方参展者租赁馆模式建筑改动程序研究；第9章 官方参展者展览设计和批准程序研究；第10章 官方参展者建设和拆除施工管理程序研究；第11章 官方参展者防火设计标准研究；第12章 官方参展者无障碍设施标准研究；第13章 官方参展者无障碍服务标准研究；第14章 官方参展者环境保护研究；第15章 官方参展者环境卫生研究；第16章 官方参展者食品卫生研究；第17章 官方参展者公共卫生和医疗急救研究；第18章 官方参展者安全和防范研究；第19章 官方参展者消防和灾难控制研究；第20章 结论；附录；后记。

城市论

沈福煦 著

中国建筑工业出版社 2009 年 02 月

【内容简介】

本书为城市规划与设计理论专著，对古今中外垢城市作了较为系统的论述，此书史、论并重，这也是当今学术研究的一种新尝试。本书共16章，论述了城市的性质、特征以及在人类文明史上的作用，解读了现代城市规划和设计的特点及历史文化名城保护理论，并且还对城市未来提出了一些看法。

【目录】

绪论。第1章 城市的意义；第2章 城市与文化；第3章 城市空间；第4章 城市形象；第5章 城市色调；第6章 城市美学；第7章 城市的规划和设计；第8章 运行着的城市；第9章 城市保护；第10章 城市意识；第11章 城市活力；第12章 中国古代城市论；第13章 外国古代城市论；第14章 近现代城市论；第15章 当代城市论；第16章 城市的结构与解构。参考文献。

村庄规划

张泉 著

中国建筑工业出版社 2009 年 02 月

【内容简介】

《中华人民共和国城乡规划法》明确村庄规划为法定层次的规划，并做出了具体的规定。针对目前尚没有村庄规划方面的著作，由江苏省建设厅张泉副厅长等撰写了此书。本书共分四部分十章，涉及村庄的定义，村庄的分类，村庄规划概述，村庄规划的基本要素、空间要素、技术路线、实例分析，村庄生活污水处理、垃圾处理、清洁能源利用。本书理论与实践结合，对全国政府领导、规划工作者、科研工作者都有很强的指导意义。

【目录】

第一部分 总论：第一章 村庄的定义；第二章 村庄的分类；第三章 村庄规划概述。第二部分 村庄规划要素：第四章 村庄规划要素；第五章 村庄规划的空间要素。第三部分 村庄规划典型实例分析：第六章 村庄规划技术路线；第七章 规划实例分析。第四部分 农村适用科技：第八章 生活污水处理；第九章 生活垃圾处理；第十章 清洁能源利用。参考文献。后记。

城市气候设计——城市空间形态气候合理性实现的途径

柏春 著

中国建筑工业出版社 2009 年 03 月

【内容简介】

本书是在博士论文基础上整理而成。针对当前在城市设计的研究和实践中，对于气候问题关注的不足，指出有必要加强“城市空间形态”与“城市气候要素”之间相互作用关系的研究，这对于创造理想城市环境具有重要意义。提出“城市空间形态气候合理性”的概念，并从这一概念出发，建立一个关于城市气候学与城市设计学交叉研究的体系和框架，确定了研究的对象、基本问题、评价方法、研究思路以及实现途径。并按照该研究框架，对相关学科的研究成果，从城市设计实践需要的角度，初步进行了归纳和总结，形成所谓的“城市设计的气候模式语言”。论文指出在具体城市设计实践过程中，加入“城市气候设计”这一分析、研究过程，是实现“城市空间形态气候合理性”的根本途径。城市气候设计是对传统建筑气候设计理论的发展，是针对城市设计实践中应用气候知识的需要而提出的。论文初步给出了“城市气候设计”的一般方法和步骤，并分别对每一个分析、设计阶段进行了说明。论文最后综合两部分的研究内容，提出了一种基于“气候模式语言”的简便城市气候设计方法，并对我国五种气候类型城市的“气候模式语言”进行了总结。附录是针对论文部分研究内容的实践应用。附录A通过对上海某广场的气候分析，试图建立气候、空间、行为三者之间研究的一般方法；附录B将论文提出的城市气候设计方法在浙江丽水的城市设计中进行了应用尝试。

【目录】

第一章 导论；第二章 城市空间形态气候合理性；第三章 城市空间形态气候合理性的研究框架；第四章 城市气候设计的提出；第五章 城市气候设计的内容；第六章 基于“气候模式语言”的城市气候设计方法。结束语：城市气候设计的形态实现。附录A 上海两个城市开敞空间的气候分析。附录B 丽水市城市气候设计的初步实践。主要参考文献。后记。

规划视角的中国都市运动——城市转型与有机集中

朱喜钢 等著

中国建筑工业出版社 2009 年 05 月

【内容简介】

本书由南京大学教授、博导朱喜钢撰稿。本书在一般阐述了计划经济体制和市场经济体系下城市转型和城市规划关系以后，重点讨论了城市规划对城市转型的引导，包括宏观战略层面与技术理性层面的引导，以及转型背景下的城市规划变革之路。作者认为，为应对难得的中国城市转型的历史机遇，中国城市规划需要转型。转型推动规划，规划引导转型。这正是中国都市运动健康发展的重要基础和保证。本书主要论述了在城市转型和有机集中理论指导下10个应对城市转型的规划研究案例。这10个案例地域遍及东、中、西部，内容涵盖发展战略、城市定位、城市功能、空间模式和形态结构的转型，类型有单一都市、都市区域和城市群。大致可以概括当前我国大都市已经和未来转型的各种形式，而其中的理念、思路、观点、内容和技术路线也具有现实的借鉴意义。最值得指出的是作者对每个案例的命名和卷首短评，以精练的笔触、犀利的点评勾划了该城市发展的症结、原由和转型方向，是引人深思和发人深省的，也反映了作者是真正理解了转型的涵义和规划的价值。本书既是一份研究总结、一篇对都市运动的评论，又是一种对城市发展、城市化、城市规划理论和实践的思考和探索。

【目录】

序。前言。第一章 背景审视：都市运动的潮流；第二章 理论诠释：城市转型的科学理性；第三章 趋势演绎：规划引导的城市转型；第四章 从“二元分散”到“双核多元”——深圳空间结构形态转型研究；第五章 从“部分补短”到“整体补齐”——大连城市发展模式转型研究；第六章 从“商都”到“精明之都”——温州都市定位战略转型研究；第七章 从“借船出海”到“造船出海”——后特区时代汕头发展战略转型研究；第八章 从“弱中心”到“强都市圈”——泉州都市圈域空间重构与转型研究；第九章 从“资源型城市”到“功能型城市”——黄石城市功能转型研究；第十章 从“高原明珠”到“滇西中心”——旅游城市大理城市这位转型研究；第十一章 从“内陆盐城”到“滨海都市”——沿海欠发达城市盐城跨越式发展转型；第十二章 从“均衡分散”到“在机集中”——嘉兴市城空间发展模式转型研究；第十三章 从“中心带动”走向“区域竞合”——关中城市群空间发展模式转型研究。主要参考文献。后记。

城市规划视角下的城市比较分析——建构比较城市学的基础框架

周善东 著

中国建筑工业出版社 2009 年 05 月

【内容简介】

城市比较研究已经成为城市规划中常用的基础研究方法，也是城市建设管理工作中的一种思维理念、实践方式。本书从城市规划的视角对城市比较研究进行了梳理，重点从四个方面进行了探索，即中西城市规划理念的比较；异体比较，即城市与乡村的比较；个体比较，即城市自身的比较；同体比较，即多个城市之间的比较。在此基础上，提出了建立比较城市学的初步设想。城市是一个复杂的巨系统，比较城市研究无疑为深化城市研究提供了新的理论支持。

【目录】

绪论。第一章 城市研究的基本情况；第二章 比较研究的原则和方法；第三章 理念比较——中西城市规划思想演变的比较分析；第四章 异体比较——城市与乡村的互动；第五章 个体比较——城市自身的审视；第六章 同体比较——城市之间的对话；第七章 建构比较城市学的初步探索。结束语：城市，让生活更美好。参考文献。

设计控制的理论与实践——当代中国城市设计的新探索

苏海龙 著

中国建筑工业出版社 2009 年 06 月

【内容简介】

随着我国城市化进程的加快，当前设计控制及其相关的设计政策、设计评审方面的研究，正成为我国规划界关注的重点。本书在对比美英两国设计控制的经验基础上，对设计控制的基础理论进行了系统分析和归纳，并结合案例分析了英美等西方国家设计控制的主要发展趋势和我国城市开发与设计控制中存在的问题与误区，从我国规划体系的体制特点出发，从政策机制、政策体系、运行过程以及制度创新等多个方面提出了符合我国国情的设计控制的理论与方法。本书借鉴了政策科学、符号学、环境行为学、环境美学和交往行为理论等相关理论，并结合大量的国内外城市设计案例进行了深入论述，具有较高的理论价值和实用价值。

【目录】

1 绪论；2 设计控制的起源与发展；3 设计控制的最新实践：以英美为例；4 设计控制的对象；5 设计控制的基础理论；6 设计控制的体制类型、政策机制与政策体系；7 设计控制的运行过程；8 我国设计控制的问题与建议。附录。参考文献。后记。

复杂：城市规划的新观点

赖世刚，韩昊英 著

中国建筑工业出版社 2009 年 09 月

【内容简介】

有关复杂科学的研究在西方正如火如荼般地展开，而以复杂理论作为探讨城市发展演变的范型（paradigm），近年来已受到西方国家的重视，且研究活动十分活跃。反观台湾及大陆的状况，在城市及区域研究领域中从事以复杂理论为基础之空间过程研究的学者并不多，且未受到广泛重视。作者深切认为，复杂理论中有许多概念，一反凌驾前两个世纪科学革命的化约主义（reductionism），以整体的观点看待这个世界的万事万物，而此与传统中华文化的宇宙观是不谋而合的。本书集结了作者近十余年来以复杂科学从事城市现象、规划作用以及城市系统演变的仿真，在台湾及大陆可谓开此类研究的先河。复杂理论将改变我们对城市的认识以及对规划的理解。

【目录】

第一章 都市与自我组织；第二章 分区管制与都市变迁；第三章 都市中规划的作用；第四章 厂商聚集与幂次法则；第五章 都市人口分布的空间秩序；第六章 递增报酬、都市聚集与幂次法则；第七章 人口迁移与地景变化的影像；第八章 不同报酬函数形态的比较。

中国城乡发展模式转型的思考

吴良镛 著

清华大学出版社 2009 年 10 月

【内容简介】

本书以近30年来中国城乡规划与建设过程为背景，系统阐述了中国人居环境科学的缘起和阶段性进展。针对当前中国城乡发展模式转型的客观需要，本书指出了人居环境科学所面临的时代任务和发展趋势，是一本学科前沿专著。

【目录】

序言；自序；1 引言.；2 最优越的机遇与最尖锐的矛盾；3 对发展模式的思考；4 从城乡建设中的问题论发展模式转变；5 适应时代要求，推进专业改造，发展人居环境科学；6 结语。

城市工业用地更新与工业遗产保护

刘伯英 著

中国建筑工业出版社 2009 年 10 月

【内容简介】

以城市复兴为目标的城市工业用地更新是一个复杂的系统工程，内容丰富，涉及城市物质环境、经济、文化、社会等各个领域。本书从城市更新、城市再开发、城市复兴、城市棕地更新和再开发的理论和实践发展出发，对城市工业用地的更新进行了系统研究。对国外城市工业用地段更新的实践进行了总结，归纳总结出以德国鲁尔为代表的区域整体实现复兴，以法国巴黎为代表的城市整体调整改造，以及以英国伦敦挪威奥斯陆为代表的城市重点工业地段和滨水工业区的改造更新，三种主要的城市工业用地更新的类型。论述了工业遗产保护与再利用、工业遗产旅游、工业企业搬迁后的拆除和生态修复等内容；提出了中国城市工业用地更新和工业遗产保护的实施机制。

【目录】

上篇 工业用地更新：第1章 城市工业用地的内涵；第2章 城市工业用地更新的理论发展；第3章 国外城市工业用地更新的实践；第4章 城市工业用地更新的实施机制。下篇 工业遗产保护：第5章 工业遗产的内涵价值与研究方法；第6章 工业遗产的田野考察与保护管理；第7章 国外工业遗产保护的实践；第8章 工业遗产保护的实施机制；第9章 结语。参考文献。

人居环境视野中的游憩理论与发展战略研究

王珏 著

中国建筑工业出版社 2009 年 11 月

【内容简介】

从人居环境的视角出发，本书首先从理论上对游憩的品质、游憩系统、游憩空间进行了研究；并在此基础上，分析我国城市游憩发展中存在的种种问题，通过借鉴西方游憩发展政策与规划的相关经验，具有针对性地提出了相应的综合性策略与规划方法。

【目录】

绪论。第一篇 解读游憩：第1章 游憩的理想与理想的游憩；第2章 人居环境中的游憩系统与游憩空间。第二篇 问题与困惑：第3章 我国游憩发展面临的问题与困惑；第4章 《雅典宪章》的启示；第5章 由空间规划到综合策略——西方近现代游憩规划思想的历史嬗变及其启示；第6章 西方当前游憩规划的体系构成与重要规划类型研究。第四篇 我国游憩发展的宏观策略与规划方法研究：第7章 我国城市游憩发展的综合战略研究；第8章 适宜我国游憩发展的规划体系建构与方法探讨；第9章 结论——科学运用游憩综合效益，推动人居环境整体发展。参考文献。后记。

名家谈规划

王新文 主编

中国建筑工业出版社 2009 年 11 月

【内容简介】

本书收录了近百名国内外规划建筑名家发表的关于城市规划的观点，反映出各位名家对于城市规划的理解和他们的相关思想。同时简单介绍了国内外规划建筑名家和重要文献，具有相当的参考价值。

【目录】

城市规划；城乡统筹；区域规划；城市定位；城市功能；城市文化；城市历史；生态城市；城市形象；规划管理；公众参与；城市建筑；城市设计；规划师；规划名家简介；文献资料简介。

首都体制下的北京规划建设管理
——封建帝都 600 年与新中国首都 60 年

刘欣葵 等编著

中国建筑工业出版社 2009 年 12 月

【内容简介】

本书是北京市"十一五"哲学社会科学重点研究项目，是一部反映北京城市规划的史料性、专业性图书。 本书从首都城市职能的视角，以元大都、明北京、清北京，以及日伪、民国时期北京城的规划建设，到新中国成立60年来六次城市总体规划的编制和实施、管理为脉络，详细阐述了北京城市规划背景、规划内容、管理变革、实施效果等，系统地论述首都体制下北京城市规划建设与管理的过程、方式和效果。最后，还特意对10位亲身经历首都规划建设60年历程的城市规划和管理专家进行了专访，原汁原味地呈现给读者。本书以大量的档案文件、史料作依据，资料翔实、历史感强，是研究北京城市规划必不可少的一本专业性著作。

【目录】

第一篇 封建帝都600余年的规划建设与管理；第二篇 新中国首都60年的规划建设与管理：；第三篇 首都城市规划建设管理的相关问题研究；第四篇 亲身经历首都规划建设的专家访谈。后记。参考文献。

文化遗产保护与城市文化建设

单霁翔 著

中国建筑工业出版社 2009 年 01 月

【内容简介】

本书研究的主要内容为，在"广义建筑学"、"有机更新"理论和人居环境科学的启发下，在科学发展观的指导下，采取"融贯的综合研究"方法，探讨我国文化遗产保护和城市文化建设的可持续发展问题。通过对存在问题进行批判性反思，扩大专业视野与职业思维，从文化、文化遗产、城市规划学科融会的角度，预测可能的发展途径，进行综合对策研究，找出解决问题办法。

【目录】

传统聚落结构中的空间概念

王昀 著

中国建筑工业出版社 2009 年 08 月

【内容简介】

本书为"建筑文化与思想文库"丛书之一。本书展现了全新的传统聚落研究视角。世界上存在各种各样的聚落，研究手法各有不同，本书通过将聚落的各项指标进行定量化、类型化，从一个全新的视角分析了聚落的空间结构。作者通过对聚落的实地调查，发现聚落中的居民拥有相对固定的空间概念，而且在聚落的建造过程中将它们转化成聚落的空间组成，并最终通过聚落中住居的大小、住居的方向以及住居之间的距离表现出来。从这个角度，作者将聚落空间作为数量进行捕捉，并试图建立起聚落空间的数学模式。通过这种数学模式，将多种不同形态的聚落还原成为矩阵坐标中的点，以这些点之间的关系作为依据对聚落进行分类。本书便记录了从发现聚落的空间概念开始到定量分析为止等一系列分析过程。

【目录】

黄土高原·河谷中的聚落
——陕北地区人居环境空间形态模式研究

周庆华 著

中国建筑工业出版社 2009 年 01 月

【内容简介】

本书借鉴生态学原理，结合流域治理相关成果，通过对陕北人居环境空间形态演化历史的回顾，深入剖析了河谷沟壑地貌所形成的河谷集聚效应、河谷闭合效应、河谷传输效应、河谷交汇效应等相关规律，重点提出了三个层面人居环境空间形态演化的适宜模式，包括宏观层面河谷城镇空间递阶扩张模式、中观层面城乡空间统筹发展模式、微观层面小流域乡村枝状空间模式以及传统窑洞空间形态改进模式等。在理论研究基础上，本书以陕北米脂县为实例，结合水土保持相关工程措施，对有关模式进行了实践性深化，并初步完成了探讨性规划设计工作。

【目录】

建筑史（第 24 辑）

贾珺 主编

清华大学出版社 2009 年 02 月

【内容简介】

《建筑史》原名《建筑史论文集》，是中国国内第一部专门发表建筑史研究论文的学术丛书，由清华大学创办于1964年，本书为第24辑。本辑共收入论文16篇，内容涉及中国古代建筑、古代城市、古典园林、工程技术、乡土建筑、外国现代建筑史以及建筑史学研究等领域。

对于《营造法式》的研究一直是中国建筑史学界关注的重点，本辑所刊《〈营造法式〉大木作功限研究》一文试图对《营造法式》的大木作功限条文进行系统梳理和探讨；李浈先生的论文对古代建筑实践中常用的官尺、营造尺和鲁班尺的变迁情况、地域因素及其对建筑工程的影响作了细致的分析；《江南水乡建筑技术研究》分别从平面、梁架、牌科、提栈、屋顶等不同层面对江南水乡地域建筑技术进行初步的探讨；王才强先生的论文论述了隋唐长安、洛阳所奠定的城市模式对日本城市平城、长冈和平安的影响；《明代城池的规模与等级制度探讨》一文对明代几个主要地区的城池规模与等级情况做了梳理，为进一步的城市史研究打下基础；《筑台考略》以文献记载与考古材料为依据，论证了先秦"筑台"现象的源流及其对后世的影响；对北京长春园中的如园、浙江江山市三卿口窑村的研究分别为古典园林研究和乡土建筑研究领域提供了新的成果；本辑还有论文分别对秦简中所见战国末期"士伍"阶层的居住形态、中国建筑史学史、中西方建筑模数比较、韩国儒学传播与国子监建设、美国芝加哥同业中心大厦设计等课题和建筑案例进行了研究和分析。

【目录】

建筑史（第 25 辑）

贾珺 主编

清华大学出版社 2009 年 09 月

【内容简介】

《建筑史》原名《建筑史论文集》，是中国国内第一部专门发表建筑史研究论文的学术丛书，由清华大学创办于1964年，本书为第25辑。本辑共收入论文15篇，内容涉及中国古代建筑、古典园林、传统工程技术、中外建筑比较、文化遗产保护以及历史街区保护与更新等领域。

张十庆先生的新作《〈营造法式〉八棱模式与应县木塔的尺度设计》以《营造法式》中关于正八边形建筑尺度构成方式的记载为参照，对应县木塔平面尺度形成的原因进行深入的分析，并由此对中国古代建筑工程尺度设计中的传统数学思维方式作进一步的探究；《义县奉国寺大雄殿调查报告》通过全面的测绘和调查，获得这座现存辽代规模最大的木构建筑的大量原始信息；《苏州云岩寺塔复原研究》根据塔身遗迹、勘测资料和地域样式的对比分析，对江南五代楼阁式塔的早期代表——苏州云岩寺塔作了复原探讨；诸葛净先生的论文从礼仪规制的角度对明代南京宫殿空间进行新的解读；郭华瑜先生和刘畅先生的文章分别对明代南京明孝陵明楼的形制和清代乾隆时期紫禁城改建院落的规划方法做出详细的研究；《敦煌经变画佛寺内水体与露台布局研究》一文通过对初唐-宋代敦煌壁画中的净土经变画的分析，总结其中所反映的佛寺内水体与露台布局的演变模式；王贵祥先生的论文通过文献梳理，对中国古代建筑文化中的方位概念做出深入的理论分析；沈旸先生的论文以韩国朝鲜时期的成均馆为研究对象，总结其空间特色，并对中、韩两国的国子监进行比较；陈栋无生的论文从非物质文化遗产的角度出发，以中国古代大木作工艺为例，提出了中国传统建筑工艺遗产的"原创性"问题；马炳坚先生的文章结合作者本人多年的实践经验，探讨如何借鉴《威尼斯宪章》等国际宪章的精神，从中国文物建筑保护修缮工作的实际情况出发，建立一套符合中国国情的古建筑保护维修理论；《北京私家园林保护现状调查与分析》一文在作者多年调查和研究的基础上，对北京私家园林的保存现状进行详细记述，并对其保护策略提出自己的见解；《加拿大里多运河申遗研究——兼论其对中国大运河申遗的借鉴》以2007年登录世界文化遗产名录的新案例--加拿大的里多运河为研究对象，探讨当前世界遗产全球战略的背景下运河类遗产的特殊价值和保护思路，可为中国大运河申遗工作提供有益的参考；意大利学者路易吉·戈佐拉先生的《一个位于中国的意大利式的保护与复原项目》通过"过程类型学"（Typology of the Process）的方法，结合北京什刹海白米斜街历史保护区保护与更新研究项目，探讨现代化背景下北京传统四合院的保护与发展问题。

【目录】

《营造法式》八棱模式与应县木塔的尺度设计；义县奉国寺大雄殿调查报告；苏州云岩寺塔复原研究；敦煌经变画佛寺内水体与露台布局研究；明洪武时期南京宫殿之礼仪角度的解读南京明孝陵明楼建筑形制研究；乾隆朝紫禁城改建院落规划方法刍议——以寿康宫、南三所、宁寿宫为例；中国古代建筑方位问题探讨；《园冶》与《闲情偶记》的园林观比较；《威尼斯宪章》与中国古建筑文物保护修缮；一个位于中国的意大利式的保护与复原项目；中国传统建筑工艺遗产的"原创性"问题初探——以大木作工艺为例；北京私家园林保护现状调查与分析；加拿大里多运河申遗研究——兼论其对中国大运河申遗的借鉴；韩国朝鲜时期成均馆的建筑与空间——兼论中、韩国子监之比较。

中国建筑史论汇刊·第壹辑

王贵祥 主编

清华大学出版社 2009 年 01 月

【内容简介】

《中国建筑史论汇刊》由清华大学建筑学院主办，以莵集发表国内外中国建筑史研究论文为主旨。本辑收入论文20篇，涉及中国古代建筑法式制度、城邑与里宅、园林与园林史、建筑史学史、堪舆与空间环境、建筑文化诸方向，并附有部分古代建筑测绘例图。书中所选《林徽因先生年谱》以事系年，依据史源学方法谱写林徽因辉煌坎坷的学术人生，既具方法论价值，对建筑史学史也颇有裨益；《卑宫室、人伦至善与建筑的形而上》，从深层次对阻滞古代中国建筑发展的内在动因行解剖；《中国私家园林对日本、欧洲造园的影响及其比较》以史为证，论述中国私家园林对日本造园的诸方面影响；《斗拱、铺作与铺作层》从一个新视角对唐宋木构建筑之"斗拱"与"铺作"进行解读；《保国寺大殿大木结构测量数据解读》等论文则从不同角度对古代木构建筑研究提出新见解。《明代建城运动概说》、《隋唐长安城坊内官员住宅基址规模之探讨》、《北京私家园林研究概说》是几位作者在国家自然科学基金支持下的最新研究论文。《从"天圆地方"的观点看"八宅"的操作架构》文涉古代堪舆学，钩沉起滞，颇见功力，非一般伪滥风水说文字堪比。书中所选论文，均系各位作者悉心研究之新作，虽与编者之观点未必相契，却无应时之笔，无急就之章，更无新瓶旧酒之虞，殊以飨读者学术之趣。

【目录】

一、古代建筑法式制度：钟晓青，斗拱、铺作与铺作层；刘畅、孙闯，保国寺大殿大木结构测量数据解读；温玉清，"以材为祖"：奉国寺大雄殿大木构成探赜； 段智钧，南禅寺大殿大木结构用尺与用材新探；李路珂，初析《营造法式》中的装饰概念；陈涛、李相海，隋唐宫殿建筑制度二论——以朝会礼仪为中心；二、古代营邑立城与制里割宅：王贵祥，明代建城运动概说；贺从容，隋唐长安城坊内官员住宅基址规模之探讨；姜东成，元大都住宅布局与建筑模式初探；王晖，隋唐洛阳里坊规划方法之探讨；李德华，明代山东地区城市中衙署建筑的平面与规制探讨；包志禹，明代府州县城池与建筑的经费来源——以北直隶为例；三、古代园林与园林史：陈薇，中国私家园林对日本、欧洲造园的影响及其比较；贾珺，北京私家园林研究概说；顾凯，晚明江南造园的转变；四、建筑史学史：曹汛，林徽因先生年谱；五、古代堪舆与空间环境：邱博舜，从"天圆地方"的观点看"八宅"的操作架构；程建军，中国传统建筑风水"水口"理论与实践；六、古代建筑文化：吴庆洲，仿生象物——传统中国营造意匠探微；王贵祥，卑宫室、人伦至善与建筑的形而上；七、古代建筑测绘实例。

中国建筑史论汇刊·第贰辑

王贵祥 主编

清华大学出版社 2009 年 10 月

【内容简介】

《中国建筑史论汇刊》由清华大学建筑学院主办，以莵集发表国内外中国建筑史研究论文为主旨。本辑收入涉及中国古代建筑法式制度、城邑与里宅、园林与园林史、建筑史学史、堪舆与空间环境、建筑文化诸方向，并附有部分古代建筑测绘例图。

【目录】

略

建筑历史与理论

杨鸿勋 主编

科学出版社 2009 年 11 月

【内容简介】

本书为"首届中国建筑史学全国青年学者优秀学术论文评选"的获奖论文集，全书共收录优秀论文38篇，涉及建筑史、城市史、园林史、建筑文化遗产保护等多个领域，基本上反映出近年来我国建筑史学青年学者的学术研究趋势和水准，具有一定的学术价值。中国建筑学会建筑史学分会谨以此书献给中国营造学社成立80周年，以示对先辈学者开创中国建筑史学事业的继承和对他们的缅怀之意。

【目录】

略

中国古代城市二十讲

董鉴泓 主编

中国建筑工业出版社 2009 年 04 月

【内容简介】

本书由我国城市规划界泰斗、中国古代城市规划建设史学科奠基人、同济大学建筑城规学院著名教授董鉴泓，集几十年的研究心得悉心总结提炼而成。本书一改以往学术专著晦涩难懂的文字风格，叙述上力求生动活泼，并附大量生动精彩的图片。本书旁征博引，通过生动有趣的叙述方式、丰富的图片，描述了我国古代城市的方方面面。不仅重点介绍了汴梁、北京、西安、南京、苏州、泉州、大理、丽江、平遥、江南水乡城镇等，还详细论述了城市的类型、城市名称的由来、古代城市的居住里坊、商市、道路系统、寺庙、宫殿、衙门、书院、会馆、古代城市生活与节俗、古典园林、城市景观、城市防御等内容。全书通过雅俗共赏的文字风格，和大量丰富的图片，使读者在轻松的阅读氛围中，对中国几千年的传统建筑文化有了更深层次的理解，对自己曾经去过或者将要去游历的古代城镇，有了更深刻的认识。

【目录】

第一讲 多样化的古代城市——城市的类型；第二讲 城市的名称；第三讲 古代城市规划的杰作——隋唐长安；第四讲 繁华的都城——宋东京（汴梁）城；第五讲 一代名城——从元大都到明清北京城；第六讲 古代大海港——泉州及其兴衰；第七讲 苏州（平江府）及《平江图》；第八讲 平遥；第九讲 世界遗产城市——丽江；第十讲 江南水乡城镇；第十一讲 城市的居住里坊；第十二讲 古代城市的商市；第十三讲 中国古代城市的道路系统；第十四讲 城市中的寺庙；第十五讲 城市中的宫殿、衙门、书院、会馆；第十六讲 古代城市生活与节俗；第十七讲 古代城市与园林；第十八讲 城市景观；第十九讲 城市防御；第二十讲 中国的古城保护：痛楚与成就。编后记。

中国城池史

张驭寰 著

中国友谊出版公司 2009 年 10 月

【内容简介】

我国城池开始甚早，经过五千多年筑城的发展，历代建设的城池，从都城到一般城池，近于千座，再加上明清以来各县镇建城至少有三千多座，总计四至五千座城池。这是浩大壮伟的工程，显示出中国先民的气魄。同时是我国的一笔宝贵财富。这些城池不仅仅数量多，而且其中有许多城池规划设计手法与今天做城市规划有直接应用的意义。特别是其中的军事防卫思想，战备攻城思想渗入其中，对当今军事学中的战斗学、防守进攻学等方面有很大的指导意义。

【目录】

略

中国古代建筑知识普及与传承系列丛书·北京古建筑五书

北京紫禁城

刘畅 著

清华大学出版社 2009 年 5 月

【内容简介】

本书主要分三部分，上篇为图说规划，中篇为图说营造，下篇为图说内廷。在规划部分中，从营国旧事始，明朝朱棣定都北京，再到清朝康熙、乾隆等对于紫禁城的变动，紫禁城始终与国家象征密不可分。在中篇部分，作者谈及古建筑的数据分析方法，并用该方法对于太和殿、英华殿、体仁阁、弘义阁等建筑进行了分析，从而阐释了各建筑在营造上的不同手法以及局部特点。随着作者分析数据的思维路径，并逐渐揣摩出古代工匠的设计思想和方法，没有丝毫的枯燥之感，反而有种解谜般的阅读乐趣。下篇为图说内廷，主要讲述的是紫禁城内的诸多使用者，以及他们对于室内装饰设计的不同审美情趣，还穿插了关于帝后生活起居的趣事，细节感十足，有着不逊于文学作品的故事性。

【目录】

上篇：图说规划；中篇：图说营造；下篇，图说内廷。

中国古代建筑知识普及与传承系列丛书 · 北京古建筑五书

北京古建筑地图（上册）

清华大学出版社 2009 年 5 月

【内容简介】

《北京古建筑地图》的内容以1949年之前建成，现在保存完好、价值较高的历史建筑为主，也记录了今年拆除或重建的一些较为重要的历史建筑。本书分为两册，其中第一分册所收录的范围是现在的二环路以内，亦即明清北京城以内。该册精选了302处较为重要而完整的古建筑，图文并茂地介绍其特点和艺术成就，另选择了719处尚存或刚刚毁去的古建筑，列表注明其地址和保存状况。在对各个建筑单体或建筑群进行剖析和介绍之外，本书还尽可能地从街区或城市的角度来介绍这些建筑作为城市有机整体的一部分，其独特的意义与价值，为便于各行各业的人士使用，本书还对文中涉及的一些建筑学或中国历史的背景知识进行了简要的说明。

【目录】

一、北京旧城古建筑分布；二、分片索引；三、交通简图；四、北京古城史略；五、北京古建筑分片导览；六、附录。

中国国粹艺术读本

古代城市

王徽 著

中国文联出版公司 2009 年 04 月

【内容简介】

西周洛邑，汉长安，隋唐长安，洛阳，宋汴梁、临安，元大都，明清北京，等等。这些在中国乃至世界历史上大名鼎鼎的名词，都是当时居于世界前列的大城市，其规划之先进，城市之宏伟，一直为世人所称颂。中国几千年的文明史通过城市这个角度一一展现，让人感慨无限。对于我国古代城市规划建设的悠久历史和长期发展形成的完备的、富有华夏文化特色的城市建筑方式，更是让人由衷钦佩和赞叹。本书对我国古代著名的城市作了细致的描述，力求让读者对古代城市规划和发展脉络有一个全面的了解。

【目录】

概述；一、萌芽与形成篇——象法天地，天人合一；二、发展篇——承前启后，意义深远；三、成熟篇——气魄宏伟，逻辑严谨；四、繁盛篇——美善之辍，未可言宣；五、当代篇——四大古都的历史沿革。

中国国粹艺术读本

皇陵建筑

刘托 著

中国文联出版公司 2009 年 09 月

【内容简介】

《皇陵建筑》：在中国古代，帝王的陵寝建筑规制是当时社会政治、经和文化活动的重要组成部分，也是王权和社会文明的象征。本书以朝代为序，详细介绍了中国古代皇陵建筑的艺术特色及其丧葬文化。在学习建筑艺术的同时，读者还能了解到更加丰富的中国历史。全书通俗易懂，图文并茂，极具收藏价值。

【目录】

前言；第一章 萌芽时期：一、远古传说与帝陵祭拜；二、早期墓葬与祭祀活动；第二章 创立时期：一、秦汉时期的帝陵；二、魏晋南北朝陵寝；第三章 复兴时期：一、隋唐五代陵寝；二、宋辽金元陵寝；第四章 发展时期：一、明代陵寝；二、清代陵寝。

中国国粹艺术读本

坛庙建筑

赵玉春 著

中国文联出版公司 2009 年 9 月

【内容简介】

趣味浓郁的经典故事，全面展现国粹艺术悠久亘长的发展轨迹。

【目录】

第一章 坛庙建筑概述；第二章 史前时期的坛庙建筑；第三章 天神体系的坛庙建筑；第四章 地祇体系的坛庙建筑；第五章 天子宗庙；第六章 先贤庙（祠）。

中国国粹艺术读本

宗教建筑

黄续 著

中国文联出版公司 2009 年 9 月

【内容简介】

宗教建筑是人类宗教意识、审美观念、风俗习惯、建筑技术的集中体现，在建筑史、文化艺术史中占有重要地位。我国的宗教建筑具有巧妙而科学的框架式结构、庭院式的组群布局、丰富多彩的艺术形象和富有诗情画意的园林艺术特点。本书以生动文字和精美图片展现我国宗教建筑之美。

【目录】

前言；第一章 佛教建筑；第二章 道教建筑；第三章 伊斯兰教建筑。

上海公园设计史略

周向频 陈喆华 著

同济大学出版社 2009 年 04 月

【内容简介】

《上海公园设计史略》以上海作为公园史的切入点进行论述，尝试梳理城市公园在不同时期的形式和功能，以期归纳出公园发展的一般性特征。需要说明的有两点：其一，现代公园的功能、性质、大小各有不同，种类繁多。按国际惯例，公园可分为城市公园和自然公园两大类。自然公园通常指的是大规模的森林公园和国家公园。而城市公园依其规模和功能的不同则又可再细分为综合公园和专类公园等子项。在此，《上海公园设计史略》所论及的公园仅指城市公园，暂不涉及自然公园一项；其二，和中国的其他城市一样，上海的园林在1840年以前是以寺庙园林、私家花园等形式出现的古典园林。1840年鸦片战争后，上海公共租界内建造的“公花园”（黄浦公园）才算是中国最早的公园。《上海公园设计史略》的论述核心针对狭义的公园而言，即从“公共花园”以来真正对市民开放的上海公园。对于近代私人营建的宅园及建国后新建的园林绿带等非严格意义上的公园就不赘述了。

【目录】

序言；前言；第一章 公园的产生与发展；第二章 书画意境的上海古典园林；第三章 近代上海园林的公园转型；第四章 1949年后上海公园的建设探索；第五章 改革开放后的上海公园；第六章 上海公园建设的构想；附录；；参考文献；后记。

园林设计心理学初探

余树勋 著

中国建筑工业出版社 2009 年 05 月

【内容简介】

受到《设计心理学》一书（探讨心理学研究成果在工业造型设计领域的应用问题）的启发，作者写成本书，企图通过本书深入探讨心理学在园林设计中结合应用问题。首先作者追述了作为科学的一个独立分支的心理学的发展简史以及心理学在我国从清代至当代的发展轨迹。其次，作者阐明了本书大量选取古代词赋、游记、园记作为研究素材的缘由，并用大量篇幅探索了园林景物——人工景物与自然景物是如何带给观景者丰富的心理感受的。最后，作者探讨了从心理学角度研究园林艺术创作的困境和方法。

【目录】

第一章 探索园林设计心理学的缘起；第二章 前人喜爱大自然的足迹；第三章 人与自然；第四章 谈景与景名；第五章 园林设计心理学初探。

中国古典园林30讲

李敏 著

中国建筑工业出版社 2009年05月

【内容简介】

本书以讲座的形式，分三十个章节分别讲述了中国古典园林的特点、分类、发展历程、造园要素、审美意境、典型园林案例解析等。图文并茂，通俗易懂。

【目录】

第一讲 中国古典园林的基本概念；第二讲 中国古典园林的主要类型；第三讲 商周秦汉时期中国古典园林的基本形制；第四讲 隋唐时期中国古典园林的发展特点；第五讲 宋元时期中国古典园林的文化特色；第六讲 明清时期中国古典园林的营造成就；第七讲 山水在中国古典园林营造中的作用；第八讲 建筑在中国古典园林营造中的作用；第九讲 生物在中国古典园林营造中的作用；第十讲 天时在中国古典园林营造中的作用；第十一讲 路径在中国古典园林营造中的作用；第十二讲 装饰在中国古典园林营造中的作用；第十三讲 诗画在中国古典园林营造中的作用；第十四讲 中国古典园林主要的建筑形式；第十五讲 亭、廊、台、榭在中国古典园林中的作用；第十六讲 厅、堂、轩、馆在中国古典园林中的作用；第十七讲 楼、阁、斋在中国古典园林里的作用；第十八讲 桥、舫、塔、墙在中国古典园林里的作用；第十九讲 中国古典园林的主要艺术特色；第二十讲 如何理解中国古典园林的审美意境；第二十一讲 中国古代皇家园林的营造特点；第二十二讲 圆明园、颐和园主要造园特色赏析；第二十三讲 承德避暑山庄的造园艺术成就赏析；第二十四讲 中国古代私家园林的营造特点；第二十五讲 苏州古典园林的造园艺术特色赏析；第二十六讲 中国古代寺庙园林的营造特点；第二十七讲 中国古代寺庙园林的精品营造范例；第二十八讲 中国古代山岳风景名胜之精品赏析；第二十九讲 中国古代江湖风景名胜之精品赏析；第三十讲 中国古典园林对世界园林文化的贡献。

屋顶艺术

楼庆西 著

中国建筑工业出版社 2009年06月

【内容简介】

屋顶是古今中外的大多数建筑的重要组成部分。它不仅建造得坚固耐用，承担了遮风挡雨的实用功能；更因其形象突出、装饰美观，而成为建筑物中画龙点睛之笔。屋顶的分类、造型、细部装饰构件、组合、装饰规律等将在这本书中一一呈现。该书文字通俗易懂，配以大量图片，兼具可读性、资料性、收藏性。

【目录】

概说；从硬山到庑殿；如鸟斯革的曲线；正脊与正吻；瓦当、滴水与小兽；攒尖宝顶；美丽山花；热闹的屋面；屋顶组合；装饰规律。

纪念性艺术综合体

王治君 著

中国建筑工业出版社 2009年06月

【内容简介】

本书较为系统地介绍了有代表性的不同国家建造的纪念性艺术综合体案例，图文信息量大，200幅图片中绝大多数为作者实地拍摄，具有参考价值。

【目录】

序。前言。第一章 纪念性艺术综合体的定义、形态特征、表现手法及表现题材；第二章 纪念性艺术综合体的类型；第三章 纪念性艺术综合体的流线组织与空间形态；第四章 绿化和植物选配纪念性艺术综合体；第五章 纪念性艺术综合体的社会学因素；第六章 纪念性艺术综合体听非物质要素；第七章 国内外纪念性艺术综合体著名案例比较分析。结语。主要参考文献。

明清意象

马书 著

中国建筑工业出版社 2009年08月

【内容简介】

本书是《明清制造》的姊妹篇，分为：衍生篇和钩沉篇。衍生篇主要为展开并延续中国古典家具的本质。以大量例证证明现今的一些古典家具或者仿古家具的原型，以及演变和衍生过程，有生动珍贵的家具图片，还有纹样的演变样式图。钩沉篇，主要为拾遗并收集中国古典家具的式样。

【目录】

序·马未都；自序·桐荫呢喃；衍生；钩沉；后记。

中国名园

陈从周 著

同济大学出版社 2009年09月

【内容简介】

中国园林的灵魂是“诗情画意”，即以如画之景，寄寓诗情和哲理。本书为造园大师陈从周先生所作，是作者对中国园林一生研究的结晶。全书共分10篇，以深入浅出的文字评析了大江南北各类园林的风格，又配以大量精美的图片，从而把读者引入到景色优美、意蕴深远的高妙境界。

【目录】

1 园日涉以成趣；2 悠然把酒对西山-颐和园；3 移天缩地在君怀-避暑山庄；4 别有缠绵水石间；5 绿杨宜作两家春-拙政园；6 小有亭台亦耐看-网师园；7 庭院深深深几许-留园；8 幽谷清溪假亦真-环秀山庄；9 二分明月在扬州-扬州园林；10 有法无式格自高。

造园学概论

陈植 著

中国建筑工业出版社 2009年10月

【内容简介】

本书是我国现代第一部造园理论及技术专著，对园林研究、园林专业的创立、园林教育的发展具有开创性、奠基性的重大意义，影响深远。

【目录】

第一篇 总论：第一章 造园学之意义；第二章 造园学于学术界之位置；第三章 造园学之体系；第四章 造园之分类。第二篇 造园史：第一章 中国造园史；第二章 西洋造园史；第三章 日本造园史。第三篇 造园各论：第一章 庭园；第二章 都市公园；第三章 天然公园；第四章 植物园；第五章 公墓；第六章 都市美。第四篇 结论：第一章 国内造园近况；第二章 南京都市美增进之必要；第三章 对于我国造园教育之管见；第四章 对于我国造园行政管见。本书主要参考用书。校对说明。

展览新空间

李小宁 著

中国建筑工业出版社 2009年03月

【内容简介】

展览在现代生活中变得非常普遍，每年各大/中城市均会有不计其数、大大小小的展览，其中大多数为商展。展会中，展商最大的目的就是宣传企业产品、展示企业形象、吸引合作者等。因此展位的设计就变得非常重要。展览空间的设计有其独特性，比如形状独特、主题鲜明、时效性强等。本书的作者长年从事展览设计，又精通摄影。本书中的所有图片均是作者在国外参加展会精心挑选摄制的，针对每个展位的情况，作者又从从业者的观点对其进行了简短的分析和评价。因此本书特别适合专业从事展览设计、或者对展览设计感兴趣的人阅读。也适合室内设计、环艺设计的学生学习参考。

【目录】

现代展览设计中的形、色、空（代前言）；主体造型篇；陪体造型篇；安装演示篇；摆放展示篇；咨询台篇；洽谈桌篇；展览阅读（后记）。

室内设计与空间表达

田原 编著

中国建筑工业出版社 2009年05月

【内容简介】

空间设计来自于人类对空间的需求，也来自于人类对艺术的渴望，空间设计艺术是实用艺术，它的主体是人，主体在空间中的体验活动成为验证设计优劣的标准，也是推动空间设计艺术向前发展的原动力。本书收录了十种空间的设计实例，从设计的角度分别由平面功能分区，使功能既有明确的范围规定，又不失空间的互动性、共享性。设计说明以设计师的语言去分析与表达。展示了独特设计创作理念，强烈的空间气氛，各空间根据功能的不同，风格各异，有的现代简约，有的古典典雅。黑白线稿体现出空间的形体特征。材质色彩分析方面，强调空间渗透与延伸的对话，利用色彩关系打破空间的单调，使空间更为灵动。彩色效果图强调生态、绿化、水体的连续性及趣味性和层次感。

【目录】

商业空间；展示空间；办公空间；娱乐休闲空间；医疗设施空间；餐饮空间；LOFT空间；教育设施空间；居住空间。

写意雕塑概论

陈培一 编著

中国建筑工业出版社 2009 年 11 月

【内容简介】

本书对写意的“传神达意，以意写形，重在挖掘和表现对象的内存美”等写意雕塑的核心问题进行了系统的、深入的总结与梳理。全书分七章，十八节阐述，主要内容包括：何谓写意、写意雕塑的本质特征，中国写意的历史，写意雕塑的生成，西方的写意性雕塑，中国的写意性雕塑，中国传统审美、写意雕塑的审美、中国写意精神、中国写意雕塑的民族形式及中国写意和类型等。

【目录】

第一章 写意之概念；第二章 写意雕塑之由来；第三章 “写意”性雕塑之发展历史；第四章 写意雕塑之审美；第五章 中国写意雕塑之精神；第六章 中国写意雕塑之民族形式；第七章 中国写意雕塑之类型。后记。参考书目。

北京私家园林志

贾珺 著

清华大学出版社 2009 年 12 月

【内容简介】

北京是辽金元明清历代都城所在，不但皇家园林鼎盛，而且曾经出现过大量的私家园林，形成独立的造园体系，地方特色鲜明，取得了很高的艺术成就，是中国古典园林的杰出代表。本书是国家自然科学基金和清华大学基础研究基金项目的重要成果，通过大量的现场调研、测绘和文献考据，首次系统、深入地对北京私家园林进行全面的探讨。

全书分为三个部分，上卷“综合研究”对北京私家园林的历史源流、造园意匠、园居生活和文化内涵进行分析论述，并对其保护对策进行探讨。下卷“实例萃编”对不同规模的36处典型园林实例的建置沿革进行考证，同时对其基本格局和造园特色作进一步的分析；附录“故园钩沉”以辑录古今文献为主、调研摄录为辅的方式对300多座北京历代私家园林进行梳理、考证、记录，以留存历史印记。本书对于建筑史、园林史的研究有较高的学术价值，对北京的古城保护具有重要的参考意义，同时也可为当前的首都景观建设提供一定的借鉴。

【目录】

上卷 · 综合研究；绪论；第1章 北京私家园林历史源流；第2章 北京私家园林造园意匠；第3章 北京私家园林中的园居生活；第4章 北京私家园林的社会文化内涵 ；第5章 北京私家园林保护问题刍议；结语；下卷 · 实例萃编；第6章 庭园；第7章 小型园林；第8章 中型园林；第9章 大型园林；附录 · 故园钩沉；参考文献；后记。

韩国现代城市景观设计

（韩）朴景子，吴辉泳，李华 主编

中国建筑工业出版社 2009 年 11 月

【内容简介】

本书收录了自20世纪90年代以来韩国具有代表性的城市景观设计作品。本书由以下内容组成：第一章公园，包括综合公园、儿童公园、植物园、路边公园等；第二章绿化带，包括街道绿化带、步行街绿化及滨江公园等；第三章广场，包括园林广场、纪念广场、休闲广场等；第四章居住区绿地，包括高层、低层、私人医院等绿地；第五章公共绿地包括体育场、博物馆绿地等；第六章单位绿地，包括疗养院、机关、酒店、陵园、高尔夫球场等绿化；第七章为景观小品；第八章为城市景观规划实施方案竞标方案等。

【目录】

第一章 公园；第二章 绿化带；第三章 广场；第四章 居住区绿地；第五章 公共绿地；第六章 单位绿地；第七章 景观小品；第八章 城市景观规划。第一版译后记。第二版译后记。

建筑学及相关学科（原著第三版）

（希腊）安东尼 · C · 安东尼亚德斯 著

中国建筑工业出版社 2009 年 01 月

【内容简介】

本书通过一些历史和当代的法则，介绍、研究了几乎涵盖建筑理论与历史、建筑美学、交叉原则、建筑的演变历史、建筑空间与环境、建筑设计、室内设计、城市设计、城市规划、建筑能源、建筑技术以及与建筑相关的法则等多个领域。作者一直致力于研究将所有建筑论点中好的元素结合在一起，并在他的著作中加入一些草图，利用这些草图来讲述理论概念的交流方法。本书内容丰富，富有深度，学术价值高，脉络清晰，系统性强，论述严谨而中肯，分析和评论深刻而客观，具有学术研究的严肃性，为我国建筑师及建筑系师生提供了许多启发和教益。

【目录】

第一部分 建筑学：第1章 建筑学简介；第2章 建筑学与美学；第3章 设计概念；第4章 建筑简史；第5章 20世纪建筑的演变；第6章 为人类和社会的建筑；第7章 建筑技术；第8章 为能源保护而设计；第9章 创造建筑空间；第10章 建筑空间的经济学和美学；第11章 历史保护和相关的环境治理；第12章 第一部分结束。第二部分 建筑的相关学科：第13章 对相关学科的简介；第14章 景观建筑；第15章 室内设计；第16章 城市设计；第17章 城市规划；第18章 区域规划。后记。参考文献。

现代建筑的演变 1945-1990 年

（英）彼得 · 布伦德尔 · 琼斯，埃蒙 · 卡尼夫 著

中国建筑工业出版社 2009 年 04 月

【内容简介】

本书从独特的视角选取了一些具有代表性的建筑实例，这些实例涵盖面比较广泛，包括了现代建筑作品和后现代建筑各流派的早期作品。例如高技派、欧洲新理性主义、狭义后现代派、解构主义等。作者对这些作品逐个进行比较深入的分析研究，图文并茂，内容扎实，言之有物，从而使读者实实在在地领会到现代建筑的演变过程，同时也从中学习到不同流派的基本理论和设计手法。

【目录】

案例研究。第1章 埃姆斯夫妇：动乱姆斯住宅，太平洋—帕利塞德区，1945—1949年；第2章 动乱贡 · 艾尔曼和塞普 · 鲁夫：布鲁塞尔世博会德国馆，1958年；第3章 阿尔多 · 凡 · 艾克：孤独院，阿姆斯特丹，1945～1959年；第4章 戈特弗里德 · 伯姆：市政厅，本斯贝格，1962～1971年；第5章 史密森夫妇：《经济学人》杂志总部大楼，伦敦，1964年；第6章 斯特林和高恩：莱斯特大学工程馆，1959～1964年；第7章 赫尔穆特 · 施特里夫勒：达豪集中营新教徒礼拜堂，1964～1967年；第8章 京特 · 贝尼施及合伙人：慕尼黑奥林匹克中心，1967～1972年；第9章 卡洛 · 斯卡帕：老城堡博物馆，维罗纳，1957～1974年；第10章 吕西安 · 克罗尔：医学院之家，布鲁塞尔，1969～1972年；第11章 拉尔夫 · 厄斯金：拜克住区，纽卡斯尔，1969～1975年；第12章 诺曼 · 福斯特：威利斯 · 费伯和仲马公司，伊普斯威奇，1975年；第13章 贾恩卡洛 · 德 · 卡洛：乌尔比诺的教育学院，1968～1977年；第14章 伦佐 · 皮亚诺和理查德 · 罗杰斯：蓬皮杜中心，巴黎，1969～1977年；第15章 阿尔多 · 罗西：圣卡塔尔多新墓园，摩德纳，1971～1978年；第16章 彼得 · 埃森曼：维克斯纳视觉艺术中心，哥伦布市，俄亥俄州，1983～1989年；第17章 卡尔约瑟夫 · 沙特纳：孤独院，艾希施泰特，1985～1988年；第18章 文丘里和斯科特 · 布朗：塞恩斯伯里厅，国家艺术博物馆，伦敦，1986～1991年。结语。参考文献。图片来源。

“建筑学”的教科书

（日）安藤忠雄 等著

中国建筑工业出版社 2009 年 05 月

【内容简介】

本书通过日本14位著名的建筑师谈建筑心得，讲述自己对建筑的肺腑之言，以便让读者明白学习建筑的方法不只是一个。首先，将“学建筑”细分为“学习建筑设计”、“学习观察建筑”、“学习修缮建筑”等等，有数不清的学习建筑的方法和目的，到底学什么才好，答案也不是唯一的。接着，讲述学习建筑和年龄、经验没有关系，谁都能学习，并且谁都能够做

到、学习建筑也可以从不同的角度来开始。书中的诸多话题给读者们呈现了建筑千变万化的魅力。但其共通之处就是不论哪个话题都让读者感觉到"建筑从各种角度来理解都很有意思"、"建筑有无限的可能性"。人人都可以思考建筑，人人都可以从中找到自己的答案或者感受建筑的可能性。人类在建筑之中生活，在充斥着建筑的风景中旅游，在建筑中工作、思考，最后在建筑中死亡。人类无法逃避建筑。所有的人都和建筑有着不可分割的关系。所以说,人都有必要了解建筑。这本书正是为了给所有的读者提供一个建筑入门的机会而编著的。

【目录】

序：教科书中所没有的另一个版本。第1课 上午课：邂逅建筑——摇摆的心；建筑是美丽的——技术和艺术的融合；联结建筑——人类智慧的结晶 · 建筑；建筑是广阔的——雨林深处有什么。第2课 下午课：建筑是强韧的——关于建筑的强度；感受建筑——为了小小的场所；建筑师很辛苦——建筑师这个职业；建筑是软弱的——自然的力量是伟大的；散发毒气的建筑物——"致病屋"（Sick house）的问题。第3课 晚自习：侦探建筑——特聘建筑师之谜；向建筑舞剑——反思历史、从历史来反思；修缮建筑——信念，技术与爱心；建筑是可疑的——城堡、宫殿、原爆穹顶；同建筑抗争——给得过且过的人的忠告。插图。照片出处。

新共生思想

（日）黑川纪章 著

中国建筑工业出版社 2009 年 07 月

【内容简介】

作为世界级大师，黑川纪章先生不仅仅对建筑、城市规划有着精深的造诣，对其他专业也融会贯通、返璞归真，形成了自己的思想，达到了很高的境界。本书是作者集几十年来的积累，从建筑、城市规划引申开来，倡导"共生思想"，综合地对文化艺术、政治、经济和科学技术等各个领域的"共生"进行剖析，还涉及到人与自然、艺术与科学、理性与感性、传统与尖端技术、地域性与世界性、历史与未来、不同年代、城市与乡村、海洋与森林、抽象与象征、部分与整体、肉体与精神、保守与革新、开发与护保等不同层次和不同内容的共生。不同思想、不同物质如何和谐共生，这对建筑师、规划师的思想非常有指导作用，对决策者、一般读者的思维都很有参考价值。

【目录】

新共生思想的序言。译者的话。1 21世纪的世界新秩序——共生的秩序；2 从机械时代迈向生命时代——"生命原理"[代谢][循环][共生]；3 经济的共生——经济与文化的共生；4 超越现代主义——克服二元论；5 唯识思想与共生——共生的根源；6 共生时代的历史思考——重新评价江户时代；7 花数寄——共生的美感；8 利休灰、巴洛克、侃皮——两义性文化；9 共生的条件——"中间领域"，"道"的复权，"圣域论"；10 人与自然的共生——森林的复原；11 机巧的思想——人与技术的共生；12 从后现代走向共生的时代——国际文化的样式；13 走向意义的生成——共生创生出新的意义；14 抽象、象征——抽象与象征的共生；15 沙漠实验城市——传统与最先进技术的共生；16 国土大改造计划——网络城市与复合轴；17 亚洲的共生开拓未来的亚洲文艺复兴；18 结束语——从渴爱与无明中的解脱。

建筑教学实践——北京 751 地块三维城市结构设计

（芬）卡斯 · 欧斯特豪斯，托马斯 · 亚斯凯维茨 编

中国建筑工业出版社 2009 年 01 月

【内容简介】

751方案是国内建筑界热点方案798改造的姊妹篇，其对相近的厂区改造提出了更为激进和前卫的设计理念。本书侧重于教学实践上的探讨和类比。国际性的联合教学使本出版物综合了各具特点的教学实践，而通过对此实践的横向类比，彰显了不同国家、院系教学的个性及优势。这不仅仅可以开阔学生读者的眼界与思路，更能为从事教学实践的广大建筑教师提供翔实的、开阔的专业参考。

【目录】

蜂群思维；多人设计；结构设计研究；数据交换研究；生态和能量研究；水楼；都市流浪者；线框球体；强五感；方位——交通——支持；旅馆+会议大厅；网；三维野营；六角形；三维城市；产生751；蜂巢；住宅+办公；城市中的城市；胃；机械太空船；飞行文化马戏团；城外；空间制造；中间体；零区——751地块；气：参数化场所。

建筑空间中的色彩与交流（原著第四版）

（德）梅尔文，罗德克，曼克 著

中国建筑工业出版社 2009 年 01 月

【内容简介】

本书从瑞士引进，是首次出版于1998年的德文书籍《Mensch-Farbe-Raum》原著的第4版。这个修订版更加强调了色彩在建筑空间中的交流价值，而且非常关注生理学、心理学和神经心理学方面的内容，以及视觉与人体工学的关系。本书不关注色彩的时尚和潮流，而把注意力集中于色彩在建筑和室内设计中的实质性问题。色彩设计中所使用材料的重要性是一个非常关键的新问题。本书旨在强化我们对不同的建筑和室内的认识，从而掌握色彩的表现和效果，以及应用色彩心理学的基本知识。本书分析了人类生活中主要的空间环境，第一至十章提出了作为所有色彩设计的基础的现代基本知识，第十一章则描述了实践中的例子。

【目录】

前言。第1章 人类——设计的焦点；第2章 作为交流工具的感官；第3章 色彩——环境要素；第4章 人与彩色；第5章 色彩的设计要素；第6章 光与色彩；第7章 材料与色彩；第8章 空间的建筑学问题；第9章 交流：人——色彩——空间；第10章 色彩设计实践；第11章 设计领域。结论。附录。

勒 · 柯布西耶的细部设计

（英）弗洛拉 · 塞缪尔 著

中国建筑工业出版社 2009 年 12 月

【内容简介】

本书共分7个章节，前6个章节主要讲独立的细部设计及其重要作用，该书先对每种类型的细部问题进行研究，然后通过照片和大样图，以及相关档案资料等一系列实例进行说明。最后一个章节，从整体性研究一种单独空间的角度，将所有的主题整合到一起。本书的研究重点，放在细部的形式和支撑其设计的理念上。其结果，是要给读者形成对以下问题的全面性理解——即细部设计是怎样与勒 · 柯布西耶的设计策略相适配的，以及他是如何在其哲学思想的脉络中运用细部设计的。本书对学生和建筑师来说，要深入了解勒 · 柯布西耶作品中那种本真自然，但又宏伟庄严的特征背后所蕴含的逻辑关系，这本颇具启发性的著作，给人带来一种极为可贵的洞见。

【目录】

导言。第1章 标准化与统一性；第2章 与身体关联的细部；第3章 光明与黑暗；第4章 框构；第5章 建筑漫步中的要素；第6章 仪式；第7章 1959年之云。结语。参考文献。译后记。

精确性

——建筑与城市规划状态报告

（法）勒 · 柯布西耶 编著

中国建筑工业出版社 2009 年 02 月

【内容简介】

本书包括10次勒 · 柯布西耶在布宜诺斯艾利斯的有关建筑和城市规划的讲座，以及一篇有关美洲的序言。序言虽说是有关美洲的，但是却和美洲的建筑没有任何关系。它只是表达了目前美洲建筑师的一种思想状态。当一个人千里迢迢来到美洲作报告，他一定确信自己能够作出足够多的贡献。这10次的讲座始终伴随着一种强烈的渴望，一种永不停歇地，时刻准备提供确定想法的渴望。这也是为什么称此书为《精确性》的理由。全书以一篇有关巴西的推论作为结尾（圣保罗和里约热内卢），同时也能算是有关乌拉圭的推论（蒙得维的亚）。这篇推论主要是对那种城市盲目扩张所造成的日益增长的紧张状态的评论。

【目录】

前言（法文版第二次印刷）。声明。美洲的序言。第一场讲座 将自己完全从学院派的思维方式中解放出来；第二场讲座 技艺是诗篇的基石 它开启了建筑的新纪元；第三场讲座 建筑无处不在，城市规划无处不在；第四场讲座 人性化尺度的住所；第十场讲座 家具制造业；第五场讲座 现代住宅的平面设计；第六场讲座 一个人= 一栋住宅；多栋住宅一座城市第七场讲座 一栋住宅，一座宫殿——建筑整体性研究；第九场讲座 巴黎瓦赞规划：布宜诺斯艾利斯能成为一座伟大的世界之都吗？第八场讲座 世界城以及一些可能是终极的思考；里约热内卢的讲座 巴西的推论……同时也是乌拉圭的。附录 巴黎的

热度；莫斯科的气氛
“一份说明”。译后记。

19世纪与20世纪的城市规划

（德）迪特马尔·赖因博恩 编著
中国建筑工业出版社 2009年01月

【内容简介】

本书以大量的城市规划图和建筑平面图以及欧洲不同阶段城市规划的典型实例，叙述了两个世纪的欧洲城市面貌和城市发展以及城市的结构和建筑的形式。作者在书中告诉人们，无数的建筑、大量的住宅区、繁多的绿化带以及人们居住的各种各样的空间是和当时的政治、社会经济以及人们的思想意识有着密切的联系，城市规划以及城市建筑的发展始终没有离开过当时的历史背景。合理有序地开发城市，是我们当前的一个重大课题。作者在书中提出的许多切中时弊的问题，可以供我们很好地借鉴西方城市规划中正反两方面的经验教训，以便深入研究当前我国的一些城市现象。本书对城市规划和发展提供了新的视角，对城市设计师、建筑师、政策方针制定者、开发商及相关专业在校师生具有很好的参考阅读价值。

【目录】

前言。第1章 引言：历史与现实的交汇；第2章 变化：工业与贫困之间的城市（1800—1880年）；第3章 过渡：城市规划和田园城市（1880—1910年）；第4章 转变：现代城市规划的起源（1910—1926年）；第5章 繁荣：20年代城市规划的繁荣期（1925—1935年）；第6章 倒退：“第三帝国”时期的城市规划和建设（1935—1945年）；第7章 新开端：第二次世界大战后的重建（1945—1960年）；第8章 扩建：“绿色中心”与城市化之间（1960—1980年）；第9章 回顾与展望：新外表下的老问题？（1980年以后）。附录。参考文献。图片来源。译者的话。

城市文化

（美）刘易斯·芒福德 著
中国建筑工业出版社 2009年08月

【内容简介】

这部研究著述是作者在收集的城市研究资料以及依靠自己在很多不同地区所做的第一手详尽调查基础上所撰写的。作者把城市发展的整个漫长历程放到一个崭新的视角中，用一种比较综合的、统一的方式来展示城市这个研究领域，对大都市区范围内越演越烈的道德退化和社会解体进行了深刻的阐述和分析，对当今有关城市的思想理论和面临的前途进行了深入的探索，并充分深入探究了城市的本质、功能、目的、历史作用，以及它们潜在的历史前景，等等。作者在本书中还对过去在伦理、宗教和教育的分类框架下的一般性讨论予以重新研究讨论，并为今后城市社区的协同行动构想出了可以用来改造我们人类的生存环境（包括建筑物、邻里住区、城市和区域）的一些原则。本书史料丰富，内容经典，富有深度，学术价值高，系统性强，论述严谨而中肯，分析和评论深刻而客观，具有学术研究的严肃性。本书对城市的广泛论述无论是有关该领域的历史还是当代的问题方面都是各种著作中的首创，其方法和规划均领先于整整一代人，其内容迄今为止仍然超前于当今的城市思想理论。本书为城市规划与设计方面的经典理论读物，是城市规划师、城市管理者和城市方面的专家学者们研究城市发展以及进行城市规划、设计不可多得的理论参考图书，也是相关专业在校师生用于教学和研究实践的必读经典图书，它将为我国城市规划师、城市管理者和城市方面的专家学者及相关专业在校师生提供许多启发和教益。

【目录】

前言。导言。第一章 保护和中世纪城镇；第二章 法庭、游行行列和首都；第三章 冷酷无情的工业城镇；第四章 大都会的兴衰；第五章 文明的地域体系；第六章 地域发展的政治学；第七章 新城市秩序的社会基础。术语。参考文献。致谢。索引。译后记。

明日之城：一部关于20世纪城市规划与设计的思想史

彼得·霍尔 著；童明 译
同济大学出版社 2009年11月

【内容简介】

《明日之城》是一部关于20世纪城市规划的理论与实践的历史，也是一部关于引导城市规划形成的社会经济问题和机遇的历史。它文锋犀利，洞察力强，涉及全球，无与伦比地记述了书中极其重要的主题。

《明日之城》的第三版是在它初版之后，考虑到最新出版文献的丰富性，并以历史视角来看待1990年代，从而进行了一次综合性修订。这是回顾了整个20世纪现代城市规划运动的发展修订而成的完整版本。

【目录】

第一版前言；第三版前言；致谢；1. 想象之城；2. 梦魇之城；3. 杂道之城；4. 田园之城；5. 区域之城；6. 纪念碑之城；7. 塔楼之城；8. 自建之城。

幻 方
——中国古代的城市

（美）阿尔弗雷德·申茨 著
中国建筑工业出版社 2009年12月

【内容简介】

本书是首部以西方语言综合呈现中国城市化发展的巨著。基于丰富翔实的资料和精确的现代地图，作者能够应用度量衡学方法。而此方法，首次应用于中国城市的研究中。在著述过程中，一些预想不到的结果浮现出来，其又滋生出新观点，得以洞悉传统的城市规划者和他们的师长们的概念和方法。 为了更好地理解这些概念之社会的、文化的、政治的和历史的文脉，此书包含大约300张图绘，是作者参照临摹中国的书法、图片和绘画以及超过150张的地图所准备出来的。大量的黑白和彩色照片，显示出今日所能见到的实景。本书的前4章，展现了四千年的中国城市历史；第1章 定居聚落的开始。当时，不同的新石器文化组群事例成所称的典型的中华文明的开始。第2章 古代，城市化的发育期，终至第一座规划之城，即公元前1000年周代初期神圣之成周（洛阳）成型。第3章 中世纪，汉唐帝国宫廷化时期。第4章 现代时期，即城市文化与其对立面的阶段。公元1000年后经济的发展改变了中国社会，并且创造了与国际贸易相联系的可以称为城市文化的种种。这一城市文明由于来自北方中亚游牧部落所发起的毁灭性进攻而曾经受到高度威胁。最后，这一城市文明几乎完全毁于蒙古人之手，而他们又戏剧性地运用神圣的幻方概念，重新建造了一座新都，好如今的北京。第5章 总体论述中国的城市与镇的结构。它增加了存在了存在于帝国晚期传统社会中的有关城市生活和文化的全景。本书作者阿尔弗雷德·申茨，是一伴具有几十年初中经验的著名城市规划师，他在东亚的很多深受传统中国文化和中国移民影响到的地区工作多年。

【目录】

第1章 定居聚落的开始；第2章 古代：城市的形成时期；第3章 中世纪：帝国的宫廷文化；第4章 现代时期：城市文化；第5章 中国城镇的结构。

城市更新手册

（英）彼得·罗伯茨，休·塞克斯 主编
中国建筑工业出版社 2009年12月

【内容简介】

详细概述和评价了城市更新的关键理论和实际问题，包含了全面理解城市更新所需要的所有基本论题。本书有如下三个特点：一、按照参考书的形式编辑，共四个部分、14章。包括城市更新的历史和背景回顾；考察环境、社会、社区、就业、教育和培训等问题；集中关注城市更新的管理；有关土地使用和法规问题的思考；监督和评估等。二、使用大量案例比较分析了北美和欧洲大陆城市更新理论和实践，讨论了未来城市更新的机会和面临的挑战。三、第一次对城市更新做了系统的综述，期待成为有关城市更新的标准参考书。

【目录】

第一部分 城市更新的背景；第二部分 主题与论点；第三部分 城市更新管理和关键问题；第四部分 其他地方的经验和未来远景。

中国建筑艺术大事记
2009

P 351

1月5日	吴良镛向济南提出建议，济南市北郊风景园林规划可参考元代赵孟頫《鹊华秋色图》，建设“鹊华历史文化公园”。
1月9日	上海世博会上汽——通用汽车馆建筑设计方案揭晓，展馆外观螺旋形的曲线象征着自然旋转与升腾的动力。
1月17日	武汉市为建地铁2号线江汉路站拆迁江汉路近代商业老街，受到质疑。
1月19日	“建筑中国六十年”活动在京启动。由中国建筑学会建筑师分会、BIAD传媒《建筑创作》杂志社主办的“建筑中国六十年”活动启动仪式暨第四届建筑师与建筑传媒新年论坛在北京市建筑设计研究院举行。
2月9-13日	由国家文物局、日本文化厅共同主办的“中日文化遗产地震对策研讨会”在成都举行。
2月10日	贝聿铭获2010年“英国皇家建筑师协会金奖”。
2月24日	“2009台达杯国际太阳能建筑设计竞赛”评选结果揭晓。
2月27日	上海世博会日本国家馆、荷兰国家馆开工典礼及新闻发布会在沪举行。
2月	天津空港生态游乐园启建，其中位于水上游乐区的人工室内阳光海滨浴场长300米，宽120米，将是世界上最大的室内沙滩浴场。
3月4日	“第五届梁思成建筑奖”揭晓。北京市建筑设计研究院柴裴义、中国电子工程设计院黄星元等获“第五届梁思成建筑奖”。中国中元国际工程公司黄锡璆获“第五届梁思成建筑提名奖”。
3月5日	《辛亥革命博物馆（新馆）建筑设计及首义南轴线城市设计方案》国际征集活动揭晓，武汉市建筑设计院与美国MCM国际设计集团设计联合体设计的方案获优胜方案。
3月7日	由筑龙网与中法建筑交流学会联合举办主办的“2009筑龙建筑师沙龙——希里达对西班牙当代建筑的影响”在北京清华大学举行。
3月13日	上海世博会英国国家馆开工。
3月16日	在法国戛纳举行的国际房地产投资交易会上，宁波诺丁汉大学可持续能源技术中心大楼获“绿色建筑奖”。
3月19日	上海世博会韩国馆方案揭晓，展馆主题为“魅力城市 多彩生活”。
3月26-27日	中国建筑学会和中国中铁股份有限公司共同主办的“北京南站暨京津城际铁路技术创新研讨会”在京举行。
3月25日	上海世博会新加坡推广周启动仪式在沪举行，主题为“城市交响曲”的世博会新加坡馆方案揭晓。
3月30日	上海世博会奥地利馆中标方案揭晓。
3月-11月	江苏张家港市东山村新石器时代遗址，发现中国目前最早的高等级贵族墓群。

4月10日	清华大学硕士研究生阮昊、熊星获IVA2008全球建筑学生设计大赛二等奖。清华大学召开获奖作品解析交流会，丹麦驻华大使馆Henrik Martens商务参赞到会并向清华大学及获奖学生表示祝贺。
4月18 日	主题为“建筑与科学”的国际建筑遗产日宣传活动展开。
4月22日	《堪培拉建筑教育协议》生效。由国际建筑师协会和签署国的建筑师学会或建筑学专业评估认证机构发起签署的该协议，旨在建筑教育评估认证体系之间实现实质性对等承认。
5月4日	赵恒美为四川震区灾民设计的“可折叠纸屋”，获2008年香港建筑师学会青年建筑师奖。
5月5 日	美国景观设计师协会（ASLA）公布2009年度49项专业设计奖，北京奥林匹克森林公园、保利国际广场（广州）和中邦（上海）城市雕塑公园项目，获得了综合设计荣誉奖。
5月6日	巴黎法国法兰西艺术学院“2009年年度建筑大奖赛”，中国设计师刘睿峰获得第三名。
5月8 日	由清华大学、中国建筑设计研究院和国家环境保护城市噪声振动控制工程技术中心共同主办的“建筑未来 建筑声学与演艺建筑设计论坛暨声学材料、设备应用交流会”，在苏州召开。
5月9日	“蓝星杯”第五届中国威海国际建筑设计大赛暨作品展在威海国际展览中心展出。
5月11日	汶川地震纪念馆正式开馆。
5月11日	广东省“河源客家文化公园建筑设计竞赛”揭晓，伦敦Metamode事务所的方案胜出入选。
5月15日	中国建筑学会第五届建筑创作奖、第七届青年建筑师奖、第三届建筑教育奖颁奖典礼在京举行。
5月15日	中国建筑文化研究会第一届常务理事会议在南京举行，讨论“中国近现代建筑文化的保护与复兴”论坛的组织工作。
5月15日	包括《北京紫禁城》、《北京颐和园》、《北京天坛》、《北京四合院》和《北京古建筑地图》的“北京五书”发布及赠书仪式，在清华大学建筑学院举办。该丛书作为清华大学出版社“中国古代建筑丛书”的第一部分，由华润雪花啤酒有限公司与清华大学建筑历史与文物建筑保护研究所合作推出。
5月15日-6月15日	“荷兰建筑百年展——从贝尔拉赫到库哈斯”在北京中央美术学院美术馆举办。
5月25日	第十一届ThyssenKrupp国际执业建筑师设计竞赛揭晓。参赛926件有效作品中5件作品获奖，中国罗四维的参赛作品“魔镜”获第二名。
5月26日	由中国艺术研究院主办的中国当代建筑论坛暨《2007-2008中国建筑艺术年鉴》新书发布仪式在京举行。
5月30-31日	2009当代中国建筑创作论坛在重庆大学举行。

6月1日	主题为“畅想之国”的上海世博会澳大利亚国家馆设计方案公布。
6月1日	2009年台达杯国际太阳能建筑设计竞赛作品“台达阳光小学”在四川绵阳开工建设。
6月2日	主题为“加德满都城的故事——寻找城市的灵魂；探索与思考”的上海世博会尼泊尔国家馆公布最新效果图。
6月5 日	黑龙江省博物馆新馆设计竞赛揭晓，哈尔滨工业大学建筑设计研究院提交的方案中标。
6月16日	深圳市中心区水晶岛城市设计国际竞赛揭晓。由大都会建筑事务所和深圳市都市实践设计有限公司 （OMA+Urbanus）提交的3号方案获地下空间、地上标志物、广场三个类别的第一名。
6月19日	由瑞士豪瑞可持续建筑基金会举办的2009年豪瑞可持续建筑全球大奖赛揭晓，清华大学张悦和北京城市规划委员会倪锋等完成的项目“北京乡村地区的可持续规划与设计”，获得大奖赛全球铜奖和亚太地区金奖。瑞士豪瑞可持续建筑基金会在北京为该项目颁奖。
6月24日	国际建协“城市庆典-3”概念设计竞赛中国赛区参赛作品初评揭晓，6项目入选第二轮国际评选。
7月10日	KSP 恩格尔和齐默尔曼（KSP Engel and Zimmermann）建筑设计事务所获天津美术馆设计竞赛一等奖。
7月11-12日	中国民族建筑研究会主办的“中国营造学社建社80周年纪念活动暨营造技术的保护与更新学术论坛”在北京召开。
7月13－14日	由中国建筑学会、中国城市规划设计研究院主办的北川新县城城镇风貌与建筑风格专家研讨会，在四川绵阳市举行。
7月14日	北京国家体育场（鸟巢）、国家游泳中心（水立方）和首都国际机场3号航站楼， 获得2009年英国皇家建筑师学会国际大奖。
7月16日	在新加坡举行的CNBC国际地产奖2009(亚太区)颁奖礼上，中海地产的北滨1号获得国际地产奖最佳地产项目奖。维思平设计的南京长发中心项目获CNBC建筑设计4星奖。
7月30-31日	国际建协第112次理事会通过中国建筑学会提议，批准成立国际建协（亚太地区）建筑遗产工作组。
8月1 日	由南京大学建筑学院和南京大学人文社会科学高级研究院共同主办的年刊《建筑文化研究》第一辑出版。
8月1-6日	以何镜堂为团长的中国建筑学会代表团访问朝鲜。
8月7日	为了回顾新中国60年来各个时期的建筑创作成果，中国建筑学会于2009年举办的“中国建筑学会建筑创作大奖”评审结果揭晓，浦东国际机场航站楼（一、二期），侵华日军南

京大屠杀遇难同胞纪念馆扩建工程等300项工程荣获建筑创作大奖，555项入围奖。

8月9日 浙江美术馆正式开馆。

8月12日 “蓝星杯”第五届中国威海国际建筑设计大奖赛揭晓，评出2项金奖、5项银奖、10项铜奖和71项优秀奖。何镜堂等设计的“侵华日军南京大屠杀遇难同胞纪念馆扩建工程”等2个项目获得金奖。

8月16日 由《世界建筑》杂志、总统家网主办的第四届“WA·总统家”杯建筑手绘设计大赛颁奖典礼在庐山举行。

8月17日 美国哥伦比亚大学建筑学院建筑学研究实验室“Studio-X Beijing”落户北京东城区方家胡同。

8月18日 上海世博会世博轴“阳光谷”落成，6个巨型圆锥状的“阳光谷”是世博园区标志建筑。

8月21-22日 中国代表团出席蒙古乌兰巴托举行的亚洲建协第十五次论坛，本次论坛主题为“城市与政治”。

8月25日 伦敦建筑协会学院（AA）主办的“实验教学在中国”研讨会，在北京举行。

8月28日 张锦秋主持设计的延安革命纪念馆新馆开馆。

8月28日 当代中国建筑图片展在法兰克福德国建筑博物馆开幕，中国当代8位青年设计师的24项建筑设计作品参展。

9月2日 天津津湾广场标志性建筑——天津市歌剧院落成。

9月6日 “2009 LICC伦敦国际创意大赛”揭晓，李文军的作品成都天府美术馆获得专业建设组一等奖。

9月8日 包括天人长安塔、创意自然馆、温室和主大门的“2011西安世园会四大标志性建筑开工仪式”在西安世界园艺博览会会址举行。

9月11日 由委内瑞拉青年建筑师特兰设计的上海世博会委内瑞拉馆方案公布。

9月12日 广东星海演艺集团综合楼竣工仪式举行。

9月12－14日 由中国城市规划学会主办的2009中国城市规划年会在天津滨海会展中心召开。。

9月20日 李兴钢工作室两项作品：北京复兴路乙59-1号改造和威尼斯国际建筑双年展中国馆纸砖房，双获2009年国际建筑奖。由建筑与设计博物馆和欧洲建筑艺术设计和城市研究中心共同颁布的该奖，是奖励新锐设计的最高建筑奖项。

9月21日 主题为“安纳托利亚：文明的摇篮”的上海世博会土耳其国家馆公布展示方案。

9月22日 北川抗震纪念园概念性方案设计专家评审咨询会议在北京举行。

9月24日 “北京当代十大建筑”评选揭晓，首都机场3号航站楼、国家体育场、国家大剧院、北京南站、国家游泳中心、首都博物馆、北京电视中心、国家图书馆（二期）、北京新保利大厦、国家体育馆荣获“北京当代十大建筑”称号。

9月26日	瑞士“建筑/景观 ”展在北京中国美术馆开幕。
9月30日	由中国侨联主办的“第二届全球华人青年建筑师奖”终评，46位华人青年建筑师的106项作品中，评选出9项获奖作品。
9月	内蒙古赤峰市二道井子夏家店发掘出下层文化聚落遗址，遗址包括房屋、环壕和城墙。
10月5日	世界建筑日，今年的主题是“以建筑师之力应对全球经济危机”。
10月13日	深圳文学艺术中心方案设计评标揭晓，深圳市华阳国际工程设计有限公司+美国RTKL国际设计有限公司联合提交的2号方案设计中标。
10月15日	2009雪花啤酒第一届中国古建筑摄影大赛揭晓，颁奖典礼在北京举行。
10月15-18日	由教育部学位管理与研究生教育司、国务院学位委员会办公室主办的“2009全国博士生学术论坛（建筑学）”，在北京清华大学召开。
10月18日	圆明园罹劫149年纪念日，“圆明园国际文化日”在圆明园遗址公园举行。
10月19日	2009亚洲建协建筑金奖揭晓，中国建筑学会推荐的深圳华汇设计有限公司与天津华汇工程建筑设计有限公司联合设计的广州万科蓝山住宅小区获得金奖。
10月21日	中国建筑学会主办的首届中国生态人居高层论坛暨中国建筑学会生态人居委员会成立大会，在厦门召开。
10月28-29日	北京建筑设计研究院举办60周年庆典。
10月29-31日	中国建筑学会建筑师分会第5届会员代表大会暨2009年学术年会在北京开幕。大会选举产生邵韦平担任理事长的第5届理事会。
10月 29日	《住区》杂志与香港房屋协会策划的 2009 年“长者住屋”论坛及《香港通用设计指南》图书首发式在北京清华大学举行。
10月	江西高安市华林发掘出宋元明时期造纸作坊遗址。
11月2日	上海世博会联合馆、租赁馆竣工交接仪式在沪举行。
11月3日	上海元代水闸遗址博物馆正式开工建设。
11月6日	中国建筑工业出版社55周年庆。
11月7日	由清华大学、东南大学、北京故宫博物院、中国建筑设计研究院、中国文化遗产研究院联合举办的“中国营造学社的学术之路——纪念中国营造学社成立80周年学术研讨会”在清华大学举行。
11月7-9日	“2009 博物馆、美术馆、展览馆建筑设计高峰论坛”在北京举办。
11月14日	“第十一次建筑与文化国际学术研讨会暨 20 周年纪念”在湖南大学召开。
11月17日	由智利建筑协会等主办的“首届当代建筑研讨会”在智利驻华大使馆召开。
11月20日	由国家住房和城乡建设部、文化部主办的“新中国城市雕塑建设成就奖” 评选揭晓，《人

民英雄纪念碑浮雕》等60 项作品获成就奖,《卓玛》等40 项作品获提名奖。

11月21日	“乡土建筑的评估与保护” 学术研讨会暨 2009 建筑史学分会年会,在昆明理工大学召开。会议为第一届中国建筑史学青年学者优秀学术论文奖举行了颁奖仪式。
11月24日	武汉首义文化区辛亥革命纪念碑方案设计竞赛揭晓。
11月28-29日	第七届中国环境艺术设计学年奖颁奖典礼和获奖作品展在中国美术学院举办。
12月3日	国家住房和城乡建设部公布第三批国家重点公园名单,北京中山公园等10个公园批准为国家重点公园。
12月3日	国家住房和城乡建设部公布第六批国家湿地公园名单,浙江省台州市鉴洋湖等7个城市湿地公园批准为国家湿地公园。
12月3日	中国建筑学会室内设计分会成立20周年庆典暨2009年会在北京人民大会堂开幕。
12月4-10日	“上海世博会海南宣传周” 暨 “走进世博会——中国 2010 年上海世博会暨世博会历史回顾展览” 在海口举办。
12月4日	世博会海南馆展示方案揭晓。
12月5 日	主题为“理性主义的回归——中国世纪建筑”的GMP建筑设计高峰论坛在上海举行。
12月6-12日	GMP中国十年作品展在上海举办。
12月10 日	《新建筑》 专稿, 探讨空间现象学。
12月11日	著名建筑学家、建筑教育家冯纪忠去世,享年95岁。冯纪忠为中国现代建筑奠基人,同济大学建筑与城市规划学院创办人。
12月12日	南京林业大学风景园林学院与河北省唐山园林局主办的“2011西安世界园艺博览会唐山园设计竞赛”揭晓。
12月12-13日	由全国高等院校建筑学专业教学指导委员会和清华大学共同主办的2009世界建筑史教学与研究国际研讨会,在清华大学举行。
12月23日	广州陈家祠广场规划公布。
12月25日	上海世博会世博中心竣工。
12月27日	河南安阳县西高穴发现曹魏高陵。
12月28日	国务院公布第七批国家级风景名胜区名单,太阳岛等21处风景名胜区获国家级风景名胜区称号。
12月	陕西蓝田县五里头发现北宋金石学家吕大临家族墓地。
12月	山东高青县陈庄村发现西周遗址。从取得的阶段性发掘成果看,它使研究早期齐文化获突破性进展。

(朱永春执笔)

【江西 九江】

德安

德安县历史悠久。在夏以前就有先民在这里劳动生息。自先秦以来，历朝均于德安设县。1949年解放后，德安属江西省九江专区。1983年，九江专区改为九江市，以市辖县，德安县属九江市。

三十年来，德安县城市建设历经了初期的"自由扩建"、中期的"行政管建"和当前的"规划控建"三个阶段。城区面积由1.78平方公里扩展至7.9平方公里，增加了4.5倍；城镇人口由1.67万人发展到现在的6.26万人；人均住房面积由6平方米增加到现在的31平方米；城市道路由12万平方米拓展到现在的69万平方米。尤其是近几年，城市建设如火如荼，日新月异。在县委、县政府的统一领导下，德安县建设局从城市规划、建设、管理三方面入手，在县城总体规划的指引下，编制和完善了控制性详细规划、绿地系统规划、消防规划等近十个专项规划，充分发挥了规划的龙头调控作用。实施并建成了县城入口处转盘及景观绿化、两个广场、义峰精品一条街、雁家湖植物园，义峰山公园、附城联圩绿化景观带等重点工程，进一步提升了城市形象和品位。

随着城市的发展，德安县城市绿化、亮化、美化、净化工作也日趋完善，仅2007年，新增城市绿化面积24万平方米，新栽绿化乔木5.3万株。县城绿化覆盖率达40%，城区人均公共绿地面积9.2平方公里。近三年，城市基础设施投资达1.1亿元。

德安县建设局以可持续发展思想为指导，以塑造城市景观人文特点与提高群众生活质量为基础，城市规划、重点工程、城市管理、经营城市四管齐下，城市建设年年有变化，德安县正朝着最宜人居、个性彰显的赣北特色城市迈进！

谱城市建设华章　建山水人文德安

文华塔↑

元阳古观↑

物華天寶 人杰地靈

雁家湖公园实景↓

德安

■ 万家岭战役遗址位于德安县磨溪乡南田村万家岭山地及附近各地，北距博阳河，东南接临大金山、扁担山、张古山，范围广大。涉及磨溪乡南田村、曙光村下辖的二十余个自然村。2000年7月，被评为江西省级文物保护单位，文物类型属于近现代重要史迹和和纪念建筑。为有效地保护江西省德安县万家岭战役遗址，免受自然力损毁及人为因素带来的消极影响；同时，科学、合理、适度地发挥文化遗产的积极作用，促进本地区文化、经济及其相关产业健康协调发展，德安县针对万家岭战役遗址保护进行了总体规划。该规划既是综合性的文化遗产保护规划，又是我国最具典型意义的抗日历史遗迹保护专项规划。规划范围面积36542公顷，是被列入省级重点文物保护单位的专项保护规划，中国艺术研究院建筑艺术研究所参与了规划指导工作。

■ 义峰山公园依据古有景点“义峰耸翠”的义峰山改扩修建。该项目是江西省德安县公益城市建设项目，总用地60公顷，于2006年底进行了规划设计，分四期改造，是集休闲、娱乐、健身于一体的生态公园，其中一期休闲园建设项目总用地4.8万平方米，工程于2007年8月开工，现已全面竣工投入使用。

| 江西省万家岭战役遗址文物保护规划↑

| 江西德安义峰山公园景观设计鸟瞰图↑

| 义峰山公园实景组图↓

与吴良镛先生认识快二十年了
1998年接受他的委托，为山东曲阜
子研究院设计制作凤型雕塑，从中学
了不少东西，吴先生喜欢我的作品，
欣赏我的为人，我很幸运，干了活儿，
了本事还受到了莫大的鼓励。

张宝

国家大剧院音乐厅吊顶（1300平米　164块　100多吨 国内外第一次研发应用）

材料之于建筑犹如衣服之于人从某种角度看，社会的丰富，很大程度是由色彩所决定。时至今日，建筑领域建筑材料千篇一律、单调乏味面貌然如故。钢筋混凝土的简单使用，加速了复制带来的同质化问题，促使现代建筑的生长犹如麦田，广袤而单调。

张宝贵是这片麦田里的诗人。

记得也是一个秋季，陪同北京的朋友在京城郊区的一个小厂，第一次见到宝贵。宝贵是农民，敦厚淳朴，对待我们好像一个归家的兄弟，温暖情，没有丝毫矫揉造作。第一次看他的产品，令我惊异的不是他的混凝土制品，而是艺术博物馆。大大小小的雕塑，不同质感的表面，富于表现力主题，全部由宝贵创作，由混凝土制造。我走过全世界数以千计的博物馆，但还不曾见过这样一个由农民艺术家、农民企业家独自创作，由混凝土料完成所有作品的个人博物馆。张宝贵像一个混凝土诗人。

那段时间，我正在为选择西安大唐西市及丝绸之路博物馆的面材犯愁，宝贵的作品给了我许多启示。我边画草图边与宝贵讨论新博物馆材料的法，宝贵收起我的草图说："刘教授我试试看！"。两周以后，宝贵从北京发来了几张图片，我高兴地看到我的想法变成了现实。

经过几次修改调整，一种从来没有过的建筑材料出现了。当混凝土挂板在古长安的余晖中发出金色的光芒，我好像看到丝绸之路的驼队进入了市，唐朝的喧闹从墙板的每一个皱褶释放出来……

刘克

西安大唐西市博物馆　装饰混凝土轻型挂板

西安大唐西市博物馆　装饰混凝土轻型挂板

初识宝贵石艺大约在九五年设计丰泽园饭店时，为了小
里的几个挂件，在京北昌平的一个小村子里见到了张宝
他的小工厂。老知青创业的那份执着和出自一帮农民之
再造石工艺品给我留下了深刻的印象。

十几年过去了，我为了工程不知跑来多少趟，眼见着宝
他的工厂一步步发展壮大起来。宝贵早已成了著名的艺
，他的工厂在许多专家学者的支持下不断探索和创新，
了令人注目的骄人业绩，在许多重要的建筑和景观工程
能见到他们的点睛之作，宝贵石艺在建筑师的圈子里口
盛！

如今环保、节能、可持续发展是建筑业的第一要务，
化设计带来的有机美学成了信息时代建筑的时尚，宝
的再造石艺术特色正逢其时，正应之需，必将有着更光
的前程！

中国建筑设计研究院

副院长　总建筑师

崔恺

拉萨火车站　装饰混凝土轻型挂板

崔恺一起参加天大本土设计研讨会

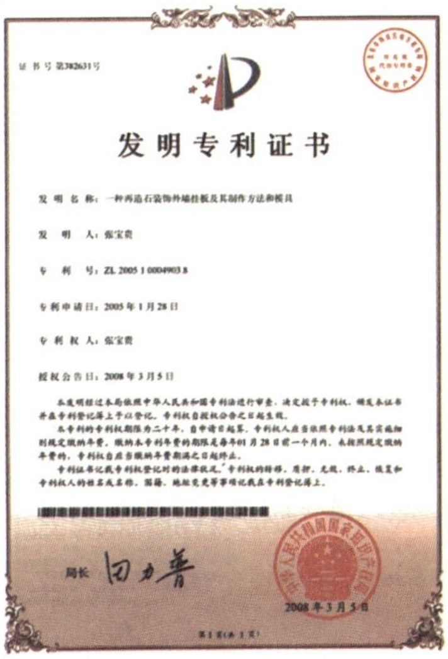

证书号第382631号

发明专利证书

发明名称：一种再造石装饰外墙挂板及其制作方法和模具

发明人：张宝贵

专利号：ZL 2005 1 0004903.8

专利申请日：2005年1月28日

专利权人：张宝贵

授权公告日：2008年3月5日

本发明经过本局依照中华人民共和国专利法进行审查，决定授予专利权，颁发本证书并在专利登记簿上予以登记。专利权自授权公告之日起生效。

本专利的专利权期限为二十年，自申请日起算。专利权人应当依照专利法及其实施细则规定缴纳年费。缴纳本专利年费的期限是每年01月28日前一个月内。未按照规定缴纳年费的，专利权自应当缴纳年费期满之日起终止。

专利证书记载专利权登记时的法律状况。专利权的转移、质押、无效、终止、恢复和专利权人的姓名或名称、国籍、地址变更等事项记载在专利登记簿上。

局长　田力普

2008年3月5日

第1页（共1页）

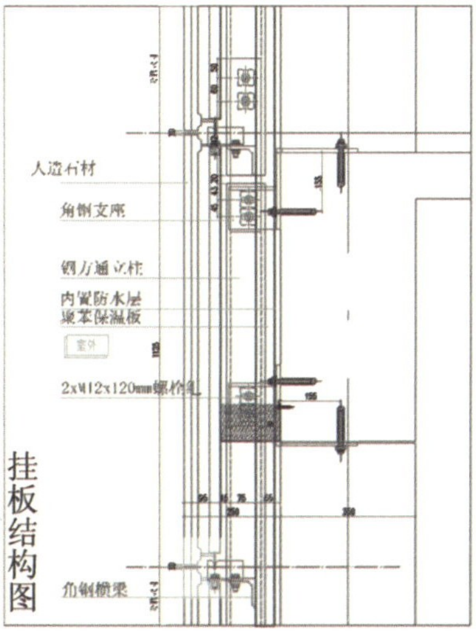

挂板结构图

张宝贵与吴良镛、张锦秋的合影

和张锦秋大师是老朋友。去年，她看到刘克成教授设计的大唐博物馆装饰混凝土轻型挂板，非常喜欢，后来有人告诉她是宝贵石艺制作的，她打电话让我去西安，说她正在设计的大明宫也想用这种挂板，而且要做成夯土墙的效果。

我在山西运城插队二十年，也打过夯，农民的大手使黄土变成院墙，高亢的秦腔，黄河水冲涮的痕迹，猛烈的西北风，使我理解了张大师的设计初衷，安排设计人员到我插队的地方去寻找痕迹，感悟材料的语言，当我们把样品送到西北设计院，张大师高兴了，说这就是她想要的效果。

最近又和总包方反复切磋，和业主交换意见，他们说，张大师希望上海世博会的“大明宫”也让我们做。

张宝贵

艺术无处不在。

本是工业化产品的大型墙板，在张宝贵先生手中可以成为富有表现力的建筑艺术品，实在宝贵。

西北建筑设计院

张锦秋

山东孟良崮战役纪念馆
装饰混凝土轻型挂板

陕西大明宫

长春革命烈士纪念馆　装饰混凝土轻型

中国艺术研究院建筑艺术研究所

中国艺术研究院是全国唯一一所集艺术科研、艺术教育和艺术创作为一体的国家级综合性学术机构。中国艺术研究院建筑艺术研究所是从事建筑艺术与建筑文化理论研究的专门科研机构，建筑艺术研究所原称建筑艺术研究室，组建于1988年7月，2001年8月机构调整改革改为现名。

建筑艺术研究所近年来侧重于以史论为主的基础理论建设工作，并关注创作现状，尤侧重于从文化与艺术角度，研究中外建筑艺术创作的成就与规律；同时实行开门办所，从学术层面和设计实践两方面积极参与社会上建筑艺术、建筑规划等工作。现设有建筑学研究室、现当代建筑研究室、建筑设计与艺术设计研究室、景观与公共艺术研究室、舞台艺术与文化设施研究室等研究机构。18年来，建筑艺术研究所已完成20多个建筑规划、设计项目，出版了多部重要著作。

目前，建筑艺术研究所除正在进行多项个人研究课题外，进行的集体项目有：承担国家科研项目“西部人文资源调查及数据库”中的“人文景观”和“民居”两个子课题；编辑出版《中国建筑艺术年鉴》；开设以建筑文化为中心议题的“城市的记忆”重要学术论坛；创建“中国传统建筑营造技艺三维数据库”，已批准及向联合国教科文组织“人类非物质文化遗产代表作名录”申报“中国传统木结构建筑营造技艺”等。

编 后

《中国建筑艺术年鉴》是全面记载中国建筑艺术发展状况的综合性年刊，由中国艺术研究院建筑艺术研究所主编，组织建筑界、城市规划界、艺术界、文化界等多方面专家共同编辑完成。

《2009中国建筑艺术年鉴》客观记录了年度中国建筑艺术创作与研究的主要成果，系统反映了我国城市和建筑发展中的新成就、新问题、新趋势。主要栏目有：特载、优秀建筑艺术作品、建筑焦点、建筑艺术研究、海外掠影、建筑艺术论文摘要、2009年建筑书目、2009年中国建筑艺术大事记等，为人们了解年度建筑界提供全方位的信息。

《2009中国建筑艺术年鉴》是我们编辑的第六部《中国建筑艺术年鉴》。有了前几部的经验，这本年鉴在组稿、确定入选作品或稿件等项工作上，都在之前经验积累的基础上有了较大改进与提高。在编辑过程中，我们得到各位顾问和建筑学界的众多朋友给予的帮助和支持，这些都会推动我们努力将这本年鉴编成记录我国当代建筑艺术发展面貌的权威性年鉴。

《2009中国建筑艺术年鉴》各有关栏目的编辑工作，由中国艺术研究院建筑艺术研究所全体同仁与北京及国内外建筑界专家、学者共同完成。其中：特载、优秀建筑艺术作品、2009中国建筑艺术大事记栏目由王徽负责编辑；建筑焦点、建筑艺术研究、海外掠影、建筑艺术论文摘要、2009年建筑书目栏目由黄续负责编辑。

我们希望《2009中国建筑艺术年鉴》能反映出中国当代建筑艺术的发展历程，集学术性、史料性于一体，成为我国建筑艺术及建筑文化领域的权威性年度总结。由于编辑力量有限等方面的原因，会出现一些遗漏，望读者能够提出宝贵意见，以便我们在今后的工作中予以改进。另外，论文中原载的一些图片由于技术原因亦未能刊登，请作者谅解。

本书的顺利出版得到多方单位的帮助与协作，不一一列举，在此一并致谢。

《中国建筑艺术年鉴》编辑部

2010年6月